D0052358

POEMA DE MIO CID

clásicos Castalia

COLECCIÓN FUNDADA POR
DON ANTONIO RODRÍGUEZ-MOÑINO

DIRECTOR
DON ALONSO ZAMORA VICENTE

POEMA DE MIO CID

Edición,
introducción y notas
de
IAN MICHAEL

QUINTA EDICIÓN

clásicos ✕ *castalia*

Madrid

Copyright © Editorial Castalia, S. A., 1984
Zurbano, 39 - 28010 Madrid - Tel. 319 58 57

Cubierta de Víctor Sanz

Impreso en España - Printed in Spain
Unigraf, S. A. Móstoles (Madrid)

I.S.B.N.: 84-7039-171-2
Depósito Legal: M. 25.632-1991

SUMARIO

In memoriam J. W. Rees
ὣϛ σὺ μὲν οὐδὲ θανὼν ὄνομ' ὤλεσαϛ...

INTRODUCCIÓN

Pocos proscritos medievales tuvieron tanto éxito en su destierro como Rodrigo Díaz de Vivar, infanzón castellano, nacido hacia 1043 en la casa solariega de su padre Diego Laínez —que descendía de Laín Calvo, uno de los jueces de Castilla— en la pequeña aldea de Vivar, cerca de Burgos. Por sus hazañas ganó el sobrenombre de *Campidoctor* en las crónicas latinas y el de *El Campeador* en los relatos vernáculos. Sin embargo, el título más perdurable con que se le apodó fue *Mio Cid,* derivado del árabe *Sayyidī* ("mi señor"). Sirvió de alférez al rey Sancho II de Castilla, quien murió a manos de traidor durante el cerco de Zamora el 7 de octubre de 1072. Aquel trágico acontecimiento marcó el comienzo de las vicisitudes políticas del Cid, porque a partir de entonces Alfonso VI, rey de León y hermano de Sancho II, no sólo pudo recobrar su propio reino sino que añadió Castilla a sus dominios, y de ahí en adelante sus relaciones con Rodrigo fueron tirantísimas: le desterró de 1081 a 1087, y por segunda vez de 1089 a 1092. El Cid pasó la mayor parte de su primer exilio en el servicio del emir Mutamin de Zaragoza, ayudándole en sus guerras contra su hermano Alhayyib, emir de la taifa de Lérida, ayudado éste a su vez por Berenguer Ramón II el Fratricida, conde de Barcelona. Al principio del segundo destierro, el expatriado reanudó sus campañas anteriores, haciendo

11

prisionero al conde de Barcelona por segunda vez
en 1090. En 1092 el Cid empezó a sitiar la ciudad
mora de Valencia, que se le rindió por fin en junio
de 1094, después de resistir el Cid un ataque de los
almorávides, ansiosos de salvar la ciudad para el Is-
lam. Rodrigo murió en Valencia en julio de 1099; su
viuda Jimena Díaz trasladó sus restos embalsamados
a Castilla en mayo de 1102, para que se enterrasen en
el monasterio de San Pedro de Cardeña. Y una vez
más Valencia se abandonó a los musulmanes. [1]

1. RELATOS MEDIEVALES DEL CID

Así como en vida, así también en su fama póstuma
tuvo suerte el Cid. El primer relato histórico, al pa-
recer escrito por algún testigo presencial de varios de
los acontecimientos, es la *Historia Roderici* (¿h. 1110?),
breve crónica latina procedente del este de la Penínsu-
la. [2] No obstante, aun antes de su muerte, Rodrigo
había figurado como tema de un panegírico latino, pro-
bablemente compuesto en Cataluña —en el monasterio
de Ripoll— y conocido con el título de *Carmen Cam-
pidoctoris* (¿1093-1094?). De este poema sólo existe un
fragmento de 129 versos, que por cierto tienen un son
inesperadamente alegre y popular:

> Eia, letando, populi caterve,
> Campidoctoris hoc carmen audite!
> Magis qui eius freti estis ope,
> cunti venite! [3]

---

1 El mejor relato de la vida del Cid y de los acontecimientos coe-
táneos, si bien no está completamente exento de elementos fantásti-
cos, sigue siendo *La España del Cid* de Ramón Menéndez Pidal
(7.ª edic., tomos VI y VII de sus *Obras completas*, Madrid, 1969).

2 La mejor edic. de la *Historia*, a veces conocida con el nombre de
Gesta Roderici, se encuentra en Menéndez Pidal, *España del Cid*, II,
pp. 921-971. A. Ubieto Arteta, "La *Historia Roderici* y su fecha de
redacción", *Saitabi*, XI (1961), pp. 241-246, sostiene que la *Historia*
se compuso mucho más tarde, h. 1144-1147.

3 Vv. 17-20, edic. de Menéndez Pidal, *España del Cid*, II, pp.
882-886.

Esta primitiva celebración poética de las hazañas cidianas supone que habían llegado a ser legendarias en vida de su protagonista; también puede indicar que ya existían canciones celebratorias populares en romance, especialmente en las regiones orientales del país donde el héroe disfrutó de sus mayores éxitos militares. Dejando a un lado la *Historia Roderici,* los demás relatos históricos sólo se encuentran en las historias árabes de Ibn Alcama (m. 1116) e Ibn Bassam (fl. 1109), las cuales tenían un tono anticidiano y constituían el comienzo de lo que Menéndez Pidal categorizó como "la cidofobia", o "la leyenda negra del Cid". [4]

La inhumación de los restos mortales de Rodrigo efectuada en Cardeña en 1102 y las oportunas donaciones hechas por doña Jimena a dicho monasterio en beneficio del alma de su llorado esposo dieron lugar a una tradición legendaria, que iba a relacionarse, un siglo más tarde, con el desarrollo de un culto sepulcral; [5] es posible que este culto atrajera a juglares que habrían recitado cantares sobre las hazañas del Cid. En todo caso, aparte de la breve noticia contenida en la *Crónica najerense* (h. 1160), [6] el siguiente relato

---

4 Véase *España del Cid,* I, pp. 3-5. Por desgracia, la historia de Ibn Alcama ha sobrevivido solamente en trozos copiados por historiadores árabes posteriores y en una traducción incompleta contenida en la *PCG* y la *Crónica de veinte reyes,* véanse Menéndez Pidal, *ibid.,* y P. E. Russell, "San Pedro de Cardeña and the Heroic History of the Cid", *Medium Aevum,* XXVII (1958), pp. 57-79, en p. 63. El exponente moderno de la *cidofobia* y receptor del trato más injusto fue R. P. A. Dozy, cuyo libro *Recherches sur l'histoire politique et littéraire de l'Espagne pendant le moyen âge* (Leiden, 1849), fue impugnado por Menéndez Pidal en *España del Cid,* I, pp. 23-45.

5 Véase Russell, "San Pedro de Cardeña...", pp. 59 y 64-66.

6 Edición de A. Ubieto Arteta (Valencia, 1966). La *Najerense,* de paternidad o inspiración cluniacense, intenta ofrecer una historia global desde la Creación hasta el reinado de Alfonso VI. Fue la primera obra que incorporó las hazañas del Cid a la historia general de la España del siglo XI, pero se inspiró en material legendario (véase Menéndez Pidal, *España del Cid,* I, pp. 9 y 173), y posiblemente en epopeyas sobre el Cid hace tiempo perdidas (ésta es la opinión de C. C. Smith, "Latin histories and vernacular epic in twelfth-century Spain: similarities of spirit and style", *Bulletin of Hispanic Studies,* XLVIII (1971), pp. 1-19, en pp. 2 y 5).

existente de los hechos cidianos se encuentra en el *Poema de Mio Cid* (también conocido con el título del *Cantar de Mio Cid*), que provisionalmente fechamos entre 1201 y 1207 (véase más abajo el apartado 10). Como cabía esperar de una relación hecha más de cien años después de los acontecimientos narrados, el *Poema* manifiesta cierta vaguedad en algunos puntos y contiene material fictício; sin embargo, al contrario de la mayoría de las epopeyas medievales, incorpora muchos hechos históricos y algunas alusiones a personajes verdaderos que nos sorprenden por su veracidad; Russell ha sugerido que "La única explicación de la 'historicidad' parcial del *Cantar* que parece haber escapado a la atención [de los estudiosos] es la de que pudiera ser producto de cierta actividad de investigación histórica por parte de su autor".[7] En seguida volveremos a considerar éste y otros problemas planteados por el *Poema*.

Nada sabemos de la circulación ni de la difusión del *Poema*, con excepción del hecho de que el único Ms. existente, copiado en el siglo xiv, salió a luz en el archivo del Concejo de Vivar durante el siglo xvi. A diferencia del *Libro de Alexandre* (¿h. 1240-1250?) y del *Libro de buen amor* (1330 y 1343), el *Poema del Cid* dejó pocos ecos directos en la poesía medieval contemporánea o posterior. Su único influjo probable se sintió en la *Estoria del Cid* (¿h. 1238-1260?), que por desgracia se ha perdido.[8] El siglo xiv también fue

---

[7] Véase "Some problems of diplomatic in the *CMC* and their implications", *Modern Language Review*, XLVII (1952), pp. 340-349, en p. 348 (la traducción de la cita es mía).

[8] La *Estoria* fue un relato legendario vernáculo en prosa elaborada en Cardeña: véase W. J. Entwistle, "La Estoria del noble varón el Cid Ruy Díaz", *Hispanic Review*, XV (1947), pp. 206-211. Menéndez Pidal (ed. crít., pp. 126-136) y otros estudiosos anteriores creyeron que la *PCG* contenía una prosificación de algunas partes del *PMC*. No obstante, Russell ha observado que "Hay razones en favor de la opinión de que algunas o la totalidad de aquellas partes de la *PCG* que frecuentemente se han tenido por basadas en una refundición del existente *CMC*, se inspiraron en realidad en la *Estoria* compuesta en Cardeña"; véase "San Pedro de Cardeña...", p. 60 (la cita está traducida por mí).

testigo de la composición de las *Mocedades de Rodrigo,* poema heroico que nos cuenta hazañas, casi todas ficticias, del joven Cid. [9]

2. ELABORACIONES POSTMEDIEVALES DEL TEMA CIDIANO

Los poetas anónimos de los romances de los siglos XV y XVI acudieron con frecuencia a las leyendas del Cid (el *Romancero del Cid* publicado por Carolina Michaëlis consta de 205 romances sobre el tema); algunos de ellos "son reflejo bastante pálido de escenas del *Poema*" como nota Colin Smith, pero en cuantía son aún más los que se derivan de las *Mocedades de Rodrigo* y de otros productos de la imaginación. [10] Los romances, a pesar de sus desenfrenadas fantasías acerca del Cid —o tal vez a causa de ellas— iban a ejercer un influjo directo sobre los desarrollos posteriores. Un dramaturgo de la generación de Lope, Guillén de Castro (1569-1631), compuso dos comedias basadas en los romances cidianos, *Las mocedades del Cid: Primera parte* y *Segunda parte* (1618); la primera tuvo buena acogida y llegó a ser fuente del famoso *Le Cid* de Corneille (1636). [11] Como es sabido, la obra de Corneille sacó de quicio a Richelieu y provocó la gresca político-literaria conocida con el

---

9 Para una minuciosa investigación y excelente edición de este poema, junto con un estudio del ciclo épico cidiano, véase A. D. Deyermond, *Epic Poetry and the Clergy: Studies on the Mocedades de Rodrigo* (Londres, 1969).

10 C. Michaëlis, *Romancero del Cid* (Leipzig, 1871); C. C. Smith, *Spanish Ballads* (Oxford y Londres, 1964), p. 100 (cita traducida por mí).

11 Para una comparación breve pero perspicaz de las dos comedias, véase Margaret Wilson, *Spanish Drama of the Golden Age* (Oxford y Londres, 1969), pp. 138-140; véase también Menéndez Pidal, *La epopeya castellana a través de la literatura española* (Buenos Aires, 1945), pp. 191-200. Sobre la *Segunda parte,* véase Sturgis E. Leavitt, "Una comedia sin paralelo: *Las hazañas del Cid* de Guillén de Castro", en *Homenaje a W. L. Fichter* (Madrid, 1971), pp. 429-438.

nombre de "La Querelle du *Cid*". En 1657, un dramaturgo de la corte, de segunda fila, llamado Juan Bautista Diamante, alcanzó alguna fama con una obra titulada *El honrador de su padre,* basada en su mayor parte en la pieza de Castro, pero posiblemente en la de Corneille también. [12]

Los escritores románticos reavivaron el interés público por los romances del Cid, y, por primera vez, por el *Poema de Mio Cid.* Al iniciarse el siglo XIX, Robert Southey tradujo el *Poema* y la *Crónica del Cid* al inglés; en Alemania Herder adaptó el *Romancero del Cid* en su *Cid* de 1802, y Abel Hugo hizo una traducción francesa de algunas partes de aquella colección de romances en 1822. Más tarde, los románticos españoles elaboraron la materia legendaria: en 1882 José Zorrilla publicó su *Leyenda del Cid,* especie de paráfrasis del *Romancero* estirada hasta los 19.000 versos. Los desastres nacionales de 1898 llevaron la figura del Cid al terreno de los debates políticos: Joaquín Costa declaró que hacía falta "echar doble llave al sepulcro del Cid para que no volviese a cabalgar" (habiendo oído las consiguientes protestas, explicó después que había querido referirse "al Cid guerrero", ¡no "al Cid repúblico"!). En 1908 el poeta catalán Marquina puso en escena su drama titulado *Las hijas del Cid,* basado en el *Poema.* [13] El material legendario sirvió de inspiración a las *Cosas del Cid* de Rubén Darío, al *Mio Cid Campeador* de Vicente Huidobro (1929), y, más recientemente, a la espectacular película holly-

12   Véanse Menéndez Pidal, *La epopeya castellana...,* pp. 206-207, y Edward M. Wilson y Duncan Moir, *Historia de la literatura española* (dirigida por R. O. Jones), 3. *Siglo de Oro: Teatro (1492-1700)* (Barcelona, 1974), p. 217. La comedia de Corneille también sirvió de fuente para los libretos de dos óperas del siglo XIX, *Le Cid* de Jules Massenet (1885) y la casi olvidada *Le Cid* de Peter Cornelius (representada en Weimar en 1865).

13   Una trilogía musical de M. Manrique de Lara, titulada "Rodrigo y Jimena", "El cerco de Zamora" y "Mio Cid" y no interpretada desde hace mucho tiempo, fue estrenada por la Orquesta Sinfónica de Madrid por los años 1906-1911. Una noticia de la mayoría de éstas y otras elaboraciones posteriores puede encontrarse en Menéndez Pidal, *La epopeya castellana...,* cap. VII, pp. 209-239.

woodense *El Cid,* con Charlton Heston en el papel principal y alguna equivocación que otra. [14] De todas las elaboraciones de las hazañas cidianas, sólo *Le Cid* de Corneille rivaliza con el *Poema* por su calidad artística, y ninguna lo ha igualado en cuanto a su atractivo para el lector moderno.

3. LA FORMA LITERARIA DEL "POEMA DE MIO CID"

El *Poema* posee ciertos rasgos formales comunes a otros poemas heroicos del tipo que C. M. Bowra llamó "primitivo" o "folklórico". [15] Su unidad básica consiste en (i) el verso, dividido por una cesura, o (ii) el medio verso o hemistiquio. Los versos se agrupan en estrofas o *tiradas* de extensión variable, y los versos de cada tirada normalmente llevan la misma terminación asonante ("rima" de las vocales solamente). Además, este tipo de poesía se compuso sólo para recitarla ante un público, y probablemente era cantada en su totalidad. [16] El rasgo más importante es la *fórmula,* contenida en un hemistiquio o en un solo verso y definida por Milman Parry como "un grupo de palabras regularmente empleado bajo unas mismas condiciones métricas para expresar una específica idea esencial". Este tipo de fórmula, con sus variantes, se encuentra en la poesía homérica, en las epopeyas medievales y en los cantares yugoslavos modernos, compuestos éstos "oralmente" y estudiados rigurosamente por Parry y A. B. Lord. [17]

---

[14] Dirigida por Anthony Mann (1961), con Sophia Loren en el papel de Jimena.

[15] C. M. Bowra, *Heroic Poetry* (Londres, 1952), y *From Vergil to Milton* (Londres, 1945); en su último libro, publicado póstumamente, Bowra rechazó el término "épico" aplicado a los poemas homéricos, véase *Homer* (Londres, 1972), pp. 2-3.

[16] Véase Jean Rychner, *La Chanson de geste. Essai sur l'art épique des jongleurs* (Ginebra y Lila, 1955), especialmente las pp. 10-25.

[17] Véanse Albert B. Lord, *The Singer of Tales* (Cambridge, Mass., 1960) y Milman Parry, *Serbocroatian Heroic Songs,* ed. A. B. Lord (Cambridge, Mass. y Belgrado, 1954), I.

La métrica de esta poesía ha variado según los lugares y los tiempos: en la Grecia antigua fue el hexámetro, en la Inglaterra anglosajona una métrica basada en los acentos en la que el número de sílabas y la extensión de éstas no hacían al caso; en Francia la métrica estricta de diez sílabas en cada, verso con una cesura marcada, habitualmente después de la cuarta sílaba, fue la más común. En este respecto el poema español plantea su primer problema fundamental: los versos llevan una cesura muy marcada, pero el número de sílabas de cada hemistiquio oscila entre cuatro y catorce. No obstante, los versos más frecuentes constan de 7 y 7, 6 y 7, 7 y 8, 6 y 8, 8 y 7, u 8 y 8 (por este orden de frecuencia), y, según los cálculos de Menéndez Pidal, ed. crít., pp. 92-103, estos versos forman casi el 62 por ciento de la totalidad. Es difícil, en verdad, imaginar que tamaña irregularidad haya podido resultar simplemente de los errores de una copia hecha a base de dictados, especialmente si atendemos al hecho de que las mismas fórmulas épicas dan lugar a versos irregulares, y de que tales fórmulas derivan, sin cambios casi seguramente, del propio poeta: compárense *la missa dicha,* vv. 320 y 1703, y *La oración fecha, // la missa acabada la an,* v. 366, *La oración fecha,* v. 54. [18] Como notó con tino el ma-

---

[18]   L. P. Harvey ha sugerido que "si ... admitimos que el texto que tenemos es en su mayor parte fidedigno, expresión de las propias intenciones del poeta, entonces tenemos que admitir que se emplea alguna forma métrica que no nos es inmediatamente manifiesta" ("The metrical irregularity of the *CMC*", *Bulletin of Hispanic Studies*, XL (1963), pp. 137-143; la traducción de la cita, tomada de la p. 137, es mía). Así, Harvey propone que consideremos las irregularidades métricas como resultado del dictado directo de juglar a copista. A. D. Deyermond (*Epic Poetry and the Clergy...*, pp. 54-58) es más cauteloso, y concluye que el *Poema* "parece en su Ms. existente derivarse de un texto oral dictado pero conservado por medio de una tradición manuscrita" (p. 202, traducción mía). Para una exposición más reciente de la opinión de Deyermond, véase "Structural and stylistic patterns in the *CMC*" in *Medieval Studies in honor of Robert White Linker* (Madrid, 1973), pp. 55-71, en pp. 70-71. Kenneth Adams también ha observado que las fórmulas mismas del *Poema* contienen irregularidades métricas; véase "The metrical irregularity of the *CMC*: a restatement based on the evidence of names, epithets and some

logrado Frederick Whitehead, en su edición de la *Chanson de Roland,* "no hay ninguna razón teórica por la que los poetas épicos no hubiesen escrito versos de un número irregular de sílabas. ... los que nosotros rechazamos como versos defectuosos pueden constituir legítimas licencias de la escansión.» [19] Hay que hacer constar, no obstante, que las "licencias" de escansión del *Cid* son tantas que no acertaríamos a determinar si el verso "normal" consta de 13, 14, 15 ó 16 sílabas; tampoco conocemos los criterios que regían el hiato, la sinalefa, la sinéresis, etc.

Robert A. Hall ha afirmado que la métrica del *Poema* está basada en un sistema de acentuación derivado de la poesía germánica, en el cual el número de las sílabas no acentuadas puede variar durante la representación cantada o recitada; esta teoría se parece a la formulada con anterioridad por Menéndez Pidal y otros eruditos, de que la extensión del verso no se atenía al número de sílabas sino al compás musical. [20] Sean cuales fueren los méritos de estas teorías, el terreno de la discusión se ha reducido innecesariamente por la presunción general de que, si la métrica se hubiese basado en un cómputo silábico, todos los versos deberían tener el mismo número de sílabas. Se podría sugerir, al contrario, que la métrica pudiera

---

other aspects of formulaic diction", *Bulletin of Hispanic Studies,* XLIX (1972), pp. 109-119. Stephen Gilman parece favorecer la hipótesis de Harvey, pero admite no obstante que las fórmulas demuestran que "la versión original cantada" debe de haber tenido una métrica irregular, véase "The poetry of the *Poema* and the music of the *Cantar*", *Philological Quarterly,* LI (1972), pp. 1-11.

[19] *La Chanson de Roland* (2.ª edic., Oxford, 1946), p. xii (cita traducida por mí).

[20] Hall, "Old Spanish stress-timed verse and Germanic superstratum", *Romance Philology,* XIX (1965-1966), pp. 227-234. Jules Horrent, *Roncesvalles. Étude sur le fragment de cantar de gesta conservé à l'Archivo de Navarra (Pampelune)* (París, 1951), nos brinda la mejor noticia de las discusiones sobre el asunto hasta aquella fecha; también critica (pp. 68-69) el método adoptado por Menéndez Pidal de calcular la escansión de los versos haciendo caso omiso de aquellos que han suscitado duda sobre el uso del hiato y de la sinalefa. Para un lúcido relato de las discusiones posteriores, véase Deyermond, *Epic Poetry and the Clergy...,* pp. 55-57.

haber sido sólo relativamente estricta, sin postular una extensión "normal" de los versos, y que debiéramos dedicarnos más bien a averiguar la cantidad de tolerancia que se podría permitir en aquellos versos respecto de los cuales no exista ninguna otra razón para sospechar error de copista. La "prueba del fuego" está en la representación oral, y el lector probablemente logrará, al declamar los versos, una comprensión intuitiva de la tolerancia existente en el sistema métrico.

Tampoco las asonancias se observan tan rigurosamente en el *Cid* como en las epopeyas francesas. El poema español emplea once variedades de asonancia en total, diez en el primer Cantar, diez en el segundo, y sólo seis en el tercero. Las cuatro más comunes son, en orden decreciente de frecuencia: *-ó,* p. ej. en la tirada 3: "pendones / varones / son / dolor", etc.; *-á,* p. ej. en la tirada 18: "Bivar / valdrá / besar / voluntad", etc.; *á-o,* p. ej. en la tirada 1: "llorando / cañados / mantos / malos", etc.; y *á-a,* p. ej. en la tirada 4: "osava / saña / carta", etc. Mucho más raras son *í-a,* p. ej. en la tirada 12: "cogida / aína / María", etc.; *í-o,* p. ej. en la tirada 5: "conplido / vino / consigo", etc.; e *-í,* p. ej. en la tirada 43: "gentil / dezir / lid", etc. Hay cuatro asonancias que son excepcionales: *é-a / ié-a,* comp. las tiradas 2, 70 y 73, *é-o / ié-o,* comp. las tiradas 31 y 65, *ó-a,* comp. las tiradas 53 y 55, y *ó-o / ué-o,* sólo en la tirada 81. [21]

Se notará que por lo regular la asonancia en *-ó* incorpora la asonancia en *ó-e* y la asonancia en *-á* incorpora la asonancia en *á-e*; esto se alcanzaba por un sistema de compensación, llamado de paragoge, por el cual una *-e* final (o, tal vez, después de una vocal, un *-ve* o *-de* final) era insertada por el cantor. El Ms. del *Poema* lleva la *-e* en sólo dos sitios, *laudare,* v. 335, y *Trinidade,* v. 2370, y en el primero la paragoge es

---

[21] Véase Menéndez Pidal, ed. crít., pp. 103-124, para un examen de las asonancias; hay que advertir que don Ramón creía que eran todas perfectas en la versión original y "corrigió" las asonancias irregulares a lo largo de todo el *Poema.*

dudosa por ser latinismo la palabra. Encontramos una confirmación del sistema, no obstante, en el Ms. del fragmento de *Roncesvalles* (epopeya española, casi toda perdida, basada en la *Chanson de Roland*), porque tiene la -*e* paragógica en la mayoría de sus versos: "tira*re* / sangre / djra*de* / Roldan*e* / ... / aylla*e*". [22] (Véase más abajo el apartado 11, donde se indica el método de insertar la paragoge al cantar el *Poema* en voz alta.)

Joseph Bédier, en su comentario sobre la *Chanson de Roland*, y F. Whitehead, en la introducción a su edición de la misma, hacen constar que "muchos poetas épicos de la Francia medieval introdujeron asonancias impuras en sus tiradas y que por consecuencia una asonancia imperfecta no constituye base suficiente para una presunción de error de copista". [23] A la par de la métrica, aquí también el poema español muestra irregularidades mucho mayores, y algunas de ellas tal vez son errores de copista (véase más adelante el apartado 12). Sin embargo, no sería prudente por nuestra parte que emprendiésemos la tarea cuestionable de "corregirlas" todas, porque existe la posibilidad de que algunas deriven del poeta mismo. Muchas de ellas se encuentran hacia el comienzo o el final de las tiradas, y parecen marcar un cambio de marcha en el proceso creador, comp. los vv. 174, 404, 437, 491, 506-507, 819-820, etc.; puede ser que tuvieran alguna relación oculta con la música, comp. las misteriosas letras *AOI* que aparecen 172 veces al comienzo o al final de las tiradas de la *Chanson de Roland*. De vez en cuando, las asonancias irregulares del poema español parecen aportaciones a una función artística consistente en realzar algunos momentos de emoción o

---

[22] Véase Horrent, *Roncesvalles...*, y consúltese Ruth House Webber, "The diction of the *Roncesvalles* Fragment", en *Homenaje a Rodríguez-Moñino* (Madrid, 1966), II, pp. 311-321.

[23] Bédier, *La Chanson de Roland* (París, 1927), II (Commentaires), pp. 270-297; Whitehead, *La Chanson de Roland*, p. xi (cita traducida por mí).

de agitación, comp. los vv. 412, 897-898, 929, 1029, 1751, 2155, 2428, 2542, 2753, 3060 y 3360.

También cabe pensar que el sistema toleraba la asonancia en -*ué* unida a la -*ó*, comp. *fuert*, v. 1330, *aluén*, v. 2696, *puede*, vv. 2007 y 3468, *fuent*, v. 2700, etcétera. Como afirmó Bédier, "una asonancia de '*aprochie / ajustee*' es una asonancia pobre, pero no es de las que chocan al oído", y con él podemos preguntar a los que quieren cambiar estas asonancias, "¿de dónde se deriva ese prejuicio de que los más antiguos autores de cantares de gesta hubieran debido imponerse reglas de versificación más rigurosas que los escritores que les sucedieron?". [24] Y a este respecto nótese que Juan Ruiz pudo rimar "langostas / postas (= 'puestas') / costas / angostas" (*Lba,* estr. 1111). [25] De todos modos no se justifica el cambio de los ejemplos en *ué* por * *uó*, no solamente porque este antiguo diptongo no se encuentra nunca en el Ms. del *Cid,* sino porque tampoco es posible hallar ni siquiera un solo ejemplo de esta forma del diptongo en castellano a partir del final del siglo x. En los documentos de los siglos XII y XIII procedentes de la región castellana fronteriza con Aragón, la única variante de *ué* que se encuentra es el monoptongo *ó*, que tampoco se ofrece en el Ms. del *Cid.* [26]

En 1966 Edmund de Chasca pretendió haber descubierto el empleo de "rimas internas" en el *Poema,* es

[24] *La Chanson de Roland,* II, p. 293 (cita traducida por mí).

[25] Comp. "Pocos / Marruecos", *Poema de Alfonso onceno,* 1568. Pueden explicarse como formas dialectales las más de las rimas de este tipo que se encuentran en el *Libro de Alexandre,* comp. 305, 510, 1013 y 1812 (numeración de la edic. de Willis).

[26] Menéndez Pidal criticó a Bernardo Gicovate en 1960 por haber sugerido que la fecha del *Poema* pudiera ser h. 1200 y que los casos aparentes de *uó* eran dialectalismos: "Esto es desconocer en absoluto los documentos dialectales que existen; en ninguno del centro de España, escrito hacia 1200 aparece el menor rastro de *uo*" (*En torno al Poema del Cid,* p. 166). Añadamos: tampoco en los documentos h. 1140 aparece el menor rastro de *uó*; los últimos ejs. que encontramos están en el Cartulario de Valpuesta, en docs. fechados en 28 de julio de 939 y en febrero de 958. Repetimos que *uó* no se halla nunca en el Ms. del *Poema.*

decir, asonancias de primeros hemistiquios, comp. "vedado / rrecabdo", vv. 42-43, "osariemos / perderiemos", vv. 44-45, etc. [27] De Chasca calculó que existen 987 primeros hemistiquios (entre el total de 3.730) que asuenan con otros primeros hemistiquios, o sea, un 26,5 por ciento. Sin embargo, en esta cantidad incluyó 207 asonancias alternantes, comp. "cara / pagado / mañana / plazo", vv. 411-414, disposición desconocida al final de verso en la poesía épica, sea cual fuere el tipo de ésta. Además, su método de cálculo es discutible, y a veces erróneo. Así, su total de 987 casos puede rebajarse a 807 —un porcentaje de 21,6— y si excluimos las asonancias alternantes, tan ajenas a esta poesía, podemos llegar a un porcentaje aproximado de 17,5. [28] En vista de la permutación limitada de las terminaciones de palabras en la cesura, es muy posible que este porcentaje quede inscrito en los límites de la distribución aleatoria; lo cierto es que el análisis de los efectos artísticos de estas asonancias intentado por De Chasca es poco convincente.

4. EL LENGUAJE POÉTICO

El *Poema* se compuso en una especie de *Kunstsprache*, o "lenguaje artístico", semejante, pero no idéntico, al que encontramos en los romances. El uso de formas arcaicas presta una pátina antigua a los versos. Además del empleo de la paragoge mencionada arriba, se nota una marcada tendencia a apocopar los complementos pronominales: hay, por ejemplo, 79 casos de apócope de *se* enclítico, comparados con sólo tres casos no apocopados (vv. 1384, 1840 y 3379); 15 casos de apócope de *me* enclítico, comparados con sólo un

[27] En un estudio publicado por primera vez en *Homenaje a Rodríguez-Moñino* (Madrid, 1966), 1, pp. 136-146; repetido en su libro *El arte juglaresco en el CMC* (Madrid, 1967), cap. XI, pp. 217-235.
[28] Consúltese mi reseña de su libro en *Bulletin of Hispanic Studies*, XLV (1968), pp. 310-313.

caso no apocopado (v. 2914); y 12 casos de apócope de *te* enclítico, comparados con sólo dos casos no apocopados (vv. 2669 y 3324) (para más datos véase Menéndez Pidal, ed. crít., pp. 251-255). Se encuentran numerosos casos de fonología sintáctica: *prestalde,* v. 118 (="prestadle"), *dandos,* v. 2081, etc. (="dadnos"), *tóveldo,* v. 3322 (="túvetelo"), *nimbla,* v. 3286 (="ni me la"), etc. (véase Menéndez Pidal, ed. crít., pp. 202-203). La conjunción copulativa *e* a menudo precede a un sustantivo en aposición, comp. *a Dios e al Padre spiritual,* v. 300 (="a Dios, [que es] el Padre espiritual"). En éstos y otros respectos el lenguaje del *Cid* es más arcaico que el de los poemas narrativos españoles del siglo XIII.

La variedad de los tiempos verbales es extraordinaria: el presente histórico se emplea a menudo, comp. vv. 10, 17, 30, etc. El imperfecto comúnmente expresa el sentido pretérito, comp. vv. 910-913, y a veces expresa el presente, comp. vv. 190 y 279. En subjuntivo, el imperfecto puede expresar el presente, comp. v. 2233. El perfecto simple en indicativo aparece alguna que otra vez en lugar del perfecto compuesto, comp. vv. 2048 y 2370, mientras que el proceso contrario es aún más común, comp. vv. 70, 201, 746, 848, etc. Hay frecuentes y notables cambios de tiempo, comp. vv. 35-40: "llaman ... querién tornar ... Aguiió ... se llegava ... sacó ... dava ... se abre ... se parava", casi todos los cuales habrían podido expresarse, si bien con monotonía, por perfectos simples. [29]

El *Poema* se destaca también por las muchas perífrasis verbales. Los verbos auxiliares empleados son: *querer* más infinitivo con sentido de deseo, vv. 662, 1776, etc., o con sentido inceptivo, vv. 231, 311, etc.; *fazer* más infinitivo con sentido factitivo, vv. 428, 1032, etc.; *mandar* más infinitivo también con sentido factitivo, vv. 208, 417, etc.; *ir* más infinitivo indicando el

---

[29] Véanse Menéndez Pidal, ed. crít., pp. 354-358, Stephen Gilman, *Tiempo y formas temporales en el "Poema del Cid"* (Madrid, 1961), y Edmund de Chasca, *El arte juglaresco...,* cap. XIII, pp. 267-307.

movimiento para hacer algo, vv. 655, 676, etc., pero también indicando la intención, v. 369; *tomarse a* más infinitivo con sentido inceptivo, vv. 852, 1514, etc.; *pensar de* o *a* más infinitivo con sentido inceptivo, vv. 10, 227, etc.; *compeçar de* o *a* más infinitivo, también con sentido inceptivo, vv. 705, 856, 2585, etc. Pero muchas veces estos auxiliares pierden su sentido y se quedan en meros componentes perifrásticos: así, *no lo quiera olbidar*, v. 1444, equivale a "no lo olvide", *fizo enbiar*, v. 624 = "envió", *mandédesle tomar*, v. 3515 = "tomadlo", *se van homillar*, v. 1516 = "se humillan", *tomós' a maravillar*, v. 1102 = "se maravilló", *piénsanse de armar*, v. 1135 = "se arman", *conpeçós' de pagar*, v. 1201 = "se pagó"; *tornar(se) a* o *de* apenas tiene sentido iterativo: *tornós' a alegrar*, v. 1455 = "se alegró", etc. A menudo aparece la perífrasis por medio de un gerundio con *ser, estar, ir* o *andar* (véase Menéndez Pidal, ed. crít., pp. 361-362). Estas perífrasis son quizá el rasgo que más nos impresiona de todos los que caracterizan el lenguaje poético, pero no hay por qué considerarlas como prueba de una "composición oral", es decir, de un poema compuesto de fórmulas sueltas que el cantor reuniese en el momento de la recitación. Perífrasis semejantes aparecen en los poemas narrativos del siglo XIII, si bien con menos frecuencia. En ambos casos pueden ser el resultado de lo que F. Whitehead, hablando del estilo épico del francés antiguo, llamó "la contrainte métrique", es decir, restricciones impuestas por la métrica. [30]

El léxico del *Poema* también se caracteriza por rasgos especiales. Contiene expresiones de origen jurídico: "las exidas e las entradas", vv. 1163 y 1572, "plazo", vv. 212, 321, etc., "rresponder", v. 3305, etc., "rrecudir",

30 En una ponencia, no publicada, titulada "Le style épique et la contrainte métrique", presentada al IVº Congreso de la Société Rencesvals, en Heidelberg, 28 de agosto al 2 de septiembre 1967 (resumida en el *Bulletin Bibliographique de la Société Rencesvals*, número 5, París, 1970, p. 111).

v. 3269, etc., "apreçiadura", v. 3240, etc., "derecho . . . tuerto", v. 3138, etc. Otras pueden derivarse de las crónicas latinas, comp. "Una grant ora el rrey pensó e comidió", v. 1889, etc., con "Imperator, hoc audiens, considerabat dicta eorum et fere dimidia hora tacitus, respondit eis...". [31] Las construcciones absolutas ("La missa dicha", etc.) también pueden provenir de los conocimientos de latín que tenía el poeta. Otras expresiones tienen traza eclesiástica, comp. "Vocaçión es que fizo", v. 1669. Hay numerosos ejemplos de pleonasmos intensivos: "llorando de los oios", "de las sus bocas todos dizían", "ver con los oios", "los oios de la cara", etc.; aunque existían, desde luego, frases análogas en latín, aquí aparecen con un tono enteramente popular y tradicional, y es de notar que por lo regular tienen un significado "físico". [32]

Uno de los rasgos constantes de la epopeya en general es el epíteto épico; así, en nuestro poema, el Cid es llamado "el bueno de Bivar", "el que en buen ora çinxo espada", "el que en buen ora nasco", "la barba vellida", "el Campeador conplido", etc. El uso de epítetos se extiende a la mujer del héroe, a su caballo, a sus vasallos, a las ciudades conquistadas, etc. Y no aparecen solamente como relleno de versos: pueden servir de *Leitmotiv* cuando determinado personaje sale a la escena (comp. Martín Antolínez, "el burgalés de pro"), o de fórmula evocadora del pasado (comp. el Cid, "el de Bivar", "el que Valençia ganó"), o de método de producir efectos dramáticos e irónicos. Este tipo de epíteto se encuentra también en las poesías narrativas españolas del siglo XIII, pero con menor

---

[31] Véase C. C. Smith, "Latin histories and vernacular epic in twelfth-century Spain: similarities of spirit and style", *Bulletin of Hispanic Studies,* XLVIII (1971), pp. 1-19.

[32] Para un análisis detallado de estas frases, véase C. C. Smith y J. Morris, "On Physical Phrases in Old Spanish Epic and other texts", *Proceedings of the Leeds Philosophical and Literary Society,* XII (1966-1968), pp. 129-190.

frecuencia y empleado con menos habilidad.[33] Otros rasgos estilísticos, que se indican en las notas, son: el uso de *fazer* como verbo vicario para reemplazar el sentido de otro verbo ya expresado (comp. "el padre con las fijas lloran de coraçón, / assí fazían los cavalleros del Campeador", vv. 2632-2633); la elipsis (comp. "si vos la aduxier d'allá; si non, contalda sobre las arcas", v. 181); la parataxis (débil coordinación, comp. v. 387); el anacoluto (falta de consecuencia estricta, comp. v. 526); la meiosis o atenuación, especialmente por medio de la lítote, comp. v. 108; la enumeración (comp. 735 y sigs.); el hipérbaton (comp. v. 535). Estos rasgos no deben considerarse como "errores"; cuando señalo en las notas la intención probable de una elipsis, es sólo para intentar una aclaración del sentido, no para suplir algo que falte en el texto. Lo mismo cabe decir de los anacolutos y las construcciones paratácticas: donde el poeta no pone más que débiles yuxtaposiciones, destruiríamos el efecto poético si intentásemos ajustarlas a lo que preferimos considerar como sintaxis "correcta".

5. LA ESTRUCTURA E INTERRELACIÓN DE LAS TIRADAS

El *Cid* difiere de los primeros poemas heroicos franceses no sólo por su división tripartita, sino también por la mayor variedad de extensión de sus tiradas. La *Chanson de Roland* consta de 4.002 versos distribuidos con bastante regularidad entre 298 tiradas, lo que supone una media aproximada de 13 versos por tirada. Los 3.370 versos del *Cid,* desigualmente repartidos entre 152 tiradas, suponen un promedio aproximado de 24 versos por tirada, el cual casi nunca se cumple

---

33 Para una lúcida exposición, véase Rita Hamilton, "Epic Epithets in the *PMC*", *Revue de Littérature Comparée,* XXXVI (1962), pp. 161-178; véanse también Edmund de Chasca, *El arte juglaresco...,* cap. IX, pp. 173-193, e Ian Michael, "A Comparison of the Use of Epic Epithets in the *PMC* and the *Libro de Alexandre*", *Bulletin of Hispanic Studies,* XXXVIII (1961), pp. 32-41.

en realidad: algunas tiradas llevan muchos más de cien versos, otras contienen tan sólo tres. Las tiradas cortas se emplean a veces, pero no siempre, cuando la acción es rápida y agitada, o simplemente cuando la narración se compone de pequeñas unidades. Sin embargo, hay que hacer constar que algunos de los poemas épicos franceses están integrados por tiradas más largas de tipo "compuesto", parecidas a las del *Cid*. [34]

Una de las variedades estructurales de las tiradas ha sido analizada por H. Ramsden, [35] quien demuestra que el episodio de la conquista de Alcocer (vv. 574-610, tirada 29), se divide según este esquema:

Introducción (2 vv.).

I. La huida fingida (18 vv.).
    (*a*) Exposición (12 vv.).
    (*b*) Recapitulación y desarrollo (5 vv.).
    (*c*) Conclusión (1 v.).

II. La vuelta victoriosa (16 vv.).
    (*a*) Exposición (10 vv.).
    (*b*) Recapitulación y desarrollo (5 vv.).
    (*c*) Conclusión (1 v.).

Epílogo (1 v.).

Las subsecciones (*a*) y (*b*) de cada sección se fraccionan a su vez en tres subdivisiones.

Ésta es, en realidad, una disposición doble de cierta estructura básica que se puede encontrar en otras partes del *Poema,* bien sencillamente, bien en una disposición mucho más compleja, comp. las descripciones de las batallas, compuestas de preparativos, ataque, derrota, alcance, despojo del campo de batalla, y reparto del botín. El grado de complejidad dependería, evidentemente, de la materia que se iba a narrar.

---

[34] Véase Jean Rychner, *La Chanson de geste...*, p. 125; consúltese también Joseph J. Duggan, *The Song of Roland: Formulaic Style and Poetic Craft* (Nueva York, 1973).
[35] "The Taking of Alcocer...", *Bulletin of Hispanic Studies,* XXXVI (1959), pp. 129-134.

Una estructura compleja se encuentra también en los posibles casos de "narración doble",[36] fenómeno parecido al de las series gemelas (véase más abajo). En la tirada 152, en la que se describe el duelo entre Muño Gustioz y Asur González, al acometerse ambos combatientes, se asestan sendos golpes en los escudos (v. 3673). El golpe de Asur se describe primero (versos 3674-3677): traspasa el escudo de Muño Gustioz y luego su armadura, pero no logra penetrarle la carne. Entonces dice el poeta: "Este colpe fecho, otro dio Muño Gustioz" (v. 3678), como si los golpes fuesen consecutivos, aunque al principio se habían presentado como simultáneos (v. 3673, y comp. v. 3621). Si interpretásemos el golpe dado por Muño en el v. 3678 como el segundo que dio, entonces no tendríamos ningún relato de su primero, aunque hubiese llegado a darlo. Así, el v. 3678 implica que, habiendo descrito ya el golpe de Asur, el poeta ahora va a dar pormenores del de Muño, golpe que también atraviesa el escudo de su adversario y le penetra la armadura (v. 3679 es repetición exacta del v. 3676). La descripción detallada sigue en los vv. 3680-3684: Muño rompe el escudo de Asur por la bloca (v. 3680, primera adición, que explica el v. 3679), el escudo no puede proteger a Asur y su armadura queda penetrada (v. 3681, segunda adición), Muño le golpea en el costado, pero no cerca del corazón (v. 3682, tercera adición), y empuja la lanza con pendón clavada en el cuerpo de su rival, hasta que sobresale una braza por la espalda (vv. 3683-3684, cuarta adición); y por último, adelantando la acción, el poeta describe cómo Muño desarzona a Asur torciéndole y le tira al suelo al retirar la lanza (vv. 3685-3686), saliendo ésta y el pendón teñidos de sangre (v. 3687). Pensando que este episodio se narraba en una secuencia racional y temporal, la mayoría de los

---

[36] Lo que llamo "narración doble" es parecido a lo que M. Criado de Val define como "insistente alusión"; véase "Geografía, toponimia e itinerarios del *CMC*", *Zeitschrift für romanische Philologie*, LXXXVI (1970), pp. 83-107, en p. 89.

editores anteriores suprimieron ya el v. 3676, ya el
v. 3679, porque la repetición estorbaba su interpreta-
ción del incidente. Menéndez Pidal, ed. crít., p. 1162,
nota, comentó: "el 3676 es precedente necesario
de 3677, mientras 3679 es impertinente antes de 3680";
pero es "impertinente" sólo para quien espere una
sucesión lógica de los acontecimientos. Existen otros
casos posibles de "narración doble" en los vv. 395-396
y 2121-2125 (véanse las notas respectivas).

Las tiradas se interrelacionan de varias maneras.
1) Se enlazan mediante una narración consecutiva de
los sucesos, comp. las tiradas 4-5, 9-10, etc. Ésta es la
forma de conexión más frecuente. 2) La siguiente ti-
rada puede renovar la narración después de un discurso
en la precedente, comp. 1-2, 3-4, 12-13, etc. Esta mo-
dalidad es también muy frecuente. 3) La conexión pue-
de hacerse a base de un cambio de interlocutor, o de
un cambio de dirección dentro de un solo discurso,
comp. 5-6, 6-7, 10-11, 15-16, etc. 4) Cuando hay una
bifurcación narrativa, los últimos versos de la tirada
precedente o el primer verso de la siguiente abando-
narán de momento una cadena de sucesos para con-
centrarse en la otra, comp. 43-44, 46-47, 48-49, 79-80,
87-88, etc. 5) Cuando dos narraciones separadas vuel-
ven a unirse, el primer verso de la tirada siguiente in-
dicará el eslabón, comp. 84-85, 88-89, si bien esto
puede ocurrir dentro de una tirada, comp. los vv. 915-
916 de la tirada 49, y los vv. 1914-1916 de la tirada 102.
6) La tirada siguiente puede ser una repetición del
final de la precedente con alguna adición o novedad,
comp. 6-7, 28-29, 55-56, etc. 7) La tirada siguiente
puede ser una serie gemela (o *laisse similaire*): puede
no hacer más que repetir la tirada anterior en tono
declamatorio, comp. 45, 51, o reelaborarla, comp. 73,
129, o bien puede proporcionar un aspecto distinto de
un suceso descrito en la tirada anterior, comp. 120, 130
(esto último se parece a la "narración doble", mencio-
nada más arriba).

No pretendo haber incluido, en estas categorías aproximadas, todos los medios por los que el poeta interrelaciona las tiradas; las presento, sin embargo, para llamar la atención del lector sobre el hecho de que estamos frente a una obra que apenas tiene punto común alguno con !os prejuicios modernos sobre la progresión temporal o racional de la narración, y también para proponer un posible punto de partida para estudios más profundos acerca de la compleja técnica narrativa del poeta. En el caso de las epopeyas francesas, la iniciadora de este tipo de investigación fue la profesora Mildred K. Pope, quien examinó lo que llamó "le procédé des laisses similaires" y distinguió dos tipos. [37] Eugène Vinaver ha adelantado la investigación mucho más, advirtiendo que esta "repetición con variación" utilizada en las epopeyas no tiene ningún parecido con los métodos de exposición narrativa de hoy, y que tampoco posee la secuencia coherente del fenómeno llamado "repetición aumentativa" de los romances. [38] En un estudio muy detallado, Jean Rychner ha establecido los dos tipos de *laisses parallèles* y *laisses similaires*. [39] El *Cid* sólo ofrece un ejemplo de "serie paralela": en la descripción de los duelos (tiradas 150-152), observamos la representación de tres acciones separadas pero semejantes, contenidas en tres

[37] Véase "Four *chansons de geste*: a study in Old French versification", *Modern Language Review*, VIII (1913), pp. 352-367, IX (1914), pp. 41-52, y X (1915), pp. 310-319.

[38] Véase *The Rise of Romance* (Oxford, 1971), cap. I, pp. 1-14, en pp. 6-7 (parte de este cap. se publicó por primera vez en el *Bulletin of the John Rylands Library*, 46 (1963-1964), pp. 476-503). Algunos romances españoles ofrecen ejemplos semejantes a los del primer tipo de Miss Pope, pero no resultan ser idénticos, p. ej.: "Todos cabalgan a mula, / sólo Rodrigo a caballo; / todos visten oro y seda, / Rodrigo va bien armado; / todos espadas ceñidas, / Rodrigo estoque dorado; / todos con sendas varicas, / Rodrigo lanza en la mano; / todos guantes olorosos, / Rodrigo guante mallado; / todos sombreros muy ricos, / Rodrigo casco afinado...", *Spanish Ballads*, ed. C. C. Smith (Oxford y Londres, 1964), núm. 26, vv. 7-18, p. 110.

[39] *La Chanson de geste...*, cap. IV. La *laisse parallèle* o serie paralela de Rychner corresponde al primer tipo de *laisses similaires* de Miss Pope. Véase también Angelo Monteverdi, "La laisse épique" en *La Technique littéraire des chansons de geste. Actes du Colloque de Liège (septembre 1957)* (París, 1959), pp. 127-140.

tiradas separadas pero semejantes; no obstante, está
claro que los duelos tienen lugar *simultáneamente*. De
casos de "series gemelas" hay pocos, porque la mayor
extensión de las tiradas del poema español produce
más bien casos de "narración doble" dentro de las
tiradas compuestas. El clímax del *Poema,* sin embargo,
ofrece un magnífico ejemplo, aunque ya, en la afrenta
de Corpes (tiradas 128-130), la primera tirada contiene
"narración doble": los infantes de Carrión, después
de despojar a sus esposas de los mantos (v. 2720), las
flagelan con sus cinturones y les dan golpes de espuela
(vv. 2736-2737), desgarrándoles las camisas y lacerán-
doles las carnes (v. 2738) hasta que la sangre enrojece
las sayas (v. 2739). Más tarde, en la misma tirada, sus
camisas y sayas aparecen teñidas de sangre (v. 2744,
primera variación). Entretanto, Elvira y Sol sienten el
dolor en lo íntimo de sus corazones (v. 2740), están
entumecidas del dolor (v. 2743), y por fin enmudecen
(v. 2747, tercera variación de su estado). El poeta
evoca dramáticamente la figura del Cid (vv. 2741-2742)
y termina diciendo que las hijas fueron abandonadas
en el robledo, donde quedaron por muertas (v. 2748).
La tirada siguiente (129) lleva sólo cinco versos, los
cuales añaden la noticia de que los infantes se lleva-
ron los mantos y las pieles de armiño (v. 2749, pri-
mera adición), y de que las hijas, en muy triste condi-
ción, quedaron abandonadas (v. 2750, cuarta variación)
a la merced de las aves y bestias (v. 2751, segunda adi-
ción), por muertas (v. 2752, primera repetición); y di-
chos versos acaban con una repetición de la evocación
exclamatoria del Cid. La tercera tirada (130), de sólo
siete versos, menciona el desamparo de las hijas (ver-
sos 2754-2755, segunda repetición), añade el detalle de
que no se pueden ayudar la una a la otra (v. 2756, quinta
variación), y dedica cinco versos a los alardes que
hacen los infantes de sus malas acciones (tercera adi-
ción). Aun así el proceso no se completa, porque la
próxima y larga tirada (131) empieza con una repe-
tición de las jactancias de los infantes, hace una refe-

rencia indirecta a tales jactancias nueve versos más abajo (v. 2772), y alude a los repetidos alardes, ya por última vez, cincuenta y dos versos después (v. 2824). Hay dos referencias más a la condición de las hijas: inconscientes (v. 2777), y demasiado postradas para hablar (v. 2784). Esta tirada, además, contiene otras repeticiones dentro de sí. Claro está que estas tiradas no contienen descripciones de distintos hechos, sino tres descripciones independientes de la misma escena. No obstante, es importante advertir, como ha observado atinadamente Eugène Vinaver, refiriéndose a la escena de la muerte de Roldán en la *Chanson,* "los detalles de cada descripción no están destinados, como en un romance, a fundirse en un solo cuadro. Cada descripción constituye una visión separada del mismo suceso, presentada de tal manera que la escena perdería mucho de su significado si todos los pasajes referentes a ella se condensasen 'telescópicamente' en uno". [40]

6. LA ESTRUCTURA DEL POEMA

El *Cid* está construido a base de dos tramas que se entrelazan. La primera parte comenta el tema del deshonor moral y político del Cid ocasionado por el destierro injusto, y la rehabilitación gradual del héroe gracias a sus propios esfuerzos, que culminan en la reivindicación total de su honor, juntamente con su conquista de Valencia y con la consecución del indulto real (vv. 2034-2035). Esta trama ocupa más del 50 por ciento del poema en el estado en que lo conocemos. La segunda parte de la estructura empieza ya antes de la terminación de la primera: en la tirada 82, los infantes deciden que sería ventajoso para ellos casarse con las hijas del Cid (vv. 1372-1376). Es esta decisión la que promueve la segunda trama durante la cual el Cid sufrirá el descrédito personal y familiar derivado de la afrenta hecha a sus hijas. Sin embargo, el rey

40 *The Rise of Romance,* p. 9 (cita traducida por mí).

participará en el deshonor por su insistencia en que se casen los infantes con las hijas del Cid, y es el rey quien tiene que enderezar el entuerto por medio de un tribunal ante el cual el Cid logrará obtener reparación. La carrera del Cid llega a su culmen, y la posición de sus hijas se realza, con los nuevos matrimonios que las hacen, según el *Poema,* reinas de Navarra y de Aragón. El poeta entrelaza las tramas con gran destreza en los vv. 1345-1349, poco antes de que los infantes tomen su decisión fatídica: el consejero de éstos y aliado principal del bando de Carrión en la corte, el conde García Ordóñez, queda en aquellos versos reprochado por el rey a causa de su comentario despectivo motivado por la facilidad con que el Cid está conquistando a los moros. No obstante, suponemos que el conde, antiguo enemigo del Cid, formaba parte del bando de *malos mestureros* que maliciosamente había inducido al rey a que desterrase al Cid antes del comienzo del *Poema.* En tal caso sería el mismo bando de la corte el que instigase cada una de las dos tramas estructurales del *Poema.* En ambas ocasiones el rey sigue sus consejos y causa el deshonor del Cid, y en ambos casos tiene que poner remedio a lo hecho: la primera vez por indulto real, la segunda por intervención judicial.

A las dos partes de la estructura básica el poeta incorpora varios episodios interrelacionados. Las dos tramas pueden analizarse en amplias divisiones, y cada una de éstas en subdivisiones, pero el esquema aproximado que presento a continuación no quiere decir necesariamente que yo crea que el poeta haya planificado su obra de este modo, ni que él pensase en subdivisiones tripartitas; es probable que el lector prefiera incluir episodios menores que aquí se han omitido, o excluir algunos que se han admitido. Se advertirá que la división tradicional del *Poema* en tres Cantares (seguida en esta edición) no se conjuga bien con la estructura bipartita total (los números entre corchetes se refieren a las tiradas):

Cantar primero

A. I. Preparativos para el destierro [1-18]
     (*a*) Vivar   (*b*) Burgos   (*c*) Cardeña

    II. Campaña del Henares [18-26]
      (*a*) Visión en la   (*b*) Castejón   (*c*) Venta del
      Figueruela   botín y
                                          generosidad
                                        del Cid

    III. Campaña del Jalón [26-46]
      (*a*) Alcocer   (*b*) Derrota de   (*c*) Primera
                           Fáriz y Galve   dádiva a
                                          Alfonso

    IV. Campaña del Jiloca [46-63]
      (*a*) El Poyo   (*b*) Alfonso   (*c*) Derrota del
                              perdona a   conde de
                              Álvar Fáñez   Barcelona

Cantar segundo

    V. Iniciación de la campaña levantina [64-71]
      (*a*) Murviedro   (*b*) Cebolla   (*c*) Peña Cadiella

    VI. Campaña de Valencia [72-77]
      (*a*) Cerco y conquista (*b*) Derrota del   (*c*) Segunda
           de Valencia   emir de   dádiva a
                              Sevilla   Alfonso

    VII. El Cid establecido en Valencia [78-95]
      (*a*) Jerónimo   (*b*) Llegada de   (*c*) Derrota de
           nombrado   la familia   Yúsuf
           obispo   del Cid

    VIII. El Cid reivindicado [96-104]
      (*a*) Tercera dádiva (*b*) Los infantes (*c*) Alfonso
           a Alfonso   de Carrión se   perdona al
                            consultan   Cid

B. I. Los matrimonios [104-111]
     (*a*) Negociaciones (*b*) Esponsales (*c*) Ceremonias
       nupciales   de boda

Cantar tercero

II. Los infantes en Valencia [112-123]

(a) Episodio del león   (b) Derrota de   (c) Los infantes
                            Búcar   elogiados;
                                                los infantes
                                                escarnecidos

III. Venganza de los infantes [123-130]

(a) Partida de los   (b) Vana conjura   (c) La afrenta
    infantes y   para asesinar   de Corpes
    las hijas   a Avengalvón

IV. El Cid se propone obtener desagravio [131-135]

(a) Rescate de las   (b) El Cid pide   (c) Alfonso
    hijas   justicia a   proclama
                           Alfonso   Cortes
                                                en Toledo

V. El Cid reivindicado otra vez [135-152]

(a) Los pleitos   (b) Los duelos   (c) Los nuevos
                                                matrimonios

[Nótese que los apartes B. V. (a) y (b), lo mismo que algunas de las demás secciones, pueden analizarse en subdivisiones, a saber, los tres retos, y los tres duelos.]

La única justificación de dividir los Cantares primero y segundo estriba en el verso 1085: "Aquís' conpieça la gesta de Mio Çid el de Bivar", curiosa afirmación si tenemos en cuenta que el poeta ha narrado ya tres de las campañas del Cid; tampoco los versos inmediatamente precedentes están compuestos de modo que impriman tono o carácter concluyente. Es posible que el verso 1085 constituya una interpolación efectuada por algún juglar en un Ms. anterior al existente, acaso con el fin de introducir un descanso en una representación viva del *Poema*. [41] Si, por el contrario, el verso fue compuesto por el poeta, puede haber tenido

41 Véase más abajo el apartado 10, nota 65.

un sentido más restringido: "Aquí empieza la mayor hazaña del Cid", es decir, la campaña de Levante que dio lugar al cerco y conquista de Valencia. No obstante, si el poeta incluyó el verso 1085 para indicar un cambio de la estructura o trama de su obra, no lo hizo en el momento más oportuno: el rey Alfonso ha recibido el primer obsequio, y ha perdonado a Álvar Fáñez, pero no al Cid; éste no ha cumplido todavía la promesa que hizo al abad de Cardeña (en la tirada 15), ni ha realizado su esperanza (mencionada a Jimena en la tirada 16) de llevar de la mano a sus hijas hasta el pie del altar; y cierto es que no lo conseguirá hasta el final: tan estrechamente ha entrelazado el poeta los hilos de su trama.

La división de los Cantares segundo y tercero viene impuesta por los vv. 2276-2277: "Las coplas d'este cantar aquís' van acabando. / ¡El Criador vos vala con todos los sos sanctos!". Aquí se nota un esfuerzo mucho más marcado por quebrar la línea narrativa, porque los vv. 2271-2273 nos comunican que los infantes, ya casados, permanecieron casi dos años en Valencia, donde les trataron afectuosamente, y que el Cid estuvo contento. Luego, los vv. 2274-2275 introducen una nota de inquietud por el futuro, con la esperanza vehemente de que las cosas sigan bien. El tercer Cantar empieza bruscamente, como si hubiera sido un poema separado, pero con todo, mucho de lo que contiene no se comprenderá sin conocimiento de los Cantares anteriores.

La división en Cantares corresponde aproximadamente a las siguientes proporciones del *Poema* existente: primer Cantar, 29 por ciento; segundo Cantar, 32 por ciento; tercer Cantar, 39 por ciento. Es probable que cada sección coincidiera con la cantidad cantada en una sola representación; los juglares tal vez escogiesen adrede aquellos puntos de descanso en los cuales no se había llegado aún a los momentos más emocionantes, para atraer público a la siguiente representación. [42] Si así fue, los ajustes necesarios para la representación parecen haber rebajado la estructura artística forjada por el poeta.

7. Historia y ficción en el poema

Parece claro que la base histórica del *Poema* fue el segundo destierro del Cid ordenado por Alfonso VI en diciembre de 1089. La *Historia Roderici,* obra tal vez conocida por el poeta, nos dice que, por no haber llegado el Cid a tiempo para ayudar a Alfonso a levantar el cerco de Aledo, los cortesanos enemigos del héroe lograron convencer al rey de que el Cid había incurrido en traición; a consecuencia de ello, se decretó el destierro del Cid, y su mujer y sus hijos fueron encarcelados, probablemente en el castillo de Ordejón (véase la nota al v. 1596). A pesar de los mensajes que el Cid mandó a Alfonso, el rey no quiso apiadarse, salvo que decidió soltar a doña Jimena y a los hijos, quienes se reunieron con el Cid en Almudia de Valencia al final de 1089 o al comienzo de 1090. En este año, el Cid ataca al emir de Lérida, y se enfrenta con una coalición acaudillada por Berenguer Ramón II, conde de Barcelona, a quien el Cid hace prisionero (como ha hecho antes, durante su primer destierro), pero pronto le suelta, con dos compañeros nobles, y el conde cede al Cid su protectorado moro. En 1090-

---

[42] Jean Rychner, *La Chanson de geste...*, pp. 49-50, sugiere que un juglar podría haber cantado entre mil y dos mil versos durante una representación de dos horas, pero este cómputo no parece adecuado para los versos más largos del poema español, y parece realmente inadecuado si éstos se cantasen al son de una melodía con un "tempo" tan lento como el sugerido para la melodía del *Audigier,* única que ha sobrevivido (impresa por Rychner, p. 18). Sobre el conflicto entre la división en tres Cantares y la estructura del *Poema,* véase Ruth H. Webber, "Narrative organization of the *CMC*", *Olifant,* I, número 2 (diciembre de 1973), pp. 21-34, en p. 29. Para un estudio interesante de la gradación y el contraste en la estructura poética, véase A. D. Deyermond, "Structural and stylistic patterns in the *CMC*", en *Medieval Studies in honor of Robert White Linker* (Madrid, 1973), pp. 55-71.

1091, el Cid acomete al emir de Zaragoza, su ex aliado, pero hace nueva alianza con él en 1092; entretanto, Rodrigo ha reconstruido el castillo de Peña Cadiella (Benicadell, año de 1091). También en 1092, se alía con Pedro I de Aragón, y ataca y saquea las tierras riojanas del conde García Ordóñez. En el verano de 1092 Alfonso perdonó al Cid. En octubre éste se marchó de Zaragoza y empezó el cerco de Valencia, que duró veinte meses; en el otoño de 1093 rechazó una expedición enviada por el emperador almorávide Yúsuf con objeto de levantar el asedio. Valencia se rindió al Cid por fin en junio de 1094. En octubre de aquel año, el Cid logró defender la ciudad contra un ataque de Mohámmad ibn Tešufín, sobrino de Yúsuf. En 1097, con la ayuda de Pedro I de Aragón, el Campeador reforzó el castillo de Benicadell, y poco después derrotó a Mohámmad en la batalla de Bairén. En el otoño de 1097 conquistó Almenara, y en el invierno cercó Murviedro (Sagunto), que se le rindió el 24 de junio de 1098, fiesta de San Juan Bautista. En el mismo año, Rodrigo reconstruyó la mezquita valenciana en forma de catedral dedicada a Santa María, y fue nombrado obispo Jerónimo de Périgord. Quizá en 1098 también, Cristina, la hija mayor del Cid, se casase con Ramiro, infante de Navarra. La hija menor, María, parece haberse casado con Pedro Pedrez ("Sancho" le llama la *PCG*, p. 630*b*), hijo de Pedro I de Aragón;[43] lo cierto es que por el año 1103[44] María había contraído matrimonio con Ramón Berenguer III el Grande, conde de Barcelona (sobrino del conde del *Poema*). El Cid murió en Valencia en julio de 1099. Alfonso VI abandonó Valencia a los moros en mayo de 1102, cuando Jimena trasladó los restos embalsamados de su esposo a Castilla para enterrarlos en Cardeña.

[43] Véase A. Ubieto Arteta, *Colección diplomática de Pedro I de Aragón y Navarra* (Zaragoza, 1951), pp. 36-40.
[44] Probablemente no "hacia 1104", como sostiene T. Riaño Rodríguez, "Del autor y fecha del *PMC*", *Prohemio*, II (1971), pp. 467-500, en p. 471; sobre la fecha más probable, véase Menéndez Pidal, *España del Cid*, II, p. 564.

Si María se desposó con Pedro Pedrez en 1098, probablemente el casamiento no se consumó —recuérdese que el infante no tenía más que once años por entonces—; además, Pedro era de salud delicada y falleció antes del final de septiembre de 1104, premuriendo a su padre tal vez por menos de quince días.[45] De todos modos este supuesto desposorio no pudo tener validez en 1103 cuando María se casó con Ramón Berenguer III. No obstante, la posibilidad de que María contrajese dos matrimonios, o una creencia casi contemporánea de que lo hubiera hecho, puede haber motivado los dos casamientos que contrae doña Sol en el *Poema*. Aun cuando no existe ninguna referencia

---

[45] Pedro I se casó con Inés de Aquitania, tal vez en enero de 1086, cuando ella tendría todo lo más catorce o quince años. Antes del final de ese año nació su hijo Pedro Pedrez; y más tarde tuvieron una hija, Isabel. Inés (o Agnes) murió en 1097, y en agosto de aquel año Pedro se casó con Berta, dama francesa o italiana de nacimiento; ésta, al parecer, no le dio descendencia (véase A. Ubieto Arteta, *Colección diplomática de Pedro I...*, pp. 29-34). El joven infante Pedro parece no haber gozado de buena salud: una donación de Pedro I a la catedral de Huesca fechada en 5 de abril de 1097 fue dedicada "ad remedium anime mee atque pro parentum meorum requie filiique mei Petri salute ac regni nostri incolumitate..." (Ubieto, *ibid.*, número 30, p. 252); otra, con fecha de agosto de 1100, se dedicó "pro remissione peccatorum meorum et salute filii mei Petri..." (Ubieto, *ibid.*, núm. 87, p. 331); y dos más, fechadas en septiembre de 1101 y abril de 1102 respectivamente, llevan la misma fórmula (Ubieto, *ibid.*, núms. 101 y 110, pp. 352 y 364). El rey mismo e Isabel su hija tampoco estuvieron bien de salud: una donación de octubre de 1103 reza: "pro salute mea et pro remissione peccatorum meorum et pro salute filiorum meorum", e igualmente otra fechada en diciembre de 1103 (Ubieto, *ibid.*, núms. 132 y 136, pp. 396 y 402). Los tres murieron, probablemente antes del final de septiembre de 1104. Aunque cometió un error garrafal en cuanto al año y probablemente subestimó la edad del rey, la *Crónica de San Juan de la Peña* puede haber acertado al decir que los hijos premurieron al padre: "Los hijos del Rey murieron el 15 de las Kalendas de Setiembre de 1025 [*léase* 1104] y el mismo año, el tercero de las Kalendas de Octubre, terminó su vida el rey Pedro, el año XXXV de su edad, y fue enterrado en el monasterio antes nombrado de San Juan de la Peña" (ed. Tomás Ximénez de Embún, Zaragoza, 1876, p. 64). La hipótesis de que María Rodríguez se casase con Pedro Pedrez fue rechazada por Louis Chalon, "A propos des filles du Cid", *Le Moyen Age*, LXXIII (1967), pp. 217-237; no obstante, el hecho de haberse incorporado a la *PCG* una leyenda sobre este casamiento puede indicar que la sospecha de que María se hubiera casado dos veces, una vez con un infante de Aragón, no le era desconocida al autor del *PMC*.

histórica a que la hija mayor, Cristina, se casase dos
veces, la atribución poética de un casamiento anterior
también sería completamente normal, ateniéndonos al
procedimiento empleado por el autor de tratar como
parejas a las hijas y a otros personajes del *Poema*.
Además, es posible que haya existido una tradición
casi contemporánea de que las bodas de Cristina y
María se celebraron en el mismo día (véase Menéndez
Pidal, *La España del Cid*, II, p. 563). Así, ¿podría ima-
ginarse cosa más natural que la celebración poética
de dobles bodas *por dos veces*?

A primera vista es mucho más difícil explicar el
hecho de que el poeta no menciona nunca a Pedro I
de Aragón, aliado importante del Cid, mientras, fal-
samente —por lo que sabemos— eleva a los infantes
de Carrión, que carecieron de importancia, a la catego-
ría de yernos del Cid, si bien por poco tiempo. Claro
está que el poeta se ha metido en honduras respecto
a las alianzas contratadas y las batallas libradas por
el Cid en el Levante, y que su orientación apunta más
bien hacia la política de Castilla y León y de la región
fronteriza de aquélla, que hacia la de Navarra y Ara-
gón. Quizá por esta razón nos brinda un relato mucho
más detallado de las campañas cidianas a lo largo del
Henares y del Jalón, especialmente de la toma de Cas-
tejón de Henares y de Alcocer (de las cuales nos falta
testimonio histórico), relato que contrasta de modo sin-
gularísimo con la confusa narración de las campañas
levantinas. Como ha señalado Thomas Montgomery,
el tratamiento poético de la importante derrota del
conde de Barcelona nos la presenta como poco más
que "un intermedio cómico, una especie de entremés", [46]

---

[46] "The Cid and the Count of Barcelona", *Hispanic Review*, XXX
(1962), pp. 1-11 (cita traducida por mí). Es difícil sostener la opi-
nión de Montgomery (p. 3) de que "La *Historia Roderici* corrobora
el *Cantar*" respecto a este episodio. La *Historia* afirma claramente
que el Cid trata al conde con poca cortesía, pero luego le suelta
magnánimamente: "Comes autem Berengarius, uidens et cognoscens
se a Deo uerberatum et confusum et in manu Roderici captum, hu-
milis misericordiam ei petens, ante Roderici in suo tentorio sedentis
peruenit, eique indulgentiam multa prece expetijt. Rodericus autem

mientras la visión que se da de la captura de Valencia
rinde honores insuficientes a ese grandioso aconteci-
miento y al prolongado asedio que le precedió. Dada
esta tendencia a relegar los asuntos del Cid a la esfera
de la política local, fue por lo tanto un recurso sen-
cillamente genial escoger a dos nobles leoneses de es-
caso relieve para que desempeñasen los papeles de
"malos": éstos ofrecían la ventaja artística de formar
una facción con el conde García Ordóñez, antiguo
enemigo del Cid y privado de Alfonso VI, y así el
autor pudo representarles como derrochadores codi-
ciosos, cobardes ambiciosos, débiles pavones, y, en
fin, traidores deshonrados y vencidos. El poeta no
podría haber adoptado tal procedimiento con persona-
jes más conocidos o mejor definidos por la Historia.

El atrevimiento demostrado en la invención de los
primeros casamientos de las hijas del Cid nos indica
la primerísima importancia de esta desviación de los
hechos históricos para la estructura total del *Poema*.
Otras invenciones no carecen de significación: el *Poe-
ma* relata esencialmente el segundo destierro de Ro-

---

eum benigne recipere noluit, neque iuxta eum in tentorio suo sedere
permisit, sed foris extra tentoria eum custodiri a militibus suis iussit;
victualia quippe sibi largiter ibidem dari sollicite precepit; tandem
uero liberum ad terram reuerti sibi concessit" (ed. Menéndez Pidal,
España del Cid..., II, p. 969). No obstante, hay aquí suficientes ra-
zones para pensar que el poeta estaba enterado de este relato, encon-
tró impropio del carácter del Cid el trato descortés dado al conde, y
alteró adrede la narración inventando la escena en que el conde se
niega a comer con el Cid. Este cambio tenía, por una parte, la ven-
taja de presentar la "huelga de hambre" del conde como motivo de
la muestra de generosidad que dio el Cid al soltar al conde, lo cual
de otra manera quedaría sin explicación; pero por otra parte tenía
la desventaja de presentar la invitación al conde a asistir al ban-
quete como colmo de injurias en el sentido de que el conde apare-
cería como celebrando su propia derrota. Acaso pueda verse aquí
otro ejemplo de la incapacidad del poeta para premeditar las conse-
cuencias de su facilidad de invención; Russell ha señalado ya lo ab-
surdo de que el poeta considerase necesarios nada menos que cinco
escuderos para llevar los seiscientos marcos obtenidos en préstamo de
Raquel y Vidas, mientras éstos, si bien con dificultad, logran arre-
glárselas para transportar las dos arcas, cuando fue el enorme peso de
éstas el que precisamente proporcionó la razón aparente de toda aque-
lla operación (véase "San Pedro de Cardeña...", p. 77).

drigo, pero se supone que esto resulta de las falsas acusaciones hechas por García Ordóñez y los Vani-gómez, las que probablemente causaron el primer des-tierro de 1081. En el *Poema* doña Jimena y las hijas se guarecen en el monasterio de Cardeña, aunque no existe ninguna prueba documental de ello; no obs-tante, produce el efecto en el relato poético de dar a la abadía una posición importante que no parece haber tenido en la sucesión de los hechos históricos. El man-dato real expedido por Alfonso VI y la consecuente falta de hospitalidad encontrada por el Cid en Burgos quedan sin atestiguación; la oración de la niña de nueve años tiene trazas de ser pura ficción. [47] La in-vención del personaje de Martín Antolínez y su im-portancia como único habitante burgalés que está a la altura de las circunstancias, [48] el episodio ficticio de los prestamistas judíos (que lleva implícita por lo menos cierta contradicción), [49] el desafío sumamente improbable del mandato real por parte del desconocido abad de Cardeña, [50] todas estas invenciones satisfacen exigencias artísticas del poeta. No está bien fundada la creencia de que el *Poema* se va nutriendo de ficcio-nes a medida que se desarrolla, ya que en muchas cosas esenciales es ficticio desde el principio. La inmediata introducción de Álvar Fáñez en calidad de "brazo de-recho" del Cid y su continuación en este papel carecen de documentación histórica. Las campañas del Cid se presentan geográficamente como una progresión o jor-nada desde Vivar hacia Valencia (hay que advertir que se interrumpe entre El Poyo, Tévar y Huesa, pro-bablemente porque aquella región le era desconocida al autor); nunca se presentan como las correrías his-tóricas, originadas, en su mayor parte y un tanto a troche y moche, en el emirato de Zaragoza. Los epi-sodios dedicados a Castejón de Henares y a Alcocer, y

47 Véase Russell, "Some problems of diplomatic...", p. 342 y nota 4.
48 Véase Rita Hamilton, "Epic Epithets...", pp. 163-166.
49 Véase más arriba, final de la nota 46.
50 Véase Russell, "San Pedro de Cardeña...", p. 72.

la importancia dada a San Esteban de Gormaz y Medinaceli en los itinerarios, son debidos principalmente a la situación particular de dichos lugares en la frontera de la Castilla de entonces y a la relativa familiaridad que tendrían para el poeta y su público, más bien que a su trascendencia en las hazañas del Cid.

De todos modos, lo que ha hecho parecer tan "histórico" al *Poema*, en comparación con otras epopeyas medievales, es la existencia de unos detalles, sin importancia para la narración, los cuales no obstante han resultado ser históricamente auténticos. Cuando un personaje principal como Martín Antolínez es invención y un personaje aun más importante, Álvar Fáñez, se presenta en un papel deformado (o, a lo menos, distinto del que realmente desempeñó), no debemos ocultar cierta sorpresa al encontrar que personajes de menos monta, tales como Diego Téllez, Mal Anda y Galín García, tuvieron una sólida existencia histórica. Esta circunstancia aporta cierta prueba de que el poeta pudiera haber emprendido algunas investigaciones históricas, como Russell ha sugerido,[51] para dar al conjunto la apariencia de historicidad, aplicando así una técnica que a lo largo de los siglos ha sido empleada en las más audaces propagandas.

8. EL CID COMO HÉROE POÉTICO

El propósito esencial del *Poema* es presentar al Cid como un héroe, es decir, un hombre que en la acción se manifiesta superior a sus prójimos. Esta superioridad no sólo se evidencia en cualidades físicas y combativas, sino que comprende, según leemos, excelentes dotes de mando militar, devoción religiosa, preocupación por sus deberes familiares, vasallaje, conocimiento y observancia de los procedimientos jurídicos, generosidad, cortesía, astucia y discreción. Éstas son las pren-

---

51 "Some problems of diplomatic...", pp. 347-348.

das que el Cid demuestra poseer en sumo grado, y que se combinan en él para hacerle *valer más*. Esta superioridad interna se representa externamente por su honra, la cual depende de sus *nuevas*, o la fama de sus hazañas. El destierro y, más tarde, la afrenta de Corpes, hacen mella en su honra, la cual por lo tanto debe vindicar *coram populo*.

Rodrigo Díaz también representa e idealiza el inquieto y fuerte espíritu de Castilla en una época expansionista, en que había tierras que conquistar y fortunas que ganar. Este aire vigorizador de oportunidad y expansión territorial prefiguró el de los conquistadores de América, o de los pioneros del Oeste norteamericano, o de los colonizadores del Imperio británico en sus momentos más eufóricos. Si el Cid histórico y sus vasallos compartieron estos sentimientos o no, es cuestión aparte; lo que importa aquí es el efecto que el *Poema* producía en el público de principios del siglo XIII: una vez más, se trataba de un momento propicio para la gente de espíritu aventurero. Así se puede considerar el *Poema* como la primera producción de lo que Deyermond ha llamado "la literatura de la expansión del siglo XIII". La derrota de los cristianos en la batalla de Alarcos en 1195 había sido aplastante; sin embargo en 1212 se vengaron de ella en Las Navas de Tolosa, donde los ejércitos de Castilla, León y Aragón, con ayuda de los franceses, quebrantaron el poder de los almohades.[52] Quizá no sea demasiado atrevido pensar que un poema que exalta en la figura del Cid al hombre que logra objetivos por su propio esfuerzo en tierras de moros, pudo haber sido empleado para alistar reclutas durante el período de transición que precedió al nuevo e irrefrenable avance cristiano iniciado en 1212.

El Cid del *Poema* es poco común entre los héroes de la epopeya medieval a causa de su motivación práctica

---

[52] A. D. Deyermond, *Historia de la literatura española* (dirigida por R. O. Jones), 1. *La edad media* (Barcelona, 1974), pp. 102-108.

y su humanidad realista. Mucho más insólita es su edad: el poeta decidió relatar solamente los últimos diez años de su vida, y le presentó poseedor de una augusta gravedad. No obstante, nos ofrece vislumbres de hechos descabellados de sus mocedades: el encarcelamiento de García Ordóñez en la fortaleza de Cabra, cuando el Cid tiró de la barba al conde (comp. vv. 3285-3290), y el golpe que dio al sobrino del conde de Barcelona en la corte de éste (comp. vv. 962-963). Es curioso que el carácter poético del Cid resulte ser como una amalgama de la temeridad juvenil del Roldán poético y la cautela del viejo Carlomagno. A pesar de esto la diferencia de tono entre los poemas francés y español es acusada, pues la *Chanson de Roland* rezuma un aire de tristeza e inevitabilidad y se destaca por la insistencia en los temas de protocolo, disensión y muerte. Se nota un marcado contraste entre estos rasgos de la *Chanson* y el optimismo y regocijo del *Poema,* en el cual el Cid y sus vasallos están de natural acuerdo, lanzas en ristre para ganar el pan contra todos contendientes. Al redondear el carácter del Cid y detallar su vida particular, el poeta ha disminuido su impacto como guerrero heroico; en este sentido el *Poema* es menos "épico" que otras epopeyas medievales, como C. M. Bowra señaló.[53] Por otra parte, el autor ha conseguido un personaje más sólido, que parece acusar más indicios de la creación literaria por escrito que de la composición formulística oral.

9. EL POETA Y SU AMBIENTE

En la *Ilíada* y la *Odisea* la palabra que indica "poeta" es ἀοιδός ("cantor" o "juglar"), y no la palabra ποιητής ("hacedor" o "compositor de poesía").[54] En

---

53 *Heroic Poetry* (Londres, 1952), p. 249.
54 Véase W. B. Stanford, *The Odyssey of Homer* (2.ª edic., Londres, 1967), I, p. xiv. Recuerdo con viva gratitud las muchas horas que el Dr. J. H. N. Wilson dedicó a enseñarme el griego homérico.

esta distinción está la base de las controversias que entre "oralistas" e "individualistas" han surgido sobre los orígenes de la epopeya medieval. Los "oralistas", que fundan sus teorías en las investigaciones de Milman Parry y Albert B. Lord, [55] suponen que el *Poema de Mio Cid* podría haber sido compuesto por un juglar, quien lo reconstruyó a base de fórmulas durante cada recitación, proceso éste que no sería desemejante al de la elaboración de algunos tipos de "jazz" y otras formas de arte improvisadas. Los "individualistas", con Joseph Bédier [56] como exponente más representativo, sostendrían que el *Poema* fue compuesto por un "hacedor de poesía", pero que luego lo recitaron los juglares. Los primeros tienden a considerar el Ms. existente del *Poema* como resultado del dictado de un juglar a un copista, mientras los segundos lo ven como copia del Ms. original, que un juglar habría utilizado para aprenderlo de memoria, o para recitarlo ante el público. La hipótesis neotradicionalista de Menéndez Pidal puede considerarse hasta cierto punto como precursora de la teoría oralista; don Ramón concibió la noción de toda una serie de versiones, que al pasar de juglar a juglar se iban haciendo cada vez más fantásticas; sin embargo, no creyó que se compusieran oralmente. [57]

55 Véanse las obras ya citadas más arriba en las notas 17 y 18, y además A. D. Deyermond, "The Singer of Tales and Medieval Spanish Epic", *Bulletin of Hispanic Studies*, XLII (1965), pp. 1-8, y M. Curschmann, "Oral Poetry in Medieval English, French and German Literature: some notes on recent research", *Speculum*, XLII (1967), pp. 36-52.

56 Bédier, *Les Légendes épiques. Recherches sur la formation des chansons de geste*, 4 tomos (París, 1908-1913), y comp. Maurice Delbouille, "Les chansons de geste et le livre", en *La Technique littéraire des chansons de geste. Actes du Colloque de Liège...*, pp. 295-467, y "Le mythe du jongleur poète" en *Studi in onore di Italo Siciliano* (Florencia, 1966), pp. 317-327; Rita Lejeune, *Recherches sur le thème: les chansons de geste et l'histoire* (Lieja y París, 1948). Para el mejor relato de toda la controversia, véase W. G. van Emden, " 'La bataille est aduree endementres': Traditionalism and Individualism in Chanson-de-geste Studies", *Nottingham Medieval Studies*, XIII (1969), pp. 3-26.

57 Véase Menéndez Pidal, *Poesía juglaresca y orígenes de las literaturas románicas* (Madrid, 1957, publicado por primera vez en 1924),

Hay que advertir que en el Ms. existente se encuentra alguna prueba interna de que éste se empleó en la recitación (véase la nota a los vv. 3733-3735). También el texto acusa indicios de que el autor tenía cierta familiaridad con instrumentos legales y procedimientos jurídicos, y que tenía acceso a alguna crónica latina y quizá a más de un documento histórico. [58]

Don Ramón (ed. crít., p. 68) opinaba que "el Cantar se escribió en la actual provincia de Soria, en el extremo Sureste de lo que hoy se llama Castilla la Vieja"; aventuró que "el juglar era de tierra de Medina-[celi], acaso del tan nombrado Valle de Arbujuelo, y que sólo había recibido parte de su inspiración en San Esteban [de Gormaz]". A una edad avanzada, Menéndez Pidal se imaginó a dos poetas, el primero componiendo hacia 1110 en San Esteban y el segundo hacia 1140 en Medinaceli. [59] Más recientemente T. Riaño Rodríguez ha afirmado que el poeta fue un clérigo de Fresno de Caracena, a poca distancia de San Esteban. [60] Estas hipótesis se basan principalmente en

---

y *La Chanson de Roland et la tradition épique des Francs* (París, 1960); para conocer su opinión sobre la teoría de Parry y Lord, véase su artículo "Los cantores épicos yugoeslavos y los occidentales. El *Mio Cid* y dos refundidores primitivos", *Boletín de la Real Academia de Buenas Letras de Barcelona*, XXXI (1965-1966), pp. 195-225. El mejor resumen de la teoría neotradicionalista se encuentra en Deyermond, *Historia de la literatura española*, 1. *La edad media*, pp. 96-98.

[58] Véanse Russell, "Some problems of diplomatic...", pp. 346-349, y C. C. Smith, "Latin Histories and vernacular epic...", *BHS*, XLVIII (1971), pp. 1-19.

[59] "Dos poetas en el *CMC*", *Romania*, LXXXII (1961), pp. 145-200, publicado de nuevo en *En torno al PMC* (Barcelona, 1963). Criado de Val, "Geografía, toponimia e itinerarios...", p. 105, impugna indebidamente la referencia de don Ramón a "un juglar de Gormaz", como si Menéndez Pidal hubiese querido decir del castillo de Gormaz: está bien claro que don Ramón en su artículo empleó "el poeta de Gormaz" como forma abreviada del "poeta de San Esteban de Gormaz".

[60] "Del autor y fecha del PMC", *Prohemio*, II (1971), pp. 467-500; véase también su "Autor, fecha y lugar del *PMC*", *Celtiberia*, XXI (1971), pp. 165-175. Esta afirmación se hace a base de un documento de 1220 conservado en el Archivo de la Catedral de El Burgo de Osma; en dicho documento figuran como testigos "Pero Abat, Iohannes Martinez e Pascual Abat, clerigos de ffrexno". Riaño no menciona que Menéndez Pidal rechazó hace más de sesenta años la

elogiosas alusiones geográficas del texto y en parte en razones lingüísticas. A propósito de las referencias a la zona de San Esteban, Russell ha señalado que el poeta "no emplea ningún epíteto ni comentario descriptivo relacionado con referencias topográficas mientras está en la zona de Burgos. Sin embargo, en cuanto el itinerario del Cid le lleva más allá, sus alusiones a lugares y personas empiezan a acompañarse con comentarios y explicaciones. ... cuando el *CMC* observa que San Esteban de Gormaz es 'una buena çibdad' y que sus habitantes 'siempre mesurados son' ..., es mucho más probable que el poeta esté tratando de alcanzar para ellos el apoyo de un público para el

---

hipótesis de Rafael Floranes de que el Per Abbat mencionado en el explicit del poema fuera Pero Abad, Chantre de la Clerecía Real en 1253, y la creencia de Férotin de que fuera el enfermero del monasterio de Santo Domingo de Silos en 1234. Menéndez Pidal hace constar que el nombre era "comunísimo" y cataloga una docena de ejemplos, entre los que se incluye uno fechado en mayo de 1222; comenta, sin embargo, que "No hay motivo para fijarse en ninguno de estos" (ed. crít., pp. 13 y 17-18). Yo también puedo añadir dos alusiones más a ciertos Pedros Abad, con fechas de 1192 y 1245 respectivamente, las cuales noté cuando me ocupaba en otra investigación sin relación alguna con el asunto (véase V. Vignau, *Índice de los documentos del Monasterio de Sahagún...* (Madrid, 1874), docs. núms. 1738 y 1907). No obstante, como Floranes y Férotin en el siglo pasado, Riaño da por sentado que Per Abbat era el autor del poema, mientras que el uso de la palabra *escrivió* en el explicit indica que era solamente un copista (comp. la nota al v. 3731). El señor Riaño muy amablemente me mostró su fotocopia del documento uximense y me explicó detenidamente su teoría cuando le visité en el verano de 1971. Más recientemente, Colin Smith ha encontrado referencia a otro Per Abbat, en relación con la falsificación del diploma llamado "Apócrifo del abad Lecenio"; este diploma contiene entre los dieciocho confirmantes legos los nombres del Cid y nueve personajes que tenían relación histórica o legendaria con él (véase "Per Abbat and the *PMC*", *Medium Aevum*, XLII, 1973, pp. 1-17). No obstante el gran interés de este documento, Smith no ha podido establecer un nexo entre este Per Abbat y el poema. Intenta interpretar el *escrivió* del poema como "compuso", pero el ej. de *notar* que produce del *Poema de Alfonso XI* no prueba nada, y la introducción a la *Revelación de un ermitaño* ("la escriuió en rymas") se refiere a una visión puesta por escrito por alguien, igual que Berceo, *Santa Oria* 204a (y comp. *ibid.*, 170cd-171). *Partida* II, IX, viii, de Alfonso el Sabio da el significado normal: "Escriptura es cosa que aduce todos los fechos á remembranza, et por ende los escribanos que la han de facer ha mester que sean buenos et entendudos..." (*escribano* en *Alex*, 5d, me parece un chiste erudito).

cual San Esteban era un lugar remoto y desconocido, y es menos verosímil que sólo esté alimentando el orgullo local del público de San Esteban" (véase "San Pedro de Cardeña...", p. 71). Aun aceptando la hipótesis de que el autor tuviera un conocimiento especial de las zonas de San Esteban y Medinaceli, ello no prueba que compusiera allí el *Poema*; las dos ocasiones en que su conocimiento topográfico parece ser defectuoso nos hacen pensar que, todo lo más, habría atravesado aquellas zonas dos o tres veces. [61] Con respecto al argumento lingüístico, sería posible aducir razones para diferenciar en el *Poema* formas lingüísticas influidas por los dialectos del este de la Península; sin embargo, no veo la posibilidad de comprobar que el poeta fuese natural de una u otra de estas zonas de la frontera castellana del este. Por otra parte, hay algunos indicios que vinculan el *Poema* con la zona de Burgos: la relación entre el *Poema* y las leyendas caradignenses del Cid, la invención del personaje de Martín Antolínez, el esfuerzo para relacionar la abadía de Cardeña con la narración básica del *Poema,* el hecho de que el Ms. se encontró en Vivar del Cid, si bien en el siglo XVI. No es posible averiguar si el *Poema,* en cierta época, se recitó a peregrinos alojados en Cardeña, a viajeros de paso por Vivar, o a los habitantes de Burgos: sin embargo, los conocimientos del poeta en materia de clerecía invitan a pensar que el monasterio fue el lugar de composición.

Podríamos imaginar que el poeta era clérigo; que fue educado por los benedictinos; que acaso llegara a ser notar·o del abad y a familiarizarse con documentos y disputas legales, teniendo libre acceso a crónicas y adquiriendo conocimientos acerca de asuntos políticos y del comportamiento de los monarcas, nobles y

---

61 Véase Ian Michael, "Geographical problems in the *PMC*: I. The exile route" en *Medieval Hispanic Studies presented to Rita Hamilton,* ed. A. D. Deyermond, Londres, Tamesis Books Ltd., 1976, pp. 117-128, y "... II. The Corpes route", en *"Mio Cid" Studies,* ed. Deyermond, Londres, Tamesis, 1977, pp. 83-89.

caballeros que habrían visitado el monasterio de vez en cuando. Pero no es probable que estuviese sujeto a votos estrictos capaces de impedirle hacer viajes a Burgos y oír poemas heroicos (quizá incluso la misma *Chanson de Roland,* introducida por el camino francés), porque así habría aprendido las técnicas de los epítetos épicos, las fórmulas, los apóstrofes y modos de dirigirse al público, y la métrica que iba a emplear. En su manejo de los datos históricos y su habilidad para entrelazar éstos con materiales ficticios, en su dominio del principio plasmador de su obra, sus dotes excedieron en mucho a un mero talento juglaresco. Su éxito puede considerarse que iguala, y, en opinión de muchos, sobrepasa, a los poemas de Gonzalo de Berceo, poeta que escribió, quizá, bajo condiciones semejantes. [62] La diferencia entre la abierta propaganda monástica de este último y la moderación en este respecto del poeta cidiano puede explicarse cronológicamente: aunque la relación entre Cardeña y el Cid se estableció definitivamente con el entierro del héroe, Russell ha puesto de manifiesto que las más fantásticas pretensiones de los monjes caradignenses visibles en la *Estoria del Cid* no se formularon hasta el período 1238-1260 (véase su "San Pedro de Cardeña...", p. 62). Así podríamos aventurar que la mayor exageración apreciable en la versión de la leyenda cidiana contenida en la *Primera crónica general* (h. 1260) —mayor que hay en nuestro poema— no es necesariamente resultado de refundiciones del *Poema,* como creyó Menéndez Pidal, sino de la "aceleración" del culto sepulcral en Cardeña durante los años que mediaron entre la composición del poema y 1238 (véase Russell, art. cit., pp. 67-68).

---

[62] Véase Brian Dutton, *La "Vida de San Millán de la Cogolla" de Gonzalo de Berceo* (Londres, 1967), pp. 163-175.

10. EL MANUSCRITO, Y LA FECHA DEL POEMA

El único Ms. existente, ahora conservado en la Biblioteca Nacional de Madrid con la signatura V.ª 7-17, está en condiciones desastrosas, que parecen haber sido resultado más bien del trato recibido por parte de algunos editores del siglo pasado, que de los estragos de los cinco siglos precedentes. Fue encontrado en el archivo del Concejo de Vivar en el siglo XVI y fue allí donde Juan Ruiz de Ulibarri y Leyba lo transcribió en 1596. La copia de Ruiz contiene muchos errores, pero de vez en cuando su transcripción suple las partes del texto que sufrieron daños más tarde. Juan Antonio Pellicer corrigió la copia de Ruiz, no siempre con tino, en 1792; dicha copia se conserva en la Biblioteca Nacional (Ms. 6328). El Ms. continuaba en el archivo de Vivar en 1601, cuando Fr. Prudencio de Sandoval lo inspeccionó, comentando que contenía "unos versos bárbaros notables"; Berganza nos dice que Sandoval "Leyó los Versos muy antiguos, que se guardan en Bivar. Consta el libro de 70 hojas y no ay plana donde dexa de repetir dos y tres vezes Mio Cid" (*Antigüedades,* I, p. 399). Según Pascual de Gayangos, el Ms. pasó entonces a un convento de monjas de Vivar, seguramente el Convento de Santa Clara. Gayangos pretendió haber comprado hacia 1845 un legajo de papeles antiguos de un maestro de escuela de Tudela que incluía una hoja del *Poema*; huelga decir que ésta nunca ha salido a luz (véase Menéndez Pidal, ed. crít., p. 1). Por los años 1770-1780, Eugenio Llaguno y Amírola, secretario del Consejo del Estado, se llevó el Ms. de Vivar para que Tomás Antonio Sánchez lo viese al objeto de preparar su edición. Llaguno se quedó con el Ms., y de sus herederos éste pasó a Pascual de Gayangos; obraba en poder del mismo cuando Damas Hinard lo consultó, e incluso lo mandó a Boston, Massachusetts, para que Ticknor lo examinase.

En 1863, o antes, el primer marqués de Pidal compró el Ms., y poco después Florencio Janer pudo consultarlo para preparar su edición. Más tarde, el Ms. se transmitió por herencia a don Alejandro Pidal, y en su poder se hallaba cuando lo utilizaron Vollmöller, Baist, Huntington y Menéndez Pidal. Parece probable que fuese durante aquella época cuando el Ms. sufrió tanto daño por la aplicación de reactivos químicos. Evidentemente estaba ya en malas condiciones cuando Menéndez Pidal lo examinó, con claros indicios de que se habían empleado reactivos; es muy probable que don Ramón tuviera razón al afirmar (ed. crít., p. 10) que se le habían aplicado reactivos por primera vez nada menos que en el siglo XVI.[63] Menéndez Pidal notó que en muchos lugares se había repasado la tinta original con nueva tinta, algunas veces alterando las letras; pudo comprobar que algunos de estos repasos se habían ejecutado antes de que Ulibarri hiciese su copia en 1596 (véase su ed. crít., p. 10). Don Ramón nos ha dejado una descripción de lo que él mismo hizo con el Ms.:

Por fortuna, la tinta usada en tales repasos es tan mala que se puede hacer desaparecer fácilmente con la goma de borrar, dejando limpia la primera escritura del copista [ed. crít., p. 10]. Yo empleé, bajo la inteligente dirección de Antonio Paz y Melia, el sulfhidrato amónico en los diversos lugares que expreso en las notas a mi edición. Sólo en tres ocasiones usé el prusiato amarillo de potasa y el ácido clorhídrico... [ed. crít., p. 11].

---

[63] El Dr. R. W. Hunt, Conservador de los Mss. Occidentales de la Biblioteca Bodleiana de Oxford, tuvo la excepcional gentileza de hablarme de este problema, y pudo señalar dos ejemplos del uso de agallas de roble como reactivo ya en los años 1630; no consideró improbable tal uso un poco antes, p. ej. en el año 1596 cuando Ulibarri transcribió el Ms. El Dr. Hunt recordó que algunos paleógrafos empleaban el sulfhidrato amónico (el menos perjudicial de los reactivos químicos) todavía entre los años 1920 y 1930; pero quedó sorprendido al enterarse de que todavía en el curso de la última década del siglo pasado se habían empleado en España los ácidos más fuertes.

Sus notas paleográficas revelan, además, que empleó los reactivos más de una vez en el mismo lugar. Dejando aparte las borraduras, no habría sido anormal en aquella época emplear el sulfhidrato amónico en documentos históricos ordinarios, pero la aplicación de los ácidos más fuertes a lugares en que los reactivos menos dañosos probablemente se habían empleado antes más de una vez, era susceptible de crítica. Es harto difícil pensar en otro Ms. literario de importancia que haya recibido un tratamiento como el mencionado; y el colmo de la desgracia ha sido que el *Poema* despertara tanto interés editorial unas pocas décadas antes del desarrollo práctico de los rayos ultravioleta y la fotografía infrarroja (es muy de lamentar que la Biblioteca Nacional no disponga de esta última). Junto con la muy reciente invención de aparatos de aplicación de rayos infrarrojos directos, las lámparas de cuarzo y de luz negra y la fotografía infrarroja proporcionan medios mucho más seguros de leer tintas descoloridas, y obvian la necesidad de borrar o de emplear reactivos, suponiendo que hoy día estuviese permitido hacer tales cosas.

En su preciosa y fragilísima ancianidad, el Ms. pasó en 1960 a la posesión del Estado español, gracias a la generosa intervención de la Fundación Juan March; y desde entonces se guarda en la Biblioteca Nacional. En el verano de 1968, por amabilidad de don Luis Vázquez de Parga y con la ayuda del señor Magallón Antón, pude consultar el Ms. y examinar ciertos pasajes difíciles de leer bajo la lámpara de cuarzo. La encuadernación está ahora mucho más deteriorada que cuando la describió Menéndez Pidal; los reactivos no sólo han ennegrecido las hojas en que se emplearon, sino que además parecen haber corroído el pergamino en los lugares peor tratados, y por añadidura han dejado una fluorescencia que reduce considerablemente la eficacia de los rayos ultravioleta.

El Ms. está en cuarto, y consta de 74 hojas de un pergamino de calidad muy mediana, distribuidas desigualmente entre once cuadernos, más las dos guardas. [64] Los folios miden 198 mm. × entre 140 y 153 milímetros, y el texto del *Poema* está escrito en ambas planas, con 24 ó 25 renglones en cada plana (la mayoría lleva 25 renglones), desde el fol. 1r.º hasta la línea 22 del fol. 74r.º. [65] La encuadernación se renovó por lo menos dos veces (por última vez en el siglo xv), y los encuadernadores recortaron partes del texto, supliendo de vez en cuando las letras que habían quitado. A los cuadernos les faltan tres hojas: la primera del primer cuaderno (aunque no consta con certeza que contuviese parte del texto), la penúltima del séptimo, y la última del décimo. [66] El carácter de letra

[64] En las guardas están escritos algunos nombres que posiblemente corresponden a anteriores propietarios del Ms.: Francisco López, 1632; Francisco de Aludo (?), 1685; Martín Blanco (véase Menéndez Pidal, ed. crít., p. 2, nota 7).

[65] El folio 74 vuelto contiene tres renglones del comienzo de una versión castellana, por otra parte desconocida, de la *Altercatio Hadriani Augusti et Epicteti philosophi*, escritos por una mano del siglo xiv. A continuación hay un renglón ilegible y tres renglones que tienen relación con el *Poema*, también escritos por una mano del siglo xiv; Menéndez Pidal, con el auxilio de nuevos reactivos pudo leer lo siguiente "deçir uos quiero nueuas de mjo çid de biuar / q̃ fuese ... rio ... rna los molinos a ... / prender maquilas ... suele (?) far". Las dos últimas líneas son, desde luego, una versión ligeramente distinta de los vv. 3379-3380, mientras la primera de estas tres líneas es ya una versión manifiestamente errónea del v. 3378, ya un verso improvisado que algún juglar pudo haber interpolado al comienzo de alguna representación de una parte del *Poema*: podría reemplazar el v. 1085, por ejemplo. La existencia de ese verso borroso nos brinda otra posible prueba del uso del Ms. sobreviviente en las representaciones durante el siglo xiv, mientras la presencia del comienzo de la *Altercatio* indicaría que en alguna de las épocas o períodos en que no era necesitado para aquel propósito, quedó guardado en el *scriptorium* de un monasterio o de una cancillería, donde en la cara blanca del último folio los copistas ensayaban la pluma de vez en cuando. Este tipo de empleo se confirma por el resto del folio 74v.º, donde una mano grande del siglo xiv escribió: "pater noster qui es noster" y "Dixit dominus domino meo sede adestris meis..."; estas últimas palabras constituyen el comienzo del *Salmo* CX, y Menéndez Pidal ha sugerido que alguien pudo escribirlas pensando en el triunfo del Cid sobre sus enemigos. Más abajo en el folio se encuentra un paternoster completo y parte del Ave María (véase Menéndez Pidal, ed. crít., p. 3, notas 1 y 2).

[66] El 1.er cuaderno consta de 7 hojas (*olim* 8), el 2.º tiene 8, el 3.º 8, el 4.º 8, el 5.º 6, el 6.º 4, el 7.º 7 (*olim* 8), el 8.º 8, el 9.º 6, el 10.º 7 (*olim* 8), el 11.º 5 (*olim* 6; la última, seguramente en blanco, fue cortada).

empleado es el mismo en todo el Ms., y los paleógrafos consideran que data del siglo xiv. Hay mayúsculas de gran tamaño con tosco adorno en catorce lugares, pero no coinciden con obvias divisiones del *Poema*; también hay dos dibujos, defectuosamente trazados, que representan sendas cabezas femeninas (véanse las notas a los vv. 1486 y 1500). Al parecer, el mismo copista, al revisar su copia, corrigió el Ms. de vez en cuando en tinta de otro color. Poco después, otro corrector también revisó el escrito, haciendo sus enmiendas en una tinta más clara (anaranjada); a éste Menéndez Pidal le ha denominado "el primer corrector". Otras correcciones de poco valor fueron efectuadas más tarde por distintas manos.

El explicit pretende que el Ms. fue copiado por cierto Per Abbat en mayo de 1207 (véanse las notas a los vv. 3731-3733); suponiendo que no se haya alterado ni deformado la fecha, evidentemente no puede referirse al Ms. existente, y podría ser más bien parte del explicit del Ms., en la actualidad perdido, a base del cual se hizo la copia que tenemos. Esta hipótesis pondría el *terminus ante quem* de la composición del *Poema* en el año 1207, e indicios internos sugerirían un *terminus a quo* situado en el año 1201 (véase la nota a los vv. 3724-3725).

Las razones por las cuales se supuso que la fecha de composición fuera 1140 —fecha propuesta tan enérgicamente durante tantos años por Menéndez Pidal— hoy en día pueden verse apoyadas principalmente en el lenguaje arcaico del *Poema*. Según he señalado más arriba, este hecho puede explicarse por el uso de una *Kunstsprache* en la poesía heroica, como Russell ha sugerido, siendo el primero en hacerlo (véase "San Pedro de Cardeña...", p. 70). Las investigaciones más recientes han tendido a confirmar esta opinión. Como resultado de su trabajo sobre los sufijos del español antiguo, Pattison pudo decir del *Poema*: "...se puede asegurar que cualquier duda sobre la fecha tradicional de 1140 está plenamente justificada: a todas luces es conveniente adoptar una actitud de saludable escepticismo. Desde este punto de vista se puede decir que la norma de la derivación de los sufijos en el poema no es incompatible con una fecha localizada en los primeros años del siglo xiii". [67] Además del examen crítico, hecho por Antonio Ubieto Arteta, [68] de los argumentos anteriores en pro de la hipótesis tradicional que sitúa el *Poema* en 1140, Jules Horrent ha examinado las pruebas concernientes a una tradición poética del *Cid* en el siglo xii. Postula que se han perdido por lo menos dos versiones, la primera hecha unos veinte años después de la muerte del Cid, la segunda compuesta entre 1140 y 1150, y una nueva refundición después de 1160 que era la versión transcrita por Per Abbat a base de un texto de 1207. A pesar de esta complicada hipótesis, Horrent admite que "...las condiciones actuales de la investigación no permiten que nos remontemos a una época anterior a la de la versión poética que ha llegado a nosotros. En su material narrativo, ésta es la que queda siempre para nosotros como el *Cantar de mio Cid*". [69] La investigación llevada a cabo por Colin Smith sobre los personajes del *Poema* y sobre los medios por los que el poeta buscaba la verosimilitud histórica con fines artísticos, le lleva a mantener que "el poema en su versión sobreviviente no puede fecharse hasta pasados bastantes más de los cuarenta años siguientes a la muerte del Cid". [70] Por lo tanto, las investigaciones más recientes tenderían unánimemente a fechar el *Poema*

---

67 "The date of the *CMC*: a linguistic approach", *Modern Language Review*, 62 (1967), pp. 443-450, en p. 450 (la traducción del contenido de la cita es mía).
68 "Observaciones sobre el *CMC*", *Arbor*, XXXVIII (1957), pp. 745-750; para la afirmación más reciente de las opiniones de Ubieto, véase *El "CMC" y algunos problemas históricos* (Valencia, 1973).
69 "Tradition poétique du *CMC* au XIIᵉ siècle", *Cahiers de Civilisation Médiévale*, VII (1964), pp. 451-477, en p. 472 (la cita traducida por mí).
70 "The Personages of the *PMC* and the date of the poem", *Modern Language Review*, 66 (1971), pp. 580-598, en p. 598 (cita traducida por mí).

existente mucho después de 1140, probablemente hacia
el final del siglo XII o el comienzo del XIII, y tal vez
entre los años 1201 y 1207.

11. BREVE GUÍA PARA LA PRONUNCIACIÓN

Las principales diferencias entre la pronunciación
del español antiguo y la del español moderno se hallan
en los seis fonemas sibilantes. Así, *s-* / *-ss-* se pronun-
ciaban como la /s/ apicoalveolar sorda, y la *-s-*, en
cambio, como la /z/ apicoalveolar sonora. La *x* se
pronunciaba como la /ʃ/ fricativa palatal sorda, seme-
jante a la *ch* francesa o la *sh* inglesa, mientras la *j*, y
la *g* precediendo a *i* o *e*, era la /ʒ/ fricativa palatal
sonora, semejante a la *j* francesa. La *ç*, y la *c* prece-
diendo a *i* o *e*, sonaban como la /t͡s/ africada prepalatal
sorda, mientras la *z* era la /d͡z/ africada prepalatal so-
nora. Es probable que la *b* y la *v* se distinguiesen
entre sí, siendo la *b* como la /b/ oclusiva bilabial
sonora, y la *v* como la /ß/ fricativa bilabial sonora,
aunque hay indicios que habían empezado a confun-
dirse en ciertas posiciones.

A continuación damos una sencilla transcripción alo-
fónica, en el Alfabeto Fonético Internacional, de la
tirada 17 del *Poema*, según imagino que se recitaba
o se cantaba, pero hay que advertir que no se conocen
las reglas (en el supuesto de que las hubiera) que re-
gulaban la sinalefa, la sinéresis, el hiato, etc.:

| gránd-d͡jantár le̦ fád͡ze̦n | al bwéŋ kampe͡aðóre̦ |
tápe̦n las kampánas | e̦n sam péro̦ a klamóre̦ |
po̦r kastjéʎa | o̦je̦ndo̦ ßán lo̦s preɣóne̦s |
kómo̦ se̦ ßá ðe̦ tje͡ra | mjo̦ t͡síð- e̦l kampe͡aðóre̦ |
úno̦s ðéʃaŋ kázas | e̦ ótro̦s- o̦nóre̦s |
e̦n- aké̦s ðía | a la pwént de͡ arlandzóne̦ |
t͡sjénto̦ kíndze̦ ka̦ßaʎéro̦s | tóðo̦s ʒuntáðo̦s-sóne̦ |
tóðo̦s ðe̦mándan | po̦r mjo̦ t͡síð- e̦l kampe͡aðóre̦ |
martín- anto̦líne̦dz | ko̦n-éʎo̦s ko̦ʒóðe̦ |
ßánse̦ po̦ra sam péro̦ | dó̦ está él ke̦m bwém púnto̦
                                        nat͡sjóðe̦ |

12. LA PRESENTE EDICIÓN

Esta nueva edición crítica del *Poema de Mio Cid* se ha hecho cotejando las ediciones paleográficas de Menéndez Pidal con la copia fotográfica del Ms. original preparada por Hauser y Menet, S. A., que se conserva en el Armario del Poema de la Sala de Lectura de la Biblioteca Nacional (dicha empresa de fotograbados publicó en 1946 el facsímil en una edición limitada a 638 ejemplares, pero también había publicado fotografías de algunos folios del Ms. del *Poema* ya en 1911). Este facsímil lleva más contraste fotográfico y por consiguiente de vez en cuando es de más fácil lectura que la *Edición facsímil del códice de Per Abbat* publicada por la Dirección General de Archivos y Bibliotecas en 1961 (también impresa por Hauser y Menet, S. A.). Además, como he indicado ya, tuve la fortuna de obtener permiso para consultar el propio Ms. en la Biblioteca Nacional.

He tomado en cuenta las lecturas de los editores anteriores, las cuales van anotadas en el Aparato Crítico cuando difieren materialmente de las mías. Las mejores notas paleográficas al texto son, desde luego, las de Menéndez Pidal, si bien los comentarios de Huntington son todos de gran interés; he hecho alguna reseña de las lecturas discutidas por éstos y otros estudiosos, y también la incluyo en el Aparato Crítico. La edición paleográfica de Menéndez Pidal constituye una transcripción casi totalmente fiel del Ms., pero en su edición crítica, propia de la época, trató de darnos "una nueva reconstrucción del texto primitivo del Cantar" (ed. crít., p. 1018). Aquel método del siglo XIX se ha descartado tiempo ha en la práctica de la crítica textual europea y norteamericana, pero se utiliza todavía respecto de muchos textos españoles antiguos. El método adolece de la tendencia a pensar que el original era perfecto y que hay que "corregir" el texto cuando parece imperfecto. La reconstrucción va mucho más allá de una corrección de errores de copista, y como se ve en la edición de don Ramón, suplirá hemistiquios que faltan, versos perdidos, e incluso folios enteros, normalmente a base de otra obra (de las crónicas, en el caso del *PMC*), pero algunas veces arbitrariamente. A causa de su opinión sobre la fecha del *Poema,* Menéndez Pidal también se consideró libre para "dar una idea de la pronunciación del autor" en el texto mismo (ed. crít., p. 1019); este proceso llevaba aparejada la arcaización del lenguaje poético, si bien no partía de una base consistente. Don Ramón se defendió de la falta de consistencia en este proceso arcaizante, diciendo: "Huiré de la uniformación de lenguaje . . ., pues creo que la época se caracteriza precisamente por la lucha de varias formas concurrentes..." (*ibid.*). También alteró los nombres geográficos y personales de vez en cuando para que correspondieran a sus ideas de cómo hubiesen de ser. El resultado neto de este método ha sido el de proporcionarnos un texto que dudamos existiera alguna vez. Cierto es que tal método prestó valioso servicio a varias generaciones de lectores, pero no puede considerarse ya adecuado a las necesidades de exactitud científica sentidas por el lector actual.

En términos generales he seguido los principios del malogrado Frederick Whitehead, según los aplicó en su edición de la *Chanson de Roland* (2.ª edic., Oxford, 1946), y a base de las muchas y animadas conversaciones que tuve con él sobre estos complejos problemas. También he tenido el grandísimo privilegio de recibir los consejos constantes de J. W. Rees, quien ha puesto a mi disposición sus profundos conocimientos de textos medievales y su habilidad para aclarar misterios textuales; por consiguiente, he incorporado a la edición varias enmiendas y lecturas sugeridas por él. Además, tuve la suerte de poder discutir ciertos problemas de crítica textual con mis buenos amigos José Manuel Blecua (en Jaca en el verano de 1968), y Alonso Zamora Vicente (en Inglaterra en 1972); ambos especialistas me proporcionaron consejos muy valiosos.

En cuanto al uso de acentos y la parcial normalización (pero no modernización) de la ortografía, he tenido presente el hecho de que los estudiantes y otros lectores interesados en la literatura medieval suelen empezar sus lecturas con este texto tan famoso, mientras que los estudiosos más adelantados tienen a su disposición una buena edición paleográfica y una edición facsímil del Ms. A todas luces los acentos ayudan mucho más que impiden la fácil lectura del texto. Resulta que el método que seguimos se asemeja mucho al utilizado por los otros editores de textos medievales publicados en Clásicos Castalia.

En la presente edición, todo el texto impreso en tipo redondo proviene de la mano del copista o del primer corrector del Ms., y todas las abreviaturas se han resuelto con excepción de la ñ (los casos de abreviaturas nasales que faltan van indicados siempre). Las letras o palabras impresas en redondo puestas entre corchetes o fueron puestas en el Ms. por una mano posterior, o se leyeron en el Ms. por un editor anterior pero ahora no se pueden leer. Las letras o palabras impresas en cursiva y no puestas entre corchetes son mis enmiendas al texto, o mis resoluciones de los numerales, y las letras o palabras en cursiva puestas entre corchetes son mis adiciones al texto. La ortografía del Ms. es caótica en ciertos aspectos y muchas veces puede reflejar las costumbres del copista del siglo XIV más bien que las que regían en el tiempo de la composición del *Poema*. Por consiguiente, poco se logra con conservarla, salvo cuando, en mi opinión, se trata de un fenómeno fonológico raro. Así, he normalizado la confusión de *l* y *ll*, *n* y *ñ*, *c* y *ch*, y *s* y *ss* (conservando esta última solamente para la posición intervocálica de la *s* sorda). He cambiado todos los casos de *th* en *t*, y las *r*, *R* y *rr* que representan la vibrante múltiple van siempre indicadas con *rr* excepto en casos de *R* mayúscula inicial. La *ç* y la *z* se han conservado como aparecen en el Ms. La *h* pleonástica se ha suprimido, pero va insertada antes del diptongo *ue*; la *h* derivada del latín se conserva. He conservado la *i* consonante, si bien probablemente representa en los más casos la /ʒ/ fricativa palatal, pero los raros casos de *g* palatal (ante *a, o* o *u*) los regularizo en *j* (*juego* en vez de *guego*). La *y* se conserva para representar la consonante, pero se resuelve en *i* para la vocal. La *g* y *gu* que representan la [g] o la [ɣ] (oclusiva o fricativa velar) se han normalizado para seguir la costumbre moderna. La *u* y la *v* se han normalizado en *u* para la vocal y en *v* para la consonante, pero la *b* del copista se ha conservado.

La comilla se ha introducido para advertir al lector de la apócope de un complemento pronominal; sin embargo, no se debe interpretar como señal de que la vocal se pronunciase. En cuanto a las formas antiguas de las terminaciones del imperfecto de indicativo y del condicional, *-ía, -íes, -ie, -iemos, -iedes, -ien,* los acentos se han puesto siempre (excepto en las formas separadas) en la *e* de *-iés, -ié* y *-ién,* para que el lector poco familiarizado con el español antiguo pueda reconocer estas formas con facilidad, pero esto se debe entender sin detrimento de una posible acentuación de *-íes, -íe, -íen,* etc.[71] Los acentos también se han introducido para indicar diferencias entre formas homonímicas; así, *só* = "soy", *so* = "su" o la preposición antigua derivada del latín SUB; *ál* = el pronombre antiguo (="lo demás", "el resto"), mientras *al* es la contracción de "a" y "el", etc. Los sujetos pronominales del esp. ant. *nós, vós* se distinguen de los complementos pronominales átonos *nos, vos.*[72]

---

71 Para una detenida investigación del problema, véase Yakov Malkiel, "Towards a reconsideration of the Old Spanish imperfect in *-ía ~ -íe*", *Hispanic Review,* XXVI (1959), pp. 435-481.
72 Véase Yakov Malkiel, "Stressed *nós, vós* vs. weak *nos, vos* in Old Spanish", *Romance Philology,* XVI (1962-1963), p. 137, y "Old Spanish *ý, ó* vs. *y, o*", *ibid.,* XVII (1963-1964), p. 667.

La puntuación sigue las normas modernas, pero he aligerado en lo posible el uso de la coma. En todos los versos he indicado la cesura con un espacio claramente definido. Las lagunas se notan, y los hemistiquios aparentemente perdidos se marcan con puntos suspensivos. En unos pocos lugares he arreglado de otra manera el orden de versos cuando parecía esencial, y tales cambios van indicados en la numeración. En un número muy reducido de versos he invertido el orden de los hemistiquios y en unos pocos más he cambiado el orden de las palabras cuando parecía posible que el copista se hubiese confundido por causa de alguna inserción marginal o interlineal existente en el Ms. que empleaba para hacer su copia, o hubiese puesto el verso en un orden más prosaico y así destruyese la asonancia. Éstos son los únicos y raros casos en que he introducido algunos cambios para "corregir" la asonancia, y siempre los apunto en el Aparato Crítico. Los versos con asonancias defectuosas que se hallan al comienzo o al final de una tirada se colocan en la tirada a que pertenecen por su sentido. Cuando dos versos o partes de versos se han juntado en uno, he puesto una raya vertical para indicar la división de versos del Ms. He respetado la numeración de tiradas y la división del *Poema* en tres Cantares establecidas por Menéndez Pidal, pero el lector debe tener presente que el Ms. no lleva ninguna puntuación, ni indicación de las cesuras ni de las divisiones de las tiradas.

Las notas a pie de página van dirigidas a los que comienzan su estudio del español antiguo, y he tratado de incluir las más recientes investigaciones sobre los personajes, los topónimos y las costumbres descritas en el texto. El glosario incluye solamente las palabras y formas desconocidas en castellano moderno, o las que se usaban con sentido distinto del moderno.

Mi propósito ha sido, en cuanto fuera hacedero, presentar el *Poema* en el estado defectuoso en que ha sobrevivido, y hacer visibles los problemas que plantea; y así lo intento, con la esperanza de que algunos lectores se sientan atraídos a la tarea de participar en la búsqueda de soluciones. Pocos de nosotros vamos a resolver más de una fracción de las dificultades aún pendientes de aclaración, y ninguno logrará tanto como don Ramón Menéndez Pidal y los estudiosos anteriores: como dijo el primer poeta épico,

παῦροι γάρ τοι παῖδες ὁμοῖοι πατρὶ πέλονται,
οἱ πλέονες κακίους, παῦροι δέ τε πατρὸς ἀρείους.

[Contados son los hijos que se parecen a sus padres;
los más salen peores, y tan sólo unos pocos los aventajan.]
Odisea, II, 276-277

IAN MICHAEL

NOTICIA BIBLIOGRÁFICA

Manuscritos

1. Único códice medieval, conservado en la Biblioteca Nacional, Madrid, Ms. V.ª 7-17. Un tomo en 4.º de 74 folios de pergamino grueso y mal preparado, más dos folios de guarda. Letra típica de copista castellano o leonés del siglo xiv, quizás de la segunda mitad del siglo. Los folios miden 198 mm. × 140-153 mm. y el texto está escrito en ambas planas, con 24 ó 25 renglones en cada plana (la mayoría lleva 25 renglones) desde el fol. 1r.º hasta la línea 22 del fol. 74r.º. En los once cuadernos faltan tres hojas: el 1.er cuaderno consta de 7 hojas (*olim* 8), el 2.º tiene 8, el 3.º 8, el 4.º 8, el 5.º 6, el 6.º 4, el 7.º 7 (*olim* 8), el 8.º 8, el 9.º 6, el 10.º 7 (*olim* 8), el 11.º 5 (*olim* 6; la última, seguramente en blanco, fue cortada). La encuadernación se renovó por lo menos dos veces, por última vez en el siglo xv, y está hecha en tabla, forrada de badana; el códice tuvo dos manecillas, de las cuales quedan solamente los arranques de cuero en una tapa y los enganches de metal en la otra.

2. Copia del Ms. medieval, hecha por Juan Ruiz de Ulibarri y Leyba en el archivo del Concejo de Vivar, fechada el 20 de octubre de 1596; conservada en la Biblioteca Nacional, Madrid, Ms. 6328 (signatura ant. R-200). Un tomo en papel. Este Ms. fue revisado (a veces empeorado) por Juan Antonio Pellicer y Pilares el 21 de agosto de 1792. La copia de Ruiz es defectuosa, pero a veces suple las partes del Ms. original que sufrieron daños más tarde.

FACSÍMILES DEL MS. MEDIEVAL

1. *Edición facsímile por la comisión organizadora del "Milenario de Castilla"*, Madrid, Hauser y Menet, S. A., 1946 (tirada de 638 ejemplares numerados).
2. *Poema de Mio Cid. Edición facsímil del Códice de Per Abat, conservado en la Biblioteca Nacional*, Madrid, Hauser y Menet, S. A., para la Dirección General de Archivos y Bibliotecas, 1961.

EDICIONES

Poema del Cid, en *Colección de poesías castellanas anteriores al siglo XV*, ed. D. Thomas Antonio Sánchez, 4 tomos, Madrid, Antonio de Sancha, 1779-90, I (1779), pp. 220-404.
En *Poetas castellanos anteriores al siglo XV*, ed. Florencio Janer, Madrid, Biblioteca de Autores Españoles, Rivadeneyra, tomo LVII, 1864.
Poëme du Cid. Texte espagnol accompagné d'une traduction française, de notes, d'un vocabulaire et d'une introduction, ed. Jean Joseph S. A. Damas Hinard, París, Imprimerie impériale, 1858.
Poema del Cid, nach der einzigen Madrider Handschrift, ed. Karl Vollmöller, Halle, 1879.
Poema del Cid. Nueva edición corregida e ilustrada, ed. Andrés Bello, en sus *Obras completas*, II, Santiago de Chile, República de Chile, 1881 (edic. única y póstuma del editor, fue preparada casi toda entre 1823 y 1834).
Le Gesta del Cid, ed. Antonio Restori, Milán, U. Hoepli, y Florencia, Tip. de S. Landi, 1890 (edic. abreviada).
Los Cantares de Myo Cid, con una introducción y notas, ed. Volter Edvard Lidforss, Lund, Acta Universitatis Lundensis, XXXI-XXXII, 1895-96, 2 tomos.
Poem of the Cid. Text reprinted from the unique manuscript at Madrid, ed. Archer M. Huntington, Nueva York, G. P. Putnam's sons, 1897-1903, 3 tomos.
Poema del Cid. Nueva edición, ed. Ramón Menéndez Pidal, Madrid, Hijos de José Ducazcal, 1898.
Cantar de Mio Cid: texto, gramática y vocabulario, ed. Ramón Menéndez Pidal, Madrid, Imp. de Bailly-Baillière e hijos, 1908-1911, 3 tomos; edic. revisada en *Obras de*

Ramón Menéndez Pidal, tomos III-V, Madrid, Espasa-Calpe, 1944-1946.

Poema de Mio Cid, ed. Ramón Menéndez Pidal, Madrid, edic. de "La Lectura", 1911; Clásicos Castellanos, Espasa-Calpe, 1913, 3.ª edic. corregida, 1929, 4.ª edic. corregida, 1944.

Poema de Mio Cid. Facsímil de la edición paleográfica, ed. R. Menéndez Pidal, Madrid, Dirección General de Archivos y Bibliotecas, 1961.

Poema del Cid, ed. Alwin Kuhn, Halle, Max Niemeyer Verlag, 1951.

Poema de mio Cid, ed. Colin Smith, Oxford, Clarendon Press, 1972.

The Poem of the Cid. A new critical edition of the Spanish text ... together with a new prose translation by Rita Hamilton and Janet Perry, ed. Ian Michael, Manchester, Manchester University Press, y Nueva York, Barnes & Noble Books, 1975.

(Advertencia: No se han incluido las ediciones derivadas de la edición crítica de Ramón Menéndez Pidal, ni las reimpresiones de todas las ediciones citadas.)

Versiones en español moderno

Poema del Cid. Texto y traducción, prosificación moderna de Alfonso Reyes, Madrid y Barcelona, Colección Universal, 1919; Buenos Aires, Colección Austral, 1938.

Poema del Cid, puesto en romance vulgar y lenguaje moderno por Pedro Salinas, Madrid, Revista de Occidente, 1926; texto antiguo y versión en verso moderno, Buenos Aires, Editorial Losada, 1936.

Poema del Cid, texto original y transcripción moderna de José Bergua, Madrid, Librería Bergua, 1934; 2.ª edic., Madrid, Ediciones Ibéricas, 1941.

Poema de Mio Cid, transcripción moderna de Luis Guarner, Valencia, Jesús Bernes, 1940; texto primitivo y transcripción moderna versificada, Madrid, M. Aguilar, 1946; Barcelona, Iberia, 1952.

Poema de Mio Cid, texto de R. Menéndez Pidal y prosificación castellana moderna de Juan Loveluck, Santiago de Chile, Biblioteca Zig-Zag, 1954.

Cantar de mio Cid, versificación moderna de Fr. J. Pérez de Urbel, Burgos, Hijos de Santiago Rodríguez, 1955.

Poema de Mio Cid, prosificación moderna de Cedomil Goió, Santiago de Chile, Universitario, 1955.

El Cantar de Mio Cid, en verso castellano moderno de Camilo José Cela, en *Papeles de Son Armadans,* VI (1957), pp. 271-286; VII (1957), pp. 183-198; IX (1958), pp. 183-200; XIII (1959), pp. 267-279.

Cantar de Mio Cid, versión moderna [en prosa] de Carlos Horacio Magis, México, Ediciones Ateneo, 1962.

Poema del Cid, texto íntegro en versión de Francisco López Estrada, Madrid, Editorial Castalia, Odres Nuevos, 1955, 8.ª edic. renovada, 1974.

BIBLIOGRAFÍA SELECTA

Bibliografía general

Bulletin Bibliographique de la Société Rencesvals, París, A.-G. Nizet, I (1958) y siguientes.
La Corónica, Modern Language Association of America, I (1972) y siguientes.
Olifant, Publication of the Société Rencesvals American-Canadian Branch, Manitoba, I (1973) y siguientes.
Simón Díaz, José, *Bibliografía de la literatura hispánica,* Madrid, C.S.I.C., 1963, III, vol. I, y *Manual de bibliografía de la literatura española,* Adiciones 1-4, Barcelona, Gili, 1962-1972.
Sutton, Donna, "The Cid: a tentative bibliography to January 1969", *Boletín de Filología* (Chile), XXI (1970), pp. 21-173.

Estudios sobre la epopeya medieval en general

Bédier, Joseph, *Les Légendes épiques,* París, 1908-1913, 4 tomos.
Bowra, C. M., *Heroic Poetry,* Londres, 1952.
Delbouille, Maurice, "Les chansons de geste et le livre", en *La Technique littéraire des chansons de geste. Actes du Colloque de Liège,* Lieja y París, 1959, pp. 295-407.
Deyermond, A. D., "*The Singer of Tales* and medieval Spanish epic", *BHS,* XLIII (1965), pp. 1-8.
———, *Epic poetry and the clergy: studies on the "Mocedades de Rodrigo",* Londres, Támesis, 1969.
Horrent, J., "Tradition poétique du *CMC* au XIIe siècle", *Cahiers de Civilisation Médiévale,* VII (1964), pp. 451-471.

Lejeune, Rita, *Recherches sur le thème: les chansons de geste et l'histoire,* Lieja y París, 1948.

Lord, Albert B., *The Singer of Tales,* Cambridge, Mass., Harvard U. P., 1960.

Menéndez Pidal, Ramón, *Poesía juglaresca y orígenes de las literaturas románicas,* Madrid, Instituto de Estudios Políticos, 1957.

———, *Reliquias de la poesía épica española,* Madrid, Espasa-Calpe, 1951.

Parry, Milman, *Serbocroatian Heroic Songs,* ed. A. B. Lord, Cambridge, Mass. y Belgrado, 1954, I.

Richthofen, Erich von, *Estudios épicos medievales,* Madrid, Gredos, 1954.

———, *Nuevos estudios épicos,* Madrid, Gredos, 1970.

Rychner, Jean, *La Chanson de geste. Essai sur l'art épique des jongleurs,* Ginebra y Lila, 1955.

Spearing, A. C., *Criticism and medieval poetry,* Londres, 1964.

Vinaver, Eugène, *The Rise of Romance,* Oxford, Clarendon Press, 1971.

ESTUDIOS LITERARIOS

Alonso, Dámaso, "Estilo y creación en el *PMC*", en *Ensayos sobre poesía española,* Madrid, 1944, pp. 69-111, y en su *Antología crítica,* Madrid, 1956, pp. 147-175.

Castro, Américo, "Poesía y realidad en el *PMC*", *Tierra Firme,* I (1935), pp. 7-30, y en su *Semblanzas y estudios españoles,* Princeton y Nueva York, 1956, pp. 3-15.

Correa, Gustavo, "Estructura y forma en el *PMC*", *Hispanic Review,* XXV (1957), pp. 280-290.

De Chasca, Edmund, *El arte juglaresco en el "CMC",* Madrid, Gredos, 1967.

Deyermond, A. D., "Structural and stylistic patterns in the *CMC*", en *Medieval Studies in honor of Robert White Linker,* Madrid, Castalia, 1973, pp. 55-71.

Dunn, P. N., "Theme and Myth in the *PMC*", *Romania,* LXXXIII (1962), pp. 348-369.

Hart, Thomas R., "Hierarchical patterns in the *PMC*", *Romanic Review,* LIII (1962), pp. 161-173.

Menéndez Pidal, Ramón, *En torno al Poema del Cid,* Barcelona, E.D.H.A.S.A., 1963.

Salinas, Pedro, *Ensayos de literatura hispánica,* Madrid, 1958.

Singleton, Mack, "The two techniques of the *PMC*: an interpretative essay", *Romance Philology,* V (1951-1952), pp. 222-227.

Spitzer, Leo, *Sobre antigua poesía española,* Buenos Aires, 1962.

Webber, Ruth H., "Narrative organization of the *CMC*", *Olifant,* I, 2 (diciembre de 1973), pp. 21-34.

ESTUDIOS LINGÜÍSTICOS

De Chasca, Edmund, *Registro de fórmulas verbales en el "CMC",* Iowa City, University of Iowa, 1968, y en *El arte juglaresco...* (véase anteriormente).

Gilman, Stephen, *Tiempo y formas temporales en el "Poema del Cid",* Madrid, Gredos, 1961.

Hamilton, Rita, "Epic Epithets in the *PMC*", *Revue de Littérature Comparée,* XXXVI (1962), pp. 161-178.

Kullmann, E., "Die dichterische und sprachliche Gestalt des *CMC*", *Romanische Forschungen,* XLV (1931), pp. 1-65.

Lapesa, Rafael, "La lengua de la poesía épica en los cantares de gesta y en el romancero viejo", en *De la edad media a nuestros días,* Madrid, Gredos, 1967, pp. 9-28.

Menéndez Pidal, Ramón, *Cantar de Mio Cid,* tomos I y II (véase la Noticia Bibliográfica).

Michael, Ian, "A comparison of the use of epic epithets in the *PMC* and the *Libro de Alexandre*", *BHS,* XXXVIII (1961), pp. 32-41.

Montgomery, Thomas, "Narrative tense preference in the *CMC*", *Romance Philology,* XXI (1967-1968), pp. 253-274.

Oelschläger, Victor R. B., *Poema del Cid,* con introducción, vocabularios, concordancia, etimologías y comentario textual, Nueva Orleans, Tulane University, 1948; reimpreso Tallahassee, Florida, Florida State University, s.a.

Sandmann, M., "Narrative tenses of the past in the *CMC*", en *Studies ... John Orr,* Manchester, Manchester University Press, 1953, pp. 258-281.

Smith, C. C., "Latin histories and vernacular epic in 12th

century Spain: similarities of spirit and style", *BHS,* XLVIII (1971), pp. 1-19.

―――― y J. Morris, "On 'Physical Phrases' in Old Spanish epic and other texts", *Proceedings of the Leeds Philosophical Society: Literary and Historical Section,* XII (1967), pp. 129-190.

Waltman, Franklin M., *Concordance to PMC,* Pennsylvania State University Press, 1973.

Webber, Ruth H., "Un aspecto estilístico del *PMC*", *Anuario de Estudios Medievales,* II (1965), pp. 485-496.

MÉTRICA

Adams, Kenneth, "The metrical irregularity of the *CMC*: a restatement based on the evidence of names, epithets and some other aspects of formulaic diction", *BHS,* XLIX (1972), pp. 109-119.

Aubrun, Charles V., "La métrique du *Mio Cid* est regulière", *Bulletin Hispanique,* XLIX (1947), pp. 332-372.

―――――, "De la mesure des vers anisosyllabiques médiévaux", *Bulletin Hispanique,* LIII (1951), pp. 351-374.

De Chasca, Edmund, "Rima interna en el *CMC*", en *Homenaje a A. Rodríguez-Moñino,* Madrid, Castalia, 1969, I, pp. 133-146, y en *El arte juglaresco...* (véase anteriormente).

Hall, Robert A., "Old Spanish stress-timed verse and Germanic superstratum", *Romance Philology,* XIX (1965-1966), pp. 227-234.

Harvey, L. P., "The metrical irregularity of the *CMC*", *BHS,* XL (1963), pp. 137-143.

Hills, E. C., "Irregular epic metres...", en *Homenaje a Menéndez Pidal,* Madrid (1925), I, pp. 59-77.

Lang, H. R., "The metrical forms of the *Poem of the Cid*", *Publications of the Modern Language Association of America,* XLII (1927), pp. 523-603.

Consúltense sobre puntos específicos las referencias citadas en la Introducción y en las notas al texto. Estoy preparando una bibliografía crítica para la serie "Research Bibliographies and Checklists", Londres, Grant & Cutler.

NOTA PREVIA

ADEMÁS de mi gratitud a J. W. Rees, J. M. Blecua, A. Zamora Vicente y F. Whitehead, expresada ya en la Introducción, pp. 60-61, quiero manifestar aquí mi agradecimiento a Rita Hamilton, F. W. Hodcroft, P. E. Russell, A. D. Deyermond y H. M. Ettinghausen, quienes han leído varios borradores de esta edición y me han prestado valiosos consejos para su mejoramiento. Aunque el presente trabajo no se empezó hasta fines de 1967, los estudiantes que conmigo leyeron el texto antes de aquel curso me habían ayudado a formar concepto del tipo de edición que les habría gustado tener. Más tarde, he podido poner a prueba mis ideas ante nuevos cursos de estudiantes. Ellos tendrán que juzgar si el resultado práctico es el que esperaban.

Estoy muy obligado a Mariano Santiago Luque por haber hecho una revisión general de mi versión española de la edición, y a Isabel Díez por su ayuda con la versión española de las notas, el aparato crítico y el glosario. Doy las gracias a la Sección Cartográfica del Departamento de Geografía de la Universidad de Southampton por los mapas que ha confeccionado para esta edición y que tan fielmente reflejan mis instrucciones, y al Servicio Fotográfico de la misma Universidad por la preparación de las negativas de las láminas. Cumple hacer constar mi gratitud al personal de todas las bibliotecas donde he trabajado: la Biblioteca John

Rylands de la Universidad de Manchester, la North Library de la Biblioteca Británica (antes el Museo Británico), la Biblioteca Bodleiana y la de la Institución Tayloriana de Oxford, la Biblioteca Universitaria de Southampton y, desde luego, la Biblioteca Nacional en Madrid. También es deber gratísimo para mí expresar aquí mis sentimientos de profunda gratitud a Esteban Corral y su esposa Remedios, en cuya casa de Madrid llevé a cabo poco a poco la mayor parte de esta edición.

I. M.

Advertencia:

En las notas a pie de página, las formas de la segunda persona se dan cuando es posible en castellano moderno.

POEMA DE MIO CID

1. Ms. del *Poema*, fol. 1r.º. Obsérvese el efecto del uso de reactivos en siglos anteriores.

Cantar primero

*[Posible laguna de hasta 50 versos
(falta el primer folio)]* *

1   *[El Cid sale de Vivar para ir al destierro]*

De los sos oios   tan fuertemientre llorando, **
tornava la cabeça   e estávalos catando;

---

* Posible laguna: falta el primer folio del Ms. existente (el cua-
derno 1.º constaba antes de 8 hojas; como resultado de la des-
aparición de la primera, la actual hoja 7.ª quedó suelta, y fue
cosida con hilo distinto). Como normalmente hay veinticinco
renglones en cada cara de folio, se ha supuesto la pérdida de los
primeros cincuenta vv. del *Poema* (es poco probable que el co-
pista del siglo XIV hubiera dejado el primer folio en blanco, a
menos que hubiera confundido los cuatro pliegos doblados del
pergamino antes de que se cosieran para formar el primer cua-
derno). Cabe la posibilidad de que los vv. aparentemente per-
didos contuvieran la razón del primer exilio del Cid en 1081.
Cuando Alfonso VI manda al Cid que recoja los tributos anua-
les de las taifas moras de Sevilla y Córdoba, Rodrigo sorprende
al emir de Granada, ayudado por varios nobles cristianos —en-
tre ellos el conde García Ordóñez, consejero de los infantes
de Carrión en el *Poema* (v. 2997, etc.)— en el momento de
atacar a la taifa de Sevilla, protectorado de Alfonso VI. El
Cid interviene con eficacia y hace prisionero al conde en el
Castillo de Cabra (prov. de Córdoba) —comp. los vv. 3287-3289—.
De vuelta el Cid con los tributos, sus enemigos en la corte con-
vencen al rey de que el Cid ha malversado parte de los tri-
butos (véanse los vv. 9, 267 y 124-125), y el monarca, acto se-
guido, destierra al Campeador.

** *Cuaderno 1.º, fol. 1r.º*

1 Esta fórmula épica se repite con variantes en los vv. 18, 277, 370,
374, 1600, etc.; comp. *Chanson de Roland*, v. 2415: "Plurent des
oilz si baron chevaler", y además los vv. 2418-2419 y 4001.
Sean cuales fueren los detalles contenidos en los presuntos vv.
perdidos (p. ej., alguna reunión de la corte en que intervino
Pedro Bermúdez, comp. el v. 3310), es difícil imaginar en tér-
minos artísticos un comienzo más emotivo que el que tenemos
(ya expresó esta opinión también J. Fitzmaurice Kelly, *Chapters
on Spanish Literature*, Londres, 1908, p. 18).

2 No está completamente claro qué fuese lo que el Cid miraba al

75

vio puertas abiertas   e uços sin cañados,
alcándaras vazías,   sin pielles e sin mantos
e sin falcones   e sin adtores mudados.   5
Sospiró Mio Çid,   ca mucho avié grandes cuidados;
fabló Mio Çid   bien e tan mesurado:
"¡Grado a ti, Señor,   Padre que estás en alto!
"Esto me an buelto   mios enemigos malos."

2 [*Agüeros en el camino de Burgos*]

Allí piensan de aguiiar,   allí sueltan las rriendas;   10
a la exida de Bivar   ovieron la corneia diestra
e entrando a Burgos   oviéronla siniestra.

---

marcharse, pero es muy probable que deba entenderse su casa
y tierras de Vivar, véase el v. 115.

4-5 *alcándaras*: perchas o ganchos que se habían usado para colocar
pieles y mantos y además los halcones y azores entrenados para
la caza.

6 *avié*: 3.ª p.ª sg. imperf. de *aver* (esp. mod. "haber" o "tener");
durante el siglo XIII y comienzos del XIV las terminaciones del
imperfecto y condicional de la 2.ª y 3.ª conjugación comúnmente
consistían en *-ía, -iés, -ié, -iemos, -iedes, -ién*. En el esp. ant.
aver = "tener", mientras *tener* = "poseer".

8-9 El comentario lacónico que hace el Cid aquí sobre su mala for-
tuna y su agradecimiento a Dios pueden considerarse como una
actitud de resignación cristiana frente a las vicisitudes y tam-
bién como justificada determinación de recobrar su posición;
comp. su alegría en el v. 14 y su reacción idéntica en los
vv. 2830-2831, cuando recibe noticias de la afrenta hecha a sus
hijas (véanse las notas a los vv. 1933 y 2830-2831).

10 *pensar de* más infinitivo: construcción inceptiva, "comenzar a",
"estar a punto de".

11-12 Vivar, antaño solar del Cid, es una pequeña aldea situada en
el valle del río Ubierna, 10 Km. al N. de Burgos.
ovieron: 3.ª p.ª pl. pret. de *aver*.
la corneia diestra ... oviéronla siniestra: la creencia del Cid en
los agüeros se ve también en los vv. 859 y 2615, y la *Historia
Roderici* confirma que el Cid histórico se fiaba mucho de ellos.
Cuando el Cid y sus caballeros ven la corneja a la derecha de
su camino al salir de Vivar, parece ser señal favorable de su
éxito futuro, pero la corneja que ven a la izquierda al entrar
en Burgos es agüero de que se les va a acoger mal en la ciudad

Meçió Mio Çid los ombros   e engrameó la tiesta:
" ¡Albricia, Álbar Fáñez,   ca echados somos de tierra! "

3 [*Acogida llorosa en Burgos*]

Mio Çid Ruy Díaz   por Burgos entrava,   15
en su conpaña   *sessaenta* pendones.
exiénlo ver   mugieres e varones,   16b
burgeses e burgesas   por las finiestras son,
plorando de los oios,   tanto avién el dolor;

(no comparto la opinión de Menéndez Pidal, CC, p. 105, nota,
de que para indicar el agüero desfavorable en el v. 12 la cor-
neja pasa volando del lado izquierdo de su camino al derecho).
Este tipo de agüero se menciona frecuentemente, desde luego, en
la literatura clásica, pero con otro significado, comp. "cornix
est ab laeva, corvus ab dextra" ("la corneja está a la izquierda,
el cuervo a la derecha"), Plauto, *Asinaria*, 2, 1, 12; y "quid
augur (habet), cur a dextra corvus, a sinistra cornix faciat ra-
tum?" ("¿qué poder tiene el agorero? ¿por qué es de buen
agüero el cuervo a la derecha y la corneja a la izquierda?"),
Cicerón, *De divinatione*, I, 39, 85.

13 El Cid se encoge de hombros y deniega con la cabeza para re-
chazar el mal agüero; comp. un uso clásico análogo: "nec ma-
ximus omen abnuit Aeneas", Virgilio, *Eneida*, V, 530-531.

14 El regocijo del Cid puede interpretarse como la aceptación he-
roica del desafío de la fortuna adversa, para poder así demos-
trar sus cualidades superiores en la acción. Álvar Fáñez, sobrino
del Cid según el *Poema*, llega a ser el principal compañero y
brazo derecho del héroe, si bien no existe ninguna prueba his-
tórica de que acompañase a éste durante su destierro. Al con-
trario, Álvar Fáñez desempeñaba un papel importante en la
corte de Alfonso VI, y se le nombró señor de Zorita en 1097 y
gobernador de Toledo después de la muerte de Alfonso en 1109;
fue asesinado en Segovia en 1114. En el *Poema de Almería*
(h. 1152) se presenta a Álvar Fáñez como segundo después del
Cid entre los mejores guerreros de España: "Mio Cidi primus
fuit, Alvarus atque secundus" (este v. fue citado muchas veces
fuera de contexto y ha sido erróneamente interpretado, como
falso apoyo de la existencia de una tradición poética cidiana
durante el siglo xii).

16 *sessaenta pendones*: metonimia; los caballeros llevaban pendo-
nes en sus lanzas (véase la lámina 4); parece que los pendones
sólo eran blancos en el *Poema*, véase el v. 729, mientras son
de otros colores en *Chanson de Roland*, v. 999: "gunfanuns
blancs e blois e vermeilz".

de las sus bocas   todos dizían una rrazón:
" ¡Dios, qué buen vassallo,   si oviesse buen señor! "   20

4 [*Una niña informa al Cid del mandato real; el Cid acampa en la glera*]

Conbidar le ien de grado,   mas ninguno non osava,
el rrey don Alfonso   tanto avié la grand saña;
antes de la noche   en Burgos d'él entró su carta
con grand rrecabdo   e fuertemientre sellada:

19 "Todos gritaban la misma cosa".
20 " ¡Dios, qué buen vasallo, si tuviera buen señor! " La sintaxis ha
   originado mucha controversia: Amado Alonso, *RFH*, VI (1944),
   pp. 187-191, consideró el *si* como optativo = "así": " ¡Dios,
   qué buen vasallo! ¡Ojalá que tuviera buen señor!" Menéndez
   Pidal, ed. crít., *Adiciones*, p. 1221, prefiere ver el *si* como con-
   dicional, e interpreta: "¡qué buen vasallo pierde Alfonso por
   no ser buen señor, desterrando al héroe!". Leo Spitzer lo con-
   sidera como condición incumplida: " ¡Dios, qué buen vasallo
   sería, si tuviera buen señor!", *RFH*, VIII (1946), pp. 132-135;
   réplica de A. Alonso en *RFH*, VIII (1946), pp. 135-136. Para un
   estudio detenido y una interesante teoría sobre el posible cam-
   bio cronológico de la sintaxis, véase A. Badía Margarit, *Archi-
   vum*, IV (1954), pp. 149-165.
21 *conbidar le ien*: condicional analítico del esp. ant.; "le convi-
   darían".
22 *la grand saña*: al calificar el sustantivo, el poeta parece consi-
   derar la saña como emoción personal del rey, aunque en realidad
   consistía en una institución jurídica medieval, llamada *ira* o
   indignatio regis, la cual se invocaba cuando un vasallo rompía
   la *pax regis*. La pena usual contra esta ofensa consistía en mul-
   tas, confiscación de bienes, y destierro. Para un estudio exce-
   lente del tema, véase Hilda Grassotti, "La ira regia en León y
   Castilla", *Cuadernos de Historia de España*, XLI-XLII (1965),
   pp. 5-135. Por otra parte, nuestro poeta está al tanto del signi-
   ficado legal de la expresión, como lo demuestra en el v. 882.
   (Véase también el Aparato Crítico).
23 *antes de la noche*: "la noche anterior", significado confirmado
   por *anoch* en el v. 42, pero se desconoce la construcción en otros
   textos (comp. *ante noche* con la misma acepción en *PCG*, p.
   317b).
   d'él entró su carta: construcción pleonástica; "llegó su decre-
   to", comp. los vv. 870, 1936, 2590, etc.
24 No existe prueba histórica de este decreto. La carta que lleva
   un sello pesado se refiere probablemente a un mandato real, que
   solía consistir en unos pocos renglones, empequeñecido por un
   sello colgante de cera; estos sellos no se utilizaron en España
   hasta el siglo XII, así la referencia constituye un anacronismo.
   No obstante, implica que el poeta estaba acostumbrado a ver

que a Mio Çid Ruy Díaz   que nadi nol' diessen   25
                         [posada
e aquel que ge la diesse   sopiesse vera palabra *
que perderié los averes   e más los oios de la cara
e aun demás   los cuerpos e las almas.
Grande duelo avién   las yentes christianas,
ascóndense de Mio Çid,   ca nol' osan dezir nada.   30

---

* fol. 1v.º

---

tales documentos, que "no se veían con mucha frecuencia fuera de archivos oficiales o cancillerías eclesiásticas o señoriales", véase P. E. Russell, "Some problems of diplomatic in the *CMC* and their implications", *MLR*, XLVII (1952), pp. 340-349, en p. 341 (cita traducida por mí). En el v. 1956 consta que el Cid poseía sello propio, pero no hay prueba del uso privado de los sellos en el siglo XI; no se utilizaron generalmente hasta el siglo XIII (véase Russell, *ibid.*, p. 344). El *Alex,* estr. 1974*ab,* aporta indicios de que los sellos podrían usarse para atemorizar a los analfabetos: "Mandó por toda India los pregones andar, / las cartas seelladas por máys los acoytar". Peter N. Dunn, "*PMC* vv. 23-48: epic rhetoric, legal formula and the question of dating", *Romania,* 96 (1975), pp. 255-264, intenta revisar la opinión de Russell, postulando que casi todo el mundo hubiera tenido algún contacto con contratos, donaciones, diplomas y fueros, pero que ni el poeta ni su público hubieran visto un mandato real: por lo tanto el poeta presenta un documento desconocido bajo una forma bastante mejor conocida (p. 264).

25 "que nadie le ofreciera alojamiento a Mio Cid Ruy Díaz", con *que* pleonástico resultante de la anteposición del complemento indirecto, y verbo en pl. con *nadi* considerado como colectivo, comp. el v. 151, pero contrástense los vv. 34, 59, etc.

26 *ge la*: cuando iban dos pronombres átonos en 3.ª p.ª, el esp. ant. utilizaba con regularidad *ge* para el complemento indirecto en sg. o pl. (< ILLI ILLAM, etc.), equivalente al esp. mod. "se la", etc.

sopiesse vera palabra: "debiese saber en verdad"; por lo menos un documento del siglo XIII empieza con la fórmula "Bera paraula que..." (citado por Menéndez Pidal, ed. crít., p. 782).

27-28 La sanción impuesta por desobediencia a un mandato real consistía por lo general en una fuerte multa. Aquí el poeta nos brinda una forma arcaica de la maldición mencionada en instrumentos de donación y en *acta* desde épocas muy remotas, pero tal maldición no se usaba nunca en los mandatos. A pesar de que a Alfonso VI se le recordó durante muchos años por su severidad judicial, la maldición proferida contra los que infringiesen lo establecido en donaciones y *acta* era en realidad una esperanza pía y no un castigo prescrito por la ley (véase Russell, "Some problems of diplomatic...", pp. 344-345).

29 *las yentes christianas:* "la gente" o "el pueblo".

El Campeador   adeliñó a su posada,
assí commo llegó a la puerta,   fallóla bien çerrada
por miedo del rrey Alfonso,   que assí lo avién parado
que si non la quebrantás por fuerça,   que non ge la
[abriesse nadi.
Los de Mio Çid   a altas vozes llaman,   35
los de dentro   non les querién tornar palabra.
Aguiió Mio Çid,   a la puerta se llegava,
sacó el pie del estribera,   una ferídal' dava;
non se abre la puerta,   ca bien era çerrada.
Una niña de nuef años   a oio se parava: 40
"¡Ya Campeador,   en buen ora çinxiestes espada!
"El rrey lo ha vedado,   anoch d' él e[n]tró su carta
"con grant rrecabdo   e fuertemientre sellada.
"Non vos osariemos   abrir nin coger por nada;
"si non, perderiemos   los averes e las casas   45
"e demás   los oios de las caras.
"Çid, en el nuestro mal   vós non ganades nada,
"mas el Criador vos vala   con todas sus vertudes
[sanctas."
Esto la niña dixo   e tornós' pora su casa.
Ya lo vee el Çid   que del rrey non avié   50
gr[açi]a; *

---

* fol. 2r.º

31 *El Campeador*: el epíteto épico más aplicado al Cid en el
    Poema.
33 *que assí lo avién parado*: "porque así lo habían arreglado".
34 *quebrantás*: 3.ª p.ª sg. pret. subj., "quebrantase"; "que, de no
    romperla por fuerza, nadie se la iba a abrir".
37-39 Los rápidos cambios de tiempo verbal (pret., imperf. y pres.)
    son característicos del estilo épico y ocurren con frecuencia a
    lo largo del *Poema*.
40 *a oio se parava*: "se asomó".
41 *Ya*: "Oh", interjección de origen árabe, común en esp. ant.
    en buen ora: "en hora buena"; esta expresión forma parte de
    un epíteto aplicado mucho al Cid, y se podría interpretar en el
    sentido de que el Cid es un caballero afortunado; por añadi-
    dura, en este verso aporta un irónico contraste con los actuales
    infortunios del héroe.
42-43 Comp. los vv. 23-24.
44 *coger*: "acoger".
45-46 Comp. los vv. 27-28.
48 *vala*: "valga"; "pero que el Creador te ayude".
50 *Ya*: adv. modal, "el Cid bien ve que...".

2. Vivar del Cid hoy: "puertas abiertas e uços sin cañados", v. 3.

3. Caballero de la época del Cid; miniatura hecha por Pedro, prior de Santo Domingo de Silos, en 1109; del Ms. de Beato, *Comentario al Apocalipsis,* Museo Británico, Ms. Add. 11695, fol. 220r.° (con permiso de los Regentes).

partiós' de la puerta,   por Burgos aguijava,
llegó a Sancta María,   luego descavalga,
fincó los inoios,   de coraçón rrogava.
La oración fecha,   luego cavalgava,
salió por la puerta   e Arlançón pa[s]sava,   55
cabo essa villa   en la glera posava,
fincava la tienda   e luego descavalgava.
Mio Çid Ruy Díaz,   el que en buen ora çinxo espada,
posó en la glera   quando nol' coge nadi en casa,
derredor d' él   una buena conpaña;   60
assí posó Mio Çid   commo si fuesse en montaña.
Vedádal' an conpra   dentro en Burgos la casa

52 *Sancta María*: Alfonso VI construyó la catedral de Burgos, dedi-
cada a Santa María, a la cual trasladó la diócesis de Oca en 1075;
el edificio mandando hacer por Alfonso se terminó en 1095, pero
Fernando III lo derribó en el siglo XIII y lo reemplazó por el
edificio gótico actual.
55-56 *Arlançón*: debe entenderse el río en cuya ribera Burgos se le-
vanta (véase el Aparato Crítico). Durante gran parte del año,
el río todavía tiene "glera" o arenales secos en ambos la-
dos. En el siglo XII los burgaleses construyeron un lazareto cerca
de uno de los puentes sobre el Arlanzón, véase Julio González,
El reino de Castilla en la época de Alfonso VIII (Madrid, 1960),
3 tomos, I, p. 616. A. D. Deyermond ha señalado que la exis-
tencia del lazareto cerca de la "glera" habría podido hacer que
el público burgalés de la época viese al Cid del *Poema* "tratado
como un leproso en sentido figurado", véase su "Structural and
stylistic patterns in the *CMC*", en *Medieval Studies in honor of
Robert White Linker* (Madrid, 1973), pp. 55-71, en p. 59 (cita
traducida por mí).
57 El verso implica que el Cid dirigía la instalación de la tienda
de campaña desde su montura, es decir, antes de apearse.
58-59 Una vez más el epíteto épico aporta irónico contraste con los
actuales infortunios del Cid, comp. el v. 41.
60 *buena conpaña*: "compañía bastante numerosa".
61 *commo si fuesse en montaña*: "como si estuviese en descampa-
do"; *fuesse* probablemente de *ser* y no de *ir*, porque en esp. ant.
ser se empleaba para expresar posición ("sentarse", "estar").
62 *conpra*: "capacidad legal, o libertad, para comprar"; varios fue-
ros medievales intentaban limitar esta excesiva sanción real,
p. ej., "E quando ovier el Rico ome a salir de la tierra, devel'
el Rey dar quel' guie por sua tierra, e devel' dar vianda por
suos dineros...", *Fuero viejo de Castilla*, I, IV, ii; "et quando
acaesciere que el rey hobiese de echar al rico home de tierra
por malquerencia..., debel otorgar quel vendan vianda por aque-
llos logares por do saliere...", *Siete partidas*, IV, 25, 10.
Burgos la casa: "la ciudad de Burgos", es decir, además del
castillo y su recinto.

de todas cosas   quantas son de vianda;
non le osarién vender   al menos dinarada.

5 [*Martín Antolínez trae provisiones al Cid y se
incorpora a su bando*]

Martín Antolínez,   el burgalés conplido,   65
a Mio Çid e a los suyos   abástales de pan e de vino,
non lo conpra,   ca él se lo avié consigo,
de todo conducho   bien los ovo bastidos;
pagós' Mio Çid e todos los otros   que van a so
                                        [çervicio.
Fabló Martín A[n]tolínez,   odredes lo que á   70
                                        [dicho:
"¡Ya Canpeador,   en buen ora fuestes naçido!
"Esta noch y[a]gamos   e vay[á]mosnos al matino,
"ca acusado seré   de lo que vos he servido,
"en ira del rrey Alfonso   yo seré metido. *
"Si convusco escapo   sano o bivo,   75
"aún çerca o tarde   el rrey querer me ha por amigo,
"si non, quanto dexo   no lo preçio un figo."

---

* *fol. 2v.º*

65 Martín Antolínez aparece como el mayordomo del Cid a lo
largo del *Poema,* aunque también se distingue en batalla (v. 765)
y en los duelos (v. 3646). No hay prueba histórica de su existen-
cia y es probable que el poeta supla una necesidad artística al
crearle (véase Rita Hamilton, "Epic epithets in the *PMC*", *Revue
de Littérature Comparée,* XXXVI, 1962, pp. 161-178). No obs-
tante lo aparentemente ficticio del personaje, éste está represen-
tado por un escudo del siglo xvi en la Capilla de los Reyes y
Condes en Cardeña y además por una estatua de fecha más re-
ciente emplazada sobre el puente de Santa María de Burgos.
70 *odredes:* "vais a oír"; éste es el primero de muchos ejemplos
de apóstrofe, por medio de los cuales el poeta hacía que el pú-
blico tomara parte activa en la narración.
72 *y[a]gamos:* pres. subj. de *yacer;* "descansemos".
75 *convusco:* "con Vd.".
   sano o bivo: "sano y salvo"; *o* se emplea varias veces como
simple cópula (= "y"), véanse los vv. 130, 1922, 2294, 2415, etc.;
contrástese su uso disyuntivo (= "o") en los vv. 76, 2733, 2914,
2949, 3216*b,* etc.
76 *querer me ha:* 3.ª p.ª sg. fut. analítico del esp. ant.; "me
querrá".

6 [*El Cid cuenta con la ayuda de Martín Antolínez
en un ardid ideado para conseguir un préstamo*]

Fabló Mio Çid, el que en buen ora çinxo espada:
"¡Martín Antolínez, sodes ardida lança!
"Si yo bivo, doblar vos he la soldada.   80
"Espeso é el oro e toda la plata,
"bien lo vedes que yo non trayo aver
"e huebos me serié | pora toda mi compaña. 82*b*-83
"Fer lo he amidos, de grado non avrié nada:
"con vuestro consejo bastir quiero dos arcas, 85
"inchámoslas d' arena, ca bien serán pesadas,
"cubiertas de guadalmeçí e bien enclaveadas.

7 [*Detalles del ardid; el Cid se siente reacio a
emplearlo*]

"Los guadameçís vermeios e los clavos bien do-
            [rados.
"Por Rachel e Vidas vayádesme privado:

---

79 *sodes ardida lança*: sinécdoque; "Vd. es osado guerrero".
81 "He gastado el oro y toda la plata".
82*b* *e huebos me serié*: < OPUS EST MIHI, aquí en cond., "y me
  haría falta".
84 *Fer lo he*: 1.ª p.ª sg. fut. analítico de *fazer*; "lo haré".
  amidos: adv., < AD-INVITUS, "contra mi voluntad".
  La penuria del Cid demuestra, desde luego, lo injusto de la acu-
  sación de fraude que causó su destierro; irónicamente es el des-
  tierro el que le hará rico y poderoso.
85 *consejo*: "ayuda", "socorro".
86 *inchámoslas*: pres. subj. de *henchir*.
  ca: normalmente causal, y aquí usado paratácticamente; "llené-
  moslas de arena, porque así serán verdaderamente pesadas".
87 *guadalmeçí* (*guadameçís* en el v. 88): cuero hecho original-
  mente por los bereberes en Ghadames, oasis del Sahara 480 Km.
  al S.O. de Trípoli; más tarde un cuero repujado y dorado que
  se elaboraba en Fez y en Córdoba. En la catedral de Burgos
  está expuesto al público un cofre grande que, según dicen, es
  una de las arcas mencionadas en este verso.
88 Repetición del final de la tirada anterior, especificando detalles.
89 *Rachel e Vidas*: probablemente los nombres de los prestamistas
  judíos son masculinos; *Rachel* (¿pronunciado r̄akel?) puede ser

"quando en Burgos me vedaron conpra e el   90
        [rrey me á airado,
"non puedo traer el aver,   ca mucho es pesado,
"enpeñar ge lo he   por lo que fuere guisado,
"de noche lo lieven   que non lo vean christianos.
"Véalo el Criador   con todos los sos sanctos,
"yo más non puedo   e amidos lo fago."   95

---

forma de Raguel, nombre bíblico del suegro de Tobías (*Tobías,* III, 17), mientras *Vidas* parece ser traducción de la palabra hebrea *Hayyim* ("vida"); véase Francisco Cantera, "Raquel e Vidas", *Sefarad,* XVII (1958), pp. 99-108. Ríos y Huntington propusieron que interpretásemos *Vidas* como *Iudas* (Judas), suponiendo que era error de copista; sin embargo, Vidas se encuentra en varios documentos españoles antiguos como nombre de varón y de mujer, tanto judío como cristiano.

90 Aquí el Cid empieza a comunicar a Martín Antolínez lo que tiene que decirles a los prestamistas.

    el rrey me á airado: "el rey me ha hecho objeto de su *ira regia*", o "me ha privado de su favor".

92 *enpeñar ge lo he:* 1.ª p.ª sg. fut. analítico; "se lo empeñaré". *guisado:* "justo", "razonable".

    A. D. Deyermond y Margaret Chaplin, "Folk-Motifs in the Medieval Spanish Epic", *PQ,* 51 (1972), pp. 36-53, hacen notar que la trampa urdida contra prestamistas o banqueros es un *motif* folklórico bastante común y corresponde a los núms. K. 455.9 y 476.2.2. (comp. el núm. K. 1667) de la clasificación general de Stith Thompson, *Motif-Index of Folk-Literature,* 2.ª edic. (Copenhague, 1955-1958), 6 tomos. Menéndez Pidal, CC, pp. 28-30, ya señaló la posible fuente del episodio: Pedro Alfonso, *Disciplina clericalis* (Madrid, 1948), ej. XV, p. 133, el cuento del peregrino a la Meca; además mencionó otros ejemplos paralelos anteriores: Herodoto, *Historias,* III, 123, el cuento del persa Oretes; y la leyenda de Dido, recogida por Trogo Pompeyo y repetida por Justino, *Epítome,* XVIII, 4 (ésta fue incluida en *PCG,* p. 34a). Recientemente Lía Noemí Uriarte Rebaudi, "Un motivo folklórico en el *Poema del Cid*", *Filología,* XVI (1972), pp. 215-230, ha hecho un análisis de los temas folklóricos de todos estos ejemplos y en su conclusión nota la vinculación del episodio del *Poema* con la tradición folklórica pero no señala ninguno de los otros ejemplos como su fuente directa. Véase también la nota a los vv. 1435-1436.

93 *christianos:* equivale a "nadie", comp. el v. 1295, pero en ambos casos va implícita una distinción que excluye a los no cristianos y que podría ser irónica aquí.

8 [*Martín Antolínez va en busca de los prestamis-
tas judíos*]

Martín Antolínez   non lo detarda,
por Rachel e Vidas   apriessa demandava;
passó por Burgos,   al castiello entrava,
por Rachel e Vidas   apriessa demandava.

9 [*Negociaciones con los prestamistas*]

Rachel e Vidas   en uno estavan amos *   100
en cuenta de sus averes,   de los que avién ganados.
Llegó Martín Antolínez   a guisa de menbrado:
"¿Ó sodes, Rachel e Vidas,   los mios amigos caros?
"En poridad fablar   querría con amos."
Non lo detardan,   todos tres se apartaron: 105
"Rachel e Vidas,   amos me dat las manos
"que non me descubrades   a moros nin a christianos;
"por siempre vos faré rricos   que non seades men-
                         [guados.

---

* *fol. 3r.º*

97 Verso idéntico al 99; algunos editores lo suprimen, suponiéndolo
repetición errónea del copista; no obstante, estoy de acuerdo con
Huntington y Smith en considerarla deliberada. La repetición
intensifica el efecto de urgencia de la misión de Martín Antolí-
nez (para repeticiones semejantes, véanse los vv. 2778, 2780,
2786).
98 *castiello*: la parte fortificada de la ciudad, *intra muros,* donde
solía estar localizada la aljama (morería y judería) en las villas
españolas durante la Edad Media, para que "los de fuera" estu-
vieran bajo la inmediata protección y vigilancia de la Corona.
100 *en uno*: "juntos".
102 *a guisa de* más adjetivo constituye uno de los modos más fre-
cuentes de formar adverbios en esp. ant.; aquí = "prudente-
mente".
103 *¿Ó*: "¿Dónde...?".
106-107 *dar las manos que*: "jurar que".
a moros nin a christianos: "a nadie".
108 El segundo hemistiquio podría considerarse como relleno del
verso, porque repite el sentido de *rricos* por la lítote; no obs-
tante, los varios casos de esta figura retórica y también de la
meiosis hacen pensar que constituyen una de las característi-
cas del estilo poético (véase el v. 2425 para un caso extremo).

"El Campeador   por las parias fue entrado,
"grandes averes priso   e mucho sobeianos,   110
"rretovo d' ellos   quanto que fue algo,
"por én vino a aquesto   por que fue acusado.
"Tiene dos arcas   llenas de oro esmerado,
"ya lo vedes   que el rrey le á airado,
"dexado ha heredades   e casas e palaçios;   115
"aquéllas non las puede levar,   si non, serién ven-
                             [tadas,
"el Campeador   dexar las ha en vuestra mano
"e prestalde de aver   lo que sea guisado.
"Prended las arcas   e metedlas en vuestro salvo,
"con grand iura   meted í las fes amos   120
"que non las catedes   en todo aqueste año."
Rachel e Vidas   seyénse conseiando:
"Nós huebos avemos   en todo de ganar algo;

---

109 *fue entrado*: esp. mod. "había entrado", entiéndase, en el terri-
torio de los moros, comp. el v. 125. En el esp. ant., los verbos
intransitivos y reflexivos solían formar los pretéritos compues-
tos con el participio pasado más el auxiliar *ser*: así *Exido es*,
v. 201, = "ha salido", *vinida es*, v. 425, = "ha venido", *es
levantado*, v. 2219, = "se ha levantado", *era puesto*, v. 416,
= "se había puesto". *Aver*, auxiliar para los pretéritos com-
puestos de todos los verbos transitivos, poco a poco iba reem-
plazando a *ser* en los verbos intransitivos y reflexivos y a par-
tir del siglo XVII aquél pasa a ser el único auxiliar usado en los
pretéritos compuestos activos. El *Poema* ofrece algún ejemplo
de este avance de *aver*: *arribado an*, v. 1629, *an entrado*,
v. 2247. En lo que concierne al valor temporal, no había una
distinción tan clara como en el esp. mod.; Menéndez Pidal, ed.
crít., p. 355, apunta un buen ejemplo, en el que no ha podido
influir la asonancia: "Fabló Martín A[n]tolínez, odredes lo que
á dicho", v. 70 (= esp. mod. "...vais a oír lo que dijo").
110 *mucho*, adv., "muy".
111 *quanto que fue algo*: "todo lo que había de valor".
112 "fue por aquella razón por la que le acusaron".
116 *aquéllas* se refiere a las arcas del v. 113.
118 *prestalde*: metátesis de la consonante líquida en el imperativo
unido al complemento pronominal, "prestadle".
      guisado: comp. el v. 92.
120 *í*: < IBI, "allí".
      fes: pl. de "fe".
122 *seyén*: imperf. de *ser*.
123 *huebos*: "necesidad", comp. el v. 82b.
      algo: "riqueza", "valor".

"bien lo sabemos   que él algo gañó, *
"quando a tierra de moros entró,   que grant   125
                        [aver sacó;
"non duerme sin sospecha   qui aver trae monedado.
"Estas arcas   prendámoslas amas,
"en logar las metamos   que non sean ventadas.
"Mas dezidnos del Çid,   ¿de qué será pagado,
"o qué ganançia nos dará   por todo aqueste   130
                        [año?"
Respuso Martín Antolínez   a guisa de menbrado:
"Mio Çid querrá   lo que sea aguisado,
"pedir vos á poco   por dexar so aver en salvo.
"Acógensele omnes   de todas partes me[n]guados,
"á menester   seisçientos marcos."   135
Dixo Rachel e Vidas: "Dar ge los [emos] de grado."
"Ya vedes que entra la noch,   el Çid es pressurado,
"huebos avemos   que nos dedes los marcos."
Dixo Rachel e Vidas: "Non se faze assí el mercado,
"sinon primero prendiendo   e después dando."   140
Dixo Martín Antolínez: "Yo d' esso me pago;
"amos tred   al Campeador contado
"e nós vos aiudaremos,   que assí es aguisado,
"por aduzir las arcas   e meterlas en vuestro salvo
"que non lo sepan   moros nin christianas."   145
Dixo Rachel e Vidas: "Nós d' esto nos pagamos;

---

    * fol. 3v.º

126 *aver . . . monedado*: "dinero en metálico".
129 *pagado*: "satisfecho", "complacido".
130 *o*: "y", comp. el v. 75.
134 "Hombres necesitados se acogen a su bandera..."
135 *á menester*: "necesita".
136 *Dixo*: el verbo va a veces en sg. cuando precede al sujeto y éste
    se compone de una pareja de personajes, comp. Rachel y Vidas
    aquí y en los vv. 146 y 1437, y Ojarra e Íñigo Jiménez en el
    v. 3422; las parejas por lo común hablan las mismas palabras
    simultáneamente.
137 *Ya*: comp. el v. 50.
141 *Yo d'esso me pago*: "Estoy satisfecho de eso".
142 *tred*: imperativo de *traer*, aquí en el sentido de "ir" o "ve-
    nir"; "que me acompañen Vds.", comp. *Lba*, estr. 966c, "trete
    conmigo".
    contado: "renombrado".

"las arcas aduchas,   prendet seyesçientos marcos."
Martín Antolínez   cavalgó privado *
con Rachel e Vidas   de volu[n]tad e de grado.
Non viene a la puent,   ca por el agua á   150
                              [passado,
que ge lo non ventassen   de Burgos omne nado.
Afévoslos a la tienda   del Campeador contado,
assí commo entraron,   al Çid besáronle las manos.
Sonrrisós' Mio Çid,   estávalos fablando:
"¡Ya don Rachel e Vidas,   avédesme olbidado!   155
"Ya me exco de tierra   ca del rrey só airado.
"A lo quem' semeia,   de lo mío avredes algo,
"mientra que vivades   non seredes menguados."
Don Rachel e Vidas   a Mio Çid besáronle las manos.
Martín Antolínez   el pleito á parado   160
que sobre aquellas arcas   dar le ien *seis*çientos marcos

---

* *fol. 4r.º*

147 *aduchas*: participio pasado de *aduzir*.
150 Este verso implica que el Cid había acampado en la "glera"
    adyacente a la otra ribera, casi enfrente de la puerta de Santa
    María; así Martín Antolínez habría vadeado el río para no
    ser visto por la vigilancia mantenida desde el puente.
151 *de Burgos omne nado*: "nadie de Burgos", con verbo en pl.,
    comp. el v. 25.
152 *Afévoslos*: como decir "héoslos" (comp. "he aquí"); *afé* o *fé*
    era el adv. demostrativo derivado del árabe; el *vos* se refiere a
    los que escuchen el *Poema* (comp. el v. 70) y el *los* a Martín
    Antolínez y los judíos.
153 El besar las manos como símbolo del vasallaje, ya en el si-
    glo XIII se consideraba como "la antigua costumbre de Es-
    paña", véase *Siete partidas*, IV, 25, 4.
155 *don*: aquí y en los vv. 159 y 189, el título se aplica única-
    mente al primer personaje mencionado, como si Rachel y Vidas
    se considerasen como una persona sola. Su aplicación a los
    judíos aquí puede ser irónica, si bien existe mucha documenta-
    ción histórica de que los judíos presumían del título.
156 *me exco*: 1.ª p.ª sg. pres. indic. de *exirse*, "marcharse", "par-
    tir".
    del rrey só airado: "he incurrido en la ira del rey", "he per-
    dido el favor real".
157 *de lo mío avredes algo*: "Vds. recibirán parte de mi riqueza".
158 Ejemplo de la lítote, comp. el v. 108.
161 *dar le ien*: "le darían".
    marcos: cada marco valía ocho onzas (unos 230 gr.) de plata u
    oro. Más tarde, el marco burgalés se adoptó en España como

e bien ge las guardarién   fasta cabo del año,
ca assíl' dieran la fe   e ge lo avién iurado
que si antes las catassen   que fuessen periurados,
non les diesse Mio Çid   de la ganançia un   165
                                    [dinero malo.
Dixo Martín Antolínez: "Carguen las arcas privado,
"levaldas, Rachel e Vidas,   ponedlas en vuestro salvo;
"yo iré convus[c]o   que adugamos los marcos,
"ca a mover á Mio Çid   ante que cante el gallo."
Al cargar de las arcas   veriedes gozo tanto,   170
non las podién poner en somo,   maguer eran esfor-
                                    [çados.
Grádanse Rachel e Vidas   con averes monedados, *
ca mientra que visquiessen   rrefechos eran amos.

10 [*Se cierra el trato*]

Rachel a Mio Çid   la mánol' ba besar:
"¡Ya Canpeador,   en buen ora çinxiestes   175
                                    [espada!
"De Castiella vos ides   pora las yentes estrañas,
"assí es vuestra ventura,   grandes son vuestras ga-
                                    [nançias,

---

* *fol. 4v.º*

---

la medida corriente de la plata (y el marco toledano, del oro).
La cantidad mencionada parece extraordinariamente grande para
la época.
165 *la ganançia*: los intereses devengados por el préstamo. Según
la ley canónica medieval, y en teoría la de España hasta el si-
glo XIX, no se permitía a los cristianos que practicasen la usura.
167 *levaldas*: metátesis de *levadlas*, "llévenlas".
168 *adugamos*: 1.ª p.ª pl. pres. subj. de *aduzir*.
169 *a mover á Mio Çid*: hipérbaton; "Mio Cid tiene que mar-
charse".
170 *veriedes*: apóstrofe al público, comp. los vv. 70 y 152.
172 *averes monedados*: comp. el v. 126.
173 *visquiessen*: 3.ª p.ª pl. pret. subj. de *vivir*.
     refechos: "muy enriquecidos", comp. el v. 800.
176 *estrañas*: "extranjeras", "forasteras".
177 *ganançias*: "botín", parte de los tributos, que Rachel imagina
ha malversado el Cid.

"una piel vermeia,   morisca e ondrada,
"Çid, beso vuestra mano   en don que la yo aya."
"Plazme —dixo el Çid—   d' aquí sea mandada;   180
"si vos la aduxier d' allá;   si non, contalda sobre las
[arcas."

[*Breve laguna*]

En medio del palaçio   tendieron un almofalla,
sobr' ella una sávana   de rrançal e muy blanca.
A tod el primer colpe   *trezientos* marcos de plata
[echaron,

178 *una piel vermeia*: zamarra, o sobretúnica, de manga corta, he-
cha de armiño, conejo o incluso piel de oveja, con el pelo por
dentro y la piel por la parte de afuera, cubierta de seda roja,
a veces atada con cordones dorados, comp. el v. 3092. La opi-
nión de Joaquín de Entrambasaguas ("Comentarios al *Cantar
del Cid*: el matrimonio judío de Burgos", *Punta Europa*, X,
1965, núm. 105, pp. 37-61) de que Rachel tiene que ser perso-
naje femenino puesto que sólo una mujer especificaría una piel
bermeja, no puede sostenerse de ninguna manera porque el Cid
viste una prenda idéntica en el v. 3092, donde el poeta nos
informa de que el héroe la lleva siempre (nótese también el tí-
tulo masculino "don Rachel" en el v. 155, etc., donde no entra
la posibilidad de apócope de "doña", que solía ocurrir única-
mente antes de nombre femenino empezando en vocal).
179 *beso vuestra mano*: "le ruego a Vd.".
     en don que la yo aya: hipérbaton; "que yo la tenga como re-
galo".
180 *d'aquí*: "desde ahora".
     mandada: "prometida", "encargada".
181 Elipsis: "si la traigo desde allí, (bien;) si no, cuéntela contra
las arcas" (es decir, "deduzca la cantidad correspondiente").
Parece que ha debido haber una breve laguna en el texto des-
pués de este verso, porque hay un cambio de escena al pasarse
de la tienda del Cid emplazada en el río al aposento de los
judíos dentro de la ciudad (véase el v. 200).
182 *palaçio*: "sala".
     almofalla: "alfombra"; Menéndez Pidal, ed. crít., rechaza esta
forma y la cambia por "almoçalla", pero véase Corominas, *DCELC*,
s.v. "almofalla" I, y comp. el port. *almofala* (véase A. de Mo-
rais Silva, *Grande Dicionário da Lingua Portuguesa*, 10.ª edic.,
Lisboa, 1948, *s.v.* "almofala").
183 *rrançal*: "tela de hilo". El motivo de tender una sábana blanca
sobre una alfombra era asegurarse de que el dinero no se per-
día al contarlo.
184 *A tod el primer colpe*: "Inmediatamente", "De un golpe".

notólos don Martino,   sin peso los tomava;   185
los otros *trezientos*   en oro ge los pagavan;
çinco escuderos tiene don Martino,   a todos los car-
[gava.
Quando esto ovo fecho,   odredes lo que fablava:
"Ya don Rachel e Vidas,   en vuestras manos son las
[arcas,
"yo que esto vos gané   bien mereçía calças."   190

11 [*Martín Antolínez recibe un galardón*]

Entre Rachel e Vidas   aparte ixieron amos:
"Démosle buen don,   ca él no' lo ha buscado.

185 Martín Antolínez demuestra su confianza en los judíos ya que
sólo manda contar los marcos de plata, y no ordena pesarlos
también. Las monedas medievales, desde luego, no solían llevar
bordes rayados ni con inscripciones; por lo común tenían forma
irregular, y a veces su tamaño se reducía por los cortes de los
defraudadores.

187 Es muy poco probable que hicieran falta cinco escuderos para
llevar 600 monedas, y esta exageración pone de manifiesto lo
ficticio de toda la operación. No obstante, los números se uti-
lizan de una manera poética, e incluso simbólica en el *Poema*,
comp. las cinco damas de honor en el v. 239, las cinco batallas
campales en el v. 1333, y los cinco moros que mueren a manos
del obispo Jerónimo en el v. 2389. Los números más comunes
son múltiplos de 3, comp. los 600 marcos mencionados en esta
tirada, y los treinta marcos regalados a Martín Antolínez en
el v. 196 (que pueden considerarse como una comisión del cinco
por ciento, al tiempo que posiblemente la cantidad se cite a
modo de evocación —con irónica alteración— de las treinta
monedas de plata pagadas a Judas). Después de los múltiplos
de 3, los de 5 son los más frecuentes en el *Poema*. El nú-
mero 3, claro está, simboliza la Trinidad, y también el tercer
día en que Jesús resucitó; mientras el 5 era el número de las
llagas de Cristo, y el de los sentidos, y en la magia el de las
puntas del pentáculo; véase V. F. Hopper, *Medieval number
symbolism* (Nueva York, 1938).

188 *odredes*: comp. el v. 70.

190 *calças*: "calzas", "calzado de punto que llegaba hasta la cin-
tura"; solían darse como propina o galardón, como testimonian
varios documentos legales de los siglos XII y XIII.

191 *Entre* se coloca a menudo delante de parejas de personajes uni-
dos por la cópula *e*, comp. los vv. 1549, 2087, 2348, etc.;
aquí = "Rachel y Vidas se apartaron para hablar entre sí";
vuelven a dirigirse a Martín Antolínez en el v. 193.

192 *no'* = *nos*; la apócope de la *s* final ocurría a veces cuando le
seguía otro pronombre átono, comp. los vv. 197, 275 y 2364
(no hay razón para pensar que el poeta tratase de representar
el habla de un judío de la época).

"Martín Antolínez,　un burgalés contado,
"vós lo mereçedes,　darvos queremos buen dado
"de que fagades calças　e rrica piel e buen　195
　　　　　　　　　　　　[manto,
"dámosvos en don　a vós *treínta* marcos,
"mereçer no' lo hedes,　ca esto es aguisado; *
"atorgar nos hedes esto　que avemos parado."
Gradeçiólo don Martino　e rrecibió los marcos,
gradó exir de la posada　e espidiós' de amos.　200
Exido es de Burgos　e Arlançón á passado,
vino pora la tienda　del que en buen ora nasco.
Reçibiólo el Çid　abiertos amos los braços:
"¡Venides, Martín Antolínez,　el mio fiel vassallo!
"¡Aún vea el día　que de mí ayades algo!"　205
"Vengo, Campeador,　con todo buen rrecabdo,
"vós *seisçientos*　e yo *treínta* he ganados.
"Mandad coger la tienda　e vayamos privado,
"en San Pero de Cardeña　í nos cante el gallo,

---

* *fol. 5r.º*

197 *no'*: véase la nota anterior.
198 *atorgar nos hedes esto...*: puede significar "Vd. será el garante
　　de lo que hemos convenido", es decir, de la operación del prés-
　　tamo, en lugar de "Vd. aceptará lo que nosotros hemos arre-
　　glado", es decir, respecto a la propina o el galardón adecuado.
203 Comp. *PFG*, estr. 648*d*: "con sus brraços abyertos yva se la
　　abrraçar".
204 *Venides*: Menéndez Pidal, ed. crít., considera estas fórmulas
　　de salutación como interrogativas y las relaciona con esp. mod.
　　"¿Vd. por aquí?", etc., pero el tono me parece más bien ex-
　　clamatorio: "¡Por fin ha venido Vd.!"; nótese la forma de la
　　contestación de Martín Antolínez en el v. 206.
205 "¡Ojalá vea yo el día en que Vd. reciba bienes de mí!"
207 Elipsis del verbo auxiliar después de *vós*.
208 *coger*: "desmontar" la tienda.
209 "en San Pedro de Cardeña, allí nos cante el gallo", es decir,
　　"será mejor que lleguemos antes del amanecer". El monasterio
　　se halla en un hermoso paraje 8 Km. al S.E. de Burgos. Era una
　　de las casas benedictinas más importantes de Castilla a partir
　　del siglo IX; saqueada por los moros en el siglo X, fue recons-
　　truida por el conde Garcí Fernández. Parte de la torre románi-
　　ca, llamada la Torre del Cid, se le unió al edificio durante la
　　ampliación llevada a cabo en los siglos XIII y XV. Es cierto que
　　los restos mortales del Cid se inhumaron en este monasterio
　　en 1102, por otro lado, no es improbable que los de doña
　　Jimena hayan sido enterrados en San Juan de la Peña (véanse

"veremos vuestra mugier, menbrada fija d' algo. 210
"Mesuraremos la posada e quitaremos el rreinado,
"mucho es huebos ca çerca viene el plazo."

12 [*El Cid hace un voto a Santa María*]

Estas palabras dichas, la tienda es cogida,
Mio Çid e sus conpañas cavalgan tan aína,
la cara del cavallo tornó a Sancta María, 215
alçó su mano diestra, la cara se sanctigua:
"A ti lo gradesco, Dios, que çielo e tierra guías,
"¡válanme tus vertudes, gloriosa Sancta María!
"D' aquí quito Castiella pues que el rrey he en ira,
"non sé si entraré í más en todos los mios días. 220
"¡Vuestra vertud me vala, Gloriosa, en mi exida

F. Oliván Baile, *Los monasterios de San Juan de la Peña y Santa Cruz de la Serós*, Zaragoza, 1969, pp. 36-38, y P. E. Russell, "San Pedro de Cardeña and the Heroic History of the Cid", *Medium Aevum*, XXVII, 1958, pp. 57-79, en p. 64). Los monjes caradignenses pretendían que la tumba de la esposa del Cid se hallaba en su abadía, y en el siglo XIX las supuestas reliquias, además de las del Cid, se trasladaron a Burgos y se reinhumaron en la catedral. Los monjes insistían también en que el caballo Babieca estaba enterrado al pie de la puerta del monasterio. En estos últimos tiempos los cistercienses van restaurando el edificio.

210 *fija d'algo*: "hidalga".

211 *Mesuraremos la posada*: "Acortaremos nuestra estancia".

212 *huebos*: véase la nota al v. 82b.

el plazo: al Cid se le conceden sólo nueve días para salir del reino, véanse los vv. 306-307, plazo igual al impuesto a Bernardo del Carpio en *PCG*, p. 372a —otro múltiplo de 3, véase la nota al v. 187. En *Siete partidas*, IV, 25, 10, consta que "debel rey dar plazo de treinta días a que salga de su tierra".

215 "hizo girar la cabeza del caballo hasta dar frente a la catedral de Santa María", basílica a la que el Cid tiene especial devoción en el *Poema*, véase los vv. 52 y 822.

218 "¡que tus poderes me socorran, gloriosa Santa María!", comp. el v. 221; a la Virgen se la apellida "Gloriosa" frecuentemente en los poemas de Berceo, véanse *Milagros*, estr. 25b, etc., *Santo Domingo*, 1b, etc.

219 *el rrey he en ira*: «estoy padeciendo la ira regia», comp. el v. 22.

221 *vertud*: "poder", "eficacia".

"e me aiude | e me acorra   de noch e de   221*b*-22
                          [día! *
"Si vós assí lo fiziéredes   e la ventura me fuere
                           [conplida,
"mando al vuestro altar   buenas donas e rricas,
"esto é yo en debdo   que faga í cantar mill   225
                           [missas."

13   [*El Cid sale para Cardeña y deja a Martín Antolínez en Burgos*]

Spidiós' el caboso   de cuer e de veluntad,
sueltan las rriendas   e piensan de aguijar;
dixo Martín Antolínez: . . . .
"Veré a la mugier   a todo mio solaz,   228*b*
"castigar los he   cómmo abrán a far.
"Si el rrey me lo quisiere tomar,   a mí non   230
                           [m' incal.
"Antes seré convusco   que el sol quiera rrayar."

---

* *fol. 5v.º*

222 *acorra*: 3.ª p.ª sg. pres. subj. de *acorrer,* "socorrer".
223-224 *fiziéredes . . . fuere . . . mando*: futs. subj. en la prótasis en esp. ant. cuando hay un pres. indic. en la apódosis; "Si haces esto…, mandaré…".
225 *esto é yo en debdo*: "hago promesa de cumplir esto"; *debdo* es deber religioso aquí, vínculo de vasallaje en el v. 708, promesa al señor feudal en el v. 3528, y deber filial en el v. 2598.
226 *caboso*: "cabal", aplicado al Cid aquí y en los vv. 908, 946 y 1080, al obispo Jerónimo en el v. 1793, y a Álvar Fáñez en el v. 1804.
227 *pensar de* es auxiliar inceptivo, comp. el v. 10.
229 *castigar los he*: "les aconsejaré", debe entenderse, a su familia y criados.
230 *lo* se refiere a sus tierras y posesiones.
     m'incal: 3.ª p.ª sg. pres. indic. de *incaler* (verbo impersonal), "importar".
231 Hipérbaton: "Estaré con Vd. antes de que salga el sol"; *querer* más inf. se emplea aquí como inceptivo, "estar a punto de", comp. los vv. 235, 311, 367, etc.

Tornavas' Martín Antolínez a Burgos   e Mio Çid a
                                               [aguijar
pora San Pero de Cardeña,   quanto pudo, a   233
                                               [espolear.

14 [El Cid llega a Cardeña]

Apriessa cantan los gallos   e quieren quebrar   235
                                               [albores
quando llegó a San Pero   el buen Campeador   236
con estos cavalleros   quel' sirven a so sabor.   234
El abbat don Sancho,   christiano del Criador,   237

232 *Tornarse* desempeña dos funciones aquí: la primera se refiere
al regreso de Martín Antolínez, y la segunda es la de auxiliar,
casi sin significación (un iterativo "desvanecido"), con *a* más
inf.; comp. *tornós' a alegrar*, v. 1455 ("se alegró"), y véanse
también los vv. 371, 666, 1101, 1266, etc.; en este uso auxiliar,
a veces *tornarse* va seguido de *de*, en vez de *a*, comp. los vv.
383 y 2889.
233 *quanto pudo, a espolear*: la prep. *a* debe regirse por la implí-
cita repetición de *tornavas'* del verso anterior: "Mio Cid iba
a caballo a San Pedro; espoleó cuanto pudo" (Menéndez Pidal,
ed. crít., p. 670, encuentra impropia la sintaxis y considera
a espolear como error de copista por "a espolón"; también cam-
bia *aguijar* del v. 232 por "aguijó", produciendo así la asonan-
cia de la tirada 14, a la cual remite estos dos versos).
235 Ejemplo de la patética falacia: "Los gallos cantan de prisa y el
día está para amanecer"; es decir, los gallos están imbuidos de
la misma prisa que los viajeros.
237 El abad del monasterio de Cardeña desde h. 1060 hasta h. 1086
se llamaba Sisebuto, y le ayudó cierto Sebastián a partir de 1082;
estos nombres, sin embargo, hubieran representado alguna difi-
cultad métrica para el poeta. No existe documentación histórica
acerca de un abad llamado Sancho; por otro lado, los suce-
sores inmediatos de Sisebuto no quedan bien constatados. Ber-
ganza, *Antigüedades*, I, p. 444*b*, fue el primero en proponer
que "Sancho" podría derivarse de una mala lectura de *Sanctus*
por *Sanctius*, puesto que Sisebuto era santo. Russell, "San
Pedro de Cardeña...", *Medium Aevum*, XXVII (1958), en pp.
68-69, ha señalado, sin embargo, que no hay prueba de que
los monjes caradignenses intentasen presentar a Sisebuto como
santo hasta ya muy entrado el siglo XIII, "cuando es posible
que se sintiesen en desventaja en comparación con los monas-
terios rivales de Silos y Oña, los cuales tenían sendos santos
notablemente populares (Santo Domingo y San Íñigo) que ha-
bían sido antiguos abades" (cita traducida por mí). C. C. Smith,
"The personages of the *PMC* and the date of the poem", *MLR*,
66 (1972), pp. 580-598, sugiere la posibilidad de una lectura

rrezava los matines   abuelta de los albores,
í estava doña Ximena   con çinco dueñas de pro,
rrogando a San Pero   e al Criador: 240
" ¡Tú que a todos guías   vál a Mio Çid el Canpeador!"

15 [*Acogida jubilosa por parte del abad y doña Jimena*]

Llamavan a la puerta,   í sopieron el mandado,
¡Dios, qué alegre fue   el abbat don Sancho!
Con lu[n]bres e con candelas   al corral dieron salto,

---

equivocada del título latino *Sesebutus Abas Sancti Petri Karadignae*; no obstante, sería extraño que un poeta que hubiera podido ser abogado incurriese en un error tan elemental. En una nota, Smith hace mención de la muy interesante afirmación de Berganza de que ciertos autores habían dado el nombre de Sancho también al abad de Cardeña de la época de la supuesta matanza de 200 monjes por los moros en el siglo X. El Cid histórico actuó como representante legal de Sisebuto en un pleito del año 1073 (véase el texto en Menéndez Pidal, *España del Cid*, II, p. 836).

238 *abuelta de*: "al mismo tiempo de"; "...rezaban los maitines cuando amanecía". Los maitines o laudes, cantados entre medianoche y el alba, eran las primeras de las siete horas canónicas, siendo las demás la prima a las seis, la tercia a las nueve, la sexta a mediodía, la nona a las tres de la tarde, las vísperas a las seis y las completas a las nueve de la noche (las horas se adelantaron en el período postmedieval).

239 *doña Ximena*: Jimena Díaz, esposa del Cid, era hija de Diego Rodríguez, conde de Oviedo, y hermana de Froila Díaz, el conde mencionado en el v. 3004. Jimena tenía parentesco con la familia real: era prima hermana de Alfonso VI. El poeta no demuestra ningún conocimiento de estos vínculos históricos, con excepción de una vaga alusión al rango de Jimena en los vv. 3039-3040.

240 Doña Jimena eleva una oración especial a San Pedro, como intercesor, comp. el v. 363, puesto que era el santo patrón de la abadía.

241 *vál*: 2.ª p.ª sg. imperativo de *valer*; "ayuda", "socorre". A lo largo del *Poema*, se utiliza la forma *tú* en las oraciones religiosas, mientras que la manera más corriente de expresarse entre personas es *vós* (comp. el fr. mod. *vous*), a excepción de la forma de dirigirse a un moro, o a un vasallo de confianza.

242 *í sopieron el mandado*: "allí se enteraron de la noticia (de la llegada del Cid)".

243 Las frecuentes exclamaciones del poeta producen un vivo efecto, comp. los vv. 457, 580, 770, 789, 806-807, 926, etc.

244 *dieron salto*: "salieron de prisa".

con tan grant gozo rreçiben   al que en buen ora   245
                                    [nasco.
"Gradéscolo a Dios, Mio Çid   —dixo el abbat don
                                    [Sancho—
"pues que aquí vos veo,   prendet de mí ospedado." *
"Graçias, don abbat,   e só vuestro pagado,
"yo adobaré conducho   pora mí e pora mis vassallos;
"mas porque me vo de tierra   dovos çinquaenta   250
                                    [marcos,
"si yo algún día visquier   ser vos han doblados.
"Non quiero fazer en el monesterio   un dinero de
                                    [daño,
"evades aquí pora doña Ximena   dovos çiento marcos,
"a ella e a sus dueñas   sirvádeslas est año.
"Dues fijas dexo niñas   e prendetlas en los   255
                                    [braços,
"aquí vos llas acomiendo   a vós, abbat don Sancho,
"d' ellas e de mi mugier   fagades todo rrecabdo.
"Si essa despensa vos falleçiere   o vos menguare algo,
"bien las abastad,   yo assí vos lo mando,
"por un marco que despendades,   al monesterio   260
                                    [daré yo [quatr]o."
Otorgado ge lo avié   el abbat de grado.
Afévos doña Ximena   con sus fijas dó va llegando,
señas dueñas las traen   e adúzenlas adelant;

---

* fol. 6r.º

247 *ospedado*: "hospitalidad"; comp. *PFG*, estr. 278*d*: "mandó lo
   dar al monje quel' diera ospedado".
248 *e só vuestro pagado*: la cópula *e* es pleonástica: "estoy satisfe-
   cho de Vd.", "le estoy agradecido".
249 *yo adobaré conducho*: "yo proporcionaré comestibles".
251 *día*: "tiempo", "años".
   visquier: 1.ª p.ª sg. fut. subj. de *vivir*; "si yo vivo algún tiempo".
253 *evades*: adv. demostrativo con terminación verbal; "Aquí tie-
   ne: para doña Jimena le doy a Vd...". Tenía por lo general dos
   formas: *evas* para la 2.ª p.ª sg. y *evad* para la 2.ª p.ª pl. La
   etimología es dudosa: se han propuesto el pres. subj. de HA-
   BERE y además una relación con *fé*, *afé* (comp. la nota al v. 152).
255 *Dues*: forma ant. femenina de *dos* (< DUAS).
262 *Afévos*: véase la nota al v. 152.
263 *señas dueñas*: "sendas dueñas", "dos damas".

ant el Campeador doña Ximena   fincó los inoios amos,
llorava de los oios,   quísol' besar las manos: 265
"¡Merçed, Canpeador,   en ora buena fuestes nado!
"Por malos mestureros   de tierra sodes echado.

16   [*Doña Jimena pide ayuda al Cid*]

"¡Merçed, ya Çid,   barba tan conplida!
"Fém' ante vós,   yo e vuestras fijas,
"iffantes son   e de días chicas,   269*b*
"con aquestas mis dueñas   de quien só yo   270
                     [servida.
"Yo lo veo   que estades vós en ida *
"e nós de vós   partir nos hemos en vida.
"¡Dadnos conseio,   por amor de Sancta María!"
Enclinó las manos   la barba vellida,
a las sus fijas   en braço' las prendía,   275
llególas al coraçón,   ca mucho las quería;
llora de los oios,   tan fuertemientre sospira:
"Ya doña Ximena,   la mi mugier tan conplida,
"commo a la mi alma   yo tanto vos quería.

---

  * *fol. 6v.º*

265 *quísol' besar*: "fue a besarle".
266-267 Una vez más el epíteto épico ofrece un contraste irónico con el infortunio del Cid, comp. el v. 41.
268 Repetición del final de la tirada anterior, comp. el v. 88.
    barba: sinécdoque; la barba del Cid llega a ser el principal símbolo de su honor y virilidad, comp. los vv. 789 y 1011 (en ambos casos se alude a la barba después de una victoria militar).
269 *Fém'*: véase la nota al v. 152.
269*b iffantes*: aquí significa "niñas muy pequeñas".
    de días chicas: hipérbaton; "de pocos años".
273 Jimena comparte la devoción que siente el Cid por la Virgen, véase la nota al v. 215.
274 *la barba vellida*: sinécdoque; véase la nota al v. 268.
275 *braço'* = braços.
276 *llególas al coraçón*: "las estrechó contra su pecho".
277 Fórmula épica, comp. el v. 1.
279 *quería*: el tiempo verbal conviene a la asonancia; interprétese: "te he querido (y sigo queriéndote)".

"Ya lo vedes   que partir nos emos en vida,   280
"yo iré e vós   fincaredes rremanida.
"¡Plega a Dios   e a Sancta María
"que aún con mis manos   case estas mis fijas,   282b
"o que dé ventura   e algunos días vida
"e vós, mugier ondrada,   de mí seades servida!"

17 [*Numerosos caballeros se adhieren al bando cidiano*]

Grand iantar le fazen   al buen Canpeador;   285
tañen las campanas   en San Pero a clamor.
Por Castiella   oyendo van los pregones
cómmo se va de tierra   Mio Çid el Canpeador;
unos dexan casas   e otros onores.
En aqués día   a la puent de Arla[n]çón,   290
çiento quinze cavalleros   todos iuntados son,
todos demandan   por Mio Çid el Canpeador,
Martín Antolínez   con ellos' coió,
vanse pora San Pero   dó está el que en buen punto
[nació.

---

280 *Ya*: adv. modal, comp. el v. 50.
281 *fincaredes rremanida*: expresión redundante, "te quedarás".
282 *Plega*: 3.ª p.ª sg. pres. subj. de *plazer* (verbo impersonal); "Quiera Dios que...".
283 *o*: simple cópula, "y", comp. el v. 75; "y que Él nos dé buena fortuna y unos años más de vida". *que dé* puede leerse como *quede* (véase el Aparato Crítico): "y que la buena fortuna y la vida me duren unos años más"; pero esta interpretación es menos acertada en razón del significado (el Cid no ha tenido todavía la buena suerte a que se alude).
287 "Por toda Castilla se va oyendo el pregón de los heraldos".
289 *onores*: "haciendas"; los caballeros que unieron su suerte a la del Cid se expusieron a la confiscación de sus bienes y propiedades por parte del rey (al contrario de los que eran vasallos de Rodrigo con anterioridad al destierro, a quienes la ley hubiera debido proteger).
290 El puente sobre el Arlanzón en Burgos.
291 Es probable que el número de caballeros se escogiese al azar; sin embargo, produce cierto efecto de encanto musical (además, es múltiplo de 5, véase la nota al v. 187).
293 *con ellos' coió*: "se fue con ellos", "les acompañó".

18 [*El Cid recibe a los nuevos compañeros; oración
de doña Jimena; el Cid se marcha de Cardeña
y llega al Duero*]

Quando lo sopo   Mio Çid el de Bivar   295
quel' creçe conpaña   por que más valdrá,
apriessa cavalga,   rreçebirlos salié,
. . . . .   tornós' a sonrrisar; *
lléganle todos,   la mánol' ban besar,   298*b*
fabló Mio Çid   de toda voluntad:
"Yo rruego a Dios   e al Padre spiritual,   300
"vós que por mí dexades   casas e heredades,
"enantes que yo muera   algún bien vos pueda far,
"lo que perdedes   doblado vos lo cobrar."
Plogo a Mio Çid   porque creçió en la iantar,
plogo a los otros omnes   todos quantos con él   305
[están.
Los *seis* días de plazo   passados los an,
tres an por troçir,   sepades que non más.
Mandó el rrey   a Mio Çid a aguardar,
que, si después del plazo   en su tiérral' pudiés tomar,

_____

* *fol.* 7r.º

296 *más valer*: "aumentar en prestigio".
298 *tornós' a sonrrisar*: "se sonrió", véase la nota al v. 232.
298*b* Le besan la mano como símbolo de la aceptación de su va-
    sallaje, véase la nota al v. 153.
300 *e*: apositivo; "ruego a Dios, el Padre spiritual, que..." (elip-
    sis de *que*).
301-302 *vós*: sujeto pronominal tónico, recogido con anacoluto por
    vos, complemento indirecto átono, en el v. 302.
    enantes que: "antes de que".
304 *Plogo*: 3.ª p.ª sg. pret. fuerte de *plazer* (verbo impersonal),
    "complacer".
    creçió: lit. "él aumentó en compañía", es decir, "el número de
    sus hombres aumentó".
307 Sobre el plazo, véase la nota al v. 212.
    troçir: "pasar".
    sepades: apóstrofe al público, comp. los vv. 70, 414, etc.
308 "El rey mandó que se vigilase al Cid"; *a Mio Çid* es comple-
    mento de *aguardar*, el cual a su vez está regido por *mandó a*.
    No conozco otro ejemplo de la prep. *a* entre *mandar* y el inf.

por oro nin por plata   non podrié escapar.   310
El día es exido,   la noch querié entrar,
a sos cavalleros   mandólos todos iuntar:
"Oíd, varones,   non vos caya en pesar,
"poco aver trayo,   darvos quiero vuestra part.
"Sed me[n]brados   commo lo devedes far: 315
"a la mañana   quando los gallos cantarán,
"non vos tardedes,   mandedes ensellar;
"en San Pero a matines   tandrá el buen abbat,
"la missa nos dirá,   ésta será de Sancta Trinidad;
"la missa dicha,   pensemos de cavalgar,   320
"ca el plazo viene açerca,   mucho avemos de andar."
Cuemo lo mandó Mio Çid,   assí lo an todos a far.
Passando va la noch,   viniendo la man,
a los mediados gallos   piessan de *ensellar*.
Tañen a matines   a una priessa tan grand, *   325

---

* *fol. 7v.º*

310 "no escaparía por ningún medio".
311 *querié*; auxiliar inceptivo, comp. el v. 231.
313 *caya*: 3.ª p.ª sg. pres. subj. de *caer* (verbo impersonal aquí); "que no se preocupe".
314 *part*: "porción".
315 *commo lo devedes far*: "como Vds. debieran hacerlo"; *fazer*, y *far*, *fer* (formas abreviadas), con el neutro *lo*, suelen tener un uso vicario, para repetir el significado de otro verbo ya expresado. El verbo vicario casi siempre se introduce mediante un adv., *commo, quanto, otrosí, (as)sí*, comp. los vv. 1660-1661, etcétera.
318 *a matines tandrá*: "tocará la campana para los maitines (o laudes)".
319 La *Missa de Sancta Trinitate* también se celebra antes de la batalla entre el Cid y Búcar, v. 2370. Misa importante (ahora llamada *Missa votiva de sancta Trinitate*), era preferida muchas veces a la prescrita para el día (esta sustitución fue condenada en *Siete partidas*, I, 4, 107); "Se trata de una devoción especial de aquel tiempo, que había penetrado especialmente entre las gentes de armas, y que podía tener su origen en la cláusula de la Colecta, con la cual se pide que por la firmeza en la confesión de la Santísima Trinidad nos veamos libres de todas las adversidades", Fr. Justo Pérez de Urbel, O. S. B., "Tres notas sobre el *CMC*", *Bol. Inst. Fernán-González*, XXXIV (1955), pp. 634-641, en p. 638.
322 *Cuemo*: forma tónica de QUOMODO, "como".
324 *a los mediados gallos*: lit. "canto de gallo mediano", es decir, a las tres de la madrugada.

Mio Çid e su mugier   a la eglesia van,
echós' doña Ximena   en los grados delant el altar,
rrogando al Criador   quanto ella meior sabe
que a Mio Çid el Campeador   que Dios le curiás de
                                            [mal:

"Ya Señor glorioso,   Padre que en çielo estás,   330
"fezist çielo e tierra,   el terçero el mar,
"fezist estrellas e luna   e el sol pora escalentar;
"prisist encarnaçión   en Sancta María madre,
"en Belleem apareçist   commo fue tu voluntad,
"pastores te glorificaron,   oviéronte a laudare,   335
"tres rreyes de Arabia   te vinieron adorar,
"Melchior   e Gaspar e Baltasar

329 "que Dios guardase a Mio Cid del mal"; *que* pleonástico a causa
de la anteposición del objeto, comp. el v. 25.
330 y ss. Comúnmente una plegaria de liberación forma parte tam-
bién de los poemas narrativos españoles del siglo XIII, los cua-
les comprenden análogas referencias bíblicas; asimismo, suele
encontrarse en los poemas épicos franceses, comp. *Chanson de
Roland*, vv. 2384-2388. No obstante, la oración de doña Jimena
se destaca por su extensión y su forma compuesta. Los vv. 330-
338 pueden derivarse de una *Iulatio* de la Epifanía, mientras
los vv. 338b-342 son parecidos a la *Ordo ad unguendum infir-
mum* del Pontifical Antiguo. El tema de la Vida de Cristo
(vv. 343-362) parece arrancar de la segunda parte del Credo, que
era rezada por los moribundos o en su favor en algunas regio-
nes de España, en Irlanda y en Francia. Ahora bien, mientras
la oración está fundamentalmente destinada a pedir favores para
los enfermos o moribundos (*in periculo mortis*), también podría
rezarse para liberar a quienes eran hostigados por sus enemigos
(*in periculo inimici*). Los últimos versos, 363-365, también con-
tienen un ruego dirigido al santo local (comp. el v. 240). Sobre
todo esto, véase P. E. Russell, "La oración de doña Jimena",
en *Temas de "La Celestina" y otros estudios (del "Cid" al
"Quijote")*, Barcelona, Ariel (en prensa).
335 *laudare*: latinismo, "loar".
337 La creencia de que los nombres de los reyes magos bajo la for-
ma Gaspar, Baltasar y Melchor eran desconocidos en el oeste
de la cristiandad hasta muy avanzado el siglo XII (se los men-
ciona en una nota marginal de un Ms. latino de h. 1178) ha
sido utilizada como criterio para fechar el *Poema*. Menéndez
Pidal, ed. crít., pp. 25-26, cree que los nombres eran bien cono-
cidos mucho antes de aquella época, aunque a veces en forma
arcaica. Con el supuesto descubrimiento de los restos mortales
de los tres magos en Milán el año 1158 y su traslado a Colonia
en 1164, se difundió por Europa la forma más conocida de los
nombres (véase *Dictionnaire d'archéologie chrétienne et de li-
turgie*, X, cols. 1061 y ss.). J. W. Rees me ha señalado, sin
embargo, una datación muy anterior, que para Menéndez Pidal y

"oro e tus e mirra | te offreçieron,   commo   337b-38
         [fue tu veluntad;
"[salveste] | a Ionás   quando cayó en la   338b-39
         [mar,
"salvest a Daniel con los leones   en la mala   340
         [cárçel,
"salvest dentro en Roma   al señor San Sabastián,
"salvest a Sancta Susanna   del falso criminal;
"por tierra andidiste   *treinta e dos* años, Señor spi-
         [ritual,

---

los eruditos posteriores ha pasado inadvertida: Rudolf Beer, *Die Handschriften des Klosters Santa María de Ripoll* (Viena, 1907), I, p. 8, hace constar los nombres *Baldasar, Gasbar* y *Melchior* garabateados h. el año 1000 en un códice de Ripoll. Además, H. M. Ettinghausen me ha referido a Walter W. S. Cook, *La pintura mural en Cataluña* (Madrid, 1956), en que las láminas 8-10 muestran un fresco de la Epifanía, oriundo de Santa María de Tahull, con los nombres *Melhior, Gaspas* y *Baldasar*, que Cook (p. 39) fecha en el año 1123, o un poco más tarde, en el segundo cuarto del siglo XII; comp. también los nombres *Gaspar, Baltasar, Melquior* en un frontal del siglo XII procedente de Mossoll (Gerona), conservado en el Museo de Arte de Cataluña, Barcelona. He visto otro ejemplo de los nombres, parcialmente borrados, *Bar[tasar], Melchi[o]r, Gas[par]*, en un fresco románico del siglo XII del ábside de la iglesia de Navasa (Huesca), hoy conservado en el museo diocesano de Jaca. Véase también R. B. Donovan, *The liturgical drama in Medieval Spain* (Toronto, 1958), pp. 94-95, donde aparecen los nombres en un documento aragonés del siglo X. Aun si la difusión popular de los nombres no hubiese ocurrido en el centro de la Península hasta el siglo XIII, es muy posible que éstos se hubieran conocido mucho antes en los monasterios, como el de Cardeña. Por otro lado, a pesar de lo que afirma A. Ubieto Arteta, *El CMC y algunos problemas históricos*, p. 156, no hay ninguna razón para suponer que el v. 337 fuese interpolado en el siglo XIV. Existen sólidas razones para dar al *Poema* una fecha muy posterior a 1140 (véase el apartado 10 de la Introducción), pero la presencia de estos nombres no parece entrar en ellas.

339 Jonás se menciona también en una oración en *Lba*, estr. *5abc*, "A Jonas el profeta, del vientre de la ballena, / en que moró tres días dentro en la mar llena, / sacástelo tú sano...", y en *Chanson de Roland*, vv. 3101-3102, "Ki guaresis Jonas tut veirement / De la baleine ki en sun cors l'aveit".

340 A Daniel se le refiere en *PFG*, estr. 108b, y *Lba*, estr. 1c; comp. *Chanson de Roland*, vv. 2386 y 3104.

341 El martirio de San Sebastián era tema muy popular, especialmente en la iconografía.

342 La historia de Susana, falsamente acusada de adulterio, deriva de *Daniel*, XIII; se la menciona en *PFG*, estr. 108a, y *Lba*, estr. 4ab.

"mostrando los miráculos   por én avemos qué fablar:
"del agua fezist vino   e de la piedra pan,   345
"rresuçitest a Lázaro   ca fue tu voluntad;
"a los iudíos te dexeste prender;   dó dizen Monte
                                                [Calvarie
"pusiéronte en cruz   por nombre en Golgotá,
"dos ladrones contigo,   éstos de señas partes,
"el uno es en paraíso,   ca el otro non entró allá: 350
"estando en la cruz   vertud fezist muy grant: *
"Longinos era çiego   que nu[n]quas vio alguandre,
"diot' con la lança en el costado   dont ixió la sangre,
"corrió por el astil ayuso,   las manos se ovo de untar,
"alçólas arriba,   llególas a la faz,   355
"abrió sos oios,   cató a todas partes,
"en ti crovo al ora,   por end es salvo de mal;
"en el monumento rresuçitest,   fust a los   358-59
                    [infiernos | commo fue tu voluntad,

---

* Cuaderno 2.º, fol. 8r.º

344 *por én*: *por* más adv. pronominal; "a causa de eso".
345 *de la piedra pan*: no figura entre los milagros de Cristo; parece
    ser el resultado de confundirse la multiplicación de los panes
    (*Mateo*, XIV) con la tentación de Jesús (*Mateo*, IV, 3); comp.
    además la enseñanza de Cristo en *Lucas*, XI, 11: "¿Qué padre
    entre vosotros, si el hijo le pide pan, le dará una piedra?"
349 *señas partes*: "sendas partes". En la Edad Media los ladrones
    aparecían con distintos nombres: *Johatras* y *Camatras* en una
    biblia española del siglo XII, *Dimas* y *Gestas* en *Tres reys d'orient*.
351 *vertud*: "milagro".
352 *Longinos*: nombre apócrifo (consecuente de una mala traduc-
    ción) del legionario que hirió a Cristo en el costado (*Juan*,
    XIX, 34); le menciona también Berceo, *Milagros*, estr. 782d,
    Sacrificio, estr. 178d y 194d.
    alguandre: "jamás"; refuerza *nunquas*.
353 *dont*: "donde".
354 *ayuso*: adv., "abajo".
    ovo de (o *a*) más inf. constituye una perífrasis del pret.
    se reflexivo con *untar*: "se ungió las manos".
357 *crovo*: 3.ª p.ª sg. pret. fuerte de *creer*.
    al ora: "en seguida".
    por end: comp. el v. 344.
358-360 *monumento*: "sepulcro". El poeta coloca erróneamente la Re-
    surrección antes del Descendimiento al Infierno.
    los sanctos padres: referencia a los justos que vivieron antes de
    Cristo cuyas almas se encontraban en el limbo esperando su re-
    dención (*Mateo*, XXVII, 52-53).

"quebranteste las puertas   e saqueste los sanctos   360
[padres.
"Tú eres rrey de los rreyes   e de tod el mundo padre,
"a ti adoro e creo   de toda voluntad
"e rruego a San Peidro   que me aiude a rrogar
"por Mio Çid el Campeador   que Dios le curie de
[mal;
"quando oy nos partimos,   en vida nos faz   365
[iuntar."
La oración fecha,   la missa acabada la an,
salieron de la eglesia,   ya quieren cavalgar.
El Çid a doña Ximena   ívala abraçar,
doña Ximena al Çid   la mánol' va besar,
llorando de los oios   que non sabe qué se far,   370
e él a las niñas   tornólas a catar:
"A Dios vos acomiendo, fijas,   e al Padre spiritual,
"agora nos partimos,   Dios sabe el aiuntar."
Llorando de los oios   que non viestes atal, *
assís' parten unos d' otros   commo la uña de la   375
[carne.
Mio Çid con los sos vassallos   pensó de cavalgar,
a todos esperando,   la cabeça tornando va;
a tan grand sabor   fabló Minaya Álbar Fáñez:
"Çid, ¿dó son vuestros esfuerços?   En buen ora nas-
[quiestes de madre;

---

* fol. 8v.º

363 *San Peidro*: comp. el v. 240.
365 *faz*: 2.ª p.ª sg. imperativo de *fazer*; "haz".
370 Fórmula épica, véase la nota al v. 1.
371 *tornólas a catar*: "las miró"; *tornar a* parece ser el iterativo "desvanecido", véase la nota al v. 232.
372 *e*; apositivo; "a Dios . . . el padre espiritual".
374 Véase la nota al v.1 sobre la fórmula épica.
    viestes: 2.ª p.ª pl. pret. de *ver*; apóstrofe al público, "nunca habéis visto cosa semejante", comp. los vv. 70, 152, 170, etc.
375 Uno de los muy pocos símiles usados en el *Poema*; su rareza intensifica el efecto violento, comp. el v. 2642.
376 *pensó de*: auxiliar inceptivo, comp. el v. 10, etc.
379 *nasquiestes*: 2.ª p.ª pl. pret. fuerte de *nacer*; la expresión es variante de la fórmula épica usada en los vv. 266, 294, etc.

"pensemos de ir nuestra vía,   esto sea de vagar.   380
"Aún todos estos duelos   en gozo se tornarán,
"Dios que nos dió las almas   conseio nos dará."
Al abbat don Sancho   tornan de castigar
cómmo sirva a doña Ximena   e a la[s] fijas que ha
e a todas sus dueñas   que con ellas están;   385
bien sepa el abbat   que buen galardón d' ello prendrá.
Tornado es don Sancho   e fabló Álbar Fáñez:
"Si viéredes yentes venir   por connusco ir, | 388-89
                                             [abbat,
"dezildes que prendan el rrastro   e piessen de   389b
                                             [andar
"ca en yermo o en poblado   poder nos [han]   390
                                             [alcançar."
Soltaron las rriendas,   piessan de andar,
çerca viene el plazo   por el rreino quitar.
Vino Mio Çid iazer   a Spinaz de Can,
grandes yentes se le acoien   essa noch de todas   395
                                             [partes.

380 *pensemos de*: auxiliar inceptivo, comp. el v. 10, etc.
      vagar: "tiempo libre"; "dejemos esto para cuando tengamos más
      tiempo".
382 *conseio*: "ayuda".
383 *tornan de castigar*: "van aconsejando", véase la nota al v. 232.
386 *sepa*: estilo indirecto, "que el abad sepa".
387 *Tornado es*: pret. compuesto de *tornar*, comp. la nota al v. 109;
      lit. "don Sancho se volvió y Álvar Fáñez habló", ejemplo de
      parataxis; "Al volverse don Sancho para regresar, Álvar Fáñez
      le dijo".
388 *por connusco ir*: "para acompañarnos".
389b *piessen de*: parece ser forma popular de *pensar* con asimila-
      ción de la *n*; usado aquí como inceptivo, comp. el v. 10, etc.
393 *Spinaz de Can*: lugar desconocido; quizá se situase en la sierra
      al S. de Silos, donde hay varios parajes a los que podría apli-
      carse el nombre de "lomo de perro" (el topónimo Espinazo de
      Can es común en la Península).
394-395 Criado de Val, p. 85, critica a Menéndez Pidal por haber in-
      vertido el orden de estos versos (cambio seguido también en esta
      edición), diciendo que de esta manera se altera el sentido del
      original, puesto que, según el Ms., fue en la segunda noche de
      su viaje cuando se le unieron al Cid un gran número de hom-
      bres. Sin embargo, Criado no explica por qué los aconteci-
      mientos de la segunda noche deben mencionarse antes de los
      incidentes del segundo día (vv. 396-403; se supone que Criado
      considera el v. 403 como repetición del v. 395). Estoy de acuer-
      do con Menéndez Pidal en considerar la llegada de las fuerzas

Otro día mañana   piensa de cavalgar,   394
ixiendos' va de tierra   el Canpeador leal,   396
de siniestro Sant Estevan,   una buena çipdad,
de diestro Alilón las torres   que moros las han, *
passó por Alcobiella,   que de Castiella fin es ya,

---

* *fol. 9r.º*

---

adicionales durante las últimas dos noches que el Cid pasa en Castilla como nota típica de la exageración del poeta (la tercera noche se pasa en marcha, comp. el v. 425); no obstante, hay ejemplos de "narración doble", es decir, un esbozo narrativo seguido de una explicación detallada, comp. los vv. 3678-3679 y 3680-3681, y véase la nota a los vv. 2121-2125.

396 El epíteto *leal* hace contraste con el exilio injustificado.

397 *de siniestro Sant Estevan*: "a la izquierda, San Esteban". Estoy de acuerdo con J. Montero Padilla, *Pasado y presente de Riaza* (Segovia, 1963), p. 23, y Criado de Val, p. 87, en pensar que el Cid pasa a la derecha de San Esteban de Gormaz, sita en la ribera norte del Duero, y no a la izquierda de dicha villa como Menéndez Pidal, ed. crít., interpreta (como si hubiese de leerse * *a siniestro de Sant Esteban*). Claro está que hubiera sido muy difícil, si no imposible, pasar entre San Esteban y el Duero por estar la villa junto al río, pero es posible que este error indique simplemente un conocimiento inadecuado por parte del poeta sobre la geografía de la región.

398 *de diestro Alilón las torres*: ante la dificultad de interpretación que presentaba este verso, Menéndez Pidal decidió cambiar *Alilón* por *Atienza* e intercaló el verso entre los vv. 415 y 416, destruyendo así la correlación entre *de siniestro* y *de diestro*. Es verdad que si Alilón se refiere a Ayllón, esta villa se encuentra tan al sur del Duero que no podría verse desde la ruta del Cid por la ribera norte del río; Criado, pp. 86-88, propone que consideremos *torres* como referentes, no a las de Ayllón (de las cuales sobrevive una, la Martina), sino a las numerosas atalayas de esa comarca fronteriza, como Torraño, Torremocha de Ayllón, Torresuso, Torrevicente, todas ellas cerca de Ayllón, pero algunas sitas en la sierra al sur del Duero y visibles desde San Esteban. Esta interpretación aclararía un verso tan difícil, que debilita en gran manera el argumento propuesto por Menéndez Pidal de que el poeta conocía bien la geografía de San Esteban. Por el contrario, es posible que el autor creyera erróneamente que existía una franja de terreno entre San Esteban y el Duero, y que desde allí se podía divisar Ayllón. (Comp. otra posible equivocación geográfica, referente a la misma comarca, en los vv. 2811-2813).

399 *Alcobiella*: Alcubilla del Marqués, al E. de San Esteban en la ribera norte del Duero. El poeta considera Alcubilla como el final de Castilla propiamente dicha porque el territorio que se extiende hacia el S. hasta Miedes pertenecía a los moros que estaban bajo la protección de Alfonso VI.

la calçada de Quinea   ívala traspassar,   400
sobre Navas de Palos   el Duero va passar,
a la Figueruela   Mio Çid iva posar;
vánsele acogiendo   yentes de todas partes.

19 [*El ángel Gabriel se aparece al Cid en sueños*]

Í se echava Mio Çid   después que fue çenado,
un suéñol' priso dulçe,   tan bien se adurmió;   405
el ángel Gabriel   a él vino en sueño:
" ¡Cavalgad, Çid,   el buen Campeador!
"Ca nunqua | en tan buen punto   cavalgó   407*b*-08
                                        [varón;
"mientra que visquiéredes   bien se fará lo to."
Quando despertó el Çid,   la cara se sanctigó,   410
sinava la cara,   a Dios se acomendó,
mucho era pagado   del sueño que á soñado.

---

400 *la calçada de Quinea*: la antigua calzada romana que iba
del N.E. al S.O. desde Osma hasta Tiermes, y que el Cid cruzó
en su marcha hacia el S.E. para vadear el Duero cerca de Na-
vapalos.
402 *la Figueruela*: lugar desconocido, que podría haber estado den-
tro de los 4 Km. entre Navapalos y Fresno de Caracena.
405 *un suéñol' priso dulçe*: hipérbaton; "tuvo un sueño agradable".
406 El arcángel Gabriel aparece en varios poemas medievales para
anunciar acontecimientos futuros, comp. *Chanson de Roland*,
vv. 2525-2531. Aparte de la creencia que el Cid demuestra tener
en los agüeros (véase la nota a los vv. 11-12), éste es el único
suceso sobrenatural en el *Poema* y aun así ocurre como una
visión soñada. La importancia de esta aparición estriba en la
promesa hecha al Cid de ayuda divina en sus acciones veni-
deras.
409 *visquiéredes*: 2.ª p.ª pl. fut. subj. de *vivir*.
lo to: "lo tuyo"; "tus asuntos irán bien". Nótese la mezcla de
las formas de *vós* y *tú* en el discurso del arcángel (comp. el
comentario de J. Bédier sobre este tipo de combinación en *La
Chanson de Roland*, París, 1927, II, p. 302). Por lo menos en
un texto francés antiguo, el cambio de *vous* a *tu* parecía de-
pender muchas veces "no tanto de relaciones sociales de tipo
permanente como del carácter del hablante y sus sentimientos
de un momento a otro" (p. ej. una repentina efusión, o la co-
municación de un consejo espiritual), véase Elspeth Kennedy,
"The Use of *Tu* and *Vous* in the First Part of the Old French
Prose *Lancelot*", en *History and Structure of French: Essays in
Honour of Professor T. B. W. Reid*, ed. F. J. Barnett *et al.*
(Oxford, 1972), pp. 135-149, en p. 138 (cita traducida por mí).
412 *mucho era pagado*: "estaba muy contento".

20 [*El último día del plazo*]

Otro día mañana   piensan de cavalgar,
és día á de plazo,   sepades que non más.
A la sierra de Miedes   ellos ivan posar.   415

21 [*El Cid pasa revista a sus tropas*]

Aún era de día,   non era puesto el sol,
mandó ver sus yentes   Mio Çid el Campeador,
sin las peonadas   e omnes valientes que son,
notó trezientas lanças   que todas tienen pendones.

22 [*El Cid invade las tierras del emir de Toledo*]

"Temprano dat çevada,   ¡sí el Criador vos   420
                          [salve! *

---

* *fol. 9v.º*

413 *Otro día mañana*: "La mañana siguiente".
414 *és día á de plazo*: *á* puede significar "hay" o "él tiene"; "le queda solamente aquel día de plazo".
    sepades: apóstrofe al público, comp. el v. 307, etc.
415 *la sierra de Miedes*: es probable que deba entenderse la sierra ahora llamada de Pela, sita al N.O. de la aldea de Miedes de Atienza. Antes de 1085, pudo haber constituido la frontera sur de los moros tributarios de Alfonso VI, pero después de la toma de Toledo en aquel año y al pasar la mora Zaida a ser concubina del rey en 1091, éste logró extender la frontera castellana mucho más hacia el sur, llegando hasta el Guadiana por la zona de Alarcos.
417 *ver*: "pasar revista".
418 *e*: apositivo; "sin contar la infantería, valiente como es".
419 *notó*: "contó".
    lanças: sinécdoque, "caballeros". En algunos fueros medievales españoles aparece "lança con pendón, o sin pendón", y consta que los lanceros con pendón recibían soldada doble (comp. *Fuero de Cuenca*, 30, 28). Todos los del Cid llevaban pendones, es decir, eran caballeros con un cierto número de escuderos cada uno. El Cid salió de Vivar con sesenta caballeros (v. 16); ahora hay 300, aumento quíntuplo; nótese que ambos números son múltiplos de 3 y 5 (véase la nota al v. 187).
420 *Temprano dat çevada*: "Echen pienso a las caballerías muy de mañana", o simplemente "Prepárense con tiempo".
    sí: "así".

"El qui quisiere comer;   e qui no, cavalgue.
"Passaremos la sierra   que fiera es e grand,
"la tierra del rrey Alfonso   esta noch la podemos
[quitar;
"después, qui nos buscare,   fallarnos podrá."
De noch passan la sierra,   vinida es la man   425
e por la loma ayuso   piensan de andar.
En medio d' una montaña   maravillosa e grand
fizo Mio Çid posar   e çevada dar,
díxoles a todos   cómmo querié trasnochar;
vassallos tan buenos   por coraçón lo an,   430
mandado de so señor   todo lo han a far.
Ante que anochesca   piensan de cavalgar,
por tal lo faze Mio Çid   que no [l]o ventasse nadi,
andidieron de noch,   que vagar non se dan.
Ó dizen Casteión,   el que es sobre Fenares,   435
Mio Çid se echó en çelada   con aquellos que él trae.
Toda la noche iaze en çelada   el que en buen ora
[nasco
commo los conseiava   Minaya Álbar Fáñez.

---

421 Elipsis (comp. el v. 181): "Quien quiera comer, (que coma,)
y quien no quiera, que monte a caballo"; las monturas eran,
desde luego, tan esenciales y valiosas que siempre recibían aten-
ción preferente.
422 A lo largo del *Poema,* encontramos un concepto característico
de la Edad Media según el cual los descampados eran parajes
extraños y amenazantes, comp. los vv. 1491, 2715, 2751 y 2788-
2789; nótese la nítida distinción entre *yermo* y *poblado,* v. 390
(y comp. el v. 61), así como la noción de lo sobrenatural, vv. 427,
864, 2698-2699, y del *locus amoenus,* v. 2700.
424 *qui*: "quien(quiera)".
426 *ayuso*: adv., "abajo".
427 *montaña*: "bosque", comp. el v. 61 y véase la nota al v. 422.
429 *trasnochar*: "pernoctar", "pasar la noche en marcha".
431 *han a*: "tienen que".
433 *por tal . . . que*: "de tal modo . . . que".
434 *vagar*: "tiempo libre", "descanso".
435 Castejón de Henares está a unos 40 Km. al S.S.E. de Miedes
de Atienza y 3 Km. al S. del Henares (este río nace en la
Sierra Ministra, al O. de Medinaceli, y discurre en dirección S.O.
hasta su confluencia con el Jarama). El ataque a Castejón marca
el comienzo de la campaña del Cid contra las fortalezas moras
del valle del Henares.
438 *Minaya*: título de origen vasco (*mi anaya*), "mi hermano",
véase el Aparato Crítico, v. 1418.

23 [*Toma de Castejón de Henares*]

"¡Ya Çid,   en buen ora çinxiestes espada!
"Vós con *çiento*   de aquesta nuestra conpaña,   440
"pues que a Casteión   sacaremos a çelada..."

[*Breve laguna*]

"...Vós con los *dozientos*   idvos en algara,
"allá vaya Álbar Á[*l*]barez | e Álbar   442*b*-43
[Salvadórez sin falla,
"e Galín Garçía,   una fardida | lança,   443*b*-44

441 "después de que capturemos Castejón mediante una emboscada
(o treta)". Hay una laguna después de este verso en la cual Ál-
var Fáñez hubiera debido terminar su consejo al Cid, puesto
que éste está dando las órdenes en el v. 442. Recientemente,
Colin Smith ha señalado una posible fuente latina de este epi-
sodio: Salustio, *Guerra de Yugurta*, 90-91; véase su "Literary
sources of two episodes in the *PMC*", *BHS*, LII (1975), pp.
109-122.

442 y ss. El Cid ordena que dos tercios de su ejército formen una
vanguardia para ir en correría Henares abajo, hasta Alcalá,
mientras él se posesiona de Castejón con el tercio restante.
Sobre los asuntos militares en el *Poema*, consúltese W. S. Hen-
drix, "Military tactics in the *PMC*", *Modern Philology*, XX
(1922), pp. 45-48, y para un estudio más extenso pero algo
confuso, véase José María Garate Córdoba, *Espíritu y milicia
en la España medieval* (Madrid, 1967), pp. 111-183.

442*b* Álvar Álvarez, según el *Poema*, era uno de los sobrinos del
Cid, y Álvar Salvadórez uno de sus vasallos (en los documentos
del siglo XI, éste suele mencionarse con su hermano mayor, Gon-
zalo Salvadórez).

443*b* A Galín Garçía (Galind Garcíaz en el v. 1996) se le llama
el bueno de Aragón en los vv. 740 y 3071, *el de Aragón* en el
v. 1999, y *el que fue de Aragón* en el v. 1996. Se había pen-
sado que no existía documentación histórica de él, comp. Me-
néndez Pidal, ed. crít., p. 698, pero en *España del Cid*, I,
pp. 413-414, don Ramón alude a "Galindo Garcez de Cosingo
et de Liuorre" (documento de 1081). He encontrado unas refe-
rencias a Galin Garcez, que en 1100 fue uno de los caballeros
que ayudaron a Pedro I de Aragón a capturar Barbastro (46 Km.
al E. de Huesca), véase A. Ubieto Arteta, *Colección diplomá-
tica de Pedro I...* (Zaragoza, 1951), documentos núms. 89 y 97,
pp. 333-335 y 348 (comp. Galindo Garceiz, uno de los señores
de Estada, *ibid.*, documento núm. 3, pp. 213-214, y comp. los
documentos 4 y 14, pp. 214-215 y 224-226). Es posible que
Galín Garçíaz fuese uno de los que acompañaron a Pedro I a
Valencia en 1097, para ayudar al Cid a reforzar el castillo de
Benicadell.

"cavalleros buenos   que aconpañen a Minaya;   444*b*
"a osadas corred,   que por miedo non dexedes   445
"Fita ayuso   e por Guadalfaiara,   [nada,*
"fata Alcalá   lleguen las alg[ara*s*]   446*b*
"e bien acoian   todas las gananças
"que por miedo de los moros   non dexen nada;
"e yo con lo[s] *çiento*   aquí fincaré en la çaga,
"terné yo Casteión   dón abremos grand enpara.   450
"Si cueta vos fuere   alguna al algara,
"fazedme mandado   muy privado a la çaga,
"¡d' aqueste acorro   fablará toda España!"
Nonbrados son   los que irán en el algara
e los que con Mio Çid   ficarán en la çaga.   455
Ya quiebran los albores   e vinié la mañana,
ixié el sol,   ¡Dios, qué fermoso apuntava!
En Casteión   todos se levantavan,
abren las puertas,   de fuera salto davan
por ver sus lavores   e todas sus heredades;   460
todos son exidos,   las puertas abiertas an dexadas
con pocas de gentes   que en Casteión fincaron;
las yentes de fuera   todas son derramadas.
El Campeador   salió de la çelada,
corre a Casteión   sin falla.   464*b*

---

* *fol. 10r.º*

445 *a osadas*: "audazmente".
446 *Fita ayuso*: "por Hita abajo". Hita está al S.O. de Castejón y
    muy al S. del río Henares, junto a su afluente el Badiel. Gua-
    dalajara se sitúa más al S.O., en la ribera sur del Henares.
446*b* Alcalá, el punto más occidental alcanzado por las fuerzas del
    Cid, está en la ribera norte del Henares. Antes de 1085, todas estas
    villas eran de los moros protegidos por el emir de Toledo.
447 *acoian*: "que recojan".
449 *çaga*: "retaguardia".
450 *dón*: "de donde".
    enpara: "protección", "abrigo militar".
451 *cueta*: "apuro".
453 *España*: quizá "la España musulmana", véase Juan Menéndez
    Pidal, *Sellos españoles de la edad media* (Madrid, 1921), p. 14.
457 Sobre el hemistiquio exclamatorio, véase la nota al v. 243.
459 *salto davan*: comp. el v. 244.
460 *lavores*: "labranzas".
462 *pocas de*: partitivo.
464*b* *corre*: "ataca".

Moros e moras   aviénlos de ganançia   465
e essos gañados   quantos en derredor andan.
Mio Çid don Rodrigo   a la puerta adeliñava,
los que la tienen,   quando vieron la rrebata,
ovieron miedo   e fue dese[m]parada. *
Mio Çid Ruy Díaz   por las puertas entrava,   470
en mano trae   desnuda el espada,
quinze moros matava   de los que alcançava.
Gañó a Casteión   e el oro e la plata,
sos cavalleros   llegan con la ganançia,
déxanla a Mio Çid,   todo esto non preçia[n]   475
                        [nada.
Afévos los *dozientos*   e *tres* en el algara
e sin dubda corren; . . . .
fasta Alcalá llegó   la seña de Minaya   477*b*
e desí arriba   tórnanse con la ganançia,
Fenares arriba   e por Guadalfaiara.
Tanto traen   las grandes gana[n]çias,   480
muchos gañados | de oveias e de vacas,   480*b*-81
e de rropas   e de otras rriquizas largas;   481*b*
derecha viene   la seña de Minaya,
non osa ninguno   dar salto a la çaga.
Con aqueste aver   tórnanse essa conpaña,
féllos en Casteión   ó el Campeador estava;   485

---

* *fol. 10v.º*

466 *gañados*: ganado lanar y vacuno, comp. los vv. 480*b*-481.
469 *fue dese[m]parada*: "quedó sin defensa".
472 Para el número, véase la nota al v. 187.
476 Los tres son los vasallos singularizados en los vv. 442*b*-444.
477 *corren*: "atacan".
478 *desí arriba*: "río arriba de allí", es decir, "de vuelta".
480*b*-481 *gañados* aquí se extienden para incluir ropa, etc. (quizás en este verso equivalga más a "ganancias").
481*b* *largas*: "abundantes".
482 *derecha*: "erigida", "alzada".
483 *dar salto a*: "atacar a".
485 *féllos*: "helos", comp. el v. 152. *llos* parece ser forma arcaica del pronombre (a no ser que resulte de una confusión del copista entre *l* y *ll*, tan frecuente en el Ms.).
    ó: "donde".

el castiello dexó en so poder,   el Canpeador cavalga,
saliólos rreçebir   con esta su mesnada,
los braços abiertos   rreçibe a Minaya:
" ¡Venides, Álbar Fáñez,   una fardida lança!
"Dó yo vos enbiás   bien abría tal esperança;   490
"esso con esto   sea aiuntado,
"dovos la quinta,   si la quisiéredes, Minaya."

24   [*Álvar Fáñez se niega a aceptar la quinta parte
del botín, y hace un voto solemne*]

"Mucho vos lo gradesco,   Campeador contado; *
"d' aquesta quinta   que me avedes mand[*ad*]o
"pagar se ía d' ella   Alfonso el castellano.   495
"Yo vos la suelt*o*   e avello quitado;
"a Dios lo prometo,   a Aquel que está en alto,
"fata que yo me pague   sobre mio buen cavallo
"lidiando con moros   en el campo,

---

* *fol. 11r.º*

486 lit. "el Cid dejó el castillo en su propia posesión", es decir,
"...bajo su firme control".
487 *su mesnada*: "los vasallos de su casa", "sus más íntimos va-
sallos".
488 Comp. el v. 203.
489 Salutación exclamatoria, comp. el v. 204.
490 *Dó*: "Doquier".
    enbiás: 1.ª p.ª sg. pret. subj. de *enviar*.
491 *esso con esto*: es decir, "su botín con el nuestro".
492 La costumbre del "quinto real", por la cual la quinta parte
del botín se reservaba para el rey, solía observarse en la Es-
paña cristiana (todavía se practicaba durante la conquista del
Perú por Pizarro). Había una ley semejante musulmana, según
la Sura VIII, 42, del Corán. Puesto que el Cid es ahora un pros-
crito, el quinto le corresponde a él en su calidad de jefe, pero
Álvar Fáñez, a quien lo ofrece como galardón especial, su-
giere la idea (vv. 494-495) de enviárselo a Alfonso VI. Algunos
fueros medievales dictaminaban que los que fueran en correría
(o *algara*) deberían recibir como premio adicional entre la quinta
y la séptima parte del botín (este quinto no debe confundirse
con el quinto real).
495 *pagar se ía d'ella*: cond. analítico, "se pondría contento con
ella".
496 *avello = avedlo*, "tómelo".
498 *fata*: "hasta".

"que enpleye la lança   e al espada meta mano   500
"e por el cobdo ayuso   la sangre destellando
"ante Ruy Díaz   el lidiador contado,
"non prendré de vós   quanto vale un dinero malo.
"Pues que por mí ganaredes   quesquier que sea
[d'algo,
"todo lo otro   afélo en vuestra mano."   505

25 [*El Cid vende el quinto a los moros*]

Estas ganançias   allí eran iuntadas.
Comidiós' Mio Çid,   el que en buen ora fue nado,
el rrey Alfonso   que llegarién sus compañas,
quel' buscarié mal   con todas sus mesnadas.
Mandó partir   tod aqueste aver,   510
sos quiñoneros   que ge los diessen por carta.
Sos cavalleros   í an arribança,

---

500 *que* depende de *fata* en el v. 498.
    enpleye: 1.ª p.ª sg. pres. subj. de *emplear,* con *y* antihiática.
501 Esta fórmula se aplica una vez al Cid, v. 1724, y dos veces a
    Álvar Fáñez, v. 781 (donde cumple el voto que hace aquí), y
    v. 2453.
504 *Pues que*: "Después de que"; elipsis, "Cuando gane Vd. algo
    de valor por mis hazañas, (aceptaré una parte; entretanto...)".
505 "allí está todo el resto (es decir, el quinto ofrecido) en su mano",
    hablado con gesto simbólico; comp. los vv. 2088 y 2097-2098
    respecto al apoderado o sustituto legal.
508-509 *el rrey*: Ms. *Al Rey*; si aceptamos la lección del Ms. (con
    Lang, p. 143, y Menéndez Pidal, ed. crít.), esto implicaría que
    el Cid temía que sus hombres siguieran hacia el norte hasta
    entrar en pugna con el rey. Cambiando *al* por *el* (como Bello
    y Menéndez Pidal, CC, ¿un cambio de opinión?), creamos un
    tipo de anacoluto común en el *Poema* que proporciona un sig-
    nificado preferible: "Mio Cid consideró que las tropas del rey
    Alfonso vendrían, que Alfonso le haría gran daño con todas
    sus fuerzas".
510 *partir*: "repartir".
511 *quiñoneros*: los que dividían el botín y calculaban el quinto,
    "oficiales pagadores".
    que ge los diessen por carta: "que hicieran constar las porciones
    por escrito"; *los* se refiere a un sustantivo no expresado, p. ej.
    "quiñones".
512 *arribança*: "buena fortuna", "prosperidad"; derivado del verbo
    náutico *arribar,* "llegar a puerto", por extensión significa "llegar
    a una condición próspera" (comp. el fr. *arrivé* = "parvenu",
    "nouveau riche", y el ing. *arrive* = "tener éxito financiero o
    social"); comp. también *arribada* en *Alex,* estr. 123d.

a cada uno d' ellos   caen *çiento* marcos de plata
e a los peones   la meatad sin falla,
toda la quinta   a Mio Çid fincava. *   515
Aquí non lo puede vender   nin dar en presentaia,
nin cativos nin cativas   non quiso traer en su conpaña.
Fabló con los de Casteión   e envió a Fita e a Gua-
                                              [dalfajara
esta quinta   por quánto serié conprada,
aun de lo que diessen   oviessen grand ganançia,   520
asmaron los moros   *tres* mill marcos de plata;
plogo a Mio Çid   d' aquesta presentaia,
a tercer día   dados fueron sin falla.
Asmó Mio Çid   con toda su conpaña
que en el castiello   non í avrié morada,   525
e que serié rretenedor   mas non í avrié agua:
"Moros en paz,   ca escripta es la carta,

---

* *fol. 11v.º*

513-521 El poeta no cita el valor total del botín, pero es posible
    hacer un cálculo aproximado a base del número de hombres
    mencionados en el v. 674, que implicaría un botín valorado
    en más de 56.250 marcos de plata; así el quinto del Cid lle-
    garía a más de 11.250 marcos de plata, en esclavos moros.
    Rodrigo no quiere cargar con éstos, y no está en condiciones de
    venderlos (en el mercado libre), ni regalarlos (p. ej. al rey).
    Por lo tanto entra en negociaciones con las villas que acaba
    de atacar para pedir un rescate, y recibe por fin 3.000 mar-
    cos de plata (un poco más de un cuarto del valor de su quinto)
    en el tercer día (v. 523; sobre el uso de los números, véase la
    nota al v. 187). Las cantidades aludidas son seguramente exa-
    geración poética.
522 *presentaia*: "lo que ofrecían pagar".
523 *a tercer día*: probablemente significa "en poco tiempo", comp.
    el v. 938 y véanse las notas a los vv. 187 y 883.
525-526 "que no podría permanecer en el castillo; que de verdad
    podría retenerlo, pero no habría agua allá" (parataxis). Colin
    Smith, art. cit. en la nota al v. 441, hubiera podido reforzar
    su alegación de que el poeta basó este episodio en la *Guerra
    de Yugurta* de Salustio, si hubiese atendido a este detalle, que
    corresponde al comienzo del capítulo 91 de la obra latina (pero
    inesperadamente Smith lo descarta, p. 113).
527 *la carta*: "el tratado" entre los moros y Alfonso VI. Hay aquí
    un caso poco común de cambio de estilo indirecto a directo
    (contrástense los vv. 1240-1241, etc.).

"buscar nos ie el rrey Alfonso   con toda su mesnada;
"quitar quiero Casteión,   ¡oíd, escuelas e Minyaya!

26 [*El Cid abandona Castejón y sale para tierras
de moros próximas a Zaragoza*]

"Lo que yo dixier   non lo tengades a mal,   530
"en Casteión   non podriemos fincar,
"çerca es el rrey Alfonso   e buscarnos verná.
"Mas el castiello   non lo quiero ermar,
"çiento moros e çiento moras   quiero las quitar
"porque lo pris d' ellos   que de mí non digan   535
                                                    [mal.
"Todos sodes pagados   e ninguno por pagar,
"cras a la mañana   pensemos de cavalgar,
"con Alfonso mio señor   non querría lidiar." *
Lo que dixo el Çid   a todos los otros plaz.
Del castiello que prisieron   todos rricos se   540
                                                    [parten,
los moros e las moras   bendiziéndol' están.
Vanse Fenares arriba   quanto pueden andar,
troçen las Alcarias   e ivan adelant,
por las Cuevas d' Anquita   ellos passando van,

---

* *fol. 12r.º*

528 *buscar nos ie*: "vendría a atacarnos".
529 *escuelas*: "séquito de vasallos".
    Minyaya: véanse la nota al v. 438 y el Aparato Crítico, v. 1418.
530 *dixier*: 1.ª p.ª sg. fut. subj. de *dezir*.
534 *quitar*: "soltar".
535 Hipérbaton: "para que no hablen mal de mí por lo que les quité".
536 *pagar*: "satisfacer", "pagar lo que corresponde"; tiene un significado casi idéntico al del esp. mod. aquí.
537 *cras a la mañana*: "mañana por la mañana".
542-543 Éste es el final de la campaña del Henares; el Cid se dirige ahora hacia el este, cruza la Alcarria y pasa por el valle del Tajuña.
544 *las Cuevas d'Anquita*: Anquita está situada en la ribera S.E. del Tajuña, casi exactamente al S. de Medinaceli. Existen varias cavernas en esta región, pero no se ha establecido una localización exacta.

passaron las aguas, entraron al campo de 545
[Torançio,
por essas tierras ayuso quanto pueden andar.
Entre Fariza e Çetina Mio Çid iva albergar,
grandes son las gananças que priso por la tierra
[dó va.
Non lo saben los moros el ardiment que an.
Otro día moviós' Mio Çid el de Bivar 550
e passó a Alfama, la Foz ayuso va,
passó a Bovierca e a Teca que es adelant

545-546 *las aguas*: el río Tajuña. Cruzan por Campo Taranz, al N.O.
de Luzón, y proceden en sentido N.E. por el terreno alto del
lado S.E. del valle del Jalón. Esta sección del itinerario no se
describe.

547 El Cid llega al Jalón entre Ariza y Cetina, e inaugura su segun-
da campaña principal, contra los castillos moros del Jalón que
estaban bajo la protección del emir de Zaragoza, no el de
Valencia como cree el poeta; comp. el v. 627.

549 *el ardiment que an*: "el ardid que tienen (el Cid y sus hom-
bres)"; nótense los rápidos cambios del sg. al pl. en los vv. 548-
550.

551-552 Menéndez Pidal, ed. crít., supone que el Cid cruza a la
ribera norte del Jalón aquí y que sigue por aquel lado hasta
Ateca. Criado de Val, p. 107 (Mapa), al contrario, interpreta
que el Cid marcha por la ribera sur hasta Castejón de las Ar-
mas, frente a Ateca. Hay dificultades en ambas interpretacio-
nes: Alhama, Bubierca y Ateca están todas situadas en la ribera
norte, pero el Cid no las ataca, pasándolas de largo. En los
vv. 551 y 552 *passó a* produce una dificultad; Menéndez Pi-
dal, ed. crít., Vocab., lo interpreta como "él cruzó", pero si
cruzó el Jalón para llegar a Alhama en el v. 551, el Cid no
pudo haber cruzado el río otra vez para ir a Bubierca y Ateca
(v. 552), puesto que están situadas también en la ribera norte.
Parece poco probable que *passó a* pudiera significar "pasó
por", porque *passó por* se emplea para expresar aquel signifi-
cado en los vv. 98, 150 y 399. Como los topónimos regidos
de un verbo transitivo generalmente van precedidos de *a*, comp.
gañó a Xérica, v. 1092, podríamos interpretarlo aquí como
"pasó Alhama", etc. (es decir, sin entrar en la villa). No obs-
tante, si aceptamos la explicación más convincente ofrecida por
Criado, es difícil entender cómo podría decirse que el Cid había
pasado Ateca, aunque es verdad que el poeta al mencionarla
observa que esta villa se encuentra más allá.
la Foz se refiere a una gran curva hacia el S.E. que hace el
Jalón entre Alhama y Bubierca.

4. Caballeros atacando Jerusalén (año 1109, Ms. de
Beato de Silos, Museo Británico, Ms. Add. 11695,
fol. 223r.º; con permiso de los Regentes). Nótese
que los arqueros no figuran nunca en el *Poema*,
quizá por escrúpulos religiosos y nobiliarios de
la época de la composición poética.

5. Castejón de las Armas, còn los restos del castillo (centro de la foto) y el cerro de las Dehesillas al fondo; posible localización de Alcoçer (v. 553): "sobre Alcoçer Mio Çid iva posar / en un otero rredondo, fuerte e grand".

e sobre Alcoçer   Mio Çid iva posar   553
en un otero rredondo,   fuerte e grand,

553 Después de examinar el terreno en dos ocasiones, estoy de
acuerdo con Criado de Val en pensar que Alcoçer probable-
mente representa Castejón de las Armas, al S. del Jalón junto
al río Piedra, veloz riachuelo montañoso que confluye con el
Jalón a 1 Km. al norte del pueblo. Entre las razones aducidas
por Criado, destacan la de la geografía existente y el probable
nexo entre el topónimo Alcoçer, diminutivo del árabe *al-kasr*
("castillo") y Castejón, aumentativo, o posible diminutivo, del
lat. CASTELLUM. Añadamos: 1) que Castejón de las Armas es el
único sitio de cierta importancia en esta parte del valle que de
otro modo no se mencionaría en el *Poema*, y 2) que el poeta
acaba de relatar la toma de Castejón de Henares (v. 541) y
hubiera sido muy inconveniente tener que hablar de dos topó-
nimos idénticos en tan poco espacio (hay un tercer Castejón
—Castellón de la Plana— en el v. 1329). A. Ubieto Arteta,
El "CMC" y algunos problemas históricos, pp. 85-92, identi-
fica Alcoçer con Peñalcázar, a pesar de la gran distancia entre
este pueblo y los pueblos del Jalón mencionados en este epi-
sodio; también alude a la división de poblaciones entre las
diócesis de Sigüenza y Tarazona en 1136, confirmada por Ino-
cencio II en 1137 y 1138 (Ubieto, pp. 41-42; *España Sagrada*,
XLIX, apéndice XX, p. 359). Ubieto no indica que la lista de
los pueblos junto al Jalón incluye "ecclesiam de Castellon cum
pertinentiis suis" (P. E. Russell me ha señalado otra posible
referencia a Castejón de las Armas en el apéndice L del mismo
tomo de *España Sagrada*: "ecclesia de Castilion", año de 1201).
El torreón de Castejón de las Armas, hoy medio destruido (véase
la lámina 5), tiene toda la apariencia de ser antiguo, pero evi-
dentemente no puede corresponder al gran castillo mencionado
en el episodio de Alcoçer. Tampoco la privación del agua su-
frida por el Cid en Alcoçer (v. 667) corresponde bien a la situa-
ción del torreón de Castejón de las Armas, sito muy cerca del
río Piedra; este detalle, no obstante, podría haberse derivado
de Salustio (véanse las notas a los vv. 441 y 525-526) e introdu-
cido aquí fuera de lugar. A pesar de estas dificultades, no cabe
duda de que, si se intenta emplazar Alcoçer dentro de los lími-
tes geográficos marcados por el poeta, sólo Castejón de las Ar-
mas cumple los requisitos, y esto implicaría una exageración
poética —no ajena a la epopeya medieval (comp. la batalla de
Roncesvalles)— que hubiera transformado un pueblecito de poca
monta en importantísimo castillo.

554 Me parece que Criado de Val, p. 97, está equivocado en iden-
tificar la colina en la que acampa el Cid como el Cerro de
Torrecil, de 750 m. de altura, situado a gran distancia al E. de
Castejón; considera que Torrecil es corrupción de * Torrecid,
pero no presenta ninguna prueba que lo confirme. A todas luces,
Torrecil es diminutivo completamente normal de "torre". La
localización de Torrecil no encaja de manera alguna con la ac-
ción poética, mientras que el cerro de las Dehesillas, de 686 m.
de altura, situado al N.O. de Castejón en el ángulo formado
por la confluencia del Piedra y el Jalón, domina el pueblo y
corresponde exactamente a la descripción de los vv. 555-558

açerca corre Salón,   agua nol' puedent vedar.   555
Mio Çid don Rodrigo   Alcoçer cueda ganar.

27 [*El Cid acampa cerca de Alcocer*]

Bien puebla el otero,   firme prende las posadas,
los unos contra la sierra   e los otros contra la agua.
El buen Canpeador   que en buen ora nasco
derredor del otero   bien çerca del agua   560
a todos sos varones   mandó fazer una cárcava *
que de día nin de noch   non les diessen arrebata,
que sopiessen que Mio Çid   allí avié fincança.

28 [*Se difunden por la región noticias de la llegada del Cid*]

Por todas essas tierras   ivan los mandados
que el Campeador Mio Çid   allí avié poblado,   565
venido es a moros,   exido es de christianos;
en la su vezindad   non se treven ganar tanto.
Aguardándose va Mio Çid   con todos sus vassallos,
el castiello de Alcoçer   en paria va entrando.
Los de Alcoçer a Mio Çid   yal' dan parias de   570
                                    [grado

* *fol. 12v.º*

(véase la lámina 5); hay que advertir que el *Poema* no men-
ciona la presencia del riachuelo Piedra, aunque se podría vadear
a caballo sin dificultad, mientras que la ribera sur del Jalón
hacia Terrer proporciona un terreno muy apropiado a la ac-
ción de los vv. 577-606, incluso con una pequeña eminencia
(que no se menciona) que hubiera ocultado la vuelta del Cid y
Álvar Fáñez (v. 601).
555 *puedent*: ortografía latinizante, "pueden".
557 *puebla*: "ocupa".
    posadas: "posiciones militares".
558 *contra*: "hacia".
562 *arrebata*: "sorpresa", "ataque repentino".
564 *mandados*: "noticias".
565 *allí avié poblado*: "se había establecido allá".
567 *ganar*: "pastar el ganado" parece ser el mejor sentido aquí.
568 *Aguardándose va*: "Va en acecho", comp. el v. 308.
569 *en paria va entrando*: "empieza a pagar tributos".
570 Repetición del final del verso anterior, comp. los vv. 88 y 268.

29 [*El Cid se apodera de Alcocer por medio de un ardid*]

e los de Teca   e los de Ter*r*er la casa;
a los de Calataút,   sabet, ma[*l*] les pesava.
Allí yogo Mio Çid   complidas *quinze* semmanas.
Quando vio Mio Çid   que Alcoçer non se le dava,
él fizo un art   e non lo detardava: 575
dexa una tienda fita   e las otras levava,
coió[*s'*] Salón ayuso,   la su seña alçada,
las lorigas vestidas   e çintas las espadas
a guisa de menbrado   por sacarlos a çelada.
Veyénlo los de Alcoçer,   ¡Dios, cómmo se   580
    [alabavan!
"Fallido á a Mio Çid   el pan e la çevada;
"las otras abés lieva,   una tienda á dexada,

---

571 *Terrer la casa*: "la villa de Terrer" (comp. el v. 62), que está 7 Km. al E. de Ateca.

572 Calatayud está situada a 6 Km. al E. de Terrer, un poco más allá de la confluencia del Jalón y el Jiloca. Ciudad importante con extensa e imponente fortaleza, que domina toda la región, incluyendo la boca del valle del Jiloca y la carretera de Daroca, Teruel y Valencia.

573 Sobre el número, véase la nota al v. 187.

575 *un art*: "un ardid".

576 Deja una tienda montada para dar la impresión de una salida repentina o forzada; véase H. Ramsden, "The Taking of Alcocer...", *BHS*, XXXVI (1959), pp. 129-134, para una clara interpretación de esta tirada. Recientemente, Colin Smith, "Literary sources of two episodes in the *PMC*", *BHS*, LII (1975), pp. 109-122, ha sugerido que este episodio tiene un antecedente clásico en la *Strategemata* de Frontino; atendiendo a ésta, Smith piensa, al contrario de Ramsden, que el Cid había dejado a algunos de sus hombres en la tienda, quienes después, en el momento crítico, salen a atacar a la retaguardia de los moros. Hay que advertir que el poeta no menciona ninguna emboscada de este tipo; además la interpretación de Smith deja el v. 607 sin sentido alguno, mientras que la de Ramsden es la única que acomoda todos los versos del episodio.

577 *coió[s']*: "se fue".

579 *por sacarlos a çelada*: "para llevarles a caer en una trampa" (o "hacerles salir mediante una treta").

581 *Fallido á*: "se ha agotado".

582 "apenas puede llevar las demás tiendas, ha dejado una atrás".

"de guisa va Mio Çid   commo si escapasse de arran-
[cada. *
"Demos salto a él   e feremos grant ganançia,
"antes quel' prendan los de Ter*rer*,   si non,   585
[non nos darán dent nada;
"la paria qu' él á presa   tornar nos la ha doblada."
Salieron de Alcoçer   a una priessa much estraña,
Mio Çid, quando los vio fuera,   cogiós' commo de
[arrancada,
coiós' Salón ayuso,   con los sos abuelta *anda*.
Dizen los de Alcoçer: "¡Ya se nos va la   590
[ganançia!"
Los grandes e los chicos   fuera salto dan,
al sabor del prender   de lo ál non piensan nada,
abiertas dexan las puertas   que ninguno non las
[guarda.
El buen Campeador   la su cara tornava,
vio que entr' ellos e el castiello   mucho avié   595
[grand plaça,
mandó tornar la seña,   apriessa espoloneavan:
"¡Firidlos, cavalleros,   todos sines dubdança!
"¡Con la merçed del Criador   nuestra es la ganançia!"
Bueltos son con ellos   por medio de la llana.
¡Dios, qué bueno es el gozo   por aquesta   600
[mañana!
Mio Çid e Álbar Fáñez   adelant aguiiavan,
tienen buenos cavallos,   sabet, a su guisa les andan,

---

* *fol. 13r.º*

583 *de guisa*: "en tal manera".
585 *dent*: "de ella".
587 *much estraña*: "muy extraordinaria".
588 *cogiós'*: "se fue", "huyó".
589 *con los sos abuelta anda*: "cabalga acompañado de sus hom-
   bres" (véase el Aparato Crítico sobre la lección del Ms.).
592 *lo ál*: "el resto", "lo demás".
595 *plaça*: "espacio".
597 *sines dubdança*: "impávidamente".
599 *Bueltos son con ellos*: "Luchan a brazo partido con ellos".
602 *a su guisa les andan*: "los caballos obedecen a su mando",
   comp. el v. 778.

entr' ellos e el castiello   en essora entravan.
Los vassallos de Mio Çid   sin piedad les davan,
en un ora e un poco de logar   *trezientos* moros   605
             [matan.
Dando grandes alaridos   los que están en la çelada, *
dexando van los delant,   por el castiello se tornavan,
las espadas desnudas,   a la puerta se paravan.
Luego llegavan los sos,   ca fecha es el arrancada.
Mio Çid ganó a Alcoçer,   sabet, por esta maña.   610

30 [*En Alcocer ondea la enseña del Cid*]

Vino Pero Vermúez,   que la seña tiene en mano,
metióla en somo,   en todo lo más alto.
Fabló Mio Çid Ruy Díaz,   el que en buen ora fue
             [nado:
"Grado a Dios del çielo   e a todos los sos sanctos,
"ya meioraremos posadas   a dueños e a cavallos.   615

---

* *fol. 13v.º*

603 *ellos* se refiere a la refriega de los moros y el cuerpo principal del ejército del Cid, véase H. Ramsden, art. cit. en la nota al v. 576.

605 *en un ora e un poco de logar*: "en poco más de una hora", comp. el v. 732.

606 "los que están en la trampa (es decir, los moros) dando grandes gritos" (interpretación de Ramsden).

607 "los que están delante dejan de luchar y se dirigen hacia el castillo" (flanqueando así a los moros). Para *los delant*, comp. *Alex*, estr. 74c.

609 *los sos*: "el cuerpo principal del ejército".
   arrancada: "derrota" (de los moros).

611 Pedro Bermúdez consta como *potestad* en un documento de hacia 1069, pero no es cierto que fuera sobrino del Cid como pretende el poeta en el v. 2351. En el *Poema* se le presenta como el abanderado de Rodrigo, y se destaca por su taciturnidad y balbuceo; un juego de palabras tocante a su apellido le da el apodo de "Pero Mudo", vv. 3302 y 3310.

615 *posadas*: "cuarteles".

31 [*Discurso triunfal del Cid*]

"¡Oíd a mí, Álbar Fáñez   e todos los cavalleros!
"En este castiello   grand aver avemos preso,
"los moros yazen muertos,   de bivos pocos veo;
"los moros e la[s] moras   vender non los podremos,
"que los descabeçemos   nada non ganaremos,   620
"coiámoslos de dentro,   ca el señorío tenemos,
"posaremos en sus casas   e d' ellos nos serviremos."

32 [*El emir de Valencia envía fuerzas para reco-
brar Alcocer*]

Mio Çid con esta ganançia   en Alcoçer está,
fizo enbiar por la tienda   que dexara allá.
Mucho pesa a los de Teca   e a los de Ter*rer*   625
                              [non plaze
e a los de Calatayut   non plaze;
al rrey de Valençia   enbiaron con mensaie
que a uno que dizién   Mio Çid Ruy Díaz de Bivar:
"Airólo el rrey Alfonso,   de tierra echado lo ha, *
"vino posar sobre Alcoçer   en un tan fuerte   630
                              [logar,
"sacólos a çelada,   el castiello ganado á.
"Si non das conseio,   a Teca e a Ter*rer* perderás,

---

* *fol. 14r.º*

617 *preso*: participio pasado fuerte de *prender*.
618 *de bivos pocos*: partitivo, "pocos vivos"; ej. de lítote, comp.
      los vv. 108, 785, etc.
620 *que* más subj. con fuerza condicional o concesiva: "aun si les
      descabezamos...", comp. el v. 668.
621 *coiámoslos de dentro*: "vamos a dejarles entrar".
624 *que dexara allá*: pluscuamperfecto indic.; "que había dejado
      allá", es decir, en la colina que dominaba Alcocer.
625 *pesa*: "preocupa".
627 El protector histórico de esta región era Mutamin, emir de Za-
      ragoza, a quien el Cid sirvió durante los años 1082-1086.
629 *Airólo*: "le mostró la ira regia", "le quitó su favor".
632 *conseio*: "ayuda".

"perderás Calatayut, que non puede escapar,
"rribera de Salón toda irá a mal,
"assí ferá lo de Siloca, que es del otra part." 635
Quando lo oyó el rrey Tamín por cuer le pesó mal:
"Tres rreyes veo de moros derredor de mí estar,
"non lo detardedes, los dos id pora allá,
"tres mill moros levedes con armas de lidiar,
"con los de la frontera que vos aiudarán 640
"prendétmelo a vida, aduzídmelo deland,
"porque se me entró en mi tierra derecho me avrá
[a dar."
Tres mill moros cavalgan e piensan de andar,
ellos vinieron a la noch en Sogorve posar.
Otro día mañana piensan de cavalgar, 645
vinieron a la noch a Çelfa posar;
por los de la frontera piensan de enviar,

634 *rribera de Salón*: "a lo largo del Jalón".
635 *assí ferá lo de Siloca*: *fer* se emplea como verbo vicario (representa *ir* del verso anterior) y por lo tanto exige un *lo* neutro (comp. el v. 315); "lo mismo ocurrirá por el valle del Jiloca...".
636 No hubo ningún emir de Valencia llamado Tamín; el gobernador de la ciudad durante la época del destierro del Cid era Abu Bekr ibn Abd al-Aziz. El poeta, además de equivocarse sobre la ciudad (véase la nota al v. 627), parece haber confundido a Abu Bekr con Tamim, gobernador almorávide de España a partir de 1107 (después de la muerte del Cid), quien ganó la batalla de Uclés en 1108. También es posible que *Tamín* fuese error de copista por *Mutamin*, emir de Zaragoza (es decir, que el poeta acertó en el gobernador pero no en la ciudad); no obstante, en el v. 646 las tropas de Tamín salen de Segorbe, que ciertamente formaba parte de la taifa de Valencia. Los conocimientos del poeta acerca de la España musulmana del siglo XI eran superficiales y confusos.
637 *Tres rreyes*: dos de ellos eran Fáriz y Galve, v. 654 (véase la nota), a quienes se les manda atacar al Cid; no está claro quién fuese el tercero (quizá se trata de un número simbólico, comp. la nota al v. 187).
639 *tres mill*: respecto al número, comp. el v. 637 y véase la nota al v. 187.
640 *frontera*: es decir, la divisoria con los reinos cristianos del norte.
642 *derecho*: "reparación".
644 *Sogorve*: Segorbe es ciudad antigua al N.O. de Valencia, en la calzada romana que iba de Sagunto (= Murviedro, vv. 1095, 1101, etc.) a Bílbilis (Calatayud).
646 *Çelfa*: llamada *la de Canal* en los vv. 649 y 869, Cella está a 15 Km. al N.O. de Teruel y aproximadamente a medio camino entre Segorbe y Calatayud.

non lo detienen,   vienen de todas partes.
Ixieron de Çelfa,   la que dizen de Canal,
andidieron todo 'l día   que vagar non se dan,   650
vinieron essa noche   en Calatayu[t] posar.
Por todas essas tierras   los pregones dan,
gentes se aiuntaron   sobeianas de grandes *
con aquestos dos rreyes   que dizen Fáriz e Galve;
al bueno de Mio Çid   en Alcoçer le van çercar.   655

33   [*Los emires Fáriz y Galve ponen sitio a Al-*
        cocer]

Fincaron las tiendas   e prendend las posadas,
crecen estos virtos   ca yentes son sobeianas;
las arrobdas   que los moros sacan
de día | e de noch   enbueltos andan en   658*b*-59
                                    [armas;
muchas son las arrobdas   e grande es el almofalla,   660
a los de Mio Çid   ya les tuellen el agua.
Mesnadas de Mio Çid   exir querién a la batalla,
el que en buen ora nasco   firme ge lo vedava.
Toviérongela en çerca   complidas tres semanas.

---

* *fol. 14v.º*

652 *los pregones dan*: perífrasis de la voz activa con acusativo;
    "envían proclamaciones", comp. el v. 1187.
653 *sobeianas de grandes*: "extraordinariamente numerosas".
654 Fáriz y Galve son ficticios, pero puede ser que se basasen
    en personajes históricos: Háriz, un moro que murió a manos
    del Cid en combate singular en Medinaceli; Ghalib, suegro del
    general musulmán Almanzor. No obstante, los nombres podrían
    ser confusión con topónimos; P. E. Russell me ha señalado un
    documento papal de 1157 que menciona *Fariza* (= Ariza) y *Cas-*
    tellum de Galbe (?), véase Juan Loperroez Corvalán, *Colección*
    diplomática citada en la descripción histórica del obispado de
    Osma (Madrid, 1788), III, p. 18.
656 *prendend*: ortografía arcaica de *prenden* (a menos que sea error
    del copista).
659 *enbueltos . . . en armas*: "vestidos de armadura".
660 *el almofalla*: "la hueste mora".
661 *tuellen*: "cortan".
664 *çerca*: "cerco".

34 [*Consejo de guerra; el Cid alinea a su gente en orden de batalla; valentía de Pedro Bermúdez*]

A cabo de tres semanas,   la quarta querié   665
        [e[n]trar,
Mio Çid con los sos   tornós' a acordar:
"El agua nos an vedada,   exir nos ha el pan,
"que nos queramos ir de noch   no nos lo consintrán;
"grandes son los poderes   por con ellos lidiar,
"dezidme, cavalleros,   cómmo vos plaze de   670
        [far."
Primero fabló Minaya,   un cavallero de prestar:
"De Castiella la gentil   exidos somos acá,
"si con moros non lidiáremos,   no nos darán del pan.
"Bien somos nós *seis*çientos,   algunos ay de más,
"en el no[m]bre del Criador,   que non passe   675
        [por ál; *
"vayámoslos ferir   en aquel día de cras."
Dixo el Campeador: "A mi guisa fablastes;
"ondrástesvos, Minaya,   ca aver vos lo iedes de far."
Todos los moros e las moras   de fuera los manda
        [echar
que non sopiesse ninguno   esta su poridad;   680
el día e la noche   piénsanse de adobar.
Otro día mañana   el sol querié apuntar,
armado es Mio Çid   con quantos que él ha,

---

  * *fol. 15r.º*

666 *acordar(se)*: "consultar".
668 "si tratásemos de ir de noche, no nos dejarían", comp. el v. 620.
671 *de prestar*: "excelente".
672 *gentil*: "bella", véase la nota al v. 829.
673 *del pan*: partitivo.
675 *que non passe por ál*: "que no sea de otro modo".
677 *A mi guisa*: "A mi gusto".
678 *far*: (<*FARE, forma sincopada de FACERE); uso vicario con *lo*;
    reemplaza a *ondrar*.
    El *vos* reflexivo se repite con *aver . . . iedes*: "Vd. se ha hon-
    rado, como debiera hacer", es decir, "...como era de esperar".
683 *armado es*: es decir, se ha puesto la armadura y lleva las armas.

fablava Mio Çid   commo odredes contar:
"Todos iscamos fuera   que nadi non rraste   685
"sinon dos peones solos   por la puerta guardar,
"si nós muriéremos en campo,   en castiello nos en-
[trarán,
"si vençiéremos la batalla,   creçremos en rrictad;
"e vós, Pero Vermúez,   la mi seña tomad,
"commo sodes muy bueno,   tener la edes sin art,   690
"mas non aguijedes con ella   si yo non vos lo
[mandar."
Al Çid besó la mano,   la seña va tomar.
Abrieron las puertas,   fuera un salto dan,
viéronlo las arrobdas de los moros,   al almofalla se
[van tornar.
¡Qué priessa va en los moros!   e tornáronse a   695
[armar,
ante rroído de atamores   la tierra querié quebrar;
veriedes armarse moros,   apriessa entrar en az.
De parte de los moros   dos señas ha cabdales,
e fizieron dos azes de peones mezclados,   ¿quí los
[podrié contar? *
La[s] azes de los moros   yas' mueven adelant   700
por a Mio Çid e a los sos   a manos los tomar.
"Quedas sed, me[s]nadas,   aquí en este logar,
"non derranche ninguno   fata que yo lo mande."
Aquel Pero Vermúez   non lo pudo endurar,
la seña tiene en mano   conpeçó de espolonar: 705

---

* fol. 15v.º
684 *odredes*: apóstrofe al público, comp. el v. 70.
685 *iscamos*: 1.ª p.ª pl. pres. subj. de *exir*.
690 *bueno*: "valiente".
    sin art: "lealmente".
691 *mandar*: 1.ª p.ª sg. fut. subj. de *mandar*.
693 *fuera un salto dan*: "salen al ataque".
696 *ante rroído*: "con el ruido"; éste es el único caso en el *Poema*
    de *ante* empleado causalmente, comp. lat. PRAE.
698 *De parte de los moros*: "En el campamento de los moros".
699 "y formaban dos filas de batalla de infantería mezclada; ¿quién
    podría contarlos?", *mezclados* alude a los moros de la frontera
    incorporados a los ejércitos de Fáriz y Galve.
703 *non derranche ninguno*: "que nadie rompa filas".

"¡El Criador vos vala,   Çid, Campeador leal!
"Vo meter la vuestra seña   en aquella mayor az;
"los que el debdo avedes   veremos cómmo la aco-
[rredes."
Dixo el Campeador: "¡Non sea, por caridad!"
Respuso Pero Vermúez: "¡Non rrastará por ál!"   710
Espolonó el cavallo   e metiól' en el mayor az.
Moros le rreçiben   por la seña ganar,
danle grandes colpes   mas nol' pueden falsar.
Dixo el Campeador: "¡Valelde, por caridad!"

35 [*Los del Cid acuden junto a la bandera plantada
por Pedro Bermúdez en la línea principal de
los moros*]

Enbraçan los escudos   delant los coraçones,   715
abaxan las lanças   abue*l*tas de los pendones,
enclinaron las caras   de suso de los arzones,
ívanlos ferir   de fuertes coraçones.
A grandes vozes llama   el que en buen ora nasco:
"¡Feridlos, cavalleros,   por amor de caridad!   720
"¡Yo só Ruy Díaz de Bivar,   el Çid Campeador!"
Todos fieren en el az   dó está Pero Vermúez,

---

708 *el debdo*: "el deber de vasallaje".
   la acorredes: "acudirán Vds. a ella".
710 *¡Non rrastará por ál!*: "¡No hay otra manera!".
712 "Los moros le dejaron entrar en sus filas para capturar la ban-
   dera".
713 *falsar*: "perforar su armadura".
714 *Valelde = Valedle*, "Ayúdenle".
715 *Enbraçan los escudos*: "Se ponen los escudos sobre los brazos".
716 *abueltas de los pendones*: "con los pendones", "que llevan los
   pendones".
717 *de suso de*: "encima de".
718 Este verso encarna el auténtico espíritu épico, comp. el poema
   épico ing., *La batalla de Maldon*, vv. 312-313: "Los pensamien-
   tos deben ser más esforzados, los corazones más valientes, / los
   esfuerzos más grandes, mientras nuestra fuerza disminuye".
721 El Cid lanza su grito de combate para animar a sus tropas y
   proporcionar un punto de reunión durante la refriega.

trezientas lanças son,   todas tienen pendones; *
seños moros mataron,   todos de seños colpes;
a la tornada que fazen   otros tantos [*muertos*]   725
[son.

36   [*Los moros sufren pérdidas importantes*]

Veriedes tantas lanças   premer e alçar,
tanta adágara   foradar e passar,
tanta loriga   falsa[*r*] [*e*] desmanchar,
tantos pendones blancos   salir vermeios en sangre,
tantos buenos cavallos   sin sos dueños andar.   730
Los moros llaman Mafómat   e los christianos Sancti
[Yagü[*e*];
cayén en un poco de logar   moros muertos mill e
[[*trezientos* ya].

37   [*Lista de los principales caballeros del ejército cidiano*]

¡Quál lidia bien   sobre exorado arzón
Mio Çid Ruy Díaz   el buen lidiador!

---

* *Cuaderno 3.º, fol. 16r.º*

724-725 Cada caballero mata a un moro en el primer asalto y despacha a un segundo en la carga de vuelta (*charge en retour*).
726-730 Hay muchas descripciones semejantes de batallas en los poemas épicos franceses y suelen introducirse de la misma manera, p. ej. *Chanson de Roland*, vv. 1655-1656: "La veïssez si grant dulor de gent, / Tant hume mort e nasfrét e sanglent!"; *Florence de Rome*, vv. 1788-1790: "La veïsiez estor de fraiz renovelé; / la ot tante hanste frainte et tant escu tróe, / tant habert desmaillié et tant clavain faucé".
731 Comp. Camões, *Lusiadas*, III, 113, al mencionar la batalla del Salado: "Chamam, segundo as leis que ali seguiam, / Uns 'Mafamede' e os outros 'Santiago' ", ed. Frank Pierce (Oxford, 1973). Los moros exclaman su *bismillah,* mientras los cristianos, a partir de la batalla de Clavijo en la cual el santo apareció milagrosamente, invocan a Santiago, comp. "Deus adiuva et sancte Iacobe!", citado por El Toledano, *De rebus Hispaniae,* IV, 13, y el grito posterior "¡Santiago, y cierra España!".
732 *en un poco de logar:* "en poco tiempo", comp. el v. 605.
733 *Quál:* modal, "Cómo".

Minaya Álbar Fáñez,   que Çorita mandó,   735
Martín Antolínez,   el burgalés de pro,
Muño Gustioz,   que fue so criado,
Martín Muñoz,   el que mandó a Mont Mayor,
Álbar Álbarez   e Álbar Salvadórez,
Galín García,   el bueno de Aragón,   740
Félez Muñoz,   so sobrino del Campeador.
Desí adelante,   quantos que í son
acorren la seña   e a Mio Çid el Canpeador.

38 [*El Cid acude en ayuda de Álvar Fáñez; Fáriz
es herido*]

A Minaya Álbar Fáñez   matáronle el cavallo,
bien lo acorren   mesnadas de christianos.   745
La lança á quebrada,   al espada metió mano,
maguer de pie   buenos colpes va dando.
Violo Mio Çid   Ruy Díaz el castellano, *
acostós' a un aguazil   que tenié buen cavallo,
diol' tal espadada   con el so diestro braço   750

---

* *fol. 16v.º*

735 y ss. La enumeración de los guerreros es característica también
de la epopeya francesa, comp. *Chanson de Roland*, vv. 170-178,
792-800, etc.
737 Muño Gustioz era el cuñado de doña Jimena y continuó en su
servicio después de la muerte del Cid.
que fue so criado: "que era miembro de su casa", es decir, del
Cid, no de Martín Antolínez (separación del antecedente pose-
sivo).
738 Martín Muñoz era gobernador de Montemayor (Montemor-o-
Velho) en Portugal, y Alfonso VI le nombró conde de Coimbra
en 1091, puesto en el que continuó hasta el 24 de febrero de 1094.
Su nombre aparece de nuevo en un documento de 1111, cuando
(suponiendo que se trata de la misma persona) mandó una
fuerza aragonesa que intentó en vano ayudar a Alfonso el Ba-
tallador a cercar a las tropas de la reina Urraca en Astorga. No
pudo haber acompañado al Cid en el destierro, pero es posible
que se uniese a Rodrigo en 1094 o más tarde.
741 No existe documentación histórica de Félez Muñoz.
745 *mesnadas de christianos*: "los caballeros cristianos".
747 *maguer*: "aunque".
749 *aguazil*: "visir", "general de los moros".

cortól' por la çintura,   el medio echó en campo.
A Minaya Álbar Fáñez   íval' dar el cavallo:
"¡Cavalgad, Minaya,   vós sodes el mio diestro braço!
"Oy en este día   de vós abré grand bando;
"firme[s] son los moros,   aún nos' van del   755
                                            [campo."

Cavalgó Minaya,   el espada en la mano,
por estas fuerças   fuertemientre lidiando,
a los que alcança   valos delibrando.
Mio Çid Ruy Díaz,   el que en buen ora nasco,
al rrey Fáriz   *tres* colpes le avié dado,   760
los dos le fallen   e el únol' ha tomado;
por la loriga ayuso   la sangre destella[n]do
bolvió la rrienda   por írsele del campo.
Por aquel colpe   rrancado es el fonsado.

39   [*Galve, herido; derrota de los moros*]

Martín Antolínez   un colpe dio a Galve,   765
las carbonclas del yelmo   echógelas aparte,
cortól' el yelmo   que llegó a la carne;
sabet, el otro   non gel' osó esperar.
Arrancado es   el rrey Fáriz e Galve.

---

751 Comp. el v. 2424. Estos golpes legendarios eran un tópico lite-
    rario; comp. además el caso de Godefroy de Bouillon, quien,
    según decían, cortó a un sarraceno en dos por la cintura du-
    rante la primera Cruzada.
753 Rolando se llama "le destre braz del cors" de Carlomagno,
    Chanson de Roland, v. 597.
754 *bando*: "auxilio".
755 *nos'* = *no se*.
758 *delibrando*: "despachando".
761 *le fallen*: "le yerran".
762 Variante de la fórmula épica, comp. el v. 501.
763 *por írsele*: "para huir de él", es decir, del Cid.
764 *el fonsado*: "el ejército (moro)".
768 "Galve no osó esperar el próximo golpe que Martín iba a darle";
    el otro se correlaciona con *un* del v. 765, y *gel'* parece ser *ge lo*,
    con asimilación de la *o* a la primera vocal de *osó*. Si se toma
    el otro como referente a Galve, la *l* de *gel'* queda sin expli-
    cación; no obstante, se podría puntuar: *él, otro*.
769 La pareja de caudillos moros se trata como singular, comp.
    los vv. 136 y 155.

¡Tan buen día   por la christiandad   770
ca fuyen los moros   de la part!
Los de Mio Çid   firiendo en alcaz,
el rrey Fáriz   en Ter*rer* se fue entrar
e a Galve   nol' cogieron allá, *
para Calatayu*t*,   quanto puede, se va;   775
el Campeador   íval' en alcaz,
fata Calatayu*t*   duró el segudar.

40   [*Álvar Fáñez cumple su voto; el abundante botín
es repartido; el Cid envía la primera dádiva a
Alfonso VI*]

A Minaya Álbar Fáñez   bien l' anda el cavallo,
d' aquestos moros   mató *treínta e quatro,*
espada taiador,   sangriento trae el braço,   780
por el cobdo ayuso   la sangre destellando.
Dize Minaya: "Agora só pagado,
"que a Castiella   irán buenos mandados
"que Mio Çid Ruy Díaz   lid campal á vençida."
Tantos moros yazen muertos   que pocos bivos   785
                                        [á dexados
ca en alcaz   sin dubda les fueron dando.

---

* *fol. 17r.°*

771 *de la part*: "del lugar", comp. *allent parte,* v. 1156, *de parte de
orient,* v. 1288, *a nulla part,* v. 865, etc. (Menéndez Pidal, edic.
crít., p. 94, lo cambia a "*della e della* part", y Smith a "de
la [e de la] part", basándose en la métrica y la repetición de fór-
mulas).
772 *alcaz*: en las batallas, la persecución sigue inmediatamente a
la derrota, y luego viene el saqueo (comp. el v. 794) y el re-
parto del botín (comp. el v. 804).
774 *nol' cogieron allá*: "no le dieron refugio allá".
779 Éste es uno de los pocos números que no es múltiplo de 3 ó 5,
pero no conviene a la asonancia.
781 En esta batalla Álvar Fáñez cumple la promesa que hizo en el
v. 501; nótese la repetición de la fórmula épica.
783 *que*: conj. causal débil, "porque".
784 *lid campal*:. comp. los vv. 1008, 1111 y 1225. Sobre la posible
importancia legendaria de las lides campales del Cid, véase la
nota al v. 1333.
785 *que pocos bivos*: lítote, comp. los vv. 618 y 768.

Yas' tornan   los del que en buen ora nasco;
andava Mio Çid   sobre so buen cavallo,
la cofia fronzida,   ¡Dios, cómmo es bien barbado!
Almófar a cuestas,   la espada en la mano,   790
vio los sos   cómmos' van allegando:
"Grado a Dios,   [a] Aquel que está en alto,
"quando tal batalla   avemos arrancado."
Esta albergada los de Mio Çid   luego la an rrobada
de escudos e de armas   e de otros averes   795
[largos;
de los moriscos,   quando son llegados,
fallaron   quinientos e diez cavallos.   796b
Grand alegreya va   entre essos christianos,
más de quinze de los sos   menos non fallaron.
Traen oro e plata   que non saben rrecabdo,
rrefechos son todos essos christianos   con   800
[aquesta ganançia. *
A so castiello a los moros   dentro los an tornados,
mandó Mio Çid aún   que les diessen algo.
Grant á el gozo Mio Çid   con todos sos vassallos,
dio a partir estos dineros   e estos averes largos;

---

* fol. 17v.º

789 *fronzida*: "arrugada". El Cid se ha quitado el yelmo y la ca-
    pucha de malla (*almófar*), y ahora revela la cofia (usada para
    proteger la cabeza del roce del metal) arrugada por sus esfuer-
    zos en la batalla; esto es símbolo de su proeza, comp. el
    v. 2437. También expone la barba, véase la nota al v. 268.
    (*arrugada* a veces califica a la cara, comp. los vv. 1744 y 2436.)
794 *albergada*: "campamento (de los moros)".
795 *largos*: "abundantes".
796 *son llegados*: "son acorralados".
796b Hay diez caballos de más, comp. el quinto del Cid en el
    v. 805.
798 "sólo echaron de menos a quince de sus hombres".
800 *rrefechos*: "muy enriquecidos", comp. el v. 173.
801 Comp. el v. 679.
802 "Mio Cid mandó además (a sus hombres) que les entregasen algo
    de valor" (es decir, a los moros que les habían servido antes,
    v. 622, y a quienes habían expulsado, v. 679). Para el signifi-
    cado de *aún*, comp. el v. 28.
803 Hipérbaton: "Mio Cid muestra gran alegría".
804 *partir*: "repartir".
    largos: comp. el v. 795.

en la su quinta al Çid   caen *çiento* cavallos.   805
¡Dios, qué bien pagó   a todos sus vassallos,
a los peones   e a los encavalgados!
Bien lo aguisa   el que en buen ora nasco,
quantos él trae   todos son pagados.
"¡Oíd, Minaya,   sodes mio diestro braço!   810
"D' aquesta rriqueza   que el Criador nos á dado
"a vuestra guisa   prended con vuestra mano.
"Enbiarvos quiero   a Castiella con mandado
"d' esta batalla   que avemos arrancada,
"al rrey Alfonso   que me á airado   815
"quiérol' e[n]biar en don   *treínta* cavallos,
"todos con siellas   e muy bien enfrenados,
"señas espadas   de los arzones colgadas."
Dixo Minaya Álbar Fáñez: "Esto faré yo de grado."

41 [*El Cid cumple su voto a Santa María*]

"Evades aquí   oro e plata,   820
"una huesa llena, | que nada nol' mingua;   820b-21
"en Sancta María de Burgos   quitedes mill missas,
"lo que rromaneçiere   daldo a mi mugier e a mis fijas

805 Véase la nota al v. 492.
806 *pagó*: "satisfizo", "pagó lo que era debido".
810 Comp. el v. 753.
812 *a vuestra guisa*: "a su gusto".
813 *mandado*: "mensaje", "noticias".
815 Comp. el v. 90.
816-818 El Cid recuerda el consejo de Álvar Fáñez (v. 495) y envía
     al rey Alfonso treinta caballos de regalo. En el v. 1274 le ob-
     sequia con 100 más, y en el v. 1813 le manda 200. Alfonso XI
     mandó al Papa de Aviñón como regalo unos caballos ganados
     en la batalla del Salado en 1340 —también ensillados y enjae-
     zados—, con una espada y una adarga colgadas de cada arzón.
820 *Evades aquí*: "he aquí", comp. el v. 253.
820b-821 Sobre el uso de la bota alta para transportar bienes, comp.
     Chanson de Roland, v. 641, cuando Ganelon se mete en la bota
     los dos brazaletes que recibe de la reina Bramimunde: "il les
     ad prises, en sa hoese les butet".
822 El Cid cumple aquí el voto que hizo en el v. 225.
823 *daldo = dadlo*.

"que rrueguen por mí   las noches e los días; *
"si les yo visquier,   serán dueñas rricas."   825

42 [*Álvar Fáñez hace preparativos para ir a Cas-
        tilla*]

　Minaya Álbar Fáñez   d' esto es pagado;
por ir con él   omnes son [contados],   826b
agora davan çevada,   ya la noch era entrada,
Mio Çid Ruy Díaz   con los sos se acordava.

43 [*El Cid se despide de Álvar Fáñez*]

"¡Ídesvos, Minaya,   a Castiella la gentil!
"A nuestros amigos   bien les podedes dezir: 830
" 'Dios nos valió   e vençiemos la lid'.
"A la tornada,   si nos falláredes aquí;
"si non, dó sopiéredes que somos,   indos conseguir.
"Por la[n]ças e por espadas   avemos de guarir,
"si non, en esta tierra angosta   non podriemos   835
                                    [[bivir]."

---

　* *fol.* 18r.º

825 *les*: dativo ético.
　　visquier: 1.ª p.ª sg. fut. subj. de *vivir*.
827 Comp. el v. 420.
828 *sos*: "suyos".
　　se acordava: "se aconsejaba".
829 Exclamatorio, comp. el v. 204.
　　Castiella la gentil: este epíteto se reserva para Castilla, comp.
　　el v. 672; véase también *PFG*, estr. 89a, "Espanna la gentyl".
831 *nos valió*: "nos ayudó".
832 *A la tornada*: "Cuando Vd. regrese".
　　Elipsis: "si nos encuentra aquí, (muy bien)", comp. el v. 181.
833 *dó sopiéredes*: "dondequiera que se entere...".
　　indos = *idnos*.
834 *guarir*: "mantenernos".

44 [*El Cid vende Alcocer a los moros*]

Ya es aguisado,   mañanas' fue Minaya
e el Campeador   [*fincó*] con su mesnada.
La tierra es angosta   e sobeiana de mala,
todos los días   a Mio Çid aguardavan
moros de las fronteras   e unas yentes estrañas;   840
sanó el rrey Fáriz,   con él se conseiavan.
Entre los de Teca   e los de Ter*r*er la casa
e los de Calatayut,   que es más ondrada,
assí lo an asmado   e metudo en carta,
vendido les á Alcoçer   por tres mill marcos de   845
[plata.

45 [*Los del Cid reciben su parte*]

Mio Çid Ruy Díaz   Alcoçer á ven[*d*]ido,
¡qué bien pagó   a sus vassallos mismos!
A cavalleros e a peones   fechos los ha rricos,
en todos los sos   non fallariedes un mesquino; *
qui a buen señor sirve   siempre bive en deliçio.   850

---

* *fol. 18v.º*

838 *sobeiana de mala*: "extremadamente dura", comp. el v. 653.
839 *aguardavan*: "vigilaban".
840 *e*: apositivo; "moros de las fronteras, gente forastera" (o posiblemente, "extraña gente").
841 *sanó*: "mejoró".
842 *Entre*: pleonástico, comp. el v. 191.
844 *metudo en carta*: "puesto en acuerdo escrito".
846-850 La *laisse similaire* o serie gemela repite el final de la tirada anterior, supliendo detalles e incluyendo un comentario sobre la acción.
849 *en*: "entre".
      non fallariedes un mesquino: "no encontraríais a ningún hombre pobre"; lítote, comp. el v. 768, etc., y apóstrofe al público, comp. el v. 70, etc.
850 Aforismo, común en obras literarias posteriores.

46 [*Los moros de Alcocer lamentan la partida del
Cid; éste acampa en El Poyo, cerca de Monreal
del Campo*]

Quando Mio Çid   el castiello quiso quitar,
moros e moras   tomáronse a quexar:
"¡Vaste, Mio Çid!   ¡Nuestras oraçiones váyante de-
[lante!
"Nós pagados fincamos,   señor, de la tu part."
Quando quitó a Alcoçer   Mio Çid el de Bivar,   855
moros e moras   compeçaron de llorar.
Alçó su seña,   el Campeador se va,
passó Salón ayuso,   aguijó cabadelant,
al exir de Salón   mucho ovo buenas aves.
Plogo a los de Terrer   e a los de Calatayut más;   860
pesó a los de Alcoçer   ca pro les fazié grant.
Aguijó Mio Çid,   ivas' cabadelant,

851 *quiso*: auxiliar inceptivo.
852 *tomáronse a*: inceptivo, "comenzaron a".
853 "'¡Pues, te vas, Mio Cid!...'" Se dirigen al Cid con la forma
     tú, poco común, pero comp. el discurso del moro en los vv.
     2669-2670.
854 lit. "Quedamos satisfechos, señor, con tu favor", es decir, "Es-
     tamos contentos con el tratamiento que nos dispensas"; para
     el significado de *part* aquí, comp. los vv. 1938, 2035 y 2363.
858 *passó Salón ayuso*: "se fue por el Jalón abajo", hacia el E., y
     suponemos que por la ribera sur. No parece significar que el
     Cid cruzó el Jalón (aunque Menéndez Pidal, ed. crít., Vocab.,
     s.v. "passar", parece interpretarlo así, a pesar de que *ayuso*
     tiene que indicar "río abajo"). Si el verso significase que el
     Cid cruzó el río del norte al sur y luego siguió todo recto
     (*cabadelant*), hubiera tenido que subir la colina al otro lado
     del valle. Para llegar a El Poyo (v. 863), en el valle del Jiloca,
     es mucho más probable que el Cid se fuese hacia el E. por el
     Jalón, casi hasta la confluencia de este río con el Jiloca (a poca
     distancia de Calatayud), donde hubiera torcido hacia el S.; de
     otro modo hubiera tenido que cruzar las montañas que hay entre
     los dos ríos, más difíciles de pasar a caballo (los vv. 859-860
     favorecen esta explicación al hablar de la alegría de los moros
     de Terrer y Calatayud cuando le ven salir del valle del Jalón).
     Esta interpretación también refuerza la idea de que Alcoçer se
     encontraba al sur del Jalón y al O. de Terrer, véanse las notas
     a los vv. 551-552, 553 y 554.
859 Sobre los agüeros, véase la nota a los vv. 11-12.

í fincó en un poyo   que es sobre Mont Real;
alto es el poyo,   maravilloso e grant;
non teme guerra,   sabet, a nulla part.   865
Metió en paria   a Doroca enantes,
desí a Molina,   que es del otra part,
la terçera Teruel,   que estava delant,
en su mano tenié   a Çelfa la de Canal.

47 [*El rey recibe a Álvar Fáñez y acepta la dádiva
       enviada por el Cid; perdona a Álvar Fáñez*]

¡Mio Çid Ruy Díaz   de Dios aya su graçia!   870
Ido es a Castiella   Álbar Fáñez Minaya,
treínta cavallos   al rrey los enpresentava,
Violos el rrey,   fermoso sonrrisava: *

---

* *fol. 19r.º*

863-864 El Cid empieza la campaña contra las villas moras del Ji-
  loca. El Poyo está junto a dicho río, a 35 Km. al S. de Daroca
  y 10 Km. al N. de Monreal del Campo. Se encuentra un poco
  al O. de la carretera que va de Zaragoza a Teruel, antiguamen-
  te una calzada romana (véase la nota al v. 644). La aldea está
  dominada por dos cerros: al N. el cerro de Valdellosa, de
  1227 m., y al O. el de San Esteban, un poco más bajo pero
  imponente, que domina las llanuras situadas al sur. Es casi
  seguro que éste fuera la colina donde acampó el Cid.
865 *a nulla part*: "de ninguna parte".
866 Daroca, en la ribera este del Jiloca, pertenecía al reino taifa
  de Zaragoza.
  enantes: "primero (de todo)"; el Cid ya había pasado Daroca en
  ruta a El Poyo.
867 Molina de Aragón, a unos 50 Km. al O. de El Poyo y Monreal,
  ocupa una posición dominante; las ruinas de la fortaleza y
  las murallas son impresionantes. El *alcaide* o gobernador en
  tiempos del Cid parece haber sido Ibn Ghalbûn (Avengalbón
  del *Poema*), mencionado por el historiador árabe Ibn el-Athiri,
  y conmemorado quizás en el topónimo Torre de Miguel Bon
  (antes Torre de Migalbón) a 5 ½ Km. al N.E. de Molina.
  Avengalvón es buen aliado del Cid en el *Poema,* comp. los
  vv. 1464, 1528, etc.
868 Teruel está *delant*, es decir, a 65 Km. al S.S.E. de El Poyo.
869 Cella está situada a 50 Km. al S. de El Poyo, comp. el v. 646.
  Nótese el espléndido efecto musical de este verso al final de
  la tirada.
870 Fórmula de despedida, con la que el poeta reanuda la narra-
  ción de la misión de Álvar Fáñez, dejada en el v. 836.

"¿Quín' los dio éstos,   sí vos vala Dios, Minaya?"
"Mio Çid Ruy Díaz,   que en buen ora cinxo   875
                                          [espada.
"Vençió dos rreyes de moros   en aquesta batalla;
"sobeiana es, señor,   la su gana[n]çia.
"A vós, rrey ondrado,   enbía esta presentaia;
"bésavos los pies   e las manos amas
"quel' ay[a]des merçed,   sí el Criador vos   880
Dixo el rrey: "Mucho es mañana   [vala."
"omne airado   que de señor non ha graçia
"por acogello   a cabo de tres semmanas.
"Mas después que de moros fue,   prendo esta pre-
                                          [sentaia;
"aún me plaze de Mio Çid   que fizo tal ganançia.   885
"Sobr' esto todo   a vós quito, Minaya,
"honores e tierras   avellas condonadas,
"id e venit,   d' aquí vos do mi graçia;
"mas del Çid Campeador   yo non vos digo nada.
"Sobre aquesto todo   dezirvos quiero, Minaya,   890

874 ¿Quín'...? = ¿Quí me...?
   sí vos vala Dios, comp. el v. 420.
876 aquesta, es decir, la batalla recién narrada, desconocida por el
   rey, pero, desde luego, recordada por el público. Menéndez Pi-
   dal, ed. crít., innecesariamente supone una laguna en el texto.
879 "le ruega muy humildemente".
880 quel' ay[a]des merçed: "que le demuestre su favor".
   sí = assí, comp. los vv. 420 y 874.
881 mañana: "pronto".
882 airado: "en desfavor", "desterrado".
883 acogello = acogerlo, es decir, "restaurarle mi favor".
   a cabo de tres semmanas: no quiere decir más que "después de
   tan poco tiempo", puesto que, aun dentro de la vaga escala tem-
   poral del Poema, han transcurrido cinco meses o más, comp.
   los vv. 573 y 664; también estas referencias pueden ser sólo
   nocionales.
884 Mas después que: "Pero puesto que".
886 "Además de todo esto, le perdono a Vd., Minaya".
887 honores: "tierras".
   avellas = avedlas, "téngalas".
   condonadas: "restauradas", "devueltas".
888 id e venit: término legal que se refiere a la libertad de acceso
   al reino.
   do: 1.ª p.ª sg. pres. indic. de dar.
890 Sobre aquesto todo: comp. el v. 886. El rey se apiada hasta el
   punto de dejar que quienes lo deseen vayan a ayudar al Cid, sin
   pena de castigo (v. 893).

48 [*Alfonso autoriza a Álvar Fáñez a reclutar guerreros en Castilla*]

"de todo mio rreino   los que lo quisieren far,
"buenos e valientes   por a Mio Çid huyar,
"suéltoles los cuerpos   e quítoles las heredades."
Besóle las manos   Minaya Álbar Fáñez:
"Grado e graçias, rrey,   commo a señor natural,   895
"esto feches agora,   ál feredes adelant."

49 [*El Cid abandona El Poyo y exige tributos al emirato de Zaragoza; Álvar Fáñez llega con refuerzos*]

"Id por Castiella   e déxenvos andar, Minaya,
"si[n] nulla dubda   id a Mio Çid buscar ganançia."
Quiero vos dezir   del que en buen ora nasco e çinxo
[espada. *
Aquel poyo,   en él priso posada,   900
mientra que sea el pueblo de moros   e la yente chris-
[tiana

---

* *fol. 19v.º*

892 *huyar*: forma popular de *uviar*, "ayudar"; véase J. W. Rees, "Medieval Spanish *uviar* and its transmission", *BHS*, XXXV (1958), pp. 125-137, en p. 126.
895 *commo a señor natural*: "(como a) mi señor feudal".
896 *feches*: 2.ª p.ª pl. pres. indic. de *fazer*, forma alterna de FACITIS (con cambio de acentuación y síncope de la vocal postónica); "esto Vd. lo hace ahora, en el futuro hará otra cosa" (*ál*, lit. "lo otro").
897 *déxenvos andar*: "que se le permita viajar (sin obstáculo)", es decir, para conseguir más levas.
898 Algunos editores suprimen *ganançia* para ajustar la asonancia, pero es palabra importante puesto que indica el propósito de las operaciones del Cid, que, en la mente del rey por lo menos, es la obtención de botín (no existe aquí concepto de cruzada).
899 *Quiero vos dezir*: fórmula utilizada para volver a la narración dejada en el v. 870.
    nasco e çinxo espada: las dos variantes del epíteto épico se combinan aquí.
900 Anacoluto: "En aquella colina acampó".

El Poyo de Mio Çid   assíl' dirán por carta.
Estando allí,   mucha tierra preava,
el río de Martín   todo lo metió en paria.
A Saragoça   sus nuevas llegavan,   905
non plaze a los moros,   firmemientre les pesava,
allí sovo Mio Çid   conplidas *quinze* semanas.
Quando vio el caboso   que se tardava Minaya,
con todas sus yentes   fizo una trasnochada;
dexó El Poyo,   todo lo desenparava,   910
allén de Teruel   don Rodrigo passava,
en el pinar de Tévar   don Roy Díaz posava,
todas essas tierras   todas las preava,
a Saragoça   metuda la [á] en paria.
Quando esto fecho ovo,   a cabo de tres semanas   915
de Castiella   venido es Minaya,
dozientos con él,   que todos çiñen espadas,
non son en cuenta,   sabet, las peonadas.
Quando vio Mio Çid   asomar a Minaya,
el cavallo corriendo,   valo abraçar sin falla,   920

---

902 En realidad, hasta la época moderna se llamaba solamente "El
Poyo", aunque el *Fuero de Molina* (siglos XII-XIII) alude al
"Poyo de Mio Çit".
904 El río Martín nace al E. de El Poyo y corre por Montalbán
hacia el N.E. hasta desembocar en el Ebro. Interpreto *el rrío
de Martín* como "las villas a lo largo del río Martín" (véase el
Aparato Crítico).
905 Zaragoza, el reino taifa donde el Cid se refugió durante el
primer destierro, entre 1081 y 1086.
907 *sovo*: 3.ª p.ª sg. pret. de *ser* (forma alterna de *fue*); "per-
maneció".
quinze: comp. el v. 573 y las notas a los vv. 187 y 883.
910 *desenparava*: "abandonó".
911-912 *allén de Teruel*: "más allá de Teruel", es decir, al N.E.
de esa ciudad. El poeta parece equivocarse aquí: desde El
Poyo, Tévar (v. 912) estaría "allén de Montalbán", puesto que
un documento de 1209 lo localiza en el término del castillo de
Monroyo, al S. de Alcañiz en el camino de Morella (doc. cit.
por Menéndez Pidal, ed. crít., p. 865).
915 Hipérbaton: "Cuando hubo hecho esto".
tres semanas: comp. el v. 664 y las notas a los vv. 187 y 883.
916 Aquí se vuelven a unir los dos hilos narrativos cortados en el
v. 870.
917-918 Minaya ha reclutado 200 caballeros y un gran número de
infantería.
non son en cuenta: "son demasiado numerosas para calcularlas".
920 *el cavallo corriendo*: "saliendo a galope".

besóle la boca   e los oios de la cara.
Todo ge lo dize,   que nol' encubre nada,
el Campeador   fermoso sonrrisava: *
"¡Grado a Dios   e a las sus vertudes sanctas,
"mientra vós visquiéredes,   bien me irá a mí,   925
[Minaya!"

50   [*Alegría de los del Cid*]

¡Dios, cómmo fue alegre   todo aquel fonsado
que Minaya Álbar Fáñez   assí era llegado,
diziéndoles saludes   de primos e de hermanos
e de sus compañas,   aquéllas que avién dexadas!

51   [*Regocijo general*]

¡Dios, cómmo es alegre   la barba vellida   930
que Álbar Fáñez   pagó las mill missas
e quel' dixo saludes   de su mugier e de sus fijas!
¡Dios, cómmo fue el Çid pagado   e fizo grant alegría!
"¡Ya Álbar Fáñez,   bivades muchos días!"

---

* fol. 20r.º

921 La calurosa acogida mostrada por el Cid tiene muchos paralelos
     en la epopeya francesa: "Il li baisa et la boche et le vis",
     Ogier; "plus de cent fois li baise et la bouche et le nés", *Gui
     de Bourgogne*; citados por Léon Gautier, *La Chevalerie* (Pa-
     rís, 1891), p. 556.
924 *vertudes*: "poderes".
925 Comp. el v. 409.
926 *aquel fonsado*: "aquellas tropas", es decir, las que habían sa-
     lido de Castilla con el Cid al comienzo.
928 *diziéndoles saludes*: "trayéndoles salutaciones".
929 *compañas*: "compañeros"; ha sido interpretado como "esposas"
     o "novias" ("compañeras" en la versión moderna de Alfonso
     Reyes), pero no conozco ningún ejemplo seguro en esp. ant.
     con este sentido. En *Lba* estr. 73c, significa "compañero (del
     otro sexo)", e *ibid.*, estr. 1715a, puede significar "esposa", si
     no es que indique "miembro de la casa", "uno que comía en su
     mesa".
930 *la barba vellida*: sinécdoque; sobre la importancia de la barba,
     véase la nota al v. 268.
     Esta serie gemela continúa la tirada anterior en forma excla-
     matoria.

52 [*El Cid hace una incursión en tierras de Al-
cañiz*]

Non lo tardó   el que en buen ora nasco,   935
tierras d'Alcañ[i]z   negras las va parando
e aderredor   todo lo va preando;
al terçer día   dón ixo, í es tornado.

53 [*Por doquier se difunden noticias de la in-
cursión*]

Ya va el mandado   por las tierras todas,
pesando va a los de Monçón   e a los de Huesca;   940
porque dan parias   plaze a los de Saragoça,
de Mio Çid Ruy Díaz   que non temién ninguna fonta.

54 [*El Cid invade las tierras protegidas por el
conde de Barcelona*]

Con estas ganançias   a la posada tornándose van,
todos son alegres,   ganançias traen grandes,
plogo a Mio Çid   e mucho a Álbar Fáñez.   945

---

936 Alcañiz está junto al río Guadalope, que se une al Ebro cerca
   de Caspe. La villa está a 92 Km. al S.E. de Zaragoza, bajo cuya
   protección se encontraba entonces.
   negras las va parando: "las devasta".
938 *al terçer día*: nocional, comp. el v. 523 y la nota al v. 883.
   dón ixo, í es tornado: "de donde salió, allí volvió".
939 *mandado*: "noticias".
940 Monzón, castillo 98 Km. al N. de Alcañiz y 93 Km. al N.E. de
   Zaragoza.
   Huesca, en alto Aragón, y hoy capital de provincia, se encuen-
   tra a 55 Km. al N.O. de Monzón y 71 Km. al N. de Zaragoza.
   Más abajo se la confunde con la menos conocida Huesa (véase
   el Aparato Crítico, vv. 940 y 952, y comp. el v. 1089). Huesca
   parece haber estado bajo la protección del reino taifa de Zara-
   goza durante el destierro del Cid, pero Monzón fue capturado
   por el infante don Pedro de Aragón (más tarde, Pedro I) en 1089
   (tomó Huesca en 1096).
942 *fonta*: "ultraje", "acto de traición".
943 *posada*: el campamento del Cid en el pinar de Tévar, comp.
   el v. 912, y no El Poyo, como pensó erróneamente Menéndez
   Pidal, ed. crít., p. 1061 (rúbrica), y CC, p. 159 (título), puesto
   que el Cid abandona El Poyo en el v. 910.

Sonrrisós' el caboso,   que non lo pudo endurar:
"Ya cavalleros,   dezir vos he la verdad:
"qui en un logar mora siempre,   lo so puede menguar;
"cras a la mañana   pensemos de cavalgar, *
"dexat estas posadas   e iremos adelant."   950
Estonçes se mudó el Çid   al puerto de Aluca[n]t,
dent corre Mio Çid   a Huesa e a Mont Alván;
en aquessa corrida   *diez* días ovieron a morar.
Fueron los mandados   a todas partes
que el salido de Castiella   assí los trae tan mal.   955
Los mandados son idos   a todas partes.

---

* *fol. 20v.º*

946 *que non lo pudo endurar*: es decir, "que no pudo permanecer
    allí más"; él mismo explica la razón en el v. 948 (Menéndez
    Pidal, CC, p. 159 nota, fuerza demasiado el sentido de *endu-
    rar*: "el sentido es que el Cid no pudo evitar a su gente la inco-
    modidad de la marcha inmediata que les anuncia").
948 Aforismo, recurso retórico no muy frecuente en el *Poema*.
950 El Cid manda a sus hombres abandonar el campamento de Tévar
    para inaugurar la campaña contra las villas moras de Huesa y
    Montalbán.
951 *se mudó*: "movió su campamento".
    puerto de Aluca[n]t: probablemente el puerto en las montañas
    que hay al N.E. de Gallocanta, pueblo situado en las riberas
    del lago del mismo nombre, 15 Km. al S.S.O. de Daroca. Aquí
    el Cid establece una base más al norte que la de El Poyo (véase
    Criado de Val, p. 91). Menéndez Pidal, ed. crít., pp. 461-462,
    había rechazado esta explicación diciendo que no es probable
    que *adelant* (v. 950) pudiera significar "al norte" (en realidad,
    desde Tévar, tendría que significar más bien "al oeste"). Pero
    Huesa y Montalbán (atacados en el v. 952) también están al O.
    de Tévar; o bien el poeta lo ignoraba, o *adelant* no quiere
    decir más que "más allá en nuestra campaña". Menéndez Pidal
    mismo, ed. crít., pp. 803-804, cita un documento importante que
    identifica Alucant como Gallocanta: "Estos son los términos de
    Molina: "...a la Laguna de Allucant, al Poyo de Mio Çit'",
    Fuero de Molina, Ms. *K*; Ms. *A* (Biblioteca Nacional Ms. 9159,
    II, fol. 55) lee "Gallocanta".
952 *corre*: "ataca". Huesa está situada en el valle del río Aguas-
    vivas, al E. de Gallocanta y 25 Km. al N. de Montalbán. Este
    último está sobre el río Martín, donde el Cid impuso el pago de
    tributos antes, comp. el v. 904.
953 *corrida*: "correría", "incursión".
    diez días: véanse las notas a los vv. 187, 523 y 883.
    morar: "pasar".
954 *mandados*: "noticias".
955 *el salido*: "el exiliado", es decir, el Cid, comp. el v. 981.
    los trae: "les trata".

55 [*Llegan al conde noticias de la invasión*]

Llegaron las nuevas   al conde de Barçilona
que Mio Çid Ruy Díaz   quel' corrié la tierra toda;
ovo grand pesar   e tóvos'lo a grand fonta.

56 [*El conde desafía al Cid a una batalla*]

El conde es muy follón   e dixo una vanidat: 960
"Grandes tuertos me tiene   Mio Çid el de Bivar.
"Dentro en mi cort   tuerto me tovo grand,
"firióm' el sobrino   e non' lo enmendó más;
"agora córrem' las tierras   que en mi enpara están.
"Non lo desafié,   nil' torné enemistad,   965

957 El conde de Barcelona, Berenguer Ramón II el Fratricida, fue
hecho prisionero por el Cid en dos ocasiones: la primera, en 1082,
cuando Berenguer, acompañado de otros condes catalanes, sitiaba
el castillo de Almenara; el asedio fue levantado por el Cid,
entonces a las órdenes de Mutamin, emir de Zaragoza; la se-
gunda, en 1090, durante la campaña del Cid contra el emir de
Lérida al intentar Berenguer oponerse al Cid en las montañas cerca
de Morella (donde también parece que estaba situado Tévar).
Fue la segunda captura la que proporcionó la base para el
relato del *Poema*, y algunos de los detalles son idénticos a la
Historia Roderici (hacia 1110), véase Menéndez Pidal, ed. crít.,
p. 866, y *España del Cid*, II, pp. 906-971.
958 *corrié*: "atacaba".
959 *e tóvos'lo a grand fonta*: "y lo consideró como gran insulto".
Desde el comienzo del episodio el poeta se esfuerza en presen-
tar al conde como un fanfarrón malhumorado.
960 *follón*: "necio".
961 El epíteto evocativo del origen relativamente humilde del Cid
parece ser empleado adrede aquí.
962 Alude a alguna querella desconocida, ocurrida durante el primer
destierro del Cid cuando pasó algún tiempo en Barcelona, comp.
Historia Roderici: "Ille autem de Regno Castellae exiens Bar-
cinonam venit..." (ed. Menéndez Pidal, *España del Cid*, II,
p. 925).
963 *non'* = no me.
enmendar: término legal, "dar satisfacción".
964 *en mi enpara*: "bajo mi protección".
965 *nil' torné enemistad*: "ni le correspondí con hostilidad". Me-
néndez Pidal, ed. crít., cambia el texto a "nil' torné el amiztad",
a causa de la frecuencia de la expresión *tornar amistad* ("rom-
per un pacto") en esp. ant.

"mas quando él me lo busca,   ir ge lo he yo de-
[mandar."
Grandes son los poderes   e apriessa llegando se van,
entre moros e christianos   gentes se le allegan grandes,
adeliñan tras Mio Çid   el bueno de Bivar;
tres días e dos noches,   pensaron de andar,   970
alcançaron a Mio Çid   en Tévar e el pinar;
assí viene esforçado el conde   que a manos se le
[cuidó tomar.
Mio Çid don Rodrigo   ganançia trae grand,
diçe de una sierra   e llegava a un val. *
Del conde don Remont   venídol' es mensaie,   975
Mio Çid, quando lo oyó,   enbió pora allá:
"Digades al conde   non lo tenga a mal,
"de lo so non lievo nada,   déxem' ir en paz."
Respuso el conde: "¡Esto non será verdad!
"Lo de antes e de agora   tódom' lo pechará;   980
"¡sabrá el salido   a quién vino desondrar!"
Tornós' el mandadero   quanto pudo más;
essora lo connosçe   Mio Çid el de Bivar
que a menos de batalla   nos' pueden dén quitar.

---

* fol. 21r.º

966 *me lo busca*: "me provoca", "se mete conmigo".
    ir ge lo he yo demandar: "yo iré a reclamarle derecho".
967 *los poderes*: "las fuerzas" del conde de Barcelona.
968 *se le allegan*: "se juntan con él".
971 *e*: apositivo; "el pinar de Tévar". El Cid ha vuelto a su base
    anterior, comp. el v. 943.
972 *esforçado*: "vigoroso", o bien "con gran ejército".
    a manos . . . tomar: "hacer prisionero".
973 El verso implica que la gran cantidad de botín estorba el mo-
    vimiento a las tropas del Cid, comp. el v. 985.
974 *diçe*: "baja".
979 *¡Esto non será verdad!*: "¡No será así!".
980 "Por el asunto anterior y el de ahora (comp. los vv. 961-964)
    me lo pagará todo".
981 *el salido*: "el exiliado", epíteto peyorativo aquí, y quizás en
    el v. 955 también.
982 *quanto pudo más*: "cuanto antes".
984 *a menos de*: "fuera de".
    dén: "de allá", "del encuentro".

57   [*El Cid arenga a los suyos antes de la batalla*]

"Ya cavalleros,   apart fazed la ganançia,   985
"apriessa vos guarnid   e metedos en las armas:
"el conde don Remont   dar nos ha grant batalla,
"de moros e de christianos   gentes trae sobeianas,
"a menos de batalla   non nos dexarié por nada.
"Pues adelant irán tras nós,   aquí sea la batalla;   990
"apretad los cavallos   e bistades las armas.
"Ellos vienen cuesta yuso   e todos trahen calças
"e las siellas coçeras   e las çinchas amoiadas;
"nós cavalgaremos siellas gallegas   e huesas sobre
                                              [calças,
"çiento cavalleros   devemos vençer aquellas   995
                                              [mesnadas.
"Antes que ellos lleguen a[l] llano,   presentémosles
                                              [las lanças,
"por uno que firgades,   tres siellas irán vazias;
"¡verá Remont Verenguel   tras quién vino en alcança
"oy en este pinar de Tévar   por tollerme la ganançia!"

58   [*El Cid derrota al conde de Barcelona*]

Todos son adobados   quando Mio Çid esto   1000
                                              [ovo fablado, *
las armas avién presas   e sedién sobre los cavallos,

---

* *fol. 21v.º*

985 *apart fazed*: "pongan a un lado".
992 *cuesta yuso*: "por la pendiente abajo".
     traen calças: "llevan caizas" (sin botas altas, que les hubieran
     protegido las piernas).
995 *çiento cavalleros*: "con solamente cien caballeros" (en realidad
     tenía 500, comp. los vv. 723 y 917, pero expresa su desprecio
     por el enemigo al aludir a la superioridad numérica, pero no
     guerrera, de éste).
997 "por cada uno que Vds. den, tres sillas estarán vacías", "...tres
     se caerán".
1001 "habían tomado las armas y estaban sentados sobre las mon-
      turas".

vieron la cuesta yuso   la fuerça de los francos;
al fondón de la cuesta,   çerca es de[l] llano,
mandólos ferir Mio Çid,   el que en buen ora nasco.
Esto fazen los sos   de voluntad e de grado,   1005
los pendones e las lanças   tan bien las van enpleando,
a los unos firiendo   e a los otros derrocando.
Vençido á esta batalla   el que en buen [ora] nasco;
al conde don Remont   a presón le an tomado.

59   [*El Cid gana la espada llamada Colada; el conde
prisionero se niega a tomar alimentos*]

Í gañó a Colada,   que más vale de mill   1010
              [marcos de plata.
[Í bençió] esta batalla   por ó ondró su barba.
Prísolo al conde,   pora su tienda lo levava,
a sos creenderos   guardarlo mandava.
De fuera de la tienda   un salto dava,
de todas partes   los sos se aiuntaron;   1015

1002 *la cuesta yuso*: comp. el v. 992.
    francos: "catalanes"; Cataluña había formado parte de la Marca
    Hispánica del imperio carolingio; por eso "francos".
1009 *a presón le an tomado*: "le han hecho prisionero".
1010 *Colada*: las espadas de hombres famosos solían tener nombres
    propios, comp. *Excalibur* de Arturo, *Durendal* de Rolando y
    Joyeuse de Carlomagno; esta última, y también *Colada* y *Tizón*
    (v. 2426) se conservan, según se dice, en la Armería Real en
    Madrid. Las tres se salvaron después de ser expropiadas en el
    siglo xv por Álvaro de Luna, que las escondió durante un
    tiempo, junto con una considerable fortuna que había acumu-
    lado, entre dos columnas del alcázar de Madrid. La "Colada"
    actualmente expuesta al público en la Armería Real es falsa;
    la original desapareció después del año 1503 (véase también la
    nota al v. 2426). El nombre parece derivarse de "acero colado",
    y no está relacionado con el fr. ant, *collée*, fr. mod. *accolade*
    —ceremonia que se instituyó en Francia durante el siglo xii;
    su equivalente en la España de los siglos xiii y xiv era la
    pescozada, en la cual el espaldarazo con que se iniciaba a los
    caballeros se daba con la mano y no con la espada (véase *Siete
    partidas,* II, 21, 14).
1011 *Í bençió*: "allí ganó"; *por ó*: "por la cual"; sobre la impor-
    tancia simbólica de la barba, véase la nota al v. 268.
1012 *Priso*: 3.ª p.ª sg. pret. indic. fuerte de *prender*.
1013 *creenderos*: "criados personales", "paniaguados".
1014 *un salto dava*: "salió de prisa".

plogo a Mio Çid   ca grandes son las ganançias.
A Mio Çid don Rodrigo   grant cozínal' adobavan;
el conde don Remont   non ge lo preçia nada,
adúzenle los comeres,   delant ge los paravan,
él non lo quiere comer,   a todos los sosañava: 1020
"Non combré un bocado   por quanto ha en toda
                                    [España,
"antes perderé el cuerpo   e dexaré el alma,
"pues que tales malcalçados   me vençieron de batalla."

60 [*El Cid trata de convencer al conde de que
        coma*]

Mio Çid Ruy Díaz   odredes lo que dixo:
"Comed, conde, d' este pan   e beved d' este   1025
                                    [vino; *
"si lo que digo fiziéredes,   saldredes de cativo,
"si non, en todos vuestros días   non veredes chris-
                                    [tianismo."

61 [*El conde ayuna durante tres días*]

Dixo el conde don Remont: . . . . . .
"Comede, don Rodrigo   e pensedes de   1028*b*
                                    [fol[gar],
"que yo dexar me [*é*] morir,   que non quiero comer."
Fasta tèrçer día   nol' pueden acordar;   1030
ellos partiendo   estas ganançias grandes,
nol' pueden fazer comer   un muesso de pan.

---

* *fol. 22r.º*

1017 *grant cozina*: "banquete".
1021 *combré*: "comeré" (síncope de la vocal pretónica y epéntesis
        de *b*).
        España: véase la nota al v. 453.
1023 *malcalçados*: "gente ruin", probablemente porque consideraba
        poco elegantes las botas altas.
1027 "si Vd. no lo hace, no escapará jamás".
1028*b* *pensedes de fol[gar]*: "descanse Vd.", "esté a su gusto".
1030 *tèrçer día*: comp. los vv. 523 y 938, y véase la nota al v. 883.
        acordar: "lograr que consienta (comer)".

62 [*Por fin el conde acepta el ofrecimiento de la
libertad y rompe el ayuno*]

Dixo Mio Çid: "Comed, conde, algo,
"ca si non comedes   non veredes [christianos];   1033*b*
"e si vós comiéredes   dón yo sea pagado,
"a vós   e [*a*] dos fijos d' algo   1035
"quitar vos he los cuerpos   e dar vos é de   1035*b*
                            [[mano]]."
Quando esto oyó el conde,   yas' iva alegrando:
"Si lo fiziéredes, Çid,   lo que avedes fablado,
"tanto quanto yo biva   seré dent maravillado."
"Pues comed, conde,   e quando fuéredes iantado,
"a vós e a otros dos   dar vos he de mano;   1040
"mas quanto avedes perdido   e yo gané en canpo,
"sabet, non vos daré   a vós un dinero malo,   1042
"ca huebos me lo he   e pora estos mios   1044
                            [vassallos
"que comigo   andan lazrados.   1045
"Prendiendo de vós e de otros   ir nos hemos pagando;
"abremos esta vida   mientra ploguiere al Padre sancto,
"commo que ira á de rrey   e de tierra es echado."
Alegre es el conde   e pidió agua a las manos

1033*b* Comp. el v. 1027, y, desde luego, porque morirá de hambre.
1034 *dón*: "de lo cual".
1035*b* *dar de mano*: "soltar".
1038 *tanto quanto*: "mientras".
1039 *comed, conde*: la repetida aliteración, comp. los vv. 1025 y 1033,
    debe entenderse, sin duda, como un cómico juego de palabras.
1041 *quanto*: anacoluto; la sintaxis del v. 1042 implicaría "[*de*]
    quanto".
1043 Suprimo este verso, considerándolo repetición por parte del co-
    pista; véase el Aparato Crítico (vv. 1043, 1044 y 1045) sobre
    este difícil pasaje del Ms.
1044 "porque lo necesito para mí y estos vasallos míos".
1046 *ir nos hemos pagando*: "satisfaremos nuestros requisitos".
1047 *ploguiere*: 3.ª p.ª sg. fut. subj. de *plazer*, "complacer" (verbo
    impersonal).
1048 *commo que*: "como quien".
1049 Solían servir primero agua para lavarse las manos, pero el én-
    fasis especial que recibe aquí podría entenderse como comen-
    tario sobre la meticulosidad del conde catalán.

e tiénengelo delant   e diérongelo privado;   1050
con los cavalleros   que el Çid le avié dados *
comiendo va el conde,   ¡Dios, qué de buen grado!
Sobr' él sedié   el que en buen ora nasco:
"Si bien non comedes, conde,   dón yo sea pagado,
"aquí feremos la morada,   no nos partiremos   1055
[amos."
Aquí dixo el conde: "De voluntad e de grado."
Con estos dos cavalleros   apriessa va iantando;
pagado es Mio Çid,   que lo está aguardando,
porque el conde don Remont   tan bien bolvié la[s]
[manos.
"Si vos ploguiere, Mio Çid,   de ir somos   1060
[guisados,
"mandad nos dar las bestias   e cavalgaremos pri-
[vado;
"del día que fue conde   non ianté tan de buen grado,
"el sabor que de[n]d é   non será olbidado."
Danle tres palafrés   muy bien ensellados
e buenas vestiduras   de pelliçones e de mantos.   1065
El conde don Remont   entre los dos es entrado;
fata cabo del albergada   escurriólos el castellano:
"Ya vos ides, conde,   a guisa de muy franco,

---

* fol. 22v.º
1050 lo se refiere a un sustantivo inexpresado (bacín, p. ej.).
1051 Comp. el v. 1035.
1053 Sobr' él sedié: "Estaba inclinado sobre él", o "Estaba sentado a su lado".
1058 aguardando: "observando".
1059 bolvié la[s] manos: "movía las manos (de la mesa a la boca)".
1060 guisados: "preparados".
1062 fue = fui; forma alterna de la 1.ª p.ª.
1063 de[n]d: "de ello" (de la comida).
1064 Los palafrenes o caballos mansos eran empleados por los nobles y las damas en los viajes.
1066 entre los dos es entrado: "se ha colocado entre sus dos compañeros".
1067 albergada: "campamento".
    escurriólos: "les escoltó" (para despedirse de ellos).
    El epíteto castellano se introduce para intensificar el efecto del próximo verso.
1068 a guisa de muy franco: juego de palabras; "de un modo muy de los francos (o catalanes)", y "de modo muy generoso (o libre)".

"en grado vos lo tengo   lo que me avedes dexado.
"Si vos viniere emiente   que quisiéredes   1070
                                        [vengallo,
"si me viniéredes buscar,   fallarme podredes;
"e si non,   mandedes buscar: 1072
"o me dexaredes | de lo vuestro,   o de lo   1072b-73
                              [mío levaredes algo."
"Folguedes ya, Mio Çid,   sodes en vuestro salvo;
"pagado vos he   por todo aqueste año,   1075
"de venir vos buscar   sól non será pensado."

63 [*Partida del conde de Barcelona*]

Aguijava el conde   e pensava de andar,
tornando va la cabeça   e catandos' atrás; *
miedo iva aviendo   que Mio Çid se rrepintrá;
lo que non ferié el caboso   por quanto en el   1080
                                        [mundo ha,
una deslea[l]tança,   ca non la fizo alguandre.
Ido es el conde,   tornós' el de Bivar,
juntós' con sus mesnadas,   conpeçós' de *pa*gar
de la ganançia que an fecha   maravillosa e grand.

---

* *fol. 23r.º*

1070 *Si vos viniere emiente*: "Si se le ocurre a Vd.".
    vengallo = vengarlo.
1071-1073 Probablemente un recuerdo de la carta que el Cid envió
    al conde mencionada en la *Historia Roderici*: "Si forte ad me
    venire conaberis, ibidem tue pecuniae partem uidebis, sed non
    ad tuum prouectum, imo ad tuum detrimentum" (ed. Menéndez
    Pidal, *España del Cid*, II, p. 947).
1074 *Folguedes*: "No se preocupe Vd.".
1075 El conde tristemente observa que ya ha pagado el equivalente
    de un tributo anual.
1076 *sól non*: "ni siquiera".
1079 *se rrepintrá*: "cambiará de propósito".
1081 Hipérbaton: "porque nunca jamás cometió un acto pérfido".
1084 El único indicio de que aquí hay una división en el *Poema* es
    el contenido del v. 1085; Huntington dudó que fuera necesario
    dividirlo.

Cantar segundo

64 [*El Cid se dirige hacia el mar y las tierras valencianas*]

Aquís' conpieça la gesta   de Mio Çid el   1085
                      [de Bivar.
Tan rricos son los sos   que non saben qué se han.
Poblado ha Mio Çid   el puerto de Alucant,

1085 *la gesta*: "las hazañas", comp. fr. *chanson de geste,* y véanse el apartado 6 y la nota 65 de la Introducción.
1086 *se*: dativo posesivo; "no saben lo que tienen", "no saben la cantidad de su riqueza". Algunos editores colocan este verso después del v. 1084 para dar un final más acabado al Cantar primero. Sin embargo, tal donde aparece en el Ms. tiene sentido y además sirve para recordar al público el éxito del Cid.
1087 *Poblado ha*: si lo interpretamos como "ha ocupado" (comp. el v. 557), *el puerto de Alucant* probablemente se refiere a Olocau, cerca de Liria, que está situada a menos de 30 Km. de las villas atacadas en los vv. 1092-1093 (y no a Olocau del Rey, 15 Km. al O. de Morella como propone Menéndez Pidal, ed. crít., Vocab., pp. 461-462, puesto que este Olocau está a unos 85 Km. de dichas villas). Criado de Val, pp. 90-91, interpreta que *el puerto de Alucant* del v. 951 y éste se refieren a Gallocanta (véase la nota al v. 951), sin darse cuenta de la dificultad planteada por *Poblada ha,* ya que sería extrañísimo que el Cid escogiera ahora su antigua base que quedaba a unos 170 Km. de las villas que iba a atacar. Además, es muy difícil interpretar *Poblado ha* como "ha dejado guarnecido", significado que no he encontrado en otros textos. Por otro lado, el uso de la palabra *puerto* puede indicar que el poeta confundió la base de las montañas cerca de Gallocanta (v. 951) con *Alucad* u Olocau de Liria (v. 1108), a causa de su desconocimiento geográfico de la región.

dexado á Saragoça   e las tierras ducá
e dexado á Huesa   e las tierras de Mont Alván.
Contra la mar salada   conpeçó de guerrear,   1090
a orient exe el sol   e tornós' a essa part.
Mio Çid gañó a Xérica   e a Onda e [a] Almenar,
tierras de Borriana   todas conquistas las ha.

65   [*Toma de Murviedro*]

Aiudól' el Criador,   el Señor que es en çielo.
Él con todo esto   priso a Murviedro;   1095
ya v[e]ié Mio Çid   que Dios le iva valiendo.
Dentro en Valençia   non es poco el miedo.

66   [*Los moros de Valencia cercan al Cid en Mur-
viedro; el Cid pide refuerzos; el tercer día, ha-
bla a las tropas*]

Pesa a los de Valençia,   sabet, non les plaze,
prisieron so conseio   quel' viniessen çercar;
trasnocharon de noch,   al alva de la man   1100
açerca de Murviedro   tornan tiendas a fincar.

1090 El Cid comienza su cuarta campaña, contra las tierras del emir
de Valencia.
1092-1093 El Cid histórico estuvo en Burriana hacia 1091, pero no
tomó Almenara hasta 1098, cuatro años después de la conquista
de Valencia; sobre las campañas levantinas, véase David Hook,
"The conquest of Valencia in the *CMC*", *BHS*, L (1973), pp.
120-126.
1095 *Murviedro*: Sagunto, 10 Km. al S.O. de Almenara y 29 Km.
al N.E. de Valencia, junto al río Palancia, era famoso por haber
sido la manzana de discordia que llevó a la segunda guerra
púnica en 219 antes de J.C. Posee hoy ricos restos arqueológicos
de los cartagineses, romanos, moros y cristianos, entre ellos un
anfiteatro. Igual que Almenara, no fue capturado por el Cid
hasta 1098.
1100 Dos pleonasmos en este verso.
1101 *tornan ... a fincar*: el auxiliar carece de sentido iterativo;
"armaron las tiendas", "acamparon".

Violo Mio Çid,   tomós' a maravillar;
"¡Grado a ti,   Padre spiritual!   1102b
"En sus tierras somos   e fémosles todo mal,
"bevemos so vino   e comemos el so pan; *
"si nos çercar vienen,   con derecho lo fazen.   1105
"A menos de lid   aquesto nos' partirá;
"vayan los mandados   por los que nos deven aiudar,
"los unos a Xérica   e los otros a Alucad,
"desí a Onda   e los otros a Almenar,
"los de Borriana   luego vengan acá;   1110
"conpeçaremos   aquesta lid campal,
"yo fío por Dios   que en nuestro pro eñadrán."
Al terçer día   todos iuntados son,
el que en buen ora nasco   compeçó de fablar:
"¡Oíd, mesnadas,   sí el Criador vos salve!   1115
"Después que nos partiemos   de la linpia christiandad,
"non fue a nuestro grado   ni nós non pudiemos más,
"grado a Dios,   lo nuestro fue adelant.
"Los de Valençia   çercados nos han,
"si en estas tierras   quisiéremos durar,   1120
"firmemientre son éstos   a escarmentar.

---

* *fol. 23v.º*

1102 *tomós' a*: auxiliar inceptivo; "empezó a".
1103 *femos*: 1.ª p.ª pl. pres. indic. de *fer*, véase la nota al v. 678.
1106 *aquesto nos' partirá*: "este asunto no se arreglará".
1107 *mandados*: "mensajes".
1108 *Alucad*: probablemente Olocau, cerca de Liria, véase la nota al v. 1087.
1110 *luego*: "en seguida".
1111 *lid campal*: la tercera en el *Poema*, véase la nota al v. 1333.
1112 *en nuestro pro eñadrán*: "aumentarán la ventaja que tenemos" (en cuanto al número).
1115 *sí*: "así", optativo.
1116 *partiemos*: 1.ª p.ª pl. pret. indic. de *partir*, con *ie* que se cree analógico con algunas formas perfectas de DARE.
1117 *pudiemos*: 1.ª p.ª pl. pret. indic. fuerte de *poder* (los prets. fuertes terminaban igual que los débiles, en las formas del pl., comp. la nota anterior).
1118 *lo nuestro fue adelant*: "nuestros asuntos progresaron".

67 [*El Cid alienta a los suyos*]

"Passe la noche   e venga la mañana,
"apareiados me sed   a cavallos e armas,
"iremos ver   aquella su almofalla;
"commo omnes exidos   de tierra estraña,   1125
"allí pareçrá   el que mereçe la soldada."

68 [*Álvar Fáñez expone un plan de batalla; el Cid
vence en su tercera lid campal (primera de la
campaña levantina); se apodera de Cebolla*]

Oíd qué dixo   Minaya Álbar Fáñez:
"Campeador, fagamos   lo que a vós plaze.
"A mí dedes *çiento* cavalleros,   que non vos pido más,
"vós con los otros   firádeslos delant,   1130
"bien los ferredes,   que dubda non í avrá; *
"yo con los çiento   entraré del otra part,
"commo fío por Dios,   el campo nuestro será."
Commo ge lo á dicho,   al Campeador mucho plaze.
Mañana era   e piénsanse de armar,   1135
quis cada uno d'ellos   bien sabe lo que ha de far.
Con los alvores   Mio Çid ferirlos va:
"¡En el nombre del Criador   e del apóstol Sancti
[Yagüe,

---

* *Cuaderno 4.º, fol. 24r.º*

1123 *me*: dativo ético, "prepárense para mí con caballos y armas".
1124 *ver*: peyorativo, "echar un vistazo a" (o bien, "atacar a", comp.
el v. 1224).
almofalla: "hueste", peyorativo aquí, "chusma".
1125 "como hombres exiliados de una tierra lejana"; *estraña*: "ex-
tranjera" en relación con su presente localización.
1126 *pareçrá*: "destacará".
1129 *que*: causal, "porque".
1130 *delant*: "al centro".
1131 *ferredes*: 2.ª p.ª pl. fut. indic. de *ferir*.
que: causal, "porque no habrá vacilación en el ataque".
1132 *entraré del otra part*: "atacaré el flanco".
1136 *quis cada uno d'ellos*: "cada uno de ellos".
1138 Véase la nota al v. 731.

"feridlos, cavalleros,   d' amor e de grado e de grand
[voluntad,
"ca yo só Ruy Díaz,   Mio Çid el de Bivar!"   1140
Tanta cuerda de tienda   í veriedes quebrar,
arrancarse las estacas   e acostarse a todas partes los
[tendales.
[Los] moros son muchos,   ya quieren rreconbrar.
Del otra part   entróles Álbar Fáñez,
maguer les pesa,   oviéronse a dar e a arrancar,   1145
de pies de cavallo   los ques' pudieron escapar.   1151
Grand es el gozo   que va por és logar;   1146
dos rreyes de moros   mataron en és alcanz,

1139 Grito del auténtico héroe épico, véase la nota al v. 718.
1140 Comp. el v. 721.
1141-1142 Descripción de la destrucción del campamento moro.
    acostarse: "inclinarse".
1144 Comp. el v. 1132.
1145 "de mala gana tuvieron que retroceder y huir".
1146-1153 Los versos en el Ms. no parecen seguir un orden, a no
    ser que los consideremos casi todos como oraciones individuales
    con sujetos distintos. Menéndez Pidal, ed. crít., coloca el v. 1150
    entre los versos 1154 y 1155 (además de otros cambios radicales)
    para que encajen con la que supone secuencia poética de las
    conquistas: Murviedro, Cebolla, Valencia, que también es geo-
    gráficamente lógica. Bello y Smith conservan el orden del Ms.,
    el último debido al "estilo abrupto y elíptico". Criado de Val,
    pp. 92-93, defiende el orden del Ms. como narración entrelazada, y
    critica la reorganización hecha por Menéndez Pidal, al parecer
    sin entender sus motivos (don Ramón, desde luego, sabía que
    la secuencia histórica fue: Cebolla en 1093, Valencia en 1094
    y Murviedro en 1098). Sin embargo, cuando el poeta emplea la
    narración doble (véase la nota a los vv. 394-395), no suele resul-
    tar incoherente. He hecho un mínimo de alteraciones para seguir
    la secuencia normalmente empleada por el poeta en las batallas
    (comp. los vv. 785-803), y he considerado Murviedro como el
    campamento del Cid en esta sección: después de matar a los dos
    emires durante la persecución hasta Valencia (v. 1148), al vol-
    ver a Murviedro el Cid toma Cebolla y las villas entre ésta y
    Murviedro (v. 1150). En el v. 1196, la base sigue siendo Mur-
    viedro, la última antes de Valencia.
1151 Elipsis: "los que pudieron, escaparon...".
    de pies de cavallo: o significa "a galope tendido", comp. "vin-
    cieron a Bucar et escapó a piedes de caballo fasta en la mar",
    Crónica de Eugui (cit. por Menéndez Pidal, ed. crít., p. 380),
    o bien "de debajo de las pezuñas de los caballos", comp.
    "Que muertos que golpados cayen a bolondrones, / a pies de
    los caballos morien muchos barones", *Alex*, estr. 505*ab* (Ms. *O*;
    "a piedes de cauallo murien muchos peones", Ms. *P*). Sólo en el
    ejemplo del *Poema* está la expresión regida por *de*.

fata Valençia   duró el segudar.

Grandes son las ganançias   que Mio Çid   1149
                                        [fechas ha,
rrobavan el campo   e piénsanse de tornar.   1152
Prisieron Çebolla   e quanto que es í adelant,   1150
entravan a Murviedro   con estas ganançias   1153
                                    [que traen grandes.
Las nuevas de Mio Çid,   sabet, sonando van,
miedo an en Valençia   que non saben qué   1155
                                        [se far. *
Sonando van sus nuevas   allent parte del mar.

69 [*El Cid ataca las fortalezas situadas al sur de
        Valencia*]

Alegre era el Çid   e todas sus compañas
que Dios le aiudara   e fiziera esta arrancada.
Davan sus corredores   e fazién las trasnochadas,
llegan a Guiera   e llegan a Xátiva,   1160
aún más ayusso   a Deyna la casa;
cabo del mar tierra de moros   firme la quebranta,
ganaron Peña Cadiella,   las exidas e las entradas.

---

* *fol. 24v.º*

1155 *non saben qué se far*: comp. el v. 370.
1156 *nuevas*: "fama", "renombre".
     allent parte: "más allá".
1158 *e fiziera*: 3.ª p.ª sg. pluscuamperfecto indic.; "y había conse-
     guido".
1159 *Davan sus corredores*: "Enviaron a sus incursores".
1160-1161 *Guiera*: Cullera, 36 Km. al S. de Valencia, en la desem-
     bocadura del Júcar.
     Deyna: Denia, 55 Km. más al sur.
     la casa: "la villa", comp. el v. 62.
1162 "por la costa (el Cid) duramente estraga la tierra de los moros".
1163 *Peña Cadiella*: la sierra de Benicadell, unos 60 Km. tierra aden-
     tro de Denia, al E. de Albaida y al N. de Cocentaina. En 1092
     el Cid reconstruyó el castillo de Benicadell, que dominaba el
     camino que va de Valencia a Alicante por Játiva y Alcoy.
     las exidas e las entradas: expresión legal, "el acceso (al cas-
     tillo)".

70 [*Alarma de los moros*]

Quando el Çid Campeador   ovo Peña Cadiella,
ma[l] les pesa en Xátiva   e dentro en Guiera,   1165
non es con rrecabdo   el dolor de Valençia.

71 [*La campaña dura tres años*]

En tierra de moros   prendiendo e ganando
e durmiendo los días   e las noches tranochando,
en ganar aquellas villas   Mio Çid duró *tres* años.

72 [*El Cid asedia Valencia y envía heraldos a los
reinos cristianos del norte*]

A los de Valençia   escarmentados los ha,   1170
non osan fueras exir   nin con él se aiuntar;
taiávales las huertas   e fazíales grand mal,
en cada uno d' estos años   Mio Çid les tollió el pan.
Mal se aquexan los de Valençia   que non sabent
[qués' far,
de ninguna part que sea   non les vinié pan;   1175
nin da cosseio padre a fijo,   nin fijo a padre,

1165 *Xátiva*: Játiva, 56 Km. al S. de Valencia y unos 30 Km. al N.
  de Benicadell.
1166 *non es con rrecabdo*: lítote; "es ilimitado", "es extraordinario".
1169 *tres*: nocional, véase la nota al v. 187.
1170 Comp. el v. 1121.
1171 *fueras*: "afuera".
  se aiuntar: "trabar batalla".
1172 *taiávales las huertas*: "devastó sus plantaciones". La Huerta de
  Valencia, llanura regada y fértil, se extiende muchos Kms. al
  norte y sur de la ciudad.
1173 *pan*: "cereales", "alimentación".
1174 *sabent*: ortografía arcaica de *saben*.
  qués' far: comp. el v. 1155.
1175 *pan*: comp. el v. 1173.
1176 *cosseio*: parece ser forma popular de *consejo*, "ayuda". Esta
  conmovedora descripción de los efectos de un asedio tiene toda
  la apariencia de resultar de la experiencia personal del poeta.

nin amigo a amigo   nos' pueden consolar.
Mala cueta es, señores,   aver mingua de pan,
fijos e mugieres   verlo[s] murir de fanbre.
Delante veyén so duelo,'   non se pueden uviar, *   1180
por el rrey de Marruecos   ovieron a enbiar;
con el de los Montes Claros   avié guerra tan grand,
non les dixo cosseio   nin los vino uviar.
Sópolo Mio Çid,   de coraçón le plaz,
salió de Murviedro   una noch en trasnochada,   1185
amaneçió a Mio Çid   en tierras de Mon Real.
Por Aragón e por Navarra   pregón mandó echar,
a tierras de Castiella   enbió sus mensaies:
quien quiere perder cueta   e venir a rritad,
viniesse a Mio Çid   que á sabor de cavalgar,   1190
çercar quiere a Valençia   por a christianos la dar:

---

* fol. 25r.º

1179 *murir*: metafonía; "morir".
1180 *uviar*: "ayudar".
1181-1182 *el rrey de Marruecos*: parece aludir a Yúçuf (vv. 1621
    y 1850), es decir, Yusuf ibn Tešufin, el primer califa almorá-
    vide de Marruecos (1059-1106).
    Montes Claros: las montañas Atlas, comp. *Alex*, estr. 2461*c*,
    PFG, estr. 36*b*, y *Poema de Alfonso XI*, estr. 2437*b*. La refe-
    rencia a una guerra es probablemente anacrónica, porque pa-
    rece aludir a la de los almohades, que conquistaron la región
    del Atlas hacia 1122, luchando contra Tešufin, nieto de Yusuf,
    quien murió en batalla en 1145.
1183 *non les dixo cosseio*: "no les ofreció ayuda".
1185-1186 Marcha nocturna imposible, puesto que Murviedro (Sagun-
    to) está a 140 Km. de Çelfa (Cella) y a 178 Km. de Monreal.
    Ahora el Cid regresa a la región de su campaña anterior (comp.
    los vv. 863-869) y aquí espera la llegada de refuerzos para re-
    unir un ejército numeroso a fin de poder tomar Valencia.
1187 *pregón mandó echar*: "envió una proclamación"; para este sig-
    nificado de *pregón*, comp. Berceo, *Santo Domingo*, estr. 744*c*:
    "que fuessen a consejo fue el pregón echado".
1189 *perder cueta*: "salir de miseria". El enriquecimiento personal
    constituye el incentivo principal, como reconoció el rey (v. 898),
    si bien la idea de ganar Valencia para la cristiandad se men-
    ciona en el v. 1191.
1190 *que á sabor de cavalgar*: "que tiene ganas de lanzar un ataque".

73   [*Pregón de los heraldos*]

"Quien quiere ir comigo   çercar a Valençia,
"todos vengan de grado,   ninguno non ha premia;
"tres días le speraré   en Canal de Çelfa."

74   [*Muchos guerreros acuden a reforzar a los si-*
tiadores; Valencia se entrega al Cid]

Esto dixo Mio Çid,   el que en buen ora nasco.   1195
Tornavas' a Murviedro   ca él ganada se la á.
Andidieron los pregones,   sabet, a todas partes,
al sabor de la ganançia   non lo quiere[n] detardar,
grandes yentes se le acoien   de la buena christiandad.
Creçiendo va en rriqueza   Mio Çid el de Bivar;   1200
quando vio Mio Çid las gentes iuntadas,   conpeços'
[de pagar.
Mio Çid don Rodrigo   non lo quiso detardar,
adeliñó pora Valençia   e sobr' ellas' va echar,
bien la çerca Mio Çid   que non í avía art,
viédales exir   e viédales entrar.   1205
Sonando va[n] sus nuevas   todas a todas partes, *
más le vienen a Mio Çid,   sabet, que nos' le van.

---

* *fol. 25v.º*

1193 *non*: pleonástico.
    premia: "coacción".
1194 *tres*: nocional, comp. el v. 1169 y la nota al v. 187.
    Canal de Çelfa: el epíteto va antes aquí para acomodar la aso-
    nancia.
1196 *se*: dativo posesivo; "lo ha ganado para sí".
1197 *pregones*: "pregoneros".
1200 El epíteto evocativo de su lugar natal hace contraste con su
    presente aumento de fortuna.
1203 *echarse sobre*: "circundar".
1204 *art*: "escapatoria".
1205 Expresión legal, comp. el v. 1163.
1206 "El renombre de sus hazañas se divulga por todas partes".
1207 *más*: "más hombres".
    nos' = *no se*; el *no* es pleonástico.

Metióla en plazo, si les viniessen uviar;
nueve meses complidos, sabet, sobr' ella iaz[e],
quando vino el dezeno oviérongela a dar. 1210
Grandes son los gozos que van por és logar
quando Mio Çid gañó a Valençia e entró en la
  [çibdad.
Los que fueron de pie cavalleros se fazen;
el oro e la plata ¿quién vos lo podrié contar?
Todos eran rricos, quantos que allí ha. 1215
Mio Çid don Rodrigo la quinta mandó tomar,
en el aver monedado *treínta* mill marcos le caen,
e los otros averes ¿quién los podrié contar?
Alegre era el Campeador con todos los que ha
quando su seña cabdal sedié en somo del 1220
  [alcáçar.

1208 Una crónica árabe de la época, traducida en *PCG*, p. 586b, re-
lata que, después de un largo asedio, el Cid concedió a los
moros de Valencia un plazo de quince días para pedir ayuda
a los emires de Zaragoza y Murcia, a condición de que se rin-
dieran si al cabo del plazo no conseguían levantar el cerco.
Era un procedimiento corriente, dos veces adoptado por Alfon-
so VII, la primera cuando asediaba al califa almorávide Ali en
Oreja en 1139, y la segunda durante el cerco de Coria, ha-
cia 1142. El plazo mencionado en este verso puede haber sido
de treinta días. Esta práctica tiene un precedente bíblico, comp.
I, *Samuel*, XI, 3: "Et dixerunt ad eum [Naas Ammonites]:
Concede nobis septem dies, ut mittamus nuncios ad universos
terminos Israel: et si non fuerit qui defendat nos, egrediemur
ad te".

1209 *nueve meses complidos* es la duración del asedio propiamente
dicho (vv. 1203 y ss.), pero el Cid había tenido la ciudad en
cerco parcial durante tres años según el *Poema* (vv. 1169-1184),
y no hay que olvidar los días del plazo que le concede (véase
la nota anterior). A todas luces, el transcurso de tiempo es
solamente poético (comp. la nota al v. 187), puesto que el cerco
histórico duró veinte meses.

1213 "Los soldados de a pie se hicieron caballeros", pero es proba-
ble que fueran granjeros que llegaron a ser "caballeros par-
dos", mencionados en numerosos documentos medievales; Me-
néndez Pidal, ed. crít., Vocab., p. 568, los define bien: "Más
generalmente se llamaba 'caballero pardo' al que sin ser hi-
dalgo gozaba preeminencias de tal, por tener caballo y armas
que le escusaban de pechar" (es decir, de pagar impuestos).

1216 Sobre el quinto, véase la nota al v. 492.

1217 *treínta mill marcos*: cantidad enorme, véase la nota al v. 187, y
comp. el v. 1224 para el número.

1220 *su seña cabdal*: "su bandera personal", comp. *Siete partidas*,
II, 23, 13: "este nombre han porque non las debe otro traer

75　[*El emir de Sevilla intenta en vano recobrar Valencia*]

Ya folgava Mio Çid　con todas sus conpañas.
[*A*] aquel rrey de Sevilla　el mandado llegava
que presa es Valençia,　que non ge la enparan;
vino los ver　con *treínta* mill de armas.
Aprés de la huerta　ovieron la batalla,　　　1225
arrancólos Mio Çid,　el de la luenga barba.
Fata dentro en Xátiva　duró el arrancada,
en el passar de Xúcar　í veriedes barata,
moros en arruenço　amidos bever agua.

---

sinon cabdiellos por razón del acabdellamiento que deben fa-
cer: pero non deben seer dadas sinon a quien hobiere cient
caballeros por vasallos, o dent arriba".
　sedié: 3.ª p.ª sg. imperf. indic. de *ser*; "ondeaba".
1221 *folgava*: "descansaba".
1222 *aquel rrey de Sevilla*: probablemente el gobernador almorávide
de Sevilla, el general Sir ibn Abu Bekr, que conquistó esa ciu-
dad en 1091. No hay testimonio histórico de que intentase reco-
brar Valencia de manos del Cid (véase también la nota al
v. 2314).
1224 *ver*: "atacar".
　treínta mill: véase la nota al v. 187.
1225 Sobre la Huerta, véase la nota al v. 1172.
1226 *arrancólos*: "les derrotó".
　el de la luenga barba: el Cid se ha dejado crecer la barba a
causa del juramento que ha prestado de no cortarla hasta reco-
brar su posición en la corte; el poeta, sin embargo, no nos ha
revelado esto todavía (comp. los vv. 1238-1242). Sobre el valor
simbólico de la barba, véase la nota al v. 268.
1227-1228 Játiva está a 56 Km. al S. de Valencia y unos 25 Km.
al S. del río Júcar, que desemboca en el mar por Cullera (*Gu-
iera* del *Poema*, v. 1160).
　barata: "refriega".
1229 "los moros (luchando) contra la corriente, forzados a tragar agua"
(es decir, se ahogaron); comp. la suerte de los sarracenos en
Chanson de Roland, vv. 2471-2474:

　　　Envers les funz s'en turnerent alquanz.
　　　Li altre en vunt cuntreval flotant;
　　　Li miez guariz en unt boüd itant,
　　　Tuz sunt neiez par merveillus ahan.

Aquel rrey de Marruecos   con tres colpes   1230
                [escapa.
Tornado es Mio Çid   con toda esta ganançia;
buena fue la de Valençia   quando ganaron la casa,
más mucho fue provechosa,   sabet, esta arrancada, *
a todos los menores   cayeron *çiento* marcos de plata.
Las nuevas del cavallero   ya vedes dó llegavan.   1235

76 [*El Cid ha hecho voto de dejarse la barba in-
tonsa; los suyos ganan rico botín; medidas para
impedir deserciones*]

Grand alegría es   entre todos essos christianos
con Mio Çid Ruy Díaz,   el que en buen ora nasco.
Yal' creçe la barba   e vále allongando,
dixo Mio Çid   de la su boca atanto:

_____
* *fol. 26r.º*

1230 *Aquel rrey de Marruecos*: antes llamado el rey de Sevilla, véase
    el v. 1222 y nota; por consecuencia, Menéndez Pidal, ed. crít.,
    y Smith cambian *Marruecos* por *Sevilla*, este último considerán-
    dolo como descuido del copista; no obstante, el general almo-
    rávide a quien probablemente se refiere había venido original-
    mente de Marruecos, y a partir de 1091 Sevilla pertenecía al
    imperio almorávide marroquí. Por lo tanto, como el mismo Me-
    néndez Pidal señaló, ed. crít., p. 851, resulta curioso que la
    alusión es acertada, si la interpretamos como "Aquel rey oriundo
    de Marruecos".
1232 *la de Valençia*: "el botín ganado en Valencia".
    casa: "ciudad".
1233 *más mucho ... provechosa*: "mucho más provechosa".
1234 *menores*: "soldados de a pie", que reciben aquí dos veces más
    que en Castejón de Henares, comp. el v. 514.
1235 *Las nuevas*: "El renombre de las hazañas", comp. los vv. 1876,
    2997, etc.
1238 Véase la nota al v. 1226. Dejar la barba intonsa era símbolo
    de luto desde épocas bíblicas y romanas, que continuó hasta
    avanzado el siglo XVII en España; también hay ejemplos lite-
    rarios, comp. *Apol.*, estr. 549*bcd*:

        auie Apolonyo palabra destaiada
        de barba nin de crines que non çerçenase nada
        fasta que a ssu fija ouiesse bien casada.

1239 *atanto*: adv. con sentido demostrativo aquí, refiriéndose a la
    afirmación que sigue; "a saber", "como sigue"; comp. *PFG*,
    estr. 236*bc*: "Fago te, el buen conde, de tanto sabydor, / que
    quier la tu fazienda guiar el Criador".

"Por amor del rrey Alfonso   que de tierra me   1240
[á echado",
nin entrarié en ella tigera,   ni un pelo non avrié
[taiado
e que fablassen d' esto   moros e christianos.
Mio Çid don Rodrigo   en Valençia está folgando,
con él Minaya Álbar Fáñez   que nos' le parte de so
[braço.
Los que exieron de tierra   de rritad son   1245
[abondados,
a todos les dio en Valençia casas,   e heredades   1246-47
[| de que son pagados.
El amor de Mio Çid   ya lo ivan provando,   1247b
los que fueron con él   e los de después todos son
[pagados;
véelo Mio Çid   que con los averes que avién tomados
que sis' pudiessen ir   fer lo ien de grado.   1250

1240-1241 Es más común en el *Poema* el cambio de estilo directo a indirecto que al revés (contrástense los vv. 526-527).

1242 *moros e christianos*: "todo el mundo".

1244 *nos' = no se*; "que no se aparta de su lado".

1245 y 1248 Menéndez Pidal, ed. crít., Vocab., p. 678, y CC, p. 176 nota, interpreta *exir* en el v. 1245 como "salir desterrado" (igual que en el v. 156) y considera que el poeta distingue entre los que acompañaron al Cid en el destierro, que reciben propiedades en Valencia (vv. 1246-1247), y los que se unieron a su bandera después (vv. 917 y 1199), mencionados como "los que foron después" en el v. 1248 de su ed. crít. Hay que advertir que para poder hacer esta distinción don Ramón suprimió las palabras *con él e los de* de aquel verso y enmendó también el v. 1252. El v. 1248 es largo, pero Smith, que defiende la lección del Ms., nota con tino que puede derivarse de una expresión legal (aunque no parece darse cuenta del todo de la resultante dificultad de mantener la distinción propuesta por Menéndez Pidal). Aparte del v. 156, donde es reflexivo, el verbo intransitivo *exir* no significa más que "salir" ("agotar", "faltar" en el v. 667), comp. los vv. 16, 191, 200, 201, 461, etc., e incluso el v. 672, donde no está en voz pasiva). El v. 1245, por lo tanto, habla en términos generales de "los que salieron de su patria", y el v. 1248 menciona a los dos tipos de levas. El Cid dota a todos con propiedades y bienes que podían vénder para marcharse después a su tierra, y de ahí que sea necesaria la prohibición de salida a *todos* los vasallos, sin permiso anterior (v. 1252).

1250 *fer*: verbo vicario: "que si pudiesen escapar lo harían de buena gana".

Esto mandó Mio Çid,   Minaya lo ovo conseiado,
que ningún omne de los sos ques' le non spidiés,   o
                              [nol' besás la ma[no]],
sil' pudiessen prender   o fuesse alcançado,
tomássenle el aver   e pusiéssenle en un palo.
Aférvos todo aquesto   puesto en buen rrecabdo,   1255
con Minaya Álbar Fáñez   él se va consejar:
"Si vós quisiéredes, Minaya,   quiero saber rrecabdo *
"de los que son aquí   e comigo ganaron algo;
"meter los he en escripto   e todos sean contados,
"que si algunos' furtare   o menos le fallaren,   1260
"el aver me avrá a tornar | [a] aquestos   1260b-61
                              [mios vassallos
"que curian a Valençia   e andan arrobdando."   1261b
Allí dixo Minaya: "Conseio es aguisado."

---

* fol. 26v.º

1251   o: simple cópula; "que cualquiera de sus hombres que no se
       despidiera de él y le pidiera permiso (saliera)", elipsis. Ésta
       era la estipulación que se hacía a los vasallos que quisieran dejar
       el servicio, comp. *Siete partidas*, IV, 25, 7: "el despedimiento
       debe seer fecho en esta manera, deciendo el vasallo al señor:
       Despídome de vos et bésovos la mano, et de aquí adelante non
       so vuestro vasallo".
1254   "le confiscaran los bienes y le pusieran en la horca". El cas-
       tigo tenía que ser bastante disuasorio para poder asegurar el
       mantenimiento de un ejército capaz de retener Valencia.
1255   *en buen rrecabdo*: "en buen estado", "en regla".
1256   *ir* se emplea con frecuencia para regir un inf. sin prep., con
       un sentido intencional débil, comp. los vv. 298b, 368, 369, etc.
1257   *rrecabdo*: "cuenta", "lista".
1258   Menéndez Pidal, ed. crít., p. 1073 nota, vuelve a ver en este
       verso una distinción entre los soldados que acompañaron al Cid
       al destierro (según don Ramón, mencionados en el v. 1261) y
       los que llegaron más tarde. De haber una distinción, sería entre
       la masa del ejército mencionado en este verso y los vasallos
       especiales mencionados en el v. 1261.
       algo: "riqueza".
1260   *algunos'* = *alguno se*.
       o: simple cópula, "si alguno se escabulle y notan que falta".
1261b *andan arrobdando*: "van en patrulla".

77 [*Se pasa lista; el Cid envía a Álvar Fáñez con
el segundo presente para el rey y le encarga que
pida al monarca salvoconductos para doña Ji-
mena y sus hijas*]

Mandólos venir a la cort   e a todos los iuntar,
quando los falló,   por cuenta fízolos nonbrar;
tres mill e seisçientos   avié Mio Çid el de Bivar,   1265
alégras'le el coraçón   e tornós' a sonrrisar;
"¡Grado a Dios, Minaya,   e a Sancta María madre!
"Con más pocos ixiemos   de la casa de Bivar;
"agora avemos rriquiza,   más avremos adelant.
"Si a vós ploguiere, Minaya,   e non vos caya   1270
          [en pesar,
"enbiarvos quiero a Castiella,   dó avemos heredades,
"al rrey Alfonso   mio señor natural;
"d' estas mis gananças   que avemos fechas acá
"darle quiero *çiento* cavallos   e vós ídgelos levar.
"Desí por mí besalde la mano   e firme ge lo   1275
          [rrogad
"por mi mugier e mis fijas, ...
"si fuere su merçed, | quen' las dexe sacar;   1276b-77
"enbiaré por ellas   e vós sabed el mensage:
"la mugier de Mio Çid   e sus fijas las infantes

1263 *cort*: "sala (grande)".
1265 El número es nocional, véase la nota al v. 187.
1266 *tornós' a sonrrisar*: originalmente una expresión iterativa, pero
aquí sin verbo auxiliar sin significado; "sonrió".
1268 *más pocos*: "mucha menos gente".
1269 *más avremos adelant*: "tendremos más en el futuro".
1270 *ploguiere*: 3.ª p.ª sg. fut. subj. de *plazer* (verbo impersonal).
e non vos caya en pesar: repetición mediante la lítote del primer
hemistiquio; "Si le complace, Minaya, y no le molesta".
1272 *señor natural*: "señor feudal".
1274 *vós ídgelos levar*: imperativo; "lléveselos Vd.". Éste es el se-
gundo obsequio al rey, véase la nota a los vv. 816-818.
1275 *Desí*: "Luego".
besalde = *besadle*.
1276b-77 *quen'* = *que me*; "si le parece bien, que me permita lle-
varlas acá".
1279 *infantes*: "niñas pequeñas", comp. el v. 269.

"de guisa irán por ellas   que a grand ondra   1280
                    [vernán
"a estas tierras estrañas   que nos pudiemos ganar."
Essora dixo Minaya: "De buena voluntad."
Pues esto an fablado,   piénsanse de adobar; *
ciento omnes le dio   Mio Çid a Álbar Fáñez
por servirle en la carrer[a] 1284b
e mandó mill marcos de plata   a San Pero   1285
                    [levar
e que los diesse   a don Sancho [e]l abbat.

78 [*Don Jerónimo llega a Valencia*]

En estas nuevas   todos se alegrando,
de part de orient   vino un coronado,
el obispo don Ierónimo   so nombre es llamado,
bien entendido es de letras   e mucho acordado,   1290
de pie e de cavallo   mucho era arreziado.
Las provezas de Mio Çid   andávalas demandando,
sospirando el obispo   ques' viesse con moros en el
                    [campo,

---

* *fol. 27r.º*

1280 *vernán*: 3.ª p.ª pl. fut. indic. de *venir*.
1281 *nos*: dativo posesivo; "que logramos ganar para nosotros".
1285-1286 El Cid cumple la promesa que hizo en los vv. 258-260
    (comp. el v. 386).
1287 *nuevas*: "sucesos".
1288 *de parte de orient*: "del este", es decir, de Francia, vista desde
    Castilla la Vieja, no desde Valencia.
    coronado: "clérigo", llamado así por su "corona" (tonsura).
1289 *Jerónimo*: Jérôme de Périgord, traído a España hacia 1096 por
    Bernard de Sédirac, primer arzobispo de Toledo, para ayudar
    en la reforma de la Iglesia efectuada por los cluniacenses. Ber-
    nardo le consagró obispo de Valencia en 1098 (véase Menéndez
    Pidal, ed. crít., pp. 875-876, y *España del Cid*, p. 548), cuatro
    años después de que el Cid tomara la ciudad. Para un estudio
    detallado, véase J. Socarrás, "The Cid and the Bishop of Va-
    lencia", *Iberoromania*, 3 (1971-1972), pp. 101-111.
1290 *mucho acordado*: "muy cuerdo".
1292 *demandando*: "pidiendo noticias de".
1293-1296 El sacerdote guerrero se encuentra también en *Chanson de
    Roland*, personificado en Turpin, arzobispo de Rheims; comp.
    su embestida contra un sarraceno, vv. 1504-1509:

que sis' fartás lidiando   e firiendo con sus manos
a los días del sieglo   non le llorassen christianos.   1295
Quando lo oyó Mio Çid,   de aquesto fue pagado:
"¡Oíd, Minaya Álbar Fáñez,   por Aquel que está en
[alto!
"Quando Dios prestar nos quiere,   nós bien ge lo
[gradescamos,
"en tierras de Valençia   fer quiero obispado
"e dárgelo   a este buen christiano;   1300
"vós, quando ides a Castiella,   levaredes buenos man-
[dados."

79   [*Don Jerónimo nombrado obispo de Valencia*]

Plogo a Álbar Fáñez   de lo que dixo don Rodrigo;
a este don Ierónimo   yal' otorgan por obispo,
diéronle en Valençia   ó bien puede estar rrico.
¡Dios, qué alegre era   todo christianismo   1305
que en tierras de Valençia   señor avié obispo!
Alegre fue Minaya   e spidiós' e vinos'.

Turpins i fiert ki nïent ne l'esparignet,
Enprés sun colp ne quid que un dener vaillet;
Le cors li trenchet tres l'un costét qu'a l'altre,
Que mort l'abat en une voide place.
Dient Franceis: "Ci ad grant vasselage;
En l'arcevesque est ben la croce salve".

sis' fartás: "si se satisficiese...".
a los días del sieglo: lit. "en todos los días del mundo"; aquí, "nunca".
1299-1300 El Cid "hace" un obispado, pero había existido un obispado cristiano de los mozárabes de Valencia antes de que tomase la ciudad. El Cid histórico convirtió la mezquita en catedral, dedicada a Santa María, en 1098, y Jerónimo fue nombrado obispo después de ser propuesto por el Cid el mismo año (véase la nota al v. 1289). Existe documentación que hace pensar que Jerónimo llegase a Valencia un año o dos antes de su nombramiento a la nueva diócesis.
1303 *otorgan*: tomado como impersonal, puede referirse a la consagración de Jerónimo por el arzobispo de Toledo con la aprobación del papa Urbano II.
1304 *ó*: "(sede) en la cual".
1307 *e spidiós' e vinos'*: "y se despidió y se marchó".

80 [*Álvar Fáñez llega a Castilla y se entera de que
el rey está en Carrión*]

Tierras de Valencia   rremanidas en paz,
adeliñó pora Castiella   Minaya Álbar Fáñez; *
dexarévos las posadas,   non las quiero contar.   1310
Demandó por Alfonso,   dó lo podrié fallar.
Fuera el rrey a San Fagunt   aún poco ha,
tornós' a Carrión,   í lo podrié fallar.
Alegre fue de aquesto   Minaya Álbar Fáñez,
con esta presenteia   adeliñó pora allá.   1315

81 [*Álvar Fáñez se encuentra con el rey al salir
éste de misa*]

De missa era exido   essora el rrey Alfonso,
afé Minaya Álbar Fáñez   dó llega tan apuesto,
fincó sos inoios   ante tod el pueblo,
a los pies del rrey Alfonso   cayó con grand duelo,
besávale las manos   e fabló tan apuesto: 1320

---

* *fol. 27v.º*

1308 Técnica empleada para mudar de escenario.
1310 Ejemplo retórico de *abbreviatio*.
      posadas: "paradas".
1312 *San Fagunt*: Sahagún, 51 Km. al S.E. de León y 33 Km. al O.
      de Carrión de los Condes; allí estaba la abadía benedictina más
      importante del reino de León, donde Alfonso VI había pasado
      algún tiempo en 1072. Siempre se mostró muy favorable al con-
      vento, reforzándolo con monjes cluniacenses en 1079 y deján-
      dolo exento de toda jurisdicción civil.
      aún poco ha: "hacía poco tiempo".
1313 Hoy llamado Carrión de los Condes, está situado junto al río
      Carrión, a unos 80 Km. al S.E. de León y unos 70 Km. al O.
      de Burgos. Pertenecía al reino leonés y era la casa solariega de
      la familia de los Vanigómez, a la que pertenecían los infantes
      mencionados en el *Poema*.
1315 *presenteia*: "obsequio".
1317 *tan apuesto*: "tan oportuno" (o tal vez "vestido tan elegante-
      mente"), comp. el v. 1320.

82 [*Álvar Fáñez dirige la palabra al rey; irritación
del conde García Ordóñez; Alfonso accede al
ruego del Cid; los infantes de Carrión celebran
consultas*]

" ¡Merçed, señor Alfonso,   por amor del Criador!
"Besávavos las manos   Mio Çid lidiador,
"los pies e las manos,   commo a tan buen señor,
"quel' ayades merçed,   ¡sí vos vala el Criador!
"Echástesle de tierra,   non ha la vuestra amor,   1325
"maguer en tierra agena   él bien faze lo so:
"ganada [á] a Xérica   e a Onda por nombre,
"priso a Almenar   e a Murviedro que es miyor,
"assí fizo Çebolla   e adelant Casteión
"e Peña Cadiella   que es una peña fuert;   1330
"con aquestas todas   de Valençia es señor,
"obispo fizo de su mano   el buen Campeador
"e fizo çinco lides campales,   e todas las arrancó. *

---

* *fol. 28r.º*

1321 *¡Merçed...!:* " ¡Un favor...!".
1322-1324 *Besávavos las manos* . . . *los pies e las manos* . . . *que*:
"le ruega a V.M. muy humildemente que".
1328 *miyor*: "mejor", es decir, "más importante".
1329 *Casteión*: Castellón de la Plana (antes llamado C. de Burriana,
véase la nota a los vv. 1092-1093).
1332 Véase la nota a los vv. 1299-1300.
1333 *çinco lides campales*: el Cid ha ganado sólo dos batallas cam-
pales en la campaña valenciana a que se refiere aquí el con-
texto, comp. los vv. 1111 y 1225, y otras dos antes, comp. los
vv. 784 y 1008. Menéndez Pidal al principio (ed. crít. p. 733)
consideró un descuido del poeta el poner cinco en vez de cua-
tro, pero más tarde (CC, p. 70 nota) se dio cuenta del signifi-
cado del contexto y lo consideró errata del copista, que tomaría
el número romano *II* por *U* (= cinco); no obstante, la "errata"
se encuentra también en *Veinte reyes*: "venzió cinco lides cam-
pales". Además, es difícil aceptar tal errata, a causa de la pre-
sencia de *todas* en el segundo hemistiquio, con lo que este
verso necesitaría dos enmiendas: "*e fizo *dos* lides campales
e *amas* las arrancó". A. D. Deyermond, *Epic poetry and the
clergy...* (Londres, 1968), pp. 162-163, tiene mucha razón en
señalar que el *motif* de las cinco batallas derivado de la per-
dida *Gesta de las mocedades de Rodrigo* (finales del siglo XIII
o comienzos del XIV) "podría haber influido sobre la Ms.
existente del *PMC*" (la traducción es mía). Incluso se podría
sugerir que este *motif*, encontrado también en la leyenda de

"Grandes son las ganançias   quel' dio el Criador,
"févos aquí las señas,   verdad vos digo yo,   1335
"çient cavallos   gruessos e corredores,
"de siellas e de frenos   todos guarnidos son,
"bésavos las manos   que los prendades vós;
"rrazonas' por vuestro vassallo   e a vós tiene por
                                              [señor."
Alçó la mano diestra,   el rrey se sanctigó: 1340
"De tan fieras ganançias   commo á fechas el Cam-
                                              [peador
" ¡sí me vala Sant Esidro!   plazme de coraçón
"e plázem' de las nuevas   que faze el Campeador;
"rreçibo estos cavallos   quem' enbía de don."
Maguer plogo al rrey,   mucho pesó a Garçí   1345
                                              [Ordóñez:

<hr>

Sancho II (mencionado por Deyermond en p. 161), pudo haber
sido antiguo y conocido por el poeta. Tal vez haya una alusión
semejante a un *motif* antiguo en el v. 3379. Sobre el posible
valor simbólico del 5, véase la nota al v. 187.

1335 *las señas*: "la prueba".
1336 Véase la nota a los vv. 816-818.
1339 *rrazonas' por*: "se considera como".
1340 "(el rey) levantó la mano..."; sujeto retrasado, que no aparece
hasta el segundo hemistiquio.
1341 *fieras*: "extraordinarias".
1342 Alfonso jura por San Isidro, cuyos restos mortales fueron tras-
ladados de Sevilla a León en 1063 por Fernando I. San Isidoro,
el famoso autor de las *Etimologías*, fue obispo de Sevilla
de 599 a 636. El Tudense, *Milagros de San Isidro*, cap. 14, men-
ciona la devoción especial que Alfonso VI mostró por este
santo: "que el dicho rey don Alonso avia escogido et tomado
a sant Ysidro por su especial patrono et abogado, et todos los
juramentos que fazía los confirmava et jurava por el nombre
de sant Ysidro" (cit. por Menéndez Pidal, ed. crít., Adiciones,
p. 1217).
1343 *nuevas*: "hazañas".
1345 El conde García Ordóñez, señor de Pancorbo, fue abanderado
de Alfonso VI durante parte del año 1074; el mismo año actuó
de fiador del Cid en el contrato matrimonial de éste (el otro
fiador fue el conde Pedro Ansúrez, tío de los infantes de
Carrión). García Ordóñez fue nombrado gobernador de Ná-
jera, hacia 1076, y se casó con Urraca, hija del rey García de
Navarra y prima de Alfonso VI, quien solía llamar a la pareja
"gloriae nostri regni gerentes" (*Fuero de Logroño*, año 1095,
cit. por Menéndez Pidal, ed. crít., p. 704); por lo tanto la
reprimenda real al conde en los vv. 1348-1349 es poco verosímil.
El conde rompió su amistad con el Cid cuando éste le insultó

"Semeia que en tierra de moros   non á bivo omne
"quando assí faze a su guisa   el Çid Campeador."
Dixo el rrey al conde: "Dexad essa rrazón,
"que en todas guisas   miior me sirve que vós."
Fablava Minaya í   a guisa de varón: 1350
"Merçed vos pide el Çid,   si vos cayesse en sabor,
"por su mugier doña Ximena   e sus fijas amas a dos:
"saldrién del monesterio   dó elle las dexó
"e irién pora Valençia   al buen Campeador."
Essora dixo el rrey: "Plazme de coraçón;   1355
"yo les mandaré dar conducho   mientra que por mi
                                        [tierra fueren,
"de fonta e de mal   curiallas e de desonor; *
"quando en cabo de mi tierra   aquestas dueñas fueren,
"catad cómmo las sirvades   vós e el Campeador.
"¡Oídme, escuelas   e toda la mi cort!   1360
"Non quiero que nada   pierda el Campeador:
"a todas las escuelas   que a él dizen señor,

---

* fol. 28v.º

en el castillo de Cabra (véase la nota precedente a la al v. 1 y
comp. los vv. 3287-3289). Más tarde el conde llegó a ser señor
de Grañón, hacia 1094, y por esto ganó el apodo de "Crespo de
Grañón", comp. el v. 3112.
1347 *a su guisa*: "como quiere". Este insulto proviene del odio de
sangre que existía antes del comienzo del *Poema*, y que estalla
en el Cantar tercero.
1348 *Dexad essa rrazón*: "Deje de hablar así".
1349 *en todas guisas*: "de todos modos".
1350 *a guisa de varón*: "valientemente".
1351 *Merçed*: "Un favor".
    si vos cayesse en sabor: "si V.M. tuviera a bien".
1352 *amas a dos*: lit. "las dos juntas"; "y ambas hijas".
1353 *saldrién*: "que salieran".
    elle: forma arcaica de *él*.
1356 *conducho*: "provisiones", comp. el v. 68.
1357 *curiallas = curiarlas*, "guardarlas".
    La referencia a la obligación que tenían los señores de proteger
    a sus vasallos contra posibles ultrajes, malhechos y deshonras, en
    una época en que los viajes eran notoriamente peligrosos, pre-
    sagia poéticamente los ultrajes perpetrados contra las hijas del
    Cid en el Cantar tercero.
1359 *catad cómmo las sirvades*: "cuídense Vds. de procurar la es-
    colta".
1360 *escuelas*: la *schola regis* o séquito de vasallos del rey.
1362 *escuelas*: "vasallos".

"por que los deseredé,   todo ge lo suelto yo;
"sírvanle[s] sus herdades   dó fuere el Campeador,
"atrégoles los cuerpos   de mal e de ocasión,   1365
"por tal fago aquesto   que sirvan a so señor."
Minaya Álbar Fáñez   las manos le besó.
Sonrrisós' el rrey,   tan vellido fabló:
"Los que quisieren ir   se[r]vir al Campeador
"de mí sean quitos   e vayan a la graçia del   1370
                                    [Criador.
"Más ganaremos en esto   que en otra desonor."
Aquí entraron en fabla   los iffantes de Carrión:

1363 "puesto que les privé de sus propiedades, (ahora) se las devuelvo
    todas".
1364 lit. "que sus propiedades estén a su servicio dondequiera que
    esté el Campeador", es decir, "que se beneficien de sus ha-
    ciendas aun cuando estén ausentes, al servicio del Cid". Esta
    expresión legal es común en los fueros, comp. "homo de Pa-
    lençiola qui aliquem mactaverit, non sit cautus ab aliquo, sed
    vadat liber, et sua hereditas serviat ei ubicumque voluerit esse",
    Fuero de Palenzuela, año 1104 (cit. por Menéndez Pidal, ed.
    crít., p. 850).
1365 atrego: "garantizo".
    ocasión: "daño"; otra expresión legal.
1368 vellido: "generosamente".
1370 quitos: "sueltos", "libres para marcharse". Además de perdo-
    nar a los que salieron con el Cid originalmente, el rey incluso
    anima a los cortesanos que así lo deseen a que se le unan
    ahora.
1371 desonor: tal vez la deshonra sufrida por el Cid cuando le des-
    terró el rey (Menéndez Pidal, ed. crít., lo cambia innecesaria-
    mente a desamor, véase el Aparato Crítico); no obstante, otra
    puede significar sencillamente "ninguna", véase la nota al v. 2866.
1372-1373 Ésta es la primera mención de los infantes y su proyecto
    de casarse con las hijas del Cid. Los casamientos proporciona-
    rán la segunda trama principal del Poema, después que el Cid
    reciba el perdón real, que a su vez completa la primera trama.
    Don Diego y don Fernando, que no tenían derecho al título de
    "infante", pertenecían a la schola regis de Alfonso, como testi-
    monian varios documentos de la época (citados por Menéndez
    Pidal, ed. crít., p. 556, y Adiciones, p. 1215). Tenían un her-
    mano mayor, Asur González (vv. 3373 y 3672), y eran hijos de
    Gonzalo Ansúrez (vv. 2268, 2441, 3008 y 3690), hermano del
    famoso Pedro Ansúrez, conde de Carrión, Zamora, Saldaña y
    Liébana. Todos pertenecían a la poderosa familia leonesa de los
    Vanigómez, y eran enemigos del Cid (véase Menéndez Pidal,
    España del Cid, I, p. 420 nota, y II, pp. 561-562). No existe
    ninguna documentación de que los infantes se desposasen o ca-
    sasen con las hijas del Cid.
    creçen las nuevas: "sus asuntos medran", comp. el v. 1881 (o
    tal vez "su renombre aumenta", comp. el v. 1861).

"Mucho creçen las nuevas   de Mio Çid el Campeador,
"bien casariemos con sus fijas   pora huebos de pro;
"non la osariemos   acometer nós esta rrazón,   1375
"Mio Çid es de Bivar   e nós de los condes de Carrión."
Non lo dizen a nadi   e fincó esta rrazón.
Minaya Álbar Fáñez   al buen rrey se espidió.
"¡Ya vos ides, Minaya,   id a la graçia del Criador!
"Levedes un portero,   tengo que vos avrá pro;   1380
"si leváredes las dueñas,   sírvanlas a su sabor,
"fata dentro en Medina   denles quanto huebos les
                                              [fuer, *
"desí adelant   piense d'ellas el Campeador."
Espidiós' Minaya   e vasse de la cort.

83   [*Los infantes de Carrión envían saludos al Cid;
          Álvar Fáñez llega a Cardeña; Raquel y Vidas
          reclaman el pago de la deuda; Álvar Fáñez y
          las damas parten para Valencia y el Cid envía
          escolta a recibirles*]

Los iffantes de Carrión   1385
dando ivan conpaña   a Minaya Álbar Fáñez: 1385*b*

---

* *fol. 29r.º*

1374 *bien casariemos*: "haríamos bien en casarnos".
     pora huebos de pro: "para nuestras necesidades financieras",
     "para provecho nuestro". A lo largo del *Poema*, los infantes se
     nos presentan como indigentes y egoístas.
1375 "no nos atreveríamos a abordar este asunto".
1376 *nós de los condes*: a través de su tío, Pedro Ansúrez (véase la
     nota a los vv. 1372-1373), mientras que el Cid era solamente un
     infanzón, el segundo rango de la nobleza.
1377 *e fincó esta rrazón*: "y la discusión terminó ahí".
1380 *portero*: "mensajero real", "comisario real".
     tengo que vos avrá pro: "creo que les será útil".
1382 "hasta Medinaceli, que les den todo lo que necesiten" a expen-
     sas del rey. Este incidente es anacrónico, porque el Cid mandó
     buscar a su familia en 1094 (según el *Poema* — el año de la toma
     de Valencia), pero Alfonso no tomó Medinaceli hasta 1104, comp.
     El Toledano, *De rebus Hispaniae*, VI, 22. La fecha se encuentra
     en los primeros *Anales toledanos*: "El rey don Alfonso priso a
     Medinacelim en el mes de Julio, Era MCXLII", *España Sagra-
     da*, XXIII, p. 387. Más tarde los moros recobraron la villa.

"En todos sodes pro,   en esto assí lo fagades:
"saludadnos a Mio Çid   el de Bivar,
"somos en so pro   quanto lo podemos far;
"el Çid que bien nos quiera   nada non perderá."
Respuso Minaya: "Esto non me á por qué   1390
                                [pesar."
Ido es Minaya,   tórnanse los iffantes.
Adeliñó pora San Pero   ó las dueñas están,
tan grand fue el gozo   quándol' vieron assomar.
Deçido es Minaya,   a San Pero va rrogar,
quando acabó la oraçión,   a las dueñas se   1395
                                [tornó:
"Omíllom', doña Ximena,   Dios vos curie de mal,
"assí faga   a vuestras fijas amas.
"Salúdavos Mio Çid   allá onde elle está;
"sano lo dexé   e con tan grand rrictad.
"El rrey por su merçed   sueltas me vos ha   1400
"por levaros a Valençia   que avemos por heredad.
"Si vos viesse el Çid   sanas e sin mal,
"todo serié alegre,   que non avrié ningún pesar."
Dixo doña Ximena: "¡El Criador lo mande!"

1386 "Vd. es amable en todo, séalo también ahora", referente a lo
que sigue.
1387 Se esfuerzan en mencionar Vivar (comp. el v. 1376), aldea pe-
queña con reducidas tierras, para que contraste con Carrión y las
vastas propiedades de los Vanigómez.
1388 *somos en so pro quanto*: "estamos a su disposición en todo
lo que...".
1389 *que* más subj. con sentido condicional: "si el Cid se mostrase
amable con nosotros".
1390 La contestación algo hosca de Álvar Fáñez refleja el odio entre
el Cid y los Vanigómez, así como las relaciones algo tirantes en-
tre los nobles leoneses y castellanos en el *Poema* (que no corres-
ponden a las relaciones históricas entre Álvar Fáñez y los de
Carrión, véase la nota al v. 14).
1394 *Deçido es*: "se ha apeado".
1396 *Omíllom'*: "Me inclino delante de Vd.".
1397 *faga*: verbo vicario; "Dios guarde también".
1398 *onde*: "donde".
    elle: forma arcaica de *él*.
1399 *sano*: "con buena salud".
1403 *todo*: empleado como adv.; "estaría contento del todo".
    que: conj. causal débil; "porque no tendría ninguna preocu-
pación" (lítote).

Dio tres cavalleros   Minaya Álbar Fáñez,   1405
enviólos a Mio Çid   a Valençia dó está:
"Dezid al Canpeador,   que Dios le curie de mal,
"que su mugier e sus fijas   el rrey sueltas me las ha, *
"mientra que fuéremos por sus tierras   conducho nos
[mandó dar.
"De aquestos *quinze* días,   si Dios nos curiare   1410
[de mal,
"seremos [í] yo e su mugier   e sus fijas que él á
"y todas las dueñas con ellas,   quantas buenas ellas
[han."
Idos son los cavalleros   e d' ello pensarán,
rremaneçió en San Pero   Minaya Álbar Fáñez.
Veriedes cavalleros   venir de todas partes,   1415
irse quiere[n] a Valençia   a Mio Çid el de Bivar;
que les toviesse pro   rrogavan a Álbar Fáñez,
diziendo esto Mianaya: "Esto feré de veluntad."
A Minaya *sessaenta* [e] *çinco* cavalleros   acreçídol'
[han
e él se tenié *çiento*   que aduxiera d' allá;   1420
por ir con estas dueñas   buena conpaña se faze.
Los quinientos marcos   dio Minaya al abbat,
de los otros quinientos   dezir vos he qué faze:
Minaya a doña Ximina   e a sus fijas que ha
e a las otras dueñas   que las sirven delant,   1425

---

* *fol. 29v.º*

1405 *Dio*: "Mandó".
1407 *que Dios le curie de mal*: "que Dios le guarde del mal".
1410 *quinze*: múltiplo de 3 y 5, véase la nota al v. 187.
1412 *quantas buenas ellas han*: "todas las excelentes damas de honor
    que tienen".
1413 *d'ello pensarán*: "se ocuparán de ello".
1417 *que les toviesse pro*: "que les ayudase".
1419 Una vez más múltiplos de 3 y 5, véase la nota al v. 187.
1420 "e iba acompañado de cien, que había traído de allí", es decir,
    de Valencia.
1421 *buena conpaña*: comp. el v. 60.
1422-23 El poeta ha olvidado que los mil marcos de plata mandados
    por el Cid en los vv. 1285-1286 estaban todos destinados a la
    abadía.

el bueno de Minaya   pensólas de adobar
de los meiores guarnimientos   que en Burgos pudo
                                            [fallar,
palafrés e mulas,   que non parescan mal.
Quando estas dueñas   adobadas las ha,
el bueno de Minaya   pensar quiere de cavalgar,   1430
afévos Rachel e Vidas   a los pies le caen:
" ¡Merçed, Minaya,   cavallero de prestar! *
"Desfechos nos ha el Çid,   sabet, si no nos val;
"soltariemos la ganançia,   que nos diesse el cabdal."
"Yo lo veré con el Çid,   si Dios me lieva allá;   1435
"por lo que avedes fecho   buen cosiment í avrá."

---

* fol. 30r.º

1426 *el bueno de Minaya*: "el buen Minaya".
    adobar: "proveer", "equipar".
1427 *guarnimientos*: "atavíos y arreos".
1428 *que non parescan mal*: lítote; "para que luzcan".
1431 Después de esta cómica reaparición, los prestamistas no vuelven
    a mencionarse.
1433 *Desfechos nos ha*: "Nos ha arruinado".
    si no nos val: "si no nos ayuda".
1434 *ganançia*: "interés", "rédito".
    cabdal: "capital".
1435-1436 Esta promesa pudo haber constituido garantía suficiente,
    para el público de la época, de que el reembolso se efectuaría
    más tarde, puesto que el asunto no se menciona más. A todas
    luces, los lectores modernos tienen más delicadeza en estas cues-
    tiones que el público medieval, que probablemente se alegrase
    de ver burlados a los judíos. M. Menéndez y Pelayo observó con
    tino que "el episodio de las arcas ... debió de parecer a los
    oyentes treta chistosísima, y sólo en una edad más refinada pudo
    ocurrírsele a un romancerista culto el sutil recurso de que en
    aquellas arcas había quedado soterrado el oro de la palabra del
    Cid", *Antología de poetas líricos castellanos*, XI, *Tratado de los
    romances viejos*, I (Madrid, 1924), p. 300. C. Colin Smith tam-
    bién concluye que el Cid "no liquidó todas sus deudas como
    buen pequeño burgués...", "Did the Cid repay the Jews?", *Ro-
    mania*, LXXXVI (1965), pp. 520-538, en p. 537 (cita trad. por
    mí). Sobre la omisión del pago, Menéndez Pidal, ed. crít.,
    p. 129, comentó que "esto no era ciertamente portarse bien",
    mientras en CC, pp. 30-31, lo considera descuido del poeta y
    toma la promesa del v. 1436 como garantía suficiente; hace men-
    ción interesante de "las bulas de los Papas y los privilegios de
    los Reyes absolutorios de las deudas contraídas con los judíos".
    La *Carta Magna* inglesa de 1215 exentó a los herederos de los
    nobles de pagar los intereses devengados de préstamos facili-
    tados por los judíos. Recientemente Michel Darbord se ha ocu-
    pado del problema y comparte la opinión de Smith (sin citar

Dixo Rachel e Vidas: "¡El Criador lo mande!
"Si non, dexaremos Burgos,   ir lo hemos buscar."
Ido es pora San Pero   Minaya Álbar Fáñez,
muchas yentes se le acogen,   pensó de cavalgar,   1440
grand duelo es   al partir del abbat:
"¡Sí vos vala el Criador,   Minaya Álbar Fáñez!
"Por mí al Campeador   las manos le besad,
"aqueste monesterio   no lo quiera olbidar,
"todos los días del sieglo   en levarlo adelant   1445
"el Çid   siempre valdrá más."
Respuso Minaya: "Fer lo he de veluntad."
Yas' espiden   e piensan de cavalgar,
el portero con ellos   que los ha de aguardar,
por la tierra del rrey   mucho conducho les dan.   1450
De San Pero fasta Medina   en çinco días van,
félos en Medina   las dueñas e Álbar Fáñez.
Dirévos de los cavalleros   que levaron el mensaie:
al ora que lo sopo   Mio Çid el de Bivar,
plógol' de coraçón   e tornós' a alegrar,   1455
de la su boca   conpeçó de fablar:
"Qui buen mandadero enbía   tal deve sperar.
"Tú, Muño Gustioz,   e Pero Vermúez delant, *

---

* fol. 30v.º

el artículo de éste) sobre la omisión del reembolso, "Le Comique
dans le PMC: l'épisode de Raquel et Vidas", en Mélanges . . .
Pierre Le Gentil (París, 1973), pp. 175-180, criticado con acier-
to por Ruth H. Webber, Olifant, II, núm. 2 (diciembre de 1974),
pp. 148-150.
1438 ir lo hemos buscar: "iremos a buscarle", es decir, "atacarle".
      Esta cómica amenaza termina el episodio.
1443-1446 Este ruego de parte del monasterio de Cardeña fue cum-
      plido históricamente por el Cid y su esposa, véase Menéndez
      Pidal, España del Cid, I, pp. 201-202, 220, 255 y 497, II, pp. 549
      nota 6, y 836. También hicieron donaciones al convento de Santo
      Domingo de Silos, ibid., I, p. 220, y II, pp. 855-857.
1449 aguardar: "proteger".
1450 conducho: "provisiones".
1451 çinco: véase la nota al v. 187.
1453 Dirévos: técnica empleada para mudar de escenario, comp. el
      v. 899.
1454 al ora que: "en cuanto".
1455 tornós' a alegrar: auxiliar que ha perdido su sentido iterativo;
      "se alegró".
1458 delant: "aquí presentes".

"e Martín Antolínez,   un burgalés leal,
"el obispo don Ierónimo,   coronado de prestar,   1460
"cavalguedes con çiento   guisados pora huebos de
                                        [lidiar;
"por Sancta María   vós vayades passar,
"vayades a Molina   que iaze más adelant,
"tiénela Ave[n]galvón,   mio amigo es de paz,
"con otros çiento cavalleros   bien vos consigrá;   1465
"id pora Medina   quanto lo pudiéredes far,
"mi mugier e mis fijas   con Minaya Álbar Fáñez,
"assí commo a mí dixieron,   í los podredes fallar;
"con grand ondra   aduzídmelas delant.
"E yo fincaré en Valençia,   que mucho   1470
                          [costádom' ha,
"grand locura serié   si la desenparás;
"yo fincaré en Valençia   ca la tengo por heredad."
Esto era dicho,   piensan de cavalgar
e quanto que pueden   non fincan de andar.
Troçieron a Sancta María   e vinieron albergar   1475
                          [a Frontael
e el otro día vinieron   a Molina posar.
El moro Ave[n]galvón,   quando sopo el mensaie,
saliólos rreçebir   con grant gozo que faze:
"¡Venides, los vassallos   de mio amigo natural!
"A mí non me pesa,   sabet, mucho me plaze."   1480

1460 *coronado de prestar:* "excelente clérigo".
1461 *guisados pora huebos de lidiar:* "listos para el combate".
1462 *Sancta María:* antes llamada Sta. María de Albarracín, ahora sen-
      cillamente Albarracín, junto al Guadalaviar, unos 30 Km. al oeste
      de Teruel y 60 Km. al S.E. de Molina. El nombre deriva de
      la familia Ibn Razin que la gobernaba y pagaba tributos al Cid.
1464 *Ave[n]galvón:* véase la nota al v. 867.
1465 *consigrá:* 3.ª p.ª sg. fut. indic. de *conseguir;* "escoltará".
1471 *si la desenparás:* "si la dejase sin protección".
1472 *ca la tengo por heredad:* "porque es heredad mía", y no "la
      considero como mi heredad" según lo interpretó Menéndez Pi-
      dal, ed. crít., Vocab., p. 863.
1474 *fincar de* más inf.: "dejar de", comp. *Alex,* estr. 1986b, *Lba,*
      estr. 522b.
1475 "Pasaron por Albarracín y pasaron la noche en Frontael", es
      decir, Bronchales, 23 Km. al N.O. de Albarracín y más allá
      de la Sierra Alta.
1477 *sopo el mensaie:* "se enteró de su llegada".
1480 *A mí non me pesa:* lítote; "No me preocupa a mí".

Fabló Muño Gustioz,   non speró a nadi:
"Mio Çid vos saludava   e mandólo rrecabdar
"co[n] çiento cavalleros   que privádol' acorrades;
"su mugier e sus fijas   en Medina están;
"que vayades por ellas,   adugádesgelas acá *   1485
"e fata en Valençia   d' ellas non vos partades."
Dixo Ave[n]galvón: "Fer lo he de veluntad."
Essa noch   conducho les dio grand,
a la mañana   piensan de cavalgar;
çiéntol' pidieron,   mas él con dozientos' va.   1490
Passan las montañas   que son fieras e grandes,
passaron   Mata de Toranz
de tal guisa   que ningún miedo non han,   1492b
por el val de Arbuxedo   piensan a deprunar.
E en Medina   todo el rrecabdo está,
envió dos cavalleros   Minaya Álvar Fáñez   1495
. . . . .   que sopiesse la verdad;   1495b
esto non detard[an]   ca de coraçón lo han,
el uno fincó con ellos   e el otro tornó a Álbar Fáñez:
"Virtos del Campeador   a nós vienen buscar;
"afévos aquí   Pero Vermúez
"e Muño Gustioz,   que vos quieren sin art,   1499b
"e Martín Antolínez,   el burgalés natural,   1500

---

* fol. 31r.º

1481 *non speró a nadi*: es decir, "se apresuró a darle el mensaje".
1482-1483 *mandólo rrecabdar*: "ordenó que se dispusiera".
    que privádol' acorrades: "que le ayudara rápidamente".
1485 *adugádesgelas acá*: "(y que) se las traiga aquí".
1491-1492 *montañas*: "bosques". Campo Taranz es un llano matoso
    entre Luzón y Medinaceli; es probable que en tiempos me-
    dievales fuera más arbolado, de donde vendría el nombre Mata
    de Toranz.
1493 *Arbuxedo*: forma arcaica o errónea de Arbujuelo, valle que se
    extiende por el N.O. hasta Medinaceli.
    deprunar: "bajar".
1494 *todo el rrecabdo está*: "se toma toda cautela".
1495b Es decir, "que descubriese la identidad de los jinetes que se
    acercaban".
1497 *ellos*: es decir, los que están llegando, encabezados por Muño
    Gustioz, Pedro Bermúdez y el obispo don Jerónimo, a quienes
    acompañaba Avengalvón.
1499b *sin art*: lítote; "fielmente".
1500 *el burgalés natural*: "el fiel hombre de Burgos", comp. el v. 65.

"e el obispo don Jerónimo   coranado leal,
"e el alcayaz Ave[n]galvón   con sus fuerças que trahe
"por sabor de Mio Çid   de grand óndral' dar,
"todos vienen en uno,   agora llegarán."
Essora dixo Minaya: "Vay[a]mos cavalgar."   1505
Esso fue apriessa fecho,   que nos' quieren detardar,
bien salieron dén çiento   que non pareçen mal,
en buenos cavallos   a cuberturas de çendales
e petrales a cascaveles;   e escudos a los cuellos,
e en las manos lanças   que pendones traen,   1510
que sopiessen los otros   de qué seso era Álbar Fáñez
o cuémo saliera de Castiella   con estas dueñas que
                                                        [trahe. *
Los que ivan mesurando   e llegando delant
luego toman armas   e tómanse a deportar,
por çerca de Salón   tan grandes gozos van.   1515

---

* fol. 31v.º

1504 en uno: "juntos".
      agora: "ahora mismo".
1507 dén: "de allí".
      bien . . . çiento: "al menos un centenar".
      que non pareçen mal: lítote; "que tienen buena apariencia".
1508 çendales: telas de seda finas, parecidas al tafetán, véase Jesusa
      Alfau de Solalinde, Nomenclatura de los tejidos españoles del
      siglo XIII (Madrid, 1969), pp. 74-75.
1509 petrales a cascaveles: "jaeces con cascabeles", que solían po-
      nerse de adorno a los caballos los días de fiesta, especialmente
      para los torneos; también tenían su lado útil, comp. "si alguno
      bofardare concejeramientre e con sonages o con coberturas que
      tengan cascaveles, en rua o en cal poblada, en dia de fiesta . . .
      e por ocasion algun omne matare, non sea tenudo de pechar ell
      omecillio", Fuero de Soria, 167b (citado más extensivamente
      por Menéndez Pidal, ed. crít., p. 562). Los jinetes llevaban los
      escudos colgados del cuello con correas; sólo en el momento
      del ataque se los ponían al brazo (comp. los vv. 715, 2393
      y 3615).
1511 "para que los otros (recién llegados) se dieran cuenta de qué
      temple era Álvar Fáñez".
1512 o cuémo saliera: "y de qué manera había salido".
1513 "Los que exploraban y precedían (al cuerpo principal)".
1514 tomarse a más inf.: auxiliar inceptivo; "empezaron a ejercitarse
      en juegos de caballería".
1515 por çerca de: "por la ribera de", "cerca de".

Dón llegan los otros,   a Minaya Álbar Fáñez se van
[homillar;
quando llegó Ave[n]galvón,   dont a oio [lo] ha,
sonrrisándose de la boca   ívalo abraçar,
en el ombro lo saluda   ca tal es su usaie:
"¡Tan buen día convusco,   Minaya Álbar   1520
[Fáñez!
"Traedes estas dueñas   por ó valdremos más,
"mugier del Çid lidiador   e sus fijas naturales.
"Ondrar vos hemos todos   ca tal es la su auze,
"maguer que mal le queramos,   non ge lo podremos
[fer,
"en paz o en guerra   de lo nuestro abrá,   1525
"múchol' tengo por torpe   qui non conosçe la verdad."
Sorrisós' de la boca   Minaya Álbar Fáñez:

84   [*Álvar Fáñez y las damas descansan en Medina-*
celi; Avengalvón los acompaña hasta Molina,
donde les da alojamiento; los viajeros se acer-
can a Valencia]

"¡Y[a] Ave[n]galvón,   amígol' sodes sin falla!
"Si Dios me llegare al Çid   e lo vea con el alma,

1516 *Dón*: adv., aquí con sentido temporal; "Cuando".
1517 *dont a oio* [*lo*] *ha*: "cuando le divisó".
1519 La costumbre oriental de saludarse besando el hombro se men-
ciona en *Alex*, estr. 1880cd, cuando Alejandro se encuentra con
la reina de las Amazonas: "estendioron las diestras, fezioron las
ferir, / besaron se nos ombros por la salua complir"; y en *Chan-
son de Roland*, v. 601, cuando Marsile saluda a Ganelon: "Quan
l'ot Marsilie, si l'ad baisét el col". Menéndez Pidal, ed. crít.,
p. 837, aduce otros ejemplos de varias crónicas españolas.
1520 *¡Tan buen día convusco...!* "Muy buenos días tenga Vd...!";
para la exclamación, comp. los vv. 770 y 1659, y *Lba*, estrs.
877c y 1040d.
1521 *por ó valdremos más*: "por lo cual ganaremos prestigio".
1522 *naturales*: '"fieles", "verdaderas".
1523 *la su auze*: "su buena suerte", es decir, la del Cid.
1524 *non ge lo podremos fer*: "no podremos hacérselo" (es decir, "ha-
cerle mal").
1525 *de lo nuestro abrá*: obtendrá parte de nuestra riqueza", o sea,
"quedará por encima de nosotros".
1528 *sin falla*: lítote; "fielmente".
1529 *e lo vea con el alma*: "y que le vea con vida", comp. el v. 3658.

"d'esto que avedes fecho   vós non perderedes   1530
                                    [nada.
"Vayamos posar,   ca la çena es adobada."
Dixo Avengalvón: "Plazme d'esta presentaia,
"antes d'este te[r]çer día   vos la daré doblada."
Entraron en Medina,   sirvíalos Minaya,
todos fueron alegres   del çerviçio que tomaron,   1535
el portero del rrey   quitarlo mandava,
ondrado es Mio Çid   en Valençia dó estava *
de tan grand conducho   commo en Medínal' sacaron;
el rrey lo pagó todo   e quito se va Minaya.
Passada es la noche,   venida es la mañana,   1540
oída es la missa   e luego cavalgavan;
salieron de Medina   e Salón passavan,
Arbuxuelo arriba   privado aguijavan,
el campo de Torançio   luégol' atravessavan,
vinieron a Molina,   la que Ave[n]galvón   1545
                                    [mandava.
El obispo don Iherónimo,   buen christiano sin falla,
las noches e los días   las dueñas aguarda*va,*
e buen cavallo en diestro   que va ante sus armas;
entre él e Álbar Fáñez   ivan a una compaña,

---

* *Cuaderno 5.º, fol. 32r.º*

1530 El cumplimiento de esta promesa, como la de Álvar Fáñez a los
    judíos en el v. 1436, no se menciona en el resto del *Poema.*
1532 *presenteia:* es decir, la invitación a cenar.
1533 *te[r]çer día:* véanse las notas a los vv. 187 y 523.
1535 *çerviçio:* "hospitalidad".
1536 *quitarlo mandava:* "mandó saldar la cuenta".
1538 "del banquete que ofrecieron en Medinaceli en consideración a
    él", es decir, al Cid. Sobre el concepto de la presencia sim-
    bólica, véanse las notas a los vv. 505 y 2088.
1542 *e Salón passavan:* "y cruzaron el Jalón".
1543 *Arbuxuelo:* véase la nota al v. 1493.
1544 Véase la nota a los vv. 1491-1492.
1547 *aguardava:* "velaba".
1548 *cavallo en diestro:* "corcel", que conducía el escudero por la
    derecha, y al que se cambiaba el caballero en caso de combate.

entrados son a Molina,   buena e rrica casa,   1550
el moro Ave[n]galvón   bien los sirvié sin falla,
de quanto que quisieron   non ovieron falla,
aun las ferraduras   quitárgelas mandava;
a Minaya e a las dueñas   ¡Dios, cómmo las ondrava!
Otro día mañana   luego cavalgavan,   1555
fata en Valençia   sirvíalos sin falla,
lo so despendié el moro,   que d'el[l]os non tomava
[nada.
Con estas alegrías   e nuevas tan ondradas
aprés son de Valençia   a tres leguas contadas.

85 [*El Cid envía a doscientos caballeros al en-*
cuentro]

A Mio Çid,   el que en buen ora nasco,   1560
dentro a Valençia   liévanle el mandado.
Alegre fue Mio Çid   que nunqua más nin tanto
ca de lo que más amava   yal' viene el mandado. *
Dozi[en]tos cavalleros   mandó exir privado
que rreçiban a Mianaya   e a las dueñas fijas   1565
[d'algo;
él sedié en Valençia   curiando e guardando
ca bien sabe que Álbar Fáñez   trahe todo rrecabdo.

---

* *fol.* 32v.º

1551 *sin falla*: lítote; "fielmente", "con generosidad".
1553 *ferraduras*: "el coste de herrar los caballos".
1558 *nuevas tan ondradas*: "conducta tan excelente".
1559 *aprés ... de*: "cerca de".
1561 *el mandado*: "la noticia" de su llegada.
1563 *lo que*: neutro; "la cosa que", "las que".
1566 *curiando*: "velando".
1567 *trahe todo rrecabdo*: "toma toda cautela".

86 [*El Cid, montado en Babieca, hace alardes de equitación ante su mujer y sus hijas, y las lleva dentro de la ciudad*]

Afévos todos aquéstos rreçiben a Minaya
e a las dueñas e a las niñas e a las otras conpañas.
Mandó Mio Çid a los que ha en su casa 1570
que guardassen el alcáçar e las otras torres altas
e todas las puertas e las exidas e las entradas
e aduxiéssenle a Bavieca, poco avié quel' ganara,
aún non sabié Mio Çid, el que en buen ora çinxo
         [espada,
si serié corredor o si abrié buena parada; 1575
a la puerta de Valençia, dó fuesse en so salvo,

1568 *todos aquéstos*: es decir, los doscientos caballeros.
1569 *las otras conpañas*: "el resto de la compañía".
1571 *el alcáçar*: la fortaleza situada en el centro de Valencia.
1573 Implica que el Cid ganó Babieca al emir de Sevilla, aunque no se menciona explícitamente en el texto. La idea de que el caballo provenía de un moro se apoya en *Carmen Campidoctoris*, vv. 121-124:

> Equum ascendit quem trans mare vexit
> barbarus quidam, nec ne com[m]utavit
> aureis mille, qui plus vento currit,
> plus cervo sallit.
>
>   (ed. Menéndez Pidal, *España del Cid*, II,
>   pp. 882-886, en p. 886).

Leyendas posteriores pretendían que el caballo se había criado en Castilla o León. Las monturas de hombres famosos solían llevar nombres, comp. Bucéfalo de Alejandro, Tencendur de Carlomagno, Veillantif de Rolando y el mitológico Pegaso de Belerofonte. Babieca era apodo que tal vez significaba "el baboso" (comp. Yakov Malkiel, "Old Spanish *bivo, bevir, visque, vida*: a preliminary analysis", en *Studies in honor of Lloyd A. Kasten*, Madison, 1975, pp. 165-173, en p. 168), o "el bobo" (comp. Berceo, *San Millán*, estr. 116d, y *Apol*, estr. 23c, y véase Martín de Riquer, "Bavieca, caballo del Cid Campeador, y Bauçan, caballo de Guillaume d'Orange", *Bol. de la Real Academia de Buenas Letras de Barcelona*, XXV, 1953, pp. 127-144). Sobre el alegado origen leonés del caballo, consúltese, con cautela, José González, "Babieca, el caballo del Cid", *Archivos Leoneses*, X (1956), pp. 108-119.
1575 "si sería veloz y si sabría parar a una orden".
1576 *dó fuesse en so salvo*: "donde estaría a salvo de ataques".

delante su mugier e de sus fijas   querié tener las
[armas.

Reçebidas las dueñas   a una grant ondrança,
el obispo don Iherónimo   adelant se entrava,
í dexava el cavallo,   pora la capiella adeliñava;   1580
con quantos que él puede,   que con oras se acordar*a*n,
sobrepel[*l*]iças vestidas   e con cruzes de plata,
rreçibir salién [*a*] las dueñas   e al bueno de Minaya.
El que en buen ora nasco   non lo detardava,   1584
vistiós' el sobregonel,   luenga trahe la barba;   1587
ensiéllanle a Bavieca,   cuberturas le echavan,   1585
Mio Çid salió sobr' él   e armas de fuste   1586
[tomava.

Por nombre el cavallo   Bavieca cavalga,   1589
fizo una corrida,   ésta fue tan estraña, *   1588
quando ovo corrido,   todos se maravillavan,   1590

---

* *fol.* 33r.º

1577 *tener las armas*: "ejercitarse con armas".
1581 "con cuantos clérigos pudieran acompañarle, que hubieran he-
cho un arreglo respecto a su rezo de las horas canónicas"; inter-
pretación de Lang, p. 238, aprobada por Menéndez Pidal, ed.
crít., Adiciones, p. 1224, y la mejor de las propuestas hasta
ahora. Bello interpretó *acordarse con oras* como "juntarse á re-
zarlas"; Menéndez Pidal, CC, antes había sugerido "con tiempo"
para *con oras*, y en su ed. crít., "entonces". Sobre el sentido
de *acordarse con*, comp. *Fazienda de ultramar*, fol. 48r.º (ed.
M. Lazar, Salamanca, 1965, pp. 141-142): "e cordos con el
daqui" (="hacer un acuerdo"); "E acordos Absalon con los
omnes de la tierra", que está basado en II *Samuel*, XV, 6, "et
solicitabat corda virorum Israel", comp. *ibid.*, XV, 13, "Toto
corde universus Israel sequitur Absalom" (="juntarse con").
Sobre las horas canónicas, véase la nota al v. 238 y comp.
SME, vv. 850-854:

> Estos estavan por las oras dezir
> e por la eglesia servir,
> que quando sin oras está la eglesia,
> a Dios mucho le pesa.

1587 *sobregonel*: "sobrevesta" (< *gonela*, palabra aragonesa).
1586 *armas de fuste*: "varas o lanzas de madera", usadas en los tor-
neos.
1589 *Por nombre el cavallo*: "El caballo que se llama".
1588 *estraña*: "extraordinaria".

d'és día se preçió Bavieca   en quant grant fue España.
En cabo del cosso   Mio Çid desca[va]lgava,
adeliñó a su mugier   e a sus fijas amas;
quando lo vio doña Ximena,   a pies se le echava:
" ¡Merçed, Campeador,   en buen ora cinxiestes   1595
                                    [espada!
"Sacada me avedes   de muchas vergüenças malas;
"aféme aquí, señor,   yo e vuestras fijas amas;
"con Dios e convusco   buenas son e criadas."
A la madre e a las fijas   bien las abraçava,
del gozo que avién   de los sos oios lloravan.   1600
Todas las sus mesnadas   en grant deleite estavan,
armas teniendo   e tablados quebrantando.
Oíd lo que dixo   el que en buen ora nasco:
"Vós, querida mugier   e ondrada
"e amas mis fijas, | mi coraçón e mi alma,   1604b-05
"entrad comigo   en Valençia la casa,
"en esta heredad   que vos yo he ganada."

1591 *España*: véase la nota al v. 453.
1592 *cosso*: "carrera". Carlomagno hace una corrida semejante mon-
tado sobre Tencendur para animar a sus hombres antes de una
batalla, *Chanson de Roland*, vv. 2993 y 2996-2997:

> En Tencendur, sun bon cheval, puis montet...
> Laschet le resne, mult suvent l'esperonet,
> Fait sun eslais, veant cent mil humes.

1596 El poeta no ha revelado antes que Jimena hubiera sufrido nin-
gún tipo de deshonra, sino, al contrario, da a entender que se
la había cuidado bien en Cardeña. Parece ser éste otro caso de
inesperada fidelidad histórica, puesto que Alfonso VI, al des-
terrar al Cid por segunda vez, hizo prisioneros a Jimena y sus
hijos en diciembre de 1089 en el castillo de Ordejón, según la
Crónica particular del Cid, comp. *Historia Roderici*, 34: "Nec-
non mandauit intrare suam propriam hereditatem, et, quod de-
terius est, suam uxorem et liberos in custodia illaqueatos cru-
deliter retrudi...". El Cid mandó un mensaje al rey, quien, a
pesar de su enojo, permitió a Jimena y sus hijos que fueran a
Alcudia de Valencia para reunirse con el Cid, comp. *Historia
Roderici, ibid.*: "Rex autem, vehementer contra illos iratus, suam
excond[i]tionem licet iustissimam non solum ei accipere, uerum
etiam benigne audire noluit; verumptamen et uxorem et liberos
ad eum redire permisit". Las *vergüenças malas* del *Poema* co-
rresponden a la expresión *illaqueatos crudeliter* de la *Historia*.
1598 *criadas*: "educadas"; en el v. 1650 están *por casar*, pero en
el v. 2083 se las llama *pequeñas*, y cuando el Cid envió por
ellas, las llamó *infantes*, "niñas pequeñas", v. 1279.
1602 *tablados*: "castillejos de tablas", utilizados en los torneos.

Madre e fijas   las manos le besavan,
a tan grand ondra   ellas a Valençia entravan.

87 [*Las dueñas suben al alcázar a contemplar la
ciudad*]

Adeliñó Mio Çid   con ellas al alcáçar,   1610
allá las subié   en el más alto logar.
Oios vellidos   catan a todas partes,
miran Valençia   cómmo iaze la çibdad *
e del otra parte   a oio han el mar,
miran la huerta,   espessa es e grand;   1615
alçan las manos   por a Dios rrogar
d'esta ganançia   cómmo es buena e grand.
Mio Çid e sus compañas   tan a grand sabor están.
El ivierno es exido,   que el maŗço quiere entrar.
Dezirvos quiero nuevas   de allent partes del   1620
                                        [mar,
de aquel rrey Yúcef   que en Marruecos está.

88 [*El emperador de Marruecos viene con un ejér-
cito para recobrar Valencia*]

Pesól' al rrey de Marruecos   de Mio Çid don Ro-
                                                [drigo:
"Que en mis heredades   fuertemie[n]tre es metido
"e él non ge lo gradeçe   sinon a Ihesu Christo."

---

* *fol.* 33v.º

1612 *Oios vellidos*: sinécdoque; "Sus bellos ojos".
1614 *a oio han*: "divisan".
1615 *espessa*: "exuberante".
1616-1617 *por a Dios rrogar d*[e]: "para rezar a Dios por motivo de".
1619 *que*: conj. pleonástica (causal débil), comp. los vv. 352, 434,
     650, 1155 y 1562; "el invierno ha terminado, (y) marzo va en-
     trando".
1621 *Yúcef*: Yusuf ibn Tešufin, véase la nota a los vv. 1181-1182. No
     llegó a intentar recobrar Valencia en persona, pero mandó a su
     sobrino Muhammad ibn ᶜAyisa, que fue derrotado por el Cid
     hacia 1095.
1624 Comentario irónico.

Aquel rrey de Marruecos   aiuntava sus virtos,   1625
con çinquaenta vezes   mill de armas   todos fueron
[conplidos,
entraron sobre mar,   en las barcas son metidos,
van buscar a Valençia   a Mio Çid don Rodrigo;
arribado an las naves,   fuera eran exidos.

89 [*Las fuerzas marroquíes acampan frente a la
ciudad*]

Llegaron a Valençia,   la que Mio Çid á   1630
[conquista,
fincaron las tiendas   e posan las yentes descreídas.
Estas nuevas   a Mio Çid eran venidas:

90 [*El Cid se deleita con la perspectiva de un gran
botín y con la oportunidad de llevar a cabo
alguna proeza ante su mujer*]

"¡Grado al Criador   e a[l] Padre espirital!
"Todo el bien que yo he,   todo lo tengo delant;
"con afán gané a Valençia   e éla por heredad,   1635 ,
"a menos de muert   no la puedo dexar;
"grado al Criador   e a Sancta María madre,
"mis fijas e mi mugier   que las tengo acá. *
"Venídom' es deliçio   de tierras d'allent mar,
"entraré en las armas,   non lo podré dexar,   1640

---

* fol. 34r.º

1626 50.000 —número exagerado y nocional—, véase la nota al v. 187.
1629 "los barcos atracaron, (y) ellos desembarcaron".
1631 "los infieles montaron las tiendas y acamparon".
1633 *e*: apositivo.
1634 *bien*: "hacienda".
1635 *éla*: "la poseo".
1636 *a menos de muert*: "sólo después de muerto".
1640 *dexar*: "dejar de hacer".

"mis fijas e mi mugier   ver me an lidiar,
"en estas tierras agenas   verán las moradas cómmo
[se fazen,
"afarto verán por los oios   cómmo se gana el pan."
Su mugier e sus fijas   subiólas al alcáçar,
alçavan los oios,   tiendas vieron fincadas: 1645
"¿Qué 's esto, Çid?   ¡sí el Criador vos salve!"
"¡Ya mugier ondrada,   non ayades pesar!
"Riqueza es que nos acreçe   maravillosa e grand,
"a poco que viniestes,   presend vos quieren dar,
"por casar son vuestras fijas,   adúzenvos   1650
[axuvar."
"A vós grado, Çid,   e al Padre spiritual."
"Mugier, sed en este palaçio,   e si quisiéredes, en el
[alcáçar,
"non ayades pavor   porque me veades lidiar;
"con la merçed de Dios   e de Sancta María madre,
"créçem' el coraçón   porque estades delant;   1655
"con Dios aquesta lid   yo la he de arrancar."

1641 Eco germánico, comp. el v. 1655; Tácito relató la bárbara cos-
    tumbre de los guerreros alemanes de trabar batalla en presen-
    cia de las mujeres.
1643 El Cid expresa claramente lo realista de su motivación.
1646-1647 La alarma de doña Jimena al ver al ejército moro y la res-
    puesta tranquilizadora de su marido tienen paralelo en el poema
    francés *Florence de Rome*, vv. 1059-1080, donde Florencia es
    confortada por su padre; comp. también la traducción española
    en prosa del siglo XIV, *Cuento muy fermoso del enperador Otas
    de Roma* (ed. J. Amador de los Ríos, en *Historia crítica de la
    literatura española*, Madrid, 1861-1865, V, p. 405). Para un pa-
    ralelo histórico, recuérdese a la princesa Ana Comnena, quien
    al ver a los cruzados desde las murallas de Bizancio en 1096-1097
    creyó que se trataba de una nueva avalancha de los bárbaros
    (y no sin razón; véase Christopher Brooke, *The Twelfth Cen-
    tury Renaissance*, Londres, 1969, p. 158, y comp. Steven Run-
    ciman, *A History of the Crusades*, Harmondsworth, 1971, I,
    pp. 116-117).
1649 *presend*: "regalo".
1650 *por casar*: véase la nota al v. 1598.
    axuvar: "dote".
1652 Smith interpreta: "Permanece en esta sala, o, si quieres, sube
    a la torre" (traducción mía), pero el *e* parece ser pleonástico
    como en los vv. 248, 255, 1749, etc.: "Mujer, si quieres, per-
    manece en esta sala, dentro de la fortaleza".

91 [*El Cid tranquiliza a las damas y hace su voto*]

Fincadas son las tiendas   e pareçen los alvores,
a una grand priessa   tañién los atamores;
alegravas' Mio Çid   e dixo: "¡Tan buen día es oy!"
Miedo á su mugier   e quiérel' quebrar el   1660
                                    [coraçón,
assí fazié a las dueñas   e a sus fijas amas a dos,
del día que nasquieran   non vieran tal tremor.
Prisos' a la barba   el buen Çid Campeador:
"Non ayades miedo,   ca todo es vuestra pro; *
"antes d'estos *quinze* días,   si ploguiere a[l]   1665
                                    [Criador,
". . . . . .   aquellos atamores
"a vós los pondrán delant   e veredes quáles   1666b
                                    [son,
"desí an a ser   del obispo don Iherónimo,
"colgar los han en Sancta María   madre del Criador."
Vocaçión es que fizo   el Çid Campeador.
Alegre[s] son las dueñas,   perdiendo van el   1670
                                    [pavor.
Los moros de Marruecos   cavalgan a vigor,
por las huertas adentro   ent[r]an sines pavor.

92 [*La primera escaramuza*]

Violo el atalaya   e tanxo el esquila,
prestas son las mesnadas   de las yentes christianas,

---

* *fol. 34v.º*

1657 Una vez descrito el episodio de doña Jimena, el poeta prosi-
     gue con la narración dejada en el v. 1631.
1658 *tañién los atamores*: "(los moros) tocaban los tambores".
1661 Véase la nota al v. 315.
1662 *vieran*: catacresis; "desde el día que nacieron nunca habían oído
     tal estruendo".
1664 *todo es vuestra pro*: "todo es para provecho vuestro".
1667 *desí an a ser de*: "después serán entregados a".
1673 *tanxo*: 3.ª p.ª sg. pret. fuerte de *tañer*: "tocó el esquilón".

adóbanse de coraçón   e dan salto de la villa: 1675
dós' fallan con los moros   cometiénlos tan aína,
sácanlos de las huertas   mucho a fea guisa,
quinientos mataron d'ellos   conplidos en és día.

93   [*Álvar Salvadórez hecho prisionero; el Cid ce-*
lebra un consejo de guerra]

Bien fata las tiendas   dura aqueste alcaz,
mucho avién fecho,   piessan de cavalgar;   1680
Álbar Salvadórez   preso fincó allá.
Tornados son a Mio Çid   los que comién so pan,
él se lo vio con los oios,   cuéntangelo delant,
alegre es Mio Çid   por quanto fecho han:
"¡Oídme, cavalleros,   non rrastará por ál!   1685
"Oy es día bueno   e meior será cras:
"por la mañana prieta   todos armados seades,

1676 *dos'* = *dó se*; "donde se encuentran con los moros".
1677 *mucho a fea guisa*: "con gran violencia".
1678 *quinientos ... conplidos*: "lo menos quinientos".
1681 Se olvidó el poeta de contarnos su liberación, y el personaje vuel-
ve a aparecer sin explicación en el v. 1719.
1682 *los que comién su pan*: es decir, sus vasallos.
1683 "Él mismo vio la persecución: ellos la relatan ante él".
1685 *non rrastará por ál*: "no hay otra manera".
1687 *por la mañana prieta*: lit. "por la oscura mañana", es decir,
"antes de rayar el día". Menéndez Pidal, ed. crít., p. 315, y CC,
p. 199 nota, dio a *prietá* el valor adverbial de "temprano",
"cerca de", basándose en "prieto el mar" y otros casos pare-
cidos; en sus Adiciones, p. 1207, admite que significa "oscura",
fundándose en un ejemplo postmedieval. Corominas, *DCELC*,
s.v. "apretar", no cita nuestro ejemplo, pero aduce un ejemplo
del *Poema de Yúçuf*, estr. 2*d*: "ni^y-en la ti^yerra pⁱri^yeta
ni^y-en la b^alanka", y además Sem Tob, vv. 64 y 445. Ni el uno
ni el otro citan los muchos ejemplos encontrados en don Juan
Manuel, *Estados*, fol. 115*b* (ed. R. B. Tate e I. R. Macpherson,
Oxford, 1974, p. 253.32): "monges blancos e prietos"; *Libro
del cavallero* (ed. J. M. Castro y Calvo y M. de Riquer, Ma-
drid, 1955, p. 54): "los tordos prietos"; *Conde Lucanor*, en-
xenplo V (ed. J. M. Blecua, Madrid, Clásicos Castalia, p. 79):
"las péñolas vuestras son prietas" (e *ibid.*, muchos más ejem-
plos); ni el ejemplo del *Lba*, estr. 386*b*: "quier blancas, quier
prietas".

"dezir nos ha la missa   e pensad de cavalgar,
"el obispo do Iherónimo   soltura nos dará,
"ir los hemos ferir . . . . . .*   1690
"en el nombre del Criador   e del apóstol   1690*b*
                    [Sancti Yagüe;
"más vale que nós los vezcamos   que ellos coian el
                    [[p]an."
Essora dixieron todos: "D'amor e de voluntad."
Fablava Minaya,   non lo quiso detardar:
"Pues esso queredes, Çid,   a mí mandedes ál,
"dadme *çiento* [*e*] *treínta* cavalleros   pora   1695
                    [huebos de lidiar,
"quando vós los fuéredes ferir,   entraré yo del otra
                    [part;
"o de amas o del una   Dios nos valdrá."
Essora dixo el Çid: "De buena voluntad."

94   [*El obispo absuelve al ejército cristiano, y pide
        los primeros golpes*]

És día es salido   e la noch es entrada,
nos' detardan de adobasse   essas yentes   1700
                    [christianas.
A los mediados gallos,   antes de la mañana,
el obispo don Iherónimo   la missa les cantava;

---

* *fol.* 35r.º

1688-1689 Sujeto retrasado, comp. el v. 1340. Menéndez Pidal y Smith
    invierten el orden de estos versos erróneamente, porque está
    claro en el v. 1703 que la absolución sigue a la misa.
1691 *vezcamos*: 1.ª p.ª pl. pres. subj. de *vencer*.
    el [*p*]*an*: "nuestra alimentación".
1694 *a mí mandedes ál*: "déme otras órdenes".
1695 *pora huebos de lidiar*: comp. el v. 1461.
1696 *del otra part*: "en el flanco", comp. la misma táctica en los
    vv. 1129-1132.
1697 *nos valdrá*: "nos ayudará".
1700 *nos'* = *no se*.
    adobasse = *adobarse*, "prepararse".
1701 *A los mediados gallos*, comp. el v. 324.

la missa dicha,   grant sultura les dava:
"El que aquí muriere   lidiando de cara
"préndol' yo los pecados   e Dios le abrá el   1705
                                [alma.
"A vós, Çid don Rodrigo,   en buen ora çinxiestes
                                [espada,
"yo vos canté la missa   por aquesta mañana;
"pídovos un don   e séam' presentado,
"las feridas primeras   que las aya yo otorgadas."
Dixo el Campeador: "Desaquí vos sean   1710
                                [mandadas."

95   [*El Cid derrota a Yúcef y captura un rico bo-
         tín; dota a las dueñas de doña Jimena y reserva
         la tienda de Yúcef para Alfonso VI*]

Salidos son todos armados   por las torres de
                                [Va[le]nçia,
Mio Çid a los sos vassallos   tan bien los acordando;
dexan a las puertas   omnes de grant rrecabdo.
Dio salto Mio Çid   en Baviecā el so cavallo,

1703-1705 El arzobispo Turpín da la misma absolución condicional a
    las tropas francas antes de la batalla de Roncesvalles, *Chanson
    de Roland*, vv. 1133-1138:

> "...Asoldrai vos pur voz anmes guarir.
> Se vos murez, esterez seinz martirs,
> Sieges avrez el greignor pareïs."
> Franceis decendent, a tere se sunt mis,
> E l'arcevesque de Deu les beneïst,
> Par penitence les cumandet a ferir.

1708-1710 El honor de dar los primeros golpes era muy codiciado; en
    Chanson de Roland, vv. 3200-3203, Baligant le concede el privi-
    legio a su hijo Malpramis. En Berceo, *San Millán*, estrs. 437
    y 459, Santiago y San Millán aparecen milagrosamente a inau-
    gurar la batalla de Toro y reciben un galardón apropiado. Véase
    también *Alex*, estr. 980*d*; y comp. el documento expuesto en el
    Museo Británico en donde se le conceden los primeros golpes
    al Príncipe Negro.
1712 *acordando*: "poniendo de acuerdo", "aconsejando".
1713 *rrecabdo*: "cautela", "prudencia".
1714 *Dio salto . . . en*: "Salió (montado) en".

de todas guarnizones   muy bien es adobado.   1715
La seña sacan fuera,   de Valençia dieron salto, *
quatro mill menos *treínta*   con Mio Çid van a cabo,
a los çinquaenta mill   vanlos ferir de grado;
Álvar Álvarez   e Álvar Salvadórez
e Minaya Álbar Fáñez | entráronles del   1719*b*-20
[otro cabo.
Plogo al Criador   e ovieron de arrancarlos.
Mio Çid enpleó la lança,   al espada metió mano,
atantos mata de moros   que non fueron contados,
por el cobdo ayuso   la sangre destellando.
Al rrey Yúçef   tres colpes le ovo dados,   1725
saliós'le de so 'l espada   ca múchol' andido el cavallo,
metiós'le en Guiera,   un castiello palaçiano,
Mio Çid el de Bivar   fasta allí llegó en alcaz
con otros quel' consiguen   de sus buenos vassallos.
Desd' allí se tornó   el que en buen ora nasco,   1730
mucho era alegre   de lo que an caçado.
Allí preçió a Bavieca   de la cabeça fasta a cabo.
Toda esta ganançia   en su mano á rrastado.
Los *çinquaenta* mill   por cuenta fuero[*n*] notados,

---

* *fol. 35v.º*

1715 *adobado*: "equipado".
1717-1718 *con Mio Çid van a cabo*: "van al lado del Cid".
    La desventaja del ejército castellano parece muy exagerada.
1719 *e Álvar Salvadórez*: muchos editores suprimen estas palabras,
    tachadas en el Ms. por un lector posterior que recordó que el
    personaje fue hecho prisionero en el v. 1681 (véase el Aparato
    Crítico). Menéndez Pidal, ed. crít., reconoce que el poeta vuel-
    ve a aludir a Álvar Salvadórez en los vv. 1994 y 3067, pero no
    cree posible que el poeta lo hubiera olvidado tan pronto; él
    mismo, no obstante, cita el descuido de Cervantes acerca del
    asno robado a Sancho Panza (*Quijote*, I, caps. 23 y 25).
1720 *entráronles del otro cabo*: "les atacaron en el flanco".
1724 La fórmula se aplica aquí al Cid, véase la nota al v. 501.
1726 *saliós'le de so'l espada = se le salió de so el espada*; "se es-
    cabulló por debajo de la espada" (véase el Aparato Crítico).
    andido: 3.ª p.ª sg. pret. fuerte de *andar*.
1727 *metiós'le en Guiera*: "se refugió en Cullera".
1729 *quel' consiguen*: "que le acompañan".
1731 *caçado*: "capturado".
1732 *de la cabeça fasta a cabo*: "de cabo a rabo", "de pies a cabeza".

non escaparon   más de çiento e quatro.   1735
Mesnadas de Mio Çid   rrobado an el canpo,
entre oro e plata   fallaron tres mill marcos,
las otras ganançias   non avía rrecabdo.
Alegre era Mio Çid   e todos sos vassallos
que Dios les ovo merçed   que vençieron el   1740
[campo.
Quando al rrey de Marruecos   assí lo an arrancado,
dexó [a] Álbar Fáñez   por saber todo rrecabdo; *
con çiento cavalleros   a Valençia es entrado,
fronzida trahe la cara,   que era desarmado,
assí entró sobre Bavieca,   el espada en la   1745
[mano.
Reçibiénlo las dueñas   que lo están esperando;
Mio Çid fincó ant ellas,   tovo la rrienda al cavallo:
"A vós me omillo, dueñas,   grant prez vos he gañado,
"vós teniendo Valençia   e yo vençí el campo;
"esto Dios se lo quiso   con todos los sos   1750
[santos
"quando en vuestra venida   tal ganançia nos an dada.
"¿Vedes el espada sangrienta   e sudiento el cavallo?
"—con tal cum esto   se vençen moros del campo.
"Rogand al Criador   que vos biva algunt año,
"entraredes en prez   e besarán vuestras manos."   1755
Esto dixo Mio Çid,   diçiendo del cavallo.
Quándol' vieron de pie,   que era descavalgado,

---

* fol. 36r.º

1738 Anacoluto; la sintaxis exigiría [de] las ... rrecabdo; "eran de-
masiado abundantes para calcularlas", comp. el v. 1742.
1744 fronzida: "arrugada", véase la nota al v. 789.
1747 fincó: "paró".
1749 Cumplimiento cortés y gracioso.
1750 se: dativo ético, comp. el v. 1683; "esto Dios mismo ha que-
rido".
1753 cum: "como".
1754 Rogand: tal vez apócope del participio pres., "Rogando" (véase
el Aparato Crítico).
1755 entraredes en: inceptivo; "obtendréis".
besarán: impersonal; "se os besará la mano", "se os respetará",
comp. el v. 3450.
1756 diçiendo: "apeándose".

las dueñas e las fijas   e la mugier que vale algo
delant el Campeador   los inoios fincaron:
"Somos en vuestra merçed   e ¡bivades muchos   1760
                                  [años!"
En buelta con él   entraron al palaçio
e ivan posar con él   en unos preçiosos escaños.
"Ya mugier daña Ximena,   ¿nom' lo aviedes rrogado?
"Estas dueñas que aduxiestes,   que vos sirven tanto,
"quiero las casar   con de aquestos mios   1765
                                  [vassallos;
"a cada una d'ellas   doles *dozientos* marcos de plata,
"que lo sepan en Castiella   a quién sirvieron tanto.
"Lo de vuestras fijas   venir se á más por espaçio." *
Levantáronse todas   e besáronle las manos,
grant fue el alegría   que fue por el palaçio;   1770
commo lo dixo el Çid   assí lo han acabado.
Minaya Álbar Fáñez   fuera era en el campo
con todas estas yentes   escriviendo e contando,
entre tiendas e armas   e vestidos preçiados
tanto fallan d'esto   que es cosa sobeiana.   1775
Quiero vos dezir   lo que es más granado,
non pudieron ellos saber   la cuenta   de todos los
                                  [cavallos

---

* *fol. 36v.º*

1758 *que vale algo*: "honrada", "noble".
1761 *En buelta con él*: "Junto con él".
  palaçio: "sala" o parte amueblada del alcázar.
1763 *daña*: "doña", quizá forma influenciada por el fr. *dame* (comp.
  el título masculino "dam Geifreit", "Danz Oliver", *Chanson
  de Roland*, 3806 y 1367).
1765 *de*: partitivo.
1768 *Lo de vuestras fijas*: "La cuestión del casamiento de tus hi-
  jas", véase la nota al v. 1598.
1769 Jimena, las hijas y las damas de honor le agradecen las dotes
  que ha provisto.
1771 *acabado*: "ejecutado".
1772 *fuera era en el campo*: "estaba fuera en el campo de batalla".
1773 *yentes*: probablemente los *quiñoneros*, véase la nota al v. 511.
1776 *más granado*: "más extraordinario".

que andan arrad[í]os   e non ha qui tomallos,
los moros de las tierras   ganado se an í algo;
maguer de todo esto,   al Campeador contado   1780
de los buenos e otorgados   cayéronle mill e *quinien-*
                              [*tos* cavallos;
quando a Mio Çid   cayeron tantos
los otros bien pueden   fincar pagados.   1782*b*
¡Tanta tienda preçiada   e tanto tendal obrado
que á ganado Mio Çid   con todos sus vassallos!
La tienda del rrey de Marruecos,   que de las   1785
                              [otras es cabo,
dos tendales la sufren,   con oro son labrados,
mandó Mio Çid Ruy Díaz . . . . . .
que fita soviesse la tienda | e non la tolliesse   1787*b*-88
                              [dent christiano:
"Tal tienda commo ésta,   que de Marruecos es pa-
                              [ssada,
"enbiarla quiero   a Alfonso el castellano,"   1790
que croviesse sos nuevas   de Mio Çid que avié algo.

1778 *arrad[í]os*: Ms. *arriados*. Comp. *PCG*, p. 354*a*, "andavan erra-
díos", y p. 335*b*, "andando erradíos por esos montes"; Berceo,
Milagros, estr. 646*c*, "ando en radío", *Santo Domingo*, estr. 469*a*,
"andan desarrados", etc. Mientras el poco común *erradíos* no
parece ocurrir con *a* inicial, hay varios ejemplos de *desarrados,
desarrar*, etc. El verbo *arrear* ("equipar") no aparece con la
forma **arriar*, y tampoco encaja bien en el sentido del verso.
Para una descripción semejante de caballos corriendo desenfre-
nados después de una batalla, véase el v. 2406.
1779 *algo*: "riqueza".
1780 *maguer de*: "a pesar de".
1781 *otorgados*: "aprobados".
1783 *obrado*: "labrado".
1785 La descripción de la tienda constituía un tema literario, comp.
Alex, estrs. 2539-2595, y *Lba*, estrs. 1266-1301.
1786 *sufren*: "soportan".
1787*b* *fita soviesse*: "permaneciese montada".
1788 *dent*: "de allí".
1789 *es passada*: "ha sido traída".
1790 El poeta no menciona el envío de la tienda después.
1791 Cambio de estilo directo a indirecto, comp. los vv. 1240-1241,
etcétera.
croviesse: 3.ª p.ª sg. pret. fuerte de *creer*.
sos: "sus"; quizá uso dialectal de la forma masculina con sus-
tantivo femenino.
que avié algo: "que tenía riquezas".

Con aquestas rriquezas tantas   a Valençia son en-
                                    [trados.
El obispo don Iherónimo,   caboso coronado,
quando es farto de lidiar   con amas las sus manos,
non tiene en cuenta   los moros que ha   1795
                        [matados; *
lo que cayé a él   mucho era sobeiano,
Mio Çid don Rodrigo,   el que en buen ora nasco,
de toda la su quinta   el diezmo l' á mandado.

96 [*El Cid envía la tercera dádiva al rey*]

Alegres son por Valençia   las yentes christianas,
tantos avién de averes,   de cavallos e de armas;   1800
alegre es doña Ximena   e sus fijas amas
e todas la[s] otras dueñas   que[s'] tienen por ca-
                            [sadas.
El bueno de Mio Çid   non lo tardó por nada:
"¿Dó sodes, caboso?   Venid acá, Minaya;
"de lo que a vós cayó   vós non gradeçedes   1805
                        [nada;
"d'esta mi quinta,   dígovos sin falla,
"prended lo que quisiéredes,   lo otro rremanga;
"e cras a la mañana   ir vos hedes sin falla
"con cavallos d'esta quinta   que yo he ganada,
"con siellas e con frenos   e con señas espadas;   1810
"por amor de mi mugier   e de mis fijas amas,
"porque assí las enbió   dond ellas son pagadas,

---

* *fol. 37r.º*

1793 *caboso*: "cabal".
1794 *farto*: "satisfecho".
1795 *non tiene en cuenta*: "no puede estimar".
1796 *lo que cayé a él*: "lo que le tocaba", que hubiera incluido un
    galardón por haber dado los primeros golpes, además de los
    diezmos mencionados en el v. 1798.
1800 Véase la nota al v. 2491.
1805 *vós non gradeçedes nada*: "no tiene nada que agradecer a na-
    die", es decir, "se lo ha merecido enteramente", comp. el v. 1624.
1807 *lo otro rremanga*: "quede el resto", es decir, "deje el resto".
1810 Véase la nota a los vv. 816-818.
1812 *las enbió dond*: "(el rey) las envió aquí, donde".

"estos dozientos cavallos   irán en presentaias
"que non diga mal el rrey Alfonso   del que Valençia
[manda."
Mandó a Pero Vermúez   que fuesse con   1815
[Minaya.
Otro día mañana   privado cavalgavan
e dozientos omnes   lievan en su conpaña
con saludes del Çid   que las manos le besava:
d'esta lid   que ha arrancada
dozientos cavallos   le enbiava en presentaia,   1819*b*
"E servir lo he sienpre"   mientra que ovisse   1820
[el alma.

97 [*Álvar Fáñez y Pedro Bermúdez se marchan a
Castilla*]

Salidos son de Valençia   e piensan de andar, *
tales ganançias traen   que son a aguardar.
Andan los días e las noches   . . . . .
e passada han la sierra | que las otras   1823*b*-24
[tierras parte.
Por el rrey don Alfonso   tómanse a preguntar.   1825

98 [*Encuentran al rey en Valladolid*]

Passando van las sierras   e los montes e las aguas,
llegan a Valladolid   dó el rrey Alfonso estava;

---

* *fol. 37v.º*

1813 Éste es el tercer obsequio que el Cid manda al rey, véanse las
notas a los vv. 816-818 y 1274.
1818 *le*: es decir, "al rey".
1820 Cambio de estilo directo a indirecto, comp. los vv. 1240-1241,
1790-1791, etc.
1822 *a aguardar*: "para guardar".
1823*b*-1824 Contrástese la descripción tan imprecisa de este viaje con
las anteriores, muy detalladas, vv. 1473-1493 y 1542-1559.
la sierra: probablemente la parte este del Guadarrama, puesto
que los viajeros llegan a Valladolid.
1826-1827 Repetición del final de la tirada anterior con más detalles.

enviávanle mandado   Pero Vermúez e Minaya
que mandasse rreçebir   a esta conpaña;
Mio Çid el de Valençia   enbía su presentaia.   1830

99   [*Alfonso recibe con benevolencia el presente
enviado por el Cid, pero el conde García Or-
dóñez no puede reprimir su envidia*]

Alegre fue el rrey,   non viestes atanto,
mandó cavalgar apriessa   todos sos fijos d'algo,
í en los primeros   el rrey fuera dio salto
a ver estos mensaies   del que en buen ora nasco.
Los ifantes de Carrión,   sabet, ís' açertaron,   1835
[e] el conde don Garçía,   so enemigo malo.
A los unos plaze   e a los otros va pesando.
A oio lo[s] avién   los del que en buen ora nasco,
cuédanse que es almofalla   ca non vienen con man-
                                                         [dado,
el rrey don Alfonso   seíse sanctiguando.   1840
Minaya e Per Vermúez   adelante son llegados,
firiéronse a tierra,   deçendieron de los cavallos,
ant el rrey Alfonso,   los inoios fincados,
besan la tierra   e los pies amos:
"¡Merçed, rrey Alfonso,   sodes tan ondrado!   1845
"Por Mio Çid el Campeador   todo esto vos besamos,

1831 *non viestes atanto*: apóstrofe al público; "nunca habéis visto
      cosa semejante".
1833 *fuera dio salto*: "salió (de prisa)".
1834 *mensaies*: metonimia, "mensajeros".
1835 *ís' açertaron*: "se hallaban allí mismo".
1836 *so*: el adjetivo posesivo va separado de su antecedente en el
      v. 1834; "el enemigo malo del Cid".
1838 "Divisaron a los hombres del Cid".
1839 *cuédanse*: "piensan".
      almofalla: "hueste" (mora u hostil).
      non vienen con mandado: "no envían a un mensajero por de-
      lante". Smith encuentra dificultad en el hecho de que antes
      habían mandado un mensaje, v. 1828, pero parece tratarse de
      una falta de heraldos a la cabeza del grupo.
1840 El rey, asustado, se santigua.
1844 *amos*: "ambos".

"a vós llama por señor   e tienes' por vuestro vassallo, *
"mucho preçia la ondra el Çid   quel' avedes dado.
"Pocos días ha, rrey,   que una lid á arrancado;
"a aquel rrey de Marruecos,   Yúcef por   1850
                                    [nombrado,
"con çinquaenta mill   arrancólos del campo.
"Las gananças que fizo   mucho son sobeianas,
"rricos son venidos   todos los sos vassallos
"e embíavos dozientos cavallos   e bésavos las manos."
Dixo el rrey don Alfonso: "Reçíbolos de grado;   1855
"gradéscolo a Mio Çid   que tal don me ha enbiado,
"aún vea [el] ora   que de mí sea pagado."
Esto plogo a muchos   e besáronle las manos.
Pesó al conde don Garçía   e mal era irado,
con diez de sus parientes   aparte davan salto: 1860
" ¡Maravilla es del Çid   que su ondra creçe tanto!
"En la ondra que él ha   nós seremos abiltados;
"por tan biltadamientre   vençer rreyes del campo,
"commo si los fallasse muertos   aduzirse los cavallos,
"por esto que él faze   nós abremos enbargo."   1865

100   [*Alfonso honra a los mensajeros del Cid*]

Fabló el rrey don Alfonso   e dixo esta rrazón:
"Grado al Criador   e al señor Sant Esidro el de León

---

* *Cuaderno 6.º, fol. 38r.º*

1848 *la ondra*: el favor que le ha hecho.
1857 "aún vea yo el día en que se muestre satisfecho de mí", es
    decir, "...en que pueda yo corresponder".
1860 *aparte davan salto*: "se apartaron" para conferenciar.
1862 *abiltados*: "degradados".
1863 *biltadamientre*: "vilmente", él siendo infanzón y ellos reyes,
    aunque moros (Menéndez Pidal, ed. crít., y Smith lo interpretan
    como "fácilmente", sin aducir ningún ejemplo de este signifi-
    cado).
1864 "llevarles los cavallos como si encontrase muertos a los jine-
    netes"; comp. su otro comentario despreciativo en los vv. 1345-
    1347.
1865 *enbargo*: "impedimento", "daño".
1867 Sobre San Isidro, véase la nota al v. 1342.

"estos dozientos cavallos   quem' enbía Mio Çid.
"Mio rreino adelant   meior me podrá servir.
"A vós, Minaya Álbar Fáñez,   e a Pero   1870
                    [Vermúez aquí
"mándovos los cuerpos   ondradamientre servir e
                            [vestir *
"e guarnirvos de todas armas,   commo vós dixiéredes
                            [aquí,
"que bien parescades   ante Ruy Díaz Mio Çid;
"dovos *tres* cavallos   e prendedlos aquí.
"Assí commo semeia   e la veluntad me lo diz,   1875
"todas estas nuevas   a bien abrán de venir."

101   [*Los infantes de Carrión se deciden a pedir
        la mano de las hijas del Cid*]

Besáronle las manos   e entraron a posar;
bien los mandó servir   de quanto huebos han.
De los iffantes de Carrión   yo vos quiero contar,
fablando en su conseio,   aviendo su poridad: 1880
"Las nuevas del Çid   mucho van adelant,
"demandemos sus fijas   pora con ellas casar,
"creçremos en nuestra ondra   e iremos adelant."

---

* *fol. 38v.º*

1869 "En el futuro podrá servir mejor a mi reino". *me*: dativo po-
    sesivo o ético; Menéndez Pidal, ed. crít., p. 822, y CC, p. 207
    nota, no hace caso del hipérbaton e interpreta: "En lo sucesivo
    de mi reinado...". Corominas, *DCELC, s.v.* "rey", cita un ejem-
    plo de *regnado* con el sentido de "reino" (añádanse los ejemplos
    en *Alex*, estrs. 195d y 1456d), pero ninguno de *reino* con el de
    "reinado".
1872 *commo vós dixiéredes aquí*: "lo que Vds. encarguen ahora".
1873 *que bien parescades*: "para que Vds. luzcan".
1874 No está claro que se les dé tres caballos para los dos, o tres a
    cada uno; esto último tiene más sentido, si el número es más
    que nocional: se supone que cada uno recibe un corcel, un
    palafrén y un caballo de carga.
1875 *veluntad*: "corazón".
1876 *nuevas*: "acciones".
1880 "aconsejándose y hablando en secreto".
1881 *nuevas*: "asuntos".

Vinién al rrey Alfonso   con esta poridad:
" ¡Merçed vos pidimos   commo a rrey e señor   1885
[natural!

102 [*Solicitan de Alfonso que les arregle el casa-
miento; el rey aborda el asunto con Álvar Fá-
ñez y Pedro Bermúdez y pide vistas con el
Cid; los mensajeros vuelven a Valencia para
informar al Cid*]

"Con vuestro conseio   lo queremos fer nós
"que nos demandedes   fijas del Campeador;
"casar queremos con ellas   a su ondra e a nuestra
[pro."
Una grant ora el rrey   pensó e comidió:
"Yo eché de tierra   al buen Campeador,   1890
"e faziendo yo a él mal   e él a mí grand pro,
"del casamiento non sé   sis' abrá sabor,
"mas pues bós lo queredes   entremos en la rrazón."
A Minaya Álbar Fáñez   e a Pero Vermúez
el rrey don Alfonso   essora los llamó,   1895
a una quadra   ele los apartó: *
"Oídme, Minaya   e vós, Per Vermúez,

---

* *fol.* 39r.º

1884 *poridad*: "asunto secreto".
1885 *señor natural*: "señor feudal".
1886-1887 *conseio*: "ayuda".
    fer: empleado como verbo vicario, anticipando la oración que
    sigue: "queremos que V.M. nos pida la mano de...".
1888 "...para aumentar su honra y nuestro provecho", comp. el an-
    tiguo proverbio "honra y provecho no caben en un cesto".
1889 Fórmula empleada cuando se reciben malas noticias, comp. los
    vv. 1932, 2828 y 2953.
1892 *sis'* = *si se*; el *se* es dativo ético; "no sé si le gustará el casa-
    miento".
1893 *bós* = *vós*.
    entremos en: inceptivo; "iniciemos las negociaciones".
1896 *quadra*: "cuarto".
    ele: forma arcaica de *él*.

"sírvem' Mio Çid   el Campeador,
"él lo mereçe | e de mí abrá perdón,   1898*b*-99
"viniéssem' a vistas,   si oviesse dent sabor.   1899*b*
"Otros mandados ha   en esta mi cort: 1900
"Diego e Ferrando,   los iffantes de Carrión,
"sabor han de casar   con sus fijas amas a dos.
"Sed buenos mensageros   e rruégovoslo yo
"que ge lo digades   al buen Campeador:
"abrá í ondra   e creçrá en onor   1905
"por consagrar   con los iffantes de Carrión."
Fabló Minaya   e plogo a Per Vermúez:
"Rogar ge lo emos   lo que dezides vós;
"después faga el Çid   lo que oviere sabor."
"Dezid a Ruy Díaz,   el que en buen ora nasco,   1910
"quel' iré a vistas   dó fuere aguisado,
"dó él dixiere   í sea el moión.
"Andarle quiero   a Mio Çid en toda pro."
Espidiénse al rrey,   con esto tornados son,
van pora Valençia   ellos e todos los sos.   1915
Quando lo sopo   el buen Campeador,
apriessa cavalga,   a rreçebirlos salió,
sonrrisós' Mio Çid   e bien los abraçó:
"¡Venides, Minaya   e vós, Pero Vermúez!
"En pocas tierras   á tales dos varones.   1920
"¿Cómmo son las saludes   de Alfonso mio señor?

1899*b* *vistas*: había tres tipos de reunión; en orden creciente de im-
    portancia eran: *juntas*, vv. 2914 y 2949, *vistas*, aquí y vv. 1911,
    1944, 1948, etc., y *cortes*, "la corte real" o *curia regia*, vv. 2914,
    2949, etc., a veces en sg. con esta acepción, vv. 3168, 3245,
    3259, etc.
    dent: "de ello"; "si le gustara hacerlo".
1900 *mandados*: "asuntos".
    cort: aquí, "el séquito real".
1905 *onor*: "hacienda".
1909 Su contestación brusca y reservada, como la anterior a los in-
    fantes (v. 1390), refleja el odio entre los dos bandos.
1912 *el moión*: "el lugar de la reunión". Ansioso de contentarle, el
    rey entrega al Cid el privilegio de fijar el lugar del encuentro.
1913 "Quiero hacer todo lo posible en favor del Cid".
1915 No se describe el viaje, véase la nota a los vv. 1823*b*-1824.

"¿Si es pagado   o rreçibió el don?" *
Dixo Minaya: "D'alma e de coraçón
"es pagado   e davos su amor."
Dixo Mio Çid: "¡Grado al Criador!"   1925
Esto diziendo,   conpieçan la rrazón,
lo quel' rrogava   Alfonso el de León
de dar sus fijas   a los ifantes de Carrión,
quel' connosçié í ondra   e creç[r]ié en onor,
que ge lo conseiava   d'alma e de coraçón.   1930
Quando lo oyó Mio Çid   el buen Campeador,
una grand ora   pensó e comidió:
"Esto gradesco   a Christus el mio señor.
"Echado fu de tierra,   é tollida la onor,
"con grand afán gané   lo que he yo.   1935
"A Dios lo gradesco   que del rrey he su graçia
"e pídenme mis fijas   pora los ifantes de Carrión.
"Ellos son mucho urgullosos   e an part en la cort,
"d'este casamiento   non avría sabor,
"mas pues lo conseia   el que más vale que nós,   1940
"fablemos en ello,   en la poridad seamos nós.
"Afé Dios del çielo   que nos acuerde en lo miior."
"Con todo esto   a vós dixo Alfonso
"que vos vernié a vistas   dó oviéssedes sabor;
"querer vos ie ver   e darvos su amor,   1945

---

* fol. 39v.º

1922 o: simple cópula; "¿y recibió el obsequio?".
1924 davos su amor: "le restaura a Vd. en el favor real".
1927 el de León: si bien conviene a la asonancia, el epíteto también
     identifica al rey con la facción leonesa.
1929 "(diciendo) que reconocía que honraría al Cid y que aumenta-
     ría su hacienda".
1932 Véase la nota al v. 1889.
1933 La gratitud mostrada por el Cid ante esta proposición nada grata
     es parecida a sus reacciones en los vv. 8-9 y 2830-2831.
1934 é tollida la onor: "se me ha confiscado la hacienda".
1938 an part en: "pertenecen a".
1939 Elipsis: "este casamiento no sería de mi agrado (si me tocara
     a mí decidirlo)".
1940 el que más vale que nós: "el que es más honrado que nosotros",
     es decir, el rey.
1941 poridad: "reunión secreta".
1942 "Que Dios nos ayude en las deliberaciones".

"acordar vos iedes después   a todo lo meior."
Essora dixo el Çid: "Plazme de coraçón." *
"Estas vistas   ó las ayades vós,
—dixo Minaya—   vós sed sabidor."
"Non era maravilla   si quisiesse el rrey Alfonso;   1950
"fasta dó lo fallássemos   buscarlo ir[i]emos nós,
"por darle grand ondra   commo a rrey de tierra.
"Mas lo que él quisiere   esso queramos nós.
"Sobre Taio,   que es una agua cabdal,
"ayamos vistas   quando lo quiere mio señor."   1955
Escrivién cartas,   bien las selló,
con dos cavalleros   luego las enbió:
"Lo que el rrey quisiere   esso ferá el Campeador."

103 [*Alfonso VI y los nobles se preparan para las
      vistas a orillas del Tajo*]

Al rrey ondrado   delant le echaron las cartas;
quando las vio,   de coraçón se paga: 1960
"Saludadme a Mio Çid,   el que en buen ora çinxo
"sean las vistas   d'estas *tres* semanas;   [espada,
"s[i] yo bivo só,   allí iré sin falla."
Non lo detardan,   a Mio Çid se tornavan.

---

* *fol. 40r.º*

1946 "(que) se pusiera Vd. después de acuerdo sobre la mejor solu-
    ción".
1948-1949 La intercalación de la oración preliminar *dixo Minaya* es
    muy poco común, aunque en otros versos hay oraciones subordi-
    nadas (*Estas vistas ó...*) que preceden a las correspondientes ora-
    ciones principales (*sed sabidor*), comp. 1417 y 2107. No se puede
    puntuar el v. 1948 como parte de la afirmación del Cid en el
    v. 1947 ni basándonos en la sintaxis ni en la semántica; no obs-
    tante, se podría invertir el orden de los dos versos para aliviar
    la construcción.
1950-1951 Elipsis: "No sería sorprendente si el rey Alfonso expre-
    sara su voluntad; entonces iríamos a buscarle dondequiera que
    le encontrásemos", es decir, "...dondequiera que se hallase".
1953 "Pero accedamos a sus deseos".
1955 El Cid fija el lugar, pero la fecha es incumbencia del rey.
1956 Véase la nota al v. 24.
1959 *echaron*: "presentaron".
1962 *tres*: véase la nota al v. 187.

D'ella part e d'ella   pora la[s] vistas se   1965
                         [adobavan;
¿quién vio por Castiella   tanta mula preçiada
e tanto palafré   que bien anda,
cavallos gruessos   e corredores sin falla,
tanto buen pendón   meter en buenas astas,
escudos boclados   con oro e con plata,   1970
mantos e pielles   e buenos çendales d'A[n]dria?
Conduchos largos   el rrey enbiar mandava *
a las aguas de Taio   ó las vistas son apareiadas.
Con el rrey   atantas buenas conpañas;
los iffantes de Carrió[n]   mucho alegres   1975
lo uno adebdan   e lo otro pagavan,   [andan,
commo ellos tenién,   creçer les ía la gana[n]çia,
quantos quisiessen   averes d'oro o de plata.
El rrey don Alfonso   apriessa cavalgava,
cuendes e podestades   e muy grandes mesnadas.   1980

---

* fol. 40v.º

1965 *D'ella part e d'ella*: "En ambas partes".
1966-1972 Existen descripciones parecidas en las epopeyas francesas,
   comp. *Chanson de Roland*, vv. 3863-3869:

> Lur esperuns unt en lor piez calcez,
> Vestent osberc blancs e forz e legers,
> Lur helmes clers unt fermez en lor chefs,
> Ceinent espees enheldees d'or mier,
> En lur cols pendent lur escuz de quarters,
> En lur. puinz destres unt lur trenchanz espiez;
> Puis sunt muntez en lur curanz destrers.

1971 *çendales d'A[n]dria*: O. Schultz-Gora, *Zeitschrift für romanische
   Philologie*, XXVI, p. 718, lo relacionó con el fr. *cendal d'An-
   drie*. La isla de Andros era famosa por sus telas de seda.
1972 *Conduchos largos*: "Provisiones generosas".
1976 Su falta de dinero es la razón por la que buscan el casamiento,
   véase la nota al v. 1374.
1978 Hipérbaton: "todo el oro y plata que quisiesen".
1980 Había tres rangos de nobleza en términos generales; en orden
   decreciente eran: *ricos omnes* (*condes* y *podestades* o barones);
   yfançones; y *fijos d'algo* (que incluían a *caballeros* y aun *es-
   cuderos*), pero este tercer título se empleaba a menudo en sen-
   tido amplio para todos "homes de buen linaje". *Infante* parece
   haber sido el título antes conferido a los hijos de *ricos omnes*,
   seguido del nombre de la casa solariega, comp. Siete infantes
   de Lara (o de Salas), pero durante el siglo XIII se restringió a
   los hijos del monarca.

Los ifantes de Carrión   lievan grandes conpañas.
Con el rrey van leoneses   e mesnadas galizianas,
non son en cuenta,   sabet, las castellanas.
Sueltan las rriendas,   a las vistas se van adeliñadas.

104   [*El Cid se prepara para las vistas; a orillas del
Tajo se postra ante el rey y recibe su perdón;
Alfonso pide al Cid que autorice los esponsales
de sus hijas con los infantes*]

Dentro en Valençia   Mio Çid el Campeador   1985
non lo detarda,   pora las vistas se adobó.
Tanta gruessa mula   e tanto palafré de sazón,
tanta buena arma   e tanto buen cavallo corredor,
tanta buena capa   e mantos e pelliçones,
chicos e grandes   vestidos son de colores.   1990
Minaya Álbar Fáñez   e aquel Pero Vermúez,
Martín Muñoz . . . .
e Martín Antolínez,   el burgalés de pro,   1992*b*
el obispo don Ierónimo,   coranado meior,
Álvar Álvarez   e Álvar Sa[l]vadórez,
Muño Gustioz,   el cavallero de pro,   1995
Galind Garçíaz,   el que fue de Aragón,
éstos se adoban   por ir con el Campeador
e todos los otros   que í son. *
[*A*] Álvar Salvadórez   e Galind Garcíaz el de Aragón
a aquestos dos   mandó el Campeador   2000
que curien a Valençia | d'alma e de coraçón   2000*b*-01

---

* *fol. 41r.º*

1983 *non son en cuenta*: "son demasiado numerosos para contarlos".
1987 *de sazón*: "excelente".
1999 Aunque estos dos vasallos se preparan para el viaje, comp. los
    vv. 1994 y 1996, el Cid ahora les manda permanecer para guar-
    dar Valencia; es posible que el poeta les enumerase en la lista
    poética (comp. los vv. 735-741) sin darse cuenta de la tarea es-
    pecial reservada para ellos. Para un descuido parecido en un
    corto espacio, véase la nota al v. 1681.

e todos los [*otros*]   que en poder d'éssos   2001*b*
                    [fossen;
las puertas del alcáçar . . . . . .
que non se abriessen   de día nin de noch;   2002*b*
dentro es su mugier   e sus fijas amas a dos,
en que tiene su alma   e su coraçón,
e otras dueñas   que las sirven a su sabor;   2005
rrecabdado ha,   commo tan buen varón,
que del alcáçar   una salir non puede
fata ques' torne   el que en buen ora nasco.
Salién de Valençia,   aguijan e espolonavan,
tantos cavallos en diestro,   gruessos e   2010
                    [corredores,
Mio Çid se los gañara,   que non ge los dieran en don;
yas' va pora las vistas   que con el rrey paró.
De un día es llegado antes   el rrey don Alfonso;
quando vieron que vinié   el buen Campeador
rreçebirlo salen   con tan grand onor.   2015
Dón lo ovo a oio   el que en buen ora nasco,
a todos los sos   estar los mandó
sinon a estos cavalleros   que querié de coraçó[*n*];
con unos *quinze*   a tierras' firió,
commo lo comidía   el que en buen ora nació,   2020
los inoios e las manos   en tierra los fincó,
las yerbas del campo   a dientes las tomó,

2001*b* *fossen* = *fuessen.*
2006 *rrecabdado ha*: "el Cid ha arreglado"; sujeto retrasado (expresado en el v. 2008); comp. los vv. 1340 y 1688-1689.
2010 *cavallos en diestro*: "corceles", comp. el v. 1548.
2011 *se*: dativo ético; "Mio Cid los había ganado para sí, porque nadie se los había regalado"; contraste entre la proeza del Cid y la del rey, en detrimento de éste.
2013 *De un día . . . antes*: "Con un día de anticipación".
2017 *estar*: "parar".
2020 *commo lo comidía*: "como lo había planeado".
2021 Esta forma de postración (o *kotow*) era de origen persa, india y oriental.
2022 Además de la costumbre germánica, itálica y eslava de ponerse hierba en la boca como símbolo de sumisión total (véase G. L. Hamilton, *Romanic Review*, IV, 1913, pp. 226-227), puede existir aquí un eco bíblico del destierro de Nabucodonosor ("...et foenum ut bos comedes", *Daniel*, IV, 22). Duncan McMillan, "L'humiliation du Cid", *Coloquios de Roncesvalles, agosto 1955* (Za-

llorando de los oios   tanto avié el gozo mayor; *
assí sabe dar omildança   a Alfonso so señor.
De aquesta guisa   a los pies le cayó;   2025
tan grand pesar ovo   el rrey don Alfonso:
"Levantados en pie,   ya Çid Campeador,
"besad las manos   ca los pies no[n];
"si esto non feches,   non avredes mi amor."
Inoios fitos   sedié el Campeador: 2030
"Merçed vos pido a vós,   mio natural señor,
"assí estando,   dédesme vuestra amor,
"que lo oyan   quantos aquí son."   2032b
Dixo el rrey: "Esto feré d'alma e de coraçón;
"aquí vos perdono   e dovos mi amor
"[e] en todo mio rreino   parte desde oy."   2035
Fabló Mio Çid   e dixo:
"¡Merçed! Yo lo rreçibo,   Alfonso mio   2036b
                                  [señor;
"gradéscolo a Dios del çielo   e después a vós
"e a estas mesnadas   que están aderredor."

---

ragoza, 1956), pp. 253-261, sugiere que *a dientes* es forma del galorromano AD DENTES, comp. fr. ant. *adenz* = "postrado", "boca abajo", y que *tomar* podría haber reemplazado *echarse, caer* o *yazer* en nuestro texto; el verso así hubiera significado "se postró sobre la hierba del campo". Añade que las "frases físicas" del *Poema* con sentido literal suelen llevar el art. def., *llorando de los oios*, etc,; sin embargo, obsérvese *tomar a manos*, vv. 701 y 972. McMillan debilita su argumento aún más aduciendo otro ejemplo del esp. ant.: "todos de grant esforçio todos oms ualientes / deuien uençer el mundo sola mientre a dientes", *Alex*, estr. 824*cd*, que muy difícilmente podría interpretarse como "...debían conquistar el mundo postrados". He encontrado otro ejemplo que lo desmiente por completo: "Desque mató los fijos tornó enos parientes / ouo los ambos a degollar a dientes", *Alex*, estr. 407*ab*, que tiene que significar "...les cortó la cabeza con sus dientes".

2029 *feches*: véase la nota al v. 896.
2030 "El Campeador se quedó arrodillado".
2034 El rey pronuncia la fórmula del perdón.
2035 *parte* está regida por *dovos* del verso anterior: "y le doy una posición en todo mi reino...", es decir, "le acojo como a uno de mis vasallos".

Inoios fitos   las manos le besó,
levós' en pie   e en la bócal' saludó.   2040
Todos los demás   d'esto avién sabor;
pesó a Álbar Díaz   e a Garcí Ordóñez.
Fabló Mio Çid   e dixo esta rrazón:
"Esto gradesco   al Criador   2043b
"quando he la graçia   de don Alfonso mio señor;
"valer me á Dios   de día e de noch.   2045
"Fuéssedes mi huésped,   si vos ploguiesse, señor."
Dixo el rrey: "Non es aguisado oy,
"vós agora llegastes   e nós viniemos anoch; *
"mio huésped seredes,   Çid Campeador,
"e cras feremos   lo que ploguiere a vós."   2050
Besóle la mano,   Mio Çid lo otorgó.
Essora se le omillan   los iffantes de Carrión:
"¡Omillámosnos, Çid,   en buen ora nasquiestes vós!
"En quanto podemos   andamos en vuestro pro."

----

* *Cuaderno 7.º, fol. 42r.º*

2039-2040 El Cid le besa las manos al aceptar el vasallaje y le da
    el beso de la fidelidad. El besar las manos era la antigua cere-
    monia española de vasallaje, y puesto que no parece que el Cid
    reciba tierras en feudo, no practica la usual ceremonia europea
    de rendir homenaje, en la cual el enfeudado, arrodillado, metía
    las manos entre las del señor (ceremonia practicada todavía en
    algunas "encenias" universitarias inglesas y en la investidura del
    Príncipe de Gales en 1969). No obstante, el Cid da el beso de
    fidelidad, comp. El Toledano, *De rebus Hispaniae*, VII, 1, al
    relatar el acto de lealtad de Pedro Ansúrez a Alfonso I el Ba-
    tallador, "cui manu et ore hominium fecerat pro terra quam ab
    eo acceperat in honorem". En *Las siete partidas* consta que el
    besar las manos era suficiente para la aceptación de vasallaje
    y que no hacía falta ninguna ceremonia para el recibo de rentas
    reales procedentes de villas y castillos, pero la aceptación de
    tierras en feudo requería *postura* u homenaje (IV, 26, 2). Me-
    néndez Pidal, ed. crít., p. 508, consideró el beso dado al rey
    por el Cid como un "saludo más afectuoso", interpretación im-
    probabilísima; parece más bien un exceso de meticulosidad, como
    si el Cid desease hacer absolutamente firme su nueva condición
    de vasallo, comp. su acto de postración en los vv. 2021-2022 y
    el comentario del poeta sobre esto, v. 2024, y comp. el placer de
    los que asistían al ver el beso de lealtad, v. 2041.
2046 Subj. optativo usado como imperativo cortés: "Acepte mi hos-
    pitalidad, si le agrada, señor".
2047 *aguisado*: "apropiado".
2054 *andamos en vuestro pro*: comp. el v. 1913.

Respuso Mio Çid: "¡Assí lo mande el   2055
                         [Criador!"
Mio Çid Ruy Díaz   que en ora buena nasco,
en aquel día   del rrey so huésped fue;
non se puede fartar d'él,   tántol' querié de coraçón,
catándol' sedié la barba,   que tan aínal' creçiera.
Maravíllanse de Mio Çid   quantos que í son.   2060
És día es passado   e entrada es la noch;
otro día mañana   claro salié el sol,
el Campeador   a los sos lo mandó
que adobassen cozina   pora quantos que í son.
De tal guisa los paga   Mio Çid el Campeador,   2065
todos eran alegres   e acuerdan en una rrazón:
passado avié *tres* años   no comieran meior.
Al otro día mañana,   assí commo salió el sol,
el obispo don Iherónimo   la missa cantó.
Al salir de la missa   todos iuntados son,   2070
non lo tardó el rrey,   la rrazón conpeçó:
"¡Oídme, las escuelas,   cuendes e ifançones!
"Cometer quiero un rruego   a Mio Çid el Cam-
                         [peador, *
"assí lo mande Christus   que sea a so pro.
"Vuestras fijas vos pido,   don Elvira e doña Sol,   2075

---

* *fol. 42v.°*

2055 Esta exclamación y sus variantes implican a veces que el inter-
     locutor no es muy optimista sobre el desenlace del asunto, comp.
     los vv. 1437, 2684 y 2074; uso irónico en el v. 2630, neutro en
     el v. 3032, de buena esperanza en el v. 1404.
2058 *non se puede fartar d'él:* "no puede dejar de mirarle", comp. el
     v. 3495.
2059 *aínal' = aína le; le* es dativo posesivo; "que le había crecido
     tan rápidamente".
2060 La apariencia del Cid produce el mismo asombro en los de la
     corte en los vv. 3123-3124.
2064 *cozina:* "comida".
2065 *paga:* "satisface", "festeja".
2067 Sobre el número, véase la nota al v. 187.
2072 *cuendes e ifançones:* véase la nota al v. 1980.
2075 Elvira y Sol no eran los nombres verdaderos de las hijas: Elvira
     parece corresponder a Cristina Rodríguez, la hija mayor, quien
     se casó con Ramiro, infante de Navarra; Sol parece ser María
     Rodríguez, la menor, quien contrajo matrimonio con Ramón Be-
     renguer III, conde de Barcelona y sobrino de Berenguer Ra-

"que las dedes por mugieres   a los ifantes de Carrión.
"Seméiam' el casamiento   ondrado e con grant pro,
"ellos vos las piden   e mándovoslo yo.
"D'ella e d'ella parte   quantos que aquí son,
"los míos e los vuestros   que sean rrogadores;   2080
" ¡dándoslas, Mio Çid,   sí vos vala el Criador!"
"Non abría fijas de casar,   —rrespuso el Campeador—
"ca non han grant edad   e de días pequeñas son.
"De grandes nuevas son   los ifantes de Carrión,
"perteneçen pora mis fijas   e aun pora meiores.   2085

---

món II capturado por el Cid en el *Poema*. Menéndez Pidal,
ed. crít., pp. 856-857, aduce numerosos ejemplos de documentos
de la época donde Sol aparece como apodo de mujeres llamadas
María y sugiere que empezó como expresión cariñosa, "mi sol".
No ofrece, sin embargo, explicación del cambio de Cristina a
Elvira; éstos son idénticos en cuanto a la métrica y es posible
que el poeta no supiese el nombre histórico (tampoco menciona
al hijo del Cid, Diego Rodríguez, que murió en la batalla de
Consuegra, 15 de agosto de 1097).

2077-2078 El rey se hace responsable del éxito del casamiento y manda
que el Cid lo acepte; más tarde, se le echará la culpa por el
subsiguiente fracaso.

2079 *D'ella e d'ella parte*: "de los dos bandos".

2081 *dándoslas = dádnoslas*.

2082 Elipsis: "no tendría hijas para casar, (si no fuera V.M. quien
las pidiera)".

2083 *e de días pequeñas son*: hipérbaton; "son muy jóvenes"; comp.
lo que dice en el v. 1650, y véase la nota al v. 1598. Es impo-
sible calcular su edad basándonos en el *Poema*, que confunde
la cronología. Históricamente el segundo destierro del Cid ocu-
rrió en 1089 y el rey le perdonó en el verano de 1092; Rodrigo
ganó Valencia dos años más tarde, en junio de 1094. Menéndez
Pidal, *España del Cid*, I, p. 273, II, pp. 555-564, calcula que
María (Sol) hubiera tenido catorce o quince años en 1094, y
Cristina (Elvira) uno o dos años más. Aunque no existe docu-
mentación alguna de su casamiento con los infantes de Carrión,
éstos empiezan a mencionarse en documentos a partir de 1094
como miembros de la *schola regis*, tal vez cuando tendrían
dieciséis o diecisiete años. Ahora bien, si fijáramos esta escena
reconciliatoria (probablemente ficticia) hacia finales de 1094 o
comienzos de 1095 (después de la toma de Valencia, según el
Poema), las hijas hubieran sido algo jóvenes para casarse (o por
lo menos para consumar el casamiento), pero de bastante edad
para describirse como "criadas" o educadas.

2084-2085 *De grandes nuevas*: "De mucho renombre"; el Cid afirma
claramente la diferencia entre el rango de los infantes (*ricos
omnes*) y el suyo (*infanzón*), aunque él se había casado con la
hija de un *rico omne*.

"Yo las engendré amas   e criásteslas vós,
"entre yo y ellas   en vuestra merçed somos nós;
"aféllas en vuestra mano   don Elvira e doña Sol,
"dadlas a qui quisiéredes vós,   ca yo pagado só."
"Graçias, —dixo el rrey—   a vós e a tod   2090
                         [esta cort."
Luego se levantaron   los iffantes de Carrión,
ban besar las manos   al que en ora buena naçió,
camearon las espadas   ant el rrey don Alfonso.
Fabló el rrey don Alfonso   commo tan buen señor:
"Grado e graçias, Çid,   commo tan bueno   e   2095
                    [primero al Criador
"quem' dades vuestras fijas   pora los ifantes de
                                   [Carrión. *
"D'aquí las prendo por mis manos   don Elvira e doña
                                     [Sol
"e dolas por veladas   a los ifantes de Carrión.
"Yo las caso a vuestras fijas   con vuestro amor,
"al Criador plega   que ayades ende sabor.   2100
"Aféllos en vuestras manos   los ifantes de Carrión,
"ellos vayan convusco,   ca d'aquén me torno yo."

---

* fol. 43r.º

2086 El Cid alude a los años que las hijas pasaron en Cardeña, bajo
    la protección de Alfonso según el *Poema*.
2088 Observando las costumbres medievales, pone a sus hijas ausentes
    en manos del rey, con un gesto simbólico, comp. los vv. 505 y
    2097-2098.
2093 Las espadas que el Cid entrega aquí no pueden ser Colada y
    Tizón, véanse los vv. 2421, 2426 y 2575. No se ha aducido nin-
    guna otra referencia española a un cambio de espadas, pero
    en *Chanson de Roland*, vv. 620, 622 y 626, uno de los sarracenos
    cede su espada a Ganelon. El intercambio histórico más famoso
    de espadas (y de ropa) se efectuó entre Edmundo "Costado de
    Hierro" y Canuto cuando se dividieron el reino inglés en Olney
    el año de 1016.
2097-2098 El rey acepta simbólicamente a las hijas y las desposa con
    los infantes.
    veladas: "esposas".
2099 *amor*: "consentimiento".
2100 *plega*: 3.ª p.ª sg. pres. subj. de *placer*.
    ende: "de ello".
2101 El rey pone las manos de los infantes entre las del Cid para
    completar los desposorios.
2102 *d'aquén*: "desde aquí".

"Trezientos marcos de plata en ayuda les do yo
"que metan en sus bodas o dó quisiéredes vós;
"pues fueren en vuestro poder en Valençia 2105
                              [la mayor,
"los yernos e las fijas todos vuestros fijos son;
"lo que vos ploguiere d'ellos fet, Campeador."
Mio Çid ge los rreçibe, las manos le besó:
"Mucho vos lo gradesco, commo a rrey e a señor.
"Vós casades mis fijas ca non ge las do yo." 2110
Las palabras son puestas . . . . .
que otro día mañana, | quando salies[s]e 2111b-12
                              [el sol,
ques' tornasse cada uno dón salidos son. 2112b
Aquís' metió en nuevas Mio Çid el Campeador:
tanta gruessa mula e tanto palafré de sazón,
tantas buenas vestiduras que d'alfaya son, 2116
conpeçó Mio Çid a dar a quien quiere prender 2115
                              [so don;
cada uno lo que pide nadi nol' dize de no. 2117
Mio Çid de los cavallos *sessaenta* dio en don.
Todos son pagados de las vistas, quantos que í son; *
partirse quieren que entrada era la noch. 2120
El rrey a los ifantes a las manos les tomó,

---

* fol. 43v.º

2103 Era un deber del señor ayudar en los gastos del casamiento de
    sus vasallos.
2104 *que metan*: "que gasten".
2105 *pues fueren*: "después de que estuvieran".
2107 *fet*: imperativo de *fer*, véase la nota al v. 678.
2110 Aunque ha accedido contra su voluntad a la petición del rey,
    el Cid tiene empeño en manifestar que no es él quien da a sus
    hijas en matrimonio.
2112b *dón*: "donde".
2113 *Aquís' metió en nuevas*: "En esto hizo un acto memorable".
2116 *d'alfaya*: "preciadas".
2121-2125 El poeta repite el final de los desposorios, vv. 2101, 2106-
    2107 y 2109, y las observaciones del Cid en los vv. 2132 y 2134
    amplían su respuesta del v. 2110. No está claro si se trata de una
    narración consecutiva, en que el rey se inquieta tanto que repite
    con menos protocolo parte de la ceremonia para allanar una
    situación difícil, o si es forma de narración doble (véase la nota
    a los vv. 394-395), mediante la cual el poeta nos brinda dos re-
    latos del mismo suceso, proporcionando en el segundo más de-
    talles sobre el *manero* (v. 2133).

metiólos en poder   de Mio Çid el Campeador:
"Evad aquí vuestros fijos,   quando vuestros yernos
                                            [son;
"oy de más sabed   qué fer d'ellos, Campeador."
"Gradéscolo, rrey,   e prendo vuestro don;   2125
"Dios que está en çielo   dém' dent buen galardón."
Sobr' el so cavallo Bavieca   Mio Çid salto dava:
"Aquí lo digo   ante mio señor el rrey Alfonso:
"qui quiere ir a las bodas   o rreçebir mi don,
"d'aquend vaya comigo,   cuedo quel' avrá pro.   2130

105 [*El Cid se niega a entregar personalmente a
        sus hijas y Álvar Fáñez actúa como padrino*]

"Yo vos pido merçed   a vós, rrey natural:
"pues que casades mis fijas   assí commo a vós plaz,
"dad manero a qui las dé,   quando vós las tomades;
"non ge las daré yo con mi mano,   nin de[n]d non
                                            [se alabarán."
Respondió el rrey: "Afé aquí Álbar Fáñez,   2135
"prendellas con vuestras manos   e daldas a los ifantes,
"assí commo yo las prendo d'aquent,   commo si fosse
                                            [delant,
"sed padrino d'ellas   a tod el velar;

2126 Observación lacónica; Menéndez Pidal, ed. crít., y Smith cam-
     bian *dem'* a *devos,* destruyendo así la ironía. Smith aduce los
     ejemplos de la misma fórmula en los vv. 2855 y 3416, pero no
     toma en consideración la habilidad del poeta de variar las fór-
     mulas para conseguir efectos artísticos especiales. J. Horrent,
     Mélanges . . . M. Delbouille (Gembloux, 1964), II, p. 285, de-
     fiende bien la lección del Ms.
2130 *cuedo*: "pienso".
2133 *manero*: representante del rey en el casamiento.
2134 La negativa del Cid a dar a sus hijas de su propia mano será
     recordada más tarde.
2136 *prendellas = prendedlas.*
     daldas = dadlas.
2137 Comp. el v. 2088.
     fosse = fuesse; "como si yo estuviera presente".

"quando vos iuntáredes comigo,   quem' digades la
[verdat."
Dixo Álbar Fáñez: "Señor, afé que me
[plaz."   2140

106 [*El Cid se despide del rey y le da un regalo*]

Tod esto es puesto,   sabed, en grant rrecabdo.
"Ya rrey don Alfonso,   señor tan ondrado,
"d'estas vistas que oviemos,   de mí tomedes algo. *
"Tráyovos *veínte* palafrés,   éstos bien adobados,
"e *treínta* cavallos corredores,   éstos bien   2145
[ensellados;
"tomad aquesto   e beso vuestras manos."
Dixo el rrey don Alfonso: "Mucho me avedes en-
[bargado;
"rreçibo este don   que me avedes mandado;
"plega al Criador   con todos los sos sanctos
"este plazer | quem' feches   que bien sea   2149*b*-50
[galardonado.
"Mio Çid Ruy Díaz,   mucho me avedes ondrado,
"de vós bien só servido   e tengon' por pagado,
"aún bivo seyendo   de mí ayades algo.
"A Dios vos acomiendo,   d'estas vistas me parto.
"¡Afé Dios del çielo   que lo ponga en buen   2155
[logar!"

---

* *fol. 44r.º*

2139 "cuando Vd. vuelva a encontrarse conmigo, déme un relato
exacto".
2141 *en grant rrecabdo*: "en perfecto orden".
2144-2145 Estos cincuenta caballos serían obsequio adicional a los
sesenta que el Cid regaló en el v. 2118, si tomamos la narración
como consecutiva. En caso de considerarla como narración doble
(véase la nota a los vv. 2121-2125), habría que incluirlos en los
sesenta mencionados en el v. 2118.
2147 *enbargado*: "abrumado" (por su generosidad).
2152 *tengon'* = téngome.
2153 *aún bivo seyendo*: "si vivo".
     algo: "riqueza".
2155 La intensidad de la esperanza expresada por el rey revela su
inquietud sobre el desenlace.

107 [*Muchos nobles se van con el Cid a Valencia
        para asistir a las fiestas de los casamientos*]

Yas' espidió Mio Çid   de so señor Alfonso,
non quiere quel' escurra,   quitól' dessí luego.
Veriedes cavalleros   que bien andantes son
besar las manos   [*e*] espedirse del rrey Alfonso:
"Merçed vos sea   e fazednos este perdón: 2160
"iremos en poder de Mio Çid   a Valençia la mayor,
"seremos a las bodas   de los ifantes de Carrión
"e de las fijas de Mio Çid,   de don Elvira e doña
Esto plogo al rrey   e a todos los soltó,   [Sol."
la conpaña del Çid creçe   e la del rrey mengó,   2165
grandes son las yentes   que van con el Canpeador, *
adeliñan pora Valençia,   la que en buen punto ganó.
E a don Fernando e a don Diego   aguardarlos mandó
a Pero Vermúez   e Muño Gustioz,
en casa de Mio Çid   non á dos meiores,   2170
que sopiessen sos mañas   de los ifantes de Carrión.
E va í Assur Gonçález,   que era bullidor,
que es largo de lengua   mas en lo ál non es tan pro.
Grant ondra les dan   a los ifantes de Carrión.
Afélos en Valençia,   la que Mio Çid gañó,   2175
quando a ella assomaron   los gozos son mayores.
Dixo Mio Çid a don Pero   e a Muño Gustioz:
"Dadles un rreyal   a los ifantes de Carrión,

---

* *fol. 44v.º*

2157 *escurra*: "escolte".
     dessí luego: "de allí en seguida".
2164 *los soltó*: "les dio permiso".
2165 *mengó*: "disminuyó".
2168-2169 "Mandó a Pedro Bermúdez y Muño Gustioz vigilar a Fer-
     nando y Diego".
2171 *que sopiessen sos mañas*: "que estudiasen sus costumbres"; *sos,*
     véase la nota al v. 1791.
2172 *Assur Gonçález*: hermano mayor de los infantes, véase la nota
     a los vv. 1372-1373.
     bullidor: "bullanguero", comp. la descripción de él en los vv.
     3373-3381.
2178 *rreyal*: "apartamiento", lit. "predio rústico" o "albergue".

"[e] vós con ellos sed, que assí vos lo mando yo.
"Quando viniere la mañana, que apuntare el 2180
[sol,
"verán a sus esposas, a don Elvira e a doña Sol."

108 [*El Cid anuncia a doña Jimena y sus hijas los
casamientos*]

Todos essa noch fueron a sus posadas,
Mio Çid el Campeador al alcáçar entrava,
rreçibiólo doña Ximena e sus fijas amas:
"¡Venides, Campeador, en buena ora 2185
[çinxiestes espada!
"¡Muchos días vos veamos con los oios de las
[caras!"
"¡Grado al Criador, vengo, mugier ondrada!
"Yernos vos adugo de que avremos ondrança;
"¡gradídmelo, mis fijas, ca bien vos he casadas!"
Besáronle las manos la mugier e las fijas 2190
e todas las dueñas que las sirven: [amas *

109 [*Doña Jimena se fía del buen juicio de su
marido*]

"¡Grado al Criador e a vós, Çid, barba vellida!
"Todo lo que vós feches es de buena guisa;
"non serán menguadas en todos vuestros días."
"Quando vós nos casáredes bien seremos 2195
[rricas."

_____
* *fol. 45r.º*

2179 *sed*: "permanezcan".
2182 *posadas*: "aposentos".
2186 Es decir, "¡Que vivas muchos años entre nosotras!".
2189 "¡agradecédmelo, hijas mías, porque os tengo bien casadas!".
2193 *es de buena guisa*: "está bien hecho".
2194 "no les faltará nada mientras tú vivas"; doña Jimena habla de
la buena suerte de sus hijas.
2195 Elvira y Sol pronuncian el verso juntas, al igual que la mayoría
de las parejas de personajes en el *Poema*.
rricas a veces lleva su sentido original de "nobles" en esp. ant.,

110 [*El Cid comunica a sus hijas su recelo del casamiento*]

"Mugier doña Ximena,   ¡grado al Criador!
"A vós digo, mis fijas,   don Elvira e doña Sol:
"d'este vu[e]stro casamiento   creçremos en onor,
"mas bien sabet verdad   que non lo levanté yo;
"pedidas vos ha e rrogadas   el mio señor   2200
                              [Alfonso
"atan firmemientre   e de todo coraçón
"que yo nulla cosa   nol' sope dezir de no.
"Metívos en sus manos,   fijas amas a dos,
"bien me lo creades   que él vos casa, ca non yo."

111 [*Preparativos de las bodas; las ceremonias ci-
viles y religiosas; las fiestas duran quince días;
el poeta expresa su esperanza de que todo
salga bien*]

Pensaron de adobar   essora el palaçio,   2205
por el suelo e suso   tan bien encortinado,

---

comp. *ricos omnes,* v. 3546, etc., y muy comúnmente en fr.
ant., comp. *Chanson de Roland,* v. 585, "Rollant li riches", y
los vv. 718 y 1574. En el *Poema* suele usarse con el sentido de
"acaudalado", comp. los vv. 108, 540, 825 y aquí; tiene el doble
sentido en el v. 2552, y por extensión significa "excelente", "es-
pléndido", en los vv. 195, 224, 1550 y 2248.
2198 *onor:* "hacienda".
2199 "pero os diré la verdad, que no abordé yo el asunto". Nótese
que en esta oración el Cid nunca revela a sus hijas los nombres
de sus maridos; puesto que el público los sabe ya, no hace falta
repetirlos a Elvira y Sol; comp. el v. 876 para un caso pare-
cido.
2202 "que no pude encontrar manera de negárselo".
2204 Sobre la insistencia del Cid en este punto, comp. el v. 2134.
2205 *palaçio:* "sala".
2206 "con tapices puestos en el suelo y las paredes". Los barones
solían colgar tapices de seda en las paredes para las grandes
funciones, pero el ponerlos también en el suelo era una costumbre
oriental que empezó a observarse en Europa después de las
cruzadas.

tanta pórpola e tanto xamed   e tanto paño preciado.
Sabor abriedes de ser   e de comer en el palaçio.
Todos sus cavalleros   apriessa son iuntados;
por los iffantes de Carrión   essora enbiaron,   2210
cavalgan los iffantes,   adelant adeliñavan al palaçio
con buenas vestiduras   e fuertemientre adobados,
de pie e a sabor,   ¡Dios, qué quedos entraron!
Reçibiólos Mio Çid   con todos sus vassallos; *
a ele e a su mugier   delant se le[s] omillaron   2215
e ivan posar   en un preçioso escaño.
Todos los de Mio Çid   tan bien son acordados,
están parando mientes   al que en buen ora nasco.
El Campeador   en pie es levantado:
"Pues que a fazer lo avemos,   ¿por qué lo   2220
                           [imos tardando?
"¡Venit acá, Álbar Fáñez,   el que yo quiero e amo!
"Afé amas mis fijas,   métolas en vuestra mano,
"sabedes que al rrey   assí ge lo he mandado,
"no lo quiero fallir por nada   de quanto á í parado,
"a los ifantes de Carrión   dadlas con vuestra   2225
                                        [mano

2207 *pórpola*: "tela de seda", que podría ser de varios colores, comp.
el fr. ant. *pourpre inde, p. dorée, p. vert, p. vert a or battu*;
originalmente se trataba de una tela de lana color purpúreo.
xamed: "satén", procedente originalmente de Andros, véase la
nota al v. 1971.
Para un estudio detenido sobre estos tejidos, véase Jesusa Alfau
de Solalinde, *Nomenclatura de los tejidos españoles del si-
glo XIII* (Madrid, 1969), pp. 148-151 y 185-187.
2211 Se apean antes de entrar en la sala, comp. el v. 2213.
2212 *fuertemientre adobados*: "ricamente ataviados", o bien, si se en-
tiende "de guarnizones" (comp. los vv. 1715 y 3538), "vestidos con
mucha armadura".
2213 *a sabor*: "debidamente".
quedos: "quietamente".
2215 "se inclinaron delante del Cid y su esposa".
2217 *acordados*: "de un acuerdo".
2218 *parando mientes*: "prestando atención".
2220 *imos*: 1.ª p.ª pl. pres. indic. de *ir* (forma alterna).
La poco afable observación preliminar revela la oposición arraigada
del Cid contra el casamiento, pero se resigna a lo inevitable
y se empeña en ejecutar la ceremonia en la forma reglamentaria.
2223 *mandado*: "prometido".
2224 *quanto á í parado*: "todo lo que ha dispuesto sobre el asunto".

"e prendan bendiçiones   e vayamos rrecabdando."
Esto[n]z dixo Minaya: "Esto faré yo de grado."
Levántanse derechas   e metiógelas en mano;
a los ifantes de Carrión   Minaya va fablando:
"Afévos delant Minaya,   amos sodes hermanos,   2230
"por mano del rrey Alfonso   que a mí lo ovo man-
                            [dado
"dovos estas dueñas,   amas son fijas d'algo,
"que las tomássedes por mugieres   a ondra e a
                            [rrecabdo."
Amos las rreçiben   d'amor e de grado,
a Mio Çid e a su mugier   van besar la mano.   2235
Quando ovieron aquesto fecho,   salieron del palaçio,
pora Sancta María   apriessa adelinnando;
el obispo don Iherónimo   vistiós' tan privado, *
a la puerta de la eclegia   sediéllos sperando;
dioles bendictiones,   la missa á cantado.   2240
Al salir de la ecclesia   cavalgaron tan privado,
a la glera de Valençia   fuera dieron salto;

---

* fol. 46r.º

2226 *bendiçiones*: "bendiciones nupciales", comp. los vv. 2236 y ss.
    rrecabdando: "terminando el asunto".
2228 "Ellas se ponen de pie y Álvar Fáñez pone las manos (de ellas)
    en las de los infantes"; ésta parece ser la interpretación natural
    de la sintaxis; el sujeto antecedente inmediato es Minaya y el
    complemento indirecto no aparece hasta el v. 2229. Se ve que
    el v. 2228 es el resultado de la orden del Cid en el v. 2225. Así
    las rreçiben en el v. 2234 implica que, al tener a su respectiva
    novia de la mano, cada infante pronuncia una fórmula de acep-
    tación. Menéndez Pidal, CC, p. 224 nota, sin embargo, inter-
    pretó *metiógelas en mano* como "el Cid las entrega en manos de
    Minaya", interpretación que fuerza la sintaxis.
2230 *amos sodes hermanos*: "en verdad son Vds. hermanos"; esta
    fórmula será empleada despectivamente para referirse a ellos más
    tarde.
2233 *mugieres a ondra e a rrecabdo*: "mujeres legítimas y honradas";
    una referencia al recado o documentación legal del casamiento.
2238 *vistiós' tan privado*: "se puso las vestiduras muy de prisa".
2240 *bendictiones*: latinismo; el sacramento de matrimonio. Nótese
    que no se especifica quiénes formaban cada pareja, ni cuál era
    el mayor de los infantes.
2242 *glera*: "arenal", "plaza de armas".

¡Dios, qué bien tovieron armas   el Çid e sus va-
                                                    [ssallos!
Tres cavallos cameó   el que en buen ora nasco.
Mio Çid de lo que veyé   mucho era pagado,   2245
los ifantes de Carrión   bien an cavalgado.
Tórnanse con las dueñas,   a Valençia an entrado,
rricas fueron las bodas   en el alcáçar ondrado,
e al otro día fizo Mio Çid   fincar *siete* tablados;
antes que entrassen a iantar   todos los   2250
                                                    [quebrantaron.
Quinze días conplidos   en las bodas duraron,
çerca de los *quinze* días   yas' van los fijos d'algo.
Mio Çid don Rodrigo,   el que en buen ora nasco,
entre palafrés e mulas   e corredores cavallos,
en bestias sines ál   *ciento á* mandados;   2255
mantos e pelliçones   e otros vestidos largos;
non fueron en cuenta   los averes monedados.
Los vassallos de Mio Çid   assí son acordados,
cada uno por sí   sos dones avién dados.
Qui aver quiere prender   bien era abastado;   2260
rricos' tornan a Castiella   los que a las bodas lle-
Yas' ivan partiendo   aquestos ospedados,   [garon. *

---

* *fol. 46v.º*

2243-2244 Este torneo celebratorio parece corresponder al tipo antiguo
de refriega, no a los posteriores de sólo dos combatientes a la
vez, aunque el hecho de que el Cid tiene que cambiar de caballo
tres veces puede indicar uno de los torneos en los cuales debían
quebrarse tres lanzas.
2248 *rricas*: "espléndidas", véase la nota al v. 2195.
2249 "el día siguiente el Cid mandó construir siete castillejos de ta-
blas".
2251 Se sabe que algunas bodas duraban cinco o incluso seis sema-
nas. En *Alex*, estr. 1961*ab*, la boda de Alejandro también dura
quince días con torneos diarios.
2255 *sines ál*: "sin contar el resto".
    á mandados: "ha regalado".
2256 *largos*: "numerosos".
2257 "las cantidades de dinero que regaló no se podían calcular".
2258-2259 *acordados*: "unánimes" (para hacer lo que sigue). Era nor-
mal que los vasallos contribuyeran a los gastos de la boda de su
señor o de sus herederos; aquí dan obsequios a los invitados.
2261 *rricos'* = ricos se.
2262 *partiendo*: "marchándose".

espidiendos' de Ruy Díaz,　el que en buen ora nasco,
e a todas las dueñas　e a los fijos d'algo;
por pagados se parten　de Mio Çid e de sus　　2265
　　　　　　　[vassallos,
grant bien dizen d'ellos,　ca será aguisado.
Mucho eran alegres　Diego e Fernando,
estos fueron fijos　del conde don Gonçalo.
Venidos son a Castiella　aquestos ospedados,
el Çid e sos yernos　en Valençia son rrastados.　2270
Í moran los ifantes　bien cerca de dos años,
los amores que les fazen　mucho eran sobeianos.
Alegre era el Çid　e todos sus vassallos.
¡Plega a Sancta María　e al Padre sancto
ques' pague d'és casamiento Mio Çid　o el que　2275
　　　　　　　[lo [ovo a algo]!
Las coplas d'este cantar　aquís' van acabando.
¡El Criador vos vala　con todos los sos sanctos!

2264 *a*: cambio de prep. del verso anterior; *espedirse* regía *a* o *de*.
2266 *ca será aguisado*: "porque será debido" (considerando el exce-
　　lente tratamiento que han recibido).
2268 Véase la nota a los vv. 1372-1373.
2272 *los amores que les fazen*: "el afecto que les demuestran".
2275 *o el que lo [ovo a algo]*: "y el que lo estimaba mucho", es
　　decir, el rey (lección dudosa, véase el Aparato Crítico). El tono
　　siniestro de este ruego preludia el ultraje del Cantar tercero.
2276 *coplas*: "versos".
　　cantar: comp. "cantar de gesta".

Cantar tercero

112 [*El león del Cid se escapa y el Cid lo amansa;
cobardía de los infantes de Carrión*]

En Valençia seí Mio Çid   con todos sus vassallos,
con él amos sus yernos   los ifantes de Carrión.
Yaziés' en un escaño,   durmié el Campeador,   2280
mala sobrevienta,   sabed, que les cuntió:
saliós' de la rred   e desatós' el león.
En grant miedo se vieron   por medio de la cort;
enbraçan los mantos   los del Campeador
e çercan el escaño   e fincan sobre so señor.   2285

2278 *seí*: 3.ª p.ª sg. imperf. indic. de *ser*; "estaba".
2281 *que*: pleonástico, resultante de una elipsis; "cuando tuvieron un
susto malo".
les se refiere probablemente a los infantes, el antecedente más
cercano (v. 2279).
2282 Algunos monarcas, arzobispos y barones tenían leones y otros
animales enjaulados, comp. *Siete partidas*, VII, 15, 23: "leon o
o oso o onza o leopardo o lobo cerval o geneta o serpiente, o
otras bestias que son bravas por natura, teniendo algunt home
en casa, débela guardar et tener presa de manera que non faga
daño a ninguno".
2283 "Demostraron gran miedo en medio de la sala"; es probable que
se refiera a los infantes, puesto que el nuevo sujeto se expresa
en el verso siguiente, y los infantes manifiestan su terror aún
más en los vv. 2286-2291.
2284 "los del Campeador se protegen un brazo con el manto".
2285 *fincan sobre*: "se inclinan sobre", para protegerle.

Ferrán Gonçález * . . . .
non vio allí dós' alçasse,   nin cámara abierta   2286b
                             [nin torre,
metiós' so 'l escaño,   tanto ovo el pavor.
Diego Gonçález   por la puerta salió,
diziendo de la boca: "¡Non veré Carrión!"
Tras una viga lagar   metiós' con grant pavor,   2290
el manto e el brial   todo suzio lo sacó.
En esto despertó   el que en buen ora naçió,
vio çercado el escaño   de sus buenos varones:
"¿Qué 's esto, mesnadas,   o qué queredes vós?"
"Ya señor ondrado,   rrebata nos dio el león."   2295
Mio Çid fincó el cobdo,   en pie se levantó,
el manto trae al cuello   e adeliñó pora ['l] león.
El león, quando lo vio,   assí envergonçó,
ante Mio Çid la cabeça premió   e el rrostro fincó.
Mio Çid don Rodrigo   al cuello lo tomó   2300
e liévalo adestrando,   en la rred le metió.
A maravilla lo han   quantos que í son
e tornáronse al palaçio   pora la cort.
Mio Çid por sos yernos   demandó e no los falló,
maguer los están llamando,   ninguno non   2305
                             [rresponde.
Quando los fallaron,   assí vinieron sin color,
non viestes tal juego   commo iva por la cort;

---

* fol. 47r.º

2286b dós' alçasse: "ningún sitio para esconderse".
2287 so: "debajo de".
2290 viga lagar: "viga de lagar".
2291 el brial: "la túnica", por lo común de seda, el vestido corriente
      de los nobles.
2294 o: pleonástico.
2295 rrebata: "sobresalto".
2296 fincó el cobdo: "se incorporó sobre el codo".
2297 El Cid deja el manto colgado de los hombros, lo que indica su
      natural valentía ya que ni siquiera toma la cautela de cubrirse
      el brazo, contrástese el v. 2284.
2298 assí envergonçó: parataxis; "se demostró tan avergonzado (que)".
2299 "...bajó la cabeza y pegó las fauces a la tierra".
2301 e liévalo adestrando: "y lo lleva con la mano derecha".
2303 "y volvieron por la sala al aposento".
2306 sin color: "pálidos".

mandó lo vedar   Mio Çid el Campeador.
Muchos' tovieron por enbaídos   los ifantes de Carrión,
fiera cosa les pesa   d'esto que les cuntió.   2310

113 [*El general almorávide Búcar viene de Marrue-
cos para poner sitio a Valencia*]

Ellos en esto estando,   dón avién grant pesar,
fuerças de Marruecos   Valençia vienen çercar, *
cinquaenta mill tiendas   fincadas ha de las cabdales,
aquéste era el rrey Búcar,   sil' ouyestes contar.

114 [*Temerosos de la batalla, los infantes pien-
san en volver a casa; el Cid se muestra indul-
gente con ellos*]

Alegravas' el Çid   e todos sus varones   2315
que les creçe la ganançia,   grado al Criador;
mas, sabed, de cuer les pesa   a los ifantes de Carrión
ca veyén tantas tiendas de moros   de que non avié[n]
Amos hermanos   apart salidos son: [sabor.

---

* fol. 47v.º

2309 *Muchos'* = *Mucho se.*
   enbaídos: "atropellados".
2310 "lo que les había pasado les preocupaba muchísimo". Esta con-
   ducta cobarde, o desaire, como los infantes !legarán a conside-
   rarlo, les fermenta en la mente y lleva al ultraje que cometerán.
2311 *dón*: "de lo cual".
2313 Hipérbaton: "hay 50.000 tiendas de las grandes montadas (allí)".
2314 *el rrey Búcar*: puede ser un recuerdo del general almorávide Ser
   ibn Abu Bekr, pero no hay constancia de que intentase reconquis-
   tar Valencia; además sobrevivió al Cid. Véase la nota al v. 1222.
   También es posible que el poeta se confundiera con Abu Bekr
   ibn Abd al-Aziz, emir histórico de Valencia cuando el Cid cap-
   turó la ciudad, que en el v. 636 aparece con el nombre de Ta-
   mín. El caudillo almorávide que posiblemente trató de reco-
   brar Valencia en vida del Cid era Muhammad ibn ᶜAyisa, pero
   también sobrevivió al Cid y no pudo haber muerto en la batalla
   descrita aquí.
   ouyestes: quizá forma dialectal de *oyestes*, comp. *Poema de
   Yúçuf*, estr. 67d; "si habéis oído hablar de él".
2317 *de cuer les pesa*: "les duele el corazón".
2318 *de que non avién sabor*: lítote; "que no les gustaron nada".

"Catamos la ganançia   e la pérdida no,   2320
"ya en esta batalla   a entrar abremos nós,
"esto es aguisado   por non ver Carrión,
"bibdas rremandrán   fijas del Campeador."
Oyó la poridad   aquel Muño Gustioz,
vino con estas nuevas   a Mio Çid Ruy Díaz   2325
           [el Canpeador:
"Evades qué pavor han   vuestros yernos tan osados,
"por entrar en batalla   desean Carrión.
"Idlos conortar,   sí vos vala el Criador,
"que sean en paz   e non ayan í rraçión.
"Nós convusco la vençremos   e valer nos ha   2330
           [el Criador."
Mio Çid don Rodrigo   sonrrisando salió:
"Dios vos salve, yernos,   ifantes de Carrión.
"En braços tenedes mis fijas   tan blancas commo
           [el sol.
"Yo desseo lides   e vós a Carrión,
"en Valençia folgad   a todo vuestro sabor   2335
"ca d'aquellos moros   yo só sabidor,
"arrancar me los trevo   con la merçed del Criador."

2320 Elipsis: "Consideramos la ventaja (cuando buscamos estos ca-
    samientos), pero no la pérdida", tomando *Catamos* como pret.
    No tiene mucho sentido si se considera como pres. indic.
2321 *ya*: "ahora".
2322 "de este modo no veremos Carrión más".
2323 *bibdas rremandrán*: "quedarán viudas".
2324 *la poridad*: "su charla secreta".
2326 *Evades*: véase la nota al v. 253.
2327 *por*: F. Hanssen interpreta "en vez de" ("Notas al *Poema del
    Cid*", *Anales de la Universidad de Chile*, 1911, pp. 44-45). Me-
    néndez Pidal, ed. crít., p. 1113 nota, rechaza esta interpreta-
    ción, prefiriendo ver *por* como causal, expresando el motivo,
    "porque van a entrar en batalla, temen", y añade que "Pudiera
    expresar tiempo próximo venidero"; pero estas explicaciones de
    Menéndez Pidal tienen la grave desventaja de introducir el en-
    cabalgamiento, recurso poco o nada empleado por el poeta.
2329 *e non ayan í rraçión*: "y no tomen parte en ella".
2333 *En braços tenedes*: expresión técnica; "Acabáis de casaros con".
    Según varios fueros, se les excusaba a los caballeros de trabar
    guerra durante el primer año de matrimonio.
    tan blancas commo el sol: la escasez de símiles en el *Poema*
    intensifica el efecto.
2337 "me atreveré a derrotarles".

* [*Laguna de 50 versos aproximadamente (falta un folio)*]

115 [*El infante don Fernando, habiéndose asustado en el campo de batalla, recibe ayuda de Pedro Bermúdez y le da las gracias:*]

"aún vea el ora   que vos meresca dos   2338
                    [tanto." **
En una conpaña   tornados son amos,
assí lo otorga don Pero   cuemo se alaba   2340
                    [Ferrando;
plogo a Mio Çid   e a todos sos vassallos:
"Aún, si Dios quisiere   e el Padre que está en alto,

───────────

* Laguna de cincuenta versos: el folio perdido constituía el séptimo de los ocho folios originales del séptimo cuaderno, y fue cortado con tijeras. Aparte de las versiones posteriores contenidas en las crónicas, nos queda afortunadamente un sumario de algunos de los versos perdidos en el mismo *Poema,* vv. 3316-3325, cuando Pedro Bermúdez reta a Fernando. Está claro que los infantes rechazaron la oferta del Cid de excusarles la batalla, probablemente considerándola como insulto. Peor aún, en su baladronada piden el honor de dar los primeros golpes. Pedro Bermúdez tiene órdenes de cuidar a Fernando, quien huye del campo cuando un moro a quien ha atacado se vuelve contra él. Pedro mata al moro y lleva el caballo del caído a Fernando, ofreciéndole guardar silencio sobre la cobarde conducta. El texto se reanuda cuando Fernando le está dando las gracias.
** *fol. 48r.º*

2338 lit. "aún vea yo el día en que yo lo merezca de Vd. doblado", es decir, "que viva lo bastante para pagarle a Vd. el doble", comp. el v. 2797, *Alex,* estr. 2207d, y *Chanson de Roland,* v. 519. Es verso famoso, innecesariamente alterado a *aun vea el ora que vos merescades tanto* por J. H. Frere, ministro británico en Madrid durante la Guerra de Independencia, quien propuso la enmienda al marqués de la Romana. Más tarde, cuando éste se encontraba en Dinamarca, Frere envió como emisario secreto del gobierno británico a un sacerdote católico conocido como Mr. Robertson, cuya única credencial era el verso alterado del *Poema,* que Romana reconoció en seguida (véase Robert Southey, *History of the Peninsular War,* Londres, 1823, I, p. 657).
2339 *En una conpaña:* "juntos".
2340 *lo otorga:* "lo confirma".
2342 *e:* apositivo.

"amos los mios yernos   buenos serán en ca[m]po."
Esto van diziendo   e las yentes se allegando,
en la hueste de los moros   los atamores   2345
                    [sonando,
a marav[i]lla lo avién   muchos d'essos christianos
ca nunqua lo vieran,   ca nuevos son llegados.
Más se maravillan   entre Diego e Ferrando,
por la su voluntad   non serién allí llegados.
Oíd lo que fabló   el que en buen ora nasco: 2350
"¡Ala, Pero Vermúez,   el mio sobrino caro!
"Cúriesme a [don] Diego   e cúriesme a don Fer-
                    [nando,
"mios yernos amos a dos,   la cosa que mucho amo,
"ca los moros, con Dios,   non fincarán en canpo."

116 [*Pedro Bermúdez se niega a cuidarse más de
los infantes; Álvar Fáñez se muestra impaciente
ante la esperada batalla; al obispo Jerónimo se
le permite lanzar el primer ataque*]

"Yo vos digo, Çid,   por toda caridad,   2355
"que oy los ifantes   a mí por amo non abrán;

2343 *amos*: ruega que sus dos yernos tengan éxito militar.
2347 *vieran*: catacresis; "habían oído", comp. el v. 1662.
2348 *entre*: véase la nota al v. 191.
2351 *¡Ala...!*: Menéndez Pidal, ed. crít., p. 437, y Corominas, *DCELC*,
s.v. "hala", interpretan esta interjección como una llamada a la
atención de uno, similar al esp. mod. "hola". No obstante, en
el contexto es posible que Pedro Bermúdez esté dando indicios
de aversión a repetir la experiencia de cuidar de Fernando, y así
la interjección podría llevar un tono alentador: "¡Vamos!", sen-
tido que todavía tiene en muchas partes de España; comp. el
uso ant. de *ala, hala* y *halo* para incitar a los perros de caza,
por ejemplo *Lba*, estr. 1360*abc*:

> El caçador al galgo firiólo con un palo,
> el galgo querellándose dixo "¡qué mundo malo!
> quando era mançebo dizían me '¡halo, halo!'..."

2352 *Cúriesme*: "Cuida de mi parte".
2353 *la cosa que mucho amo*: comp. *lo que más amava*, v. 1563;
construcción pronominal indefinida.
2354 *non fincarán*: "no permanecerán".
2356 *amo*: "ayo".

"cúrielos qui quier,   ca d'ellos poco m'incal.
"Yo con los míos   ferir quiero delant,
"vós con los vuestros   firmemientre a la çaga ten-
[gades,
"si cueta fuere,   bien me podredes uviar."   2360
Aquí llegó   Minaya Álbar Fáñez:
"¡Oíd, ya Çid,   Canpeador leal!   2361b
"Esta batalla   el Criador la ferá
"e vós tan dinno   que con él avedes part.
"Mandadno' los ferir   de quál part vos semeiar,
"el debdo que á cada uno   a conplir será. *   2365
"Ver lo hemos con Dios   e con la vuestra auze."
Dixo Mio Çid: "Ayamos más de vagar."
Afévos el obispo don Iherónimo   muy bien armado,
paravas' delant al Campeador   siempre con la buen
[auze:
"Oy vos dix la missa   de Sancta Trinidade;   2370
"por esso salí de mi tierra   e vin vos buscar
"por sabor que avía   de algún moro matar;

---

* fol. 48v.º

2357 "que les cuide quienquiera porque a mí me importan poco".
2358-2360 Pedro Bermúdez pide permiso para dirigir el ataque, mien-
    tras el Cid se mantiene en la retaguardia; ésta es variación de una
    táctica anterior, comp. los vv. 449-451. Para la valentía de Pedro
    Bermúdez antes, véanse los vv. 704-722.
    cueta: "apuro".
    uviar: "acudir en ayuda de".
2362 ferá: "trabará".
2363 Elipsis, probablemente de sodes: "y Vd. (es) tan digno que ten-
    drá plaza a su lado". Podría suponerse una elipsis de ferá en
    el verso anterior, e vos (ferá) tan dinno, "y le hará a Vd. tan
    digno que...", pero esto ofrece mayor dificultad sintáctica (hu-
    biera sido de esperar *e fer vos á).
2364 no' los = nos los, véase la nota al v. 192.
2365 el debdo: "el vínculo de vasallaje".
2366 Ver lo hemos: "Tendremos éxito".
    auze: comp. el v. 1523.
2367 Ayamos más de vagar: "Hagámoslo con más calma".
2369 siempre con la buen auze: "que siempre tiene buena suerte",
    comp. el v. 2366.
2371 vin = vine.
2372 por sabor que avía: "a causa del deseo que tenía".

"mi orden e mis manos   querría las ondrar
"e a estas feridas   yo quiero ir delant.
"Pendón trayo a corças   e armas de señal,   2375
"si ploguiesse a Dios   querríalas ensayar,
"mio coraçón   que pudiesse folgar
"e vós, Mio Çid,   de mí más vos pagar.
"Si este amor non' feches,   yo de vós me quiero
                                              [quitar."

Essora dixo Mio Çid: "Lo que vós queredes   2380
                                              [plazme.

"Afé los moros a oio,   idlos ensayar.
"Nós d'aquent veremos   cómmo lidia el abbat."

2373 *orden*: la Orden de benedictinos reformados, establecida en Clu-
ny, Francia, en 926, que inauguró la reforma de la Iglesia en
España en el siglo XI, comp. la nota al v. 1289.
2374 *estas feridas*: "los primeros golpes".
2375 "Llevo pendón con emblema de corzas y armas señaladas de
blasón". Si el Jerónimo histórico llevaba un blasón, es probable
que él mismo lo escogiera. Los papas del siglo XI a veces entre-
garon confalones con gallardetes o *signa* a los caudillos de expe-
diciones aprobadas por ellos, pero ésos normalmente llevaban
una cruz; el papa Alejandro II dio un confalón a Guillermo el
Conquistador antes de su expedición a Inglaterra, y en 1098 Ur-
bano II entregó un *signum magni papae* al obispo Adhémar de
Le Puy, legado papal en la primera cruzada. Corzos o ciervos
solían usarse a menudo en los blasones familiares o personales,
comp. el del papa Víctor II (1055-1057): "Oro, un ciervo sable
derecho con sólo un asta gules", véase D. L. Galbreath, *A trea-
tise on ecclesiastical heraldry*, I. *Papal heraldry* (Cambridge, 1930),
p. 69. Menéndez Pidal, ed. crít., Adiciones, p. 1221, cita un
ej. esp. del uso de una señal peculiar mencionado en el testa-
mento de un señor aragonés de 1080: "ilo scuto deaurato cum
mea segna...".
2376 *ensayar*: "emplear".
2377-2378 *que*: conj. final; "para que mi corazón pudiese aliviarse
y que Vd., Mio Cid, estuviese satisfecho de mí".
2379 *amor*: "favor".
2381 *ensayar*: "atacar".
2382 *d'aquent*: "desde aquí".
        el abbat: por extensión; "el sacerdote". Para otro obispo com-
batiente, comp. Turpín contra los sarracenos, *Chanson de Ro-
land,* v. 1487.

117 [*El obispo lucha con valentía; el Cid entra en
la batalla; derrota de los moros*]

El obispo don Iherónimo   priso a espolonada
e ívalos ferir   a cabo del albergada.
Por la su ventura   e Dios quel' amava   2385
a los primeros colpes   dos moros matava de la
[lanç[a];
el astil á quebrado   e metió mano al espada,
ensayavas' el obispo,   ¡Dios, qué bien lidiava!
Dos mató con lança   e *çinco* con el espada;
los moros son muchos,   derredor le çercavan, *   2390
dávanle grandes colpes   mas nol' falsan las armas.
El que en buen ora nasco   los oios le fincava,
enbraçó el escudo   e abaxó el asta,
aguijó a Bavieca,   el cavallo que bien anda,
ívalos ferir   de coraçón e de alma.   2395
En las azes primeras   el Campeador entrava,
abatió a *siete*   e a *quatro* matava.

---

* *Cuaderno 8.º, fol. 49r.º*

2383 *priso a espolonada*: "lanzó la carga inicial", comp. "fizo . . .
una espolonada", *Alex*, estr. 695*b*.
2384 *a cabo del albergada*: "cerca del campamento moro".
2388 *ensayavas'*: "se esforzó".
2389 *Dos mató*: repetición del segundo hemistiquio del v. 2386.
2391 *falsan las armas*: "penetran la armadura"; contrástese la mala
suerte del arzobispo Turpin cuando la desventaja era de tres con-
tra más de cuarenta mil:

> Turpins de Reins tut sun escut percét,
> Quassét sun elme, si l'unt nasfrét el chef
> E sun osberc rumput e desmailét,
> Parmi le cors nasfrét de .iiii. espiez;
> Dedesuz lui ocient sun destrer.
> Or est grant doel, quant l'arcevesque chiet. Aoi.
> (*Chanson de Roland*, vv. 2077-2082)

2392 *los oios le fincava*: "clavó los ojos en él".
2393 *enbraçó el escudo*: "ensartó el brazo por el escudo", véase el
final de la nota al v. 1509.
2396 *las azes primeras*: "las primeras filas de moros".

Plogo a Dios, aquésta fue el arrancada.
Mio Çid con los suyos cae en alcança,
veriedes quebrar tantas cuerdas e arrancarse 2400
[las estacas
e acostarse los tendales, con huebras eran tantas.
Los de Mio Çid a los de Búcar de las tiendas los
[sacan.

118 [*Durante la persecución, el Cid mata a Búcar
y gana la espada llamada Tizón*]

Sácanlos de las tiendas, cáenlos en alcaz,
tanto braço con loriga veriedes caer apart,
tantas cabeças con yelmos que por el campo 2405
[caen,
cavallos sin dueños salir a todas partes;
siete migeros conplidos duró el segudar.
Mio Çid al rrey Búcar cayól' en alcaz:
"¡Acá torna, Búcar! Venist d'allent mar,
"ver te as con el Çid, el de la barba grant, 2410
"saludar nos hemos amos e taiaremos amista*d*."
Respuso Búcar al Çid: "¡Cofonda Dios tal amistad!
"El espada tienes desnuda en la mano e véot' aguijar,
"assí commo semeia, en mí la quieres ensayar;

2398-99 No tenemos una descripción general de la batalla; con téc-
    nica casi cinematográfica, el poeta no nos brinda más que un
    primer plano de los combatientes principales.
2401 Comp. los vv. 1141-1142.
    con huebras eran tantas: "tan labrados".
2403 Repetición del final de la tirada anterior.
2404 "tantos brazos mallados hubierais visto cortados"; los brazos
    amputados estaban todavía cubiertos con las mangas del pla-
    quín.
2407 *migeros*: "millas".
    el segudar: "la persecución".
2408 Comp. el v. 2399.
2410 *ver te as*: "ajustarás la cuenta"; nótese el uso de la persona
    tú en esta oración.
2411 *taiaremos*: "vamos a trabar"; juego de palabras con *tajar*.
2414 *ensayar*: "emplear".

"mas si el cavallo non estropieça   o comigo   2415
[non caye, *
"non te iuntarás comigo   fata dentro en la mar."
Aquí rrespuso Mio Çid: "¡Esto non será verdad!"
Buen cavallo tiene Búcar   e grandes saltos faz,
mas Bavieca el de Mio Çid   alcançándolo va.
Alcançólo el Çid a Búcar   a tres braças del   2420
[mar,
arriba alçó Colada,   un grant colpe dádol' ha,
las carbonclas del yelmo   tollidas ge la[s] ha,
cortól' el yelmo   e, librado todo lo ál,
fata la çintura   el espada llegado ha.
Mató a Búcar,   al rrey de allén mar,   2425
e ganó a Tizón   que mill marcos d'oro val.
Vençió la batalla   maravillosa e grant,
aquís' ondró Mio Çid   e quantos con él son.

---

* fol. 49v.º

2415 o: simple cópula; "y".
2418 e grandes saltos faz: "y corre a galope tendido".
2420 tres braças: "seis metros"; la braza era la distancia entre los
brazos del hombre extendidos horizontalmente.
2422 y ss. carbonclas: "carbúnculos", "granates", que decoraban el
yelmo. Esta descripción se parece mucho a Chanson de Roland,
vv. 1324-1330, en los cuales Rolando alza su espada Durendal
y parte al sarraceno Chernuble en dos, desde su yelmo hasta la
silla del caballo, golpe imposible según los patólogos y los ex-
pertos en armas medievales:

> Trait Durendal, sa bone espee nue,
> Sun cheval brochet, si vait ferir Chernuble,
> L'elme li freint u li carbuncle luisent,
> Trenchet la coife e la cheveleüre,
> Si li trenchat les oilz e la faiture,
> Le blanc osberc dunt la maile est menue,
> E tut le cors tresqu'en la furcheüre.

2425 El poeta resume el relato con este ejemplo de atenuación (so-
bre la meiosis, véase la nota al v. 108).
2426 Tizón: la segunda espada ganada por el Cid y valorada en más
que Colada, que valía mil marcos de plata, comp. el v. 1010 y
nota. El nombre parece haber significado "la espada ardiente"
(comp. ing. brand, "espada", nórdico ant. brander; el fr. ant.
brant significaba "hoja de una espada", véase Chanson de Ro-
land, v. 1067). La forma "Tizona" es postmedieval. Esta espada
probablemente perteneció más tarde a los reyes de Aragón, y
según Menéndez Pidal, ed. crít., pp. 665-666, puede que exista
todavía en la Armería Real en Madrid.

119   [*El Cid y Álvar Fáñez elogian las proezas de los infantes, pero éstos toman las alabanzas por calumnia; reciben un botín extraordinario*]

Con estas ganançias   yas' ivan tornando,
sabet, todos de firme   rrobavan el campo.   2430
A las tiendas eran llegados   dó estava | el   2431-32
                    [que en buen ora nasco.
Mio Çid Ruy Díaz   el Campeador contado
con dos espadas   que él preçiava algo
por la matança   vinía tan privado,   2435
la cara fronzida   e almófar soltado,
cofia sobre los pelos   fronzida d'ella yaquanto.
Algo v[e]yé Mio Çid   de lo que era pagado,
alçó sus oios,   esteva adelant catando
e vio venir a Diego   e a Fernando; *   2440
amos son fijos   del conde don Go[n]çalo.
Alegrós' Mio Çid,   fermoso sonrrisando:
" ¡Venides, mios yernos,   mios fijos sodes amos!
"Sé que de lidiar   bien sodes pagados,
"a Carrión de vós   irán buenos mandados   2445
"cómmo al rrey Búcar   avemos arrancado.
"Commo yo fío por Dios   e en todos los sos sanctos,
"d'esta arrancada   nós iremos pagados."   2448

---

* *fol. 50r.º*

2430 *de firme*: "con todo cuidado".
2431-2432 Este verso implica que los del Cid despojan el campo de batalla, mientras él ha permanecido entre las tiendas de los moros, donde se le unen después.
2434 *preçiava algo*: "estimaba en mucho".
2436 *fronzida*: "arrugada", véase la nota al v. 789.
     almófar: "la capucha mallada de la loriga".
     soltado: "caído sobre la espalda".
2437 *yaquanto*: adv., "algo", "un poco".
2439 *esteva*: "estaba", comp. *Fuero juzgo*, p. 113*a*.
2444 y 2448 *pagados*: "satisfechos".

De todas partes   sos vassallos van llegando,   2455
Minaya Álbar Fáñez   essora es llegado,   2449
el escudo trae al cuello   e todo espad[ad]o,   2450
de los colpes de las lanças   non avié rrecabdo,
aquellos que ge los dieran   non ge lo avién logrado.
Por el cobdo ayuso   la sangre destellando,
de *veínte* arriba   ha moros matado: 2454
"Grado a Dios   e al Padre que está en alto   2456
"e a vós, Çid,   que en buen ora fuestes nado.
"Matastes a Búcar   e arrancamos el canpo.
"Todos estos bienes de vós son   e de vuestros va-
                                            [ssallos,
"e vuestros yernos   aquí son ensayados,   2460
"fartos de lidiar   con moros en el campo."
Dixo Mio Çid: "Yo d'esto só pagado,
"quando agora son buenos,   adelant serán preçiados."
Por bien lo dixo el Çid,   mas ellos lo tovieron a mal.
Todas las gananças   a Valençia son llegadas, *   2465
alegre es Mio Çid   con todas sus conpañas
que a la rración caye   seisçientos marcos de plata.
Los yernos de Mio Çid   quando este aver tomaron

---

* *fol. 50v.º*

2450 *espad[ad]o*: "marcado por los golpes de espada".
2451 "no se podrían contar las marcas dejadas por las lanzas".
2452 *logrado*: "acertado".
2453 Véase la nota al v. 762.
2454 *de veínte arriba*: "más de veinte".
2455 El verso está dislocado; lo coloco después de la llegada de los
    infantes, que no pueden considerarse como vasallos del Cid.
    Smith defiende el orden del Ms. basándose en que el verso es
    la típica introducción a un discurso; sin embargo, no son los
    vasallos quienes hablan sino Minaya, que no ha sido mencionado
    desde el v. 2449.
2460 *son ensayados*: "se han esforzado".
2461 *fartos*: "satisfechos".
2464 Preocupados de su conducta cobarde (y de las burlas que su-
    frieron antes), los infantes toman las alabanzas como mofas.
2465-2467 Asonancia en *á-a*, que podría indicar una división de tirada
    entre los vv. 2463 y 2464 (este último verso con asonante irregu-
    lar), y también otra entre los vv. 2467 y 2468; dividen así Hunt-
    ington, y Smith, quien renumera estas secciones 119*b* y 119*c*.
    la rración: la porción recibida por cada caballero, comp. los vv.
    513-514.

d'esta arrancada,   que lo tenién en so salvo,
cuidaron que en sus días   nunqua serién   2470
                                    [minguados,
fueron en Valençia   muy bien arreados,
conduchos a sazones,   buenas pieles e buenos mantos.
Mucho son alegres   Mio Çid e sus vassallos.

120 [*El Cid se complace en las supuestas proezas
de sus yernos*]

Grant fue el día   [*por*] la cort del Campeador
después que esta batalla vençieron   e al rrey   2475
                                    [Búcar mató,
alçó la mano,   a la barba se tomó:
"Grado a Christus,   que del mundo es señor,
"quando veo   lo que avía sabor
"que lidiaran comigo en campo   mios yernos amos
                                    [a dos;
"mandados buenos irán   d'ellos a Carrión   2480
"cómmo son ondrados   e aver vos [*an*] grant pro.

121 [*Reparto del botín*]

"Sobeianas son las ganançias   que todos an ga-
                                    [nadas,
"lo uno es nuestro,   lo otro han en salvo."
Mandó Mio Çid,   el que en buen ora nasco,

2469 *en so salvo*: "en su posesión".
2471 *arreados*: "equipados".
2472 *conduchos a sazones*: "provisiones de excelente calidad".
2478 *lo que avía sabor*: "lo que había ansiado".
2483 "parte del botín pertenece a mí y a mis vasallos, otra parte está
     en manos de los infantes". Smith interpreta "parte del botín ya
     está dividida entre nosotros, parte está bajo la custodia de los
     quiñoneros (quienes la partirán más tarde)", pero nótense la
     porción grande mencionada en el v. 2509 y la alusión hecha por
     Fernando en el v. 2531 a lo que dice el Cid aquí.

d'esta batalla   que han arrancado   2485
que todos prisiessen   so derecho contado
e la su quinta   non fuesse olbidado.
Assí lo fazen todos,   ca eran acordados,
cayéronle en quinta   al Çid seixçientos cavallos
e otras azémilas   e camellos largos, *   2490
tantos son de muchos   que non serién contados.

122 [*El Cid medita sobre un posible ataque a Ma-
          rruecos, pero rechaza la idea; vuelve a alabar
          a sus yernos*]

Todas estas ganançias   fizo el Canpeador:
"¡Grado a Dios   que del mundo es señor!
"Antes fu minguado,   agora rrico só,
"que he aver e tierra   e oro e onor   2495
"e son mios yernos   ifantes de Carrión.
"Arranco las lides   commo plaze al Criador,
"moros e christianos   de mí han grant pavor;
"allá dentro en Marruecos,   ó las mezquitas son,
"que abrán de mí salto   quiçab alguna noch   2500
"ellos lo temen,   ca non lo piesso yo.

_____

* *fol. 51r.º*

2486 *so derecho contado*: "sus derechos exactos".
2487 *quinta*: véase la nota al v. 492.
     olbidado: encaja con la asonancia, pero la falta de concordan-
     cia es muy poco común; no obstante, hay unos pocos ejemplos
     en textos aragoneses.
2488 *acordados*: "unánimes".
2490 *largos*: "numerosos"; los camellos traídos de Marruecos por
     Búcar.
2491 El *de* partitivo en expresiones como *tantos avién de averes,*
     v. 1800 (=*tantos averes*) se extendió a otras expresiones que no
     tenían sentido partitivo, p. ej., *tanto son de traspuestas,* v. 2784
     (= *tan traspuestas*). Aquí tenemos un desarrollo extremado de
     la tendencia; "son tantos que".
2494 *fu = fui.*
2495 *onor*: "hacienda".
2496 El Cid se ajusta a las circunstancias al enorgullecerse del alto
     linaje de sus yernos.
2500 *salto*: "ataque repentino".
2501 *piesso*: parece ser forma popular de *pienso.*

"No los iré buscar,   en Valençia seré yo,
"ellos me darán parias,   con aiuda del Criador,
"que paguen a mí   o a qui yo ovier sabor."
Grandes son los gozos en Valençia   con Mio   2505
                              [Çid el Canpeado[r]
de todas sus conpañas   e de todos sus vassallos;
grandes son los gozos   de sus yernos amos a dos:
d'aquesta arrancada   que lidiaron de coraçón
valía de çinco mill marcos   ganaron amos a dos;
muchos' tienen por rricos   los ifantes de   2510
                              [Carrión;
ellos con los otros   vinieron a la cort.
Aquí está con Mio Çid   el obispo do Iherónimo,
el bueno de Álbar Fáñez,   cavallero lidiador,
e otros muchos   que crió el Campeador;
quando entraron   los ifantes de Carrión,   2515
rreçibiólos Minaya   por Mio Çid el Campeador: *
"Acá venid, cuñados,   que más valemos por vós."
Assí commo llegaron,   pagós' el Campeador:
"Evades aquí, yernos,   la mi mugier de pro
"e amas la[s] mis fijas,   don Elvira e doña   2520
                              [Sol;
"bien vos abraçen   e sírvanvos de coraçón.
"Vençiemos moros en campo   e matamos

---

* fol. 51v.º

2502 buscar: "atacar".
2504 o a qui yo ovier sabor: "a quienquiera que yo nombre".
2508 de coraçón: "fervorosamente"; probablemente irónico.
2509 Cada infante ha recibido más del cuádruplo que cada caballero,
     comp. el v. 2467, posiblemente a causa de su parentesco con el
     caudillo.
2510 muchos' = mucho se; "se consideran muy adinerados".
2511 cort: "sala".
2514 crió: "entrenó" en su casa.
2517 cuñados: "parientes" (por estar emparentados).
     que más valemos por vós: "porque Vds. nos han traído mucha
     honra" (por su supuesta valentía militar).
2519 Evades: comp. el v. 253.
2522-2523 Asonancia irregular y encabalgamiento (véase el Aparato
     Crítico).
     provado traidor: Ms. traidor provado, que en efecto es el orden
     más natural, comp. Alex, 2510d, "... oran a Mafomat, un traedor

"a aquel rrey Búcar, provado traidor.
"Grado a Sancta María, madre del Nuestro Señor
[Dios,
"d'estos nuestros casamientos vós abredes 2525
[honor.
"Buenos mandados irán a tierras de Carrión."

123 [*Avergonzado, el infante don Fernando ruega
al Cid que no se interese más por él ni por
su hermano; los del Cid se burlan de los in-
fantes y éstos traman la deshonra de aquél*]

A estas palabras fabló Ferrán Gonçález:
"Grado al Criador e a vós, Çid ondrado,
"tanto avemos de averes que no son contados,
"por vós avemos ondra e avemos lidiado; 2530
"pensad de lo otro, que lo nuestro tenémoslo en
[salvo."

---

prouado". Menéndez Pidal pone estos versos entre los vv. 2530
y 2531, donde encajan con la nueva asonancia del discurso de
Fernando. Smith hace lo mismo, sosteniendo que el orden del
Ms. interrumpe lo que el Cid dice sobre el casamiento de los
infantes. Por el contrario, la creencia errónea del Cid de que
sus yernos han lidiado valientemente refuerza su confianza en
que recibirán hacienda como resultado de casarse con sus hijas
(v. 2525). Estos editores tampoco explican cómo el v. 2526 con-
cuerda con su reorganización, puesto que la mención que hace
el Cid de los mensajes que se enviarán a Carrión en los otros
casos se refiere a la supuesta proeza de los infantes, comp. los
vv. 2444-2445 y 2479-2481. El problema grave aquí es el raro
caso de encabalgamiento (comp. mi enmienda a los vv. 1072-
1073).
2525 "por haber emparentado con nosotros, recibiréis hacienda".
2530 *ondra*: "honra", "prestigio", comp. *Siete partidas*, II, 13, 17:
"Honra quier tanto decir como adelantamiento señalado, con
loor, que gana el home por razón del logar que tiene, o por
fecho conoscido que face, o por bondat que en él ha".
2531 "piense Vd. en su parte del botín, porque la nuestra está bien
asegurada". Los infantes están turbados por la insistencia del
Cid sobre la valentía con que supone han luchado.

Vassallos de Mio Çid   seyénse sonrrisando:
quien lidiara meior   o quien fuera en alcanço,
mas non fallavan í   a Diego ni a Ferrando.
Por aquestos juegos   que ivan levantando   2535
e las noches e los días   tan mal los escarmentando,
tan mal se conseiaron   estos iffantes amos.
Amos saliero[n] apart,   veramientre son hermanos,
d'esto que ellos fablaron   nós parte non ayamos:
"Vayamos pora Carrión,   aquí mucho   2540
                                [detardamos;
"los averes que tenemos   grandes son e sobeianos,
"mientra que visquiéremos   despender no lo po-
                                                [dremos.

2532-2533 Elipsis: "Los vasallos del Cid sonreían, (meditando sobre)
los que habían luchado mejor y habían tomado parte en la per-
secución". Nótese, sin embargo, que *quien* . . . *quien* puede
significar: "Los vasallos del Cid sonreían; algunos de ellos
habían lidiado mejor, otros habían participado en la persecu-
ción", comp. Berceo, *Santo Domingo,* estr. 105*d:* "todos le
davan algo: qui media, qui çatico", y *PCG,* pp. 76*b* y 526*b.*

2534 "pero no recordaron haber visto a Diego ni a Fernando allí", o
bien, si se acepta la interpretación alterna del v. 2533 (véase la
nota anterior): "pero no encontraron a Diego ni a Fernando
allí".

2535 "A causa de estas burlas que hacían".

2536 *escarmentando:* "escarneciendo".

2538-2539 *nós parte non ayamos:* "que no tomemos parte"; el poeta
finge emplear la figura retórica de *occultatio,* mientras a conti-
nuación revela la inicua maquinación. Por no haber reconocido
el fingido uso retórico, Miguel Garci-Gómez ha propuesto un
cambio en la puntuación de estos versos que introduce un uso
inaceptable de encabalgamiento:

> Amos salieron a part;   veramientre son hermanos,
> desto que ellos fablaron: "Nos parte non ayamos...

e interpreta este último hemistiquio como "renunciemos nuestra
porción de la ganancia de Valencia" (*Romance Notes,* 15, 1973-74,
pp. 178-182), enmienda innecesaria y mal fundada, empeorada
aún más por Dorothy Clotelle Clarke, *Olifant,* II, núm. 1 (octu-
bre de 1974), pp. 47-48, quien interpreta el mismo hemistiquio,
también en boca de los infantes, como "No tomemos parte [en
el juego conversacional]" (la traducción es mía).

2542 *visquiéremos:* 1.ª p.ª pl. fut. subj. de *vivir.*

124 [*Los infantes planean una venganza inicua;
piden al Cid que les autorice para llevarse a
sus esposas a Carrión; el Cid da ricos ajuares
a sus hijas y se despide de ellas*]

"Pidamos nuestras mugieres   al Çid Campeador,
"digamos que las levaremos   a tierras de Carrión *
"[*e*] enseñar las hemos   dó las heredades son.   2545
"Sacar las hemos de Valençia   de poder del Cam-
                                     [peador,
"después en la carrera   feremos nuestro sabor,
"ante que nos rretrayan   lo que cuntió del león;
"nós de natura somos   de condes de Carrión.
"Averes levaremos grandes   que valen grant   2550
                                       [valor,
"escarniremos   las fijas del Canpeador.
"D'aquestos averes   siempre seremos rricos omnes,
"podremos casar con fijas   de rreyes o de enpera-
                                       [dores,
"ca de natura somos   de condes de Carrión.
"Assí las escarniremos   a las fijas del   2555
                                       [Campeador,
"antes que nos rretrayan   lo que fue del león."
Con aqueste conseio   amos tornados son,
fabló Ferrán Gonçález   e fizo callar la cort:
" ¡Sí vos vala el Criador,   Çid Campeador!
"Que plega a doña Ximena   e primero a vós   2560
"e a Minaya Álbar Fáñez   e a quantos aquí son:
"dadnos nuestras mugieres   que avemos a bendi-
                                       [çiones,

---

* *fol.* 52r.º

2547 "más tarde, en el camino, haremos lo que queramos".
2548 "antes de que nos echen en cara lo que pasó con el león".
2549 *de natura*: "de linaje".
2551 *escarniremos*: "escarneceremos".
2553 En realidad sucederá lo contrario; las hijas del Cid emparen-
    tarán con familias reales.
2557 *conseio*: "decisión".
2562 *a bendiçiones*: "como mujeres legítimas".

"levar las hemos   a nuestras tierras de Carrión,
"meter las hemos   en las villas
"que les diemos por arras   e por onores,   2565
"verán vuestras fijas   lo que avemos nós,
"los fijos que oviéremos   en qué avrán partición."
Nos' curiava de ser afontado   el Çid | 2569-68
                    [Campeador:
"Dar vos he mis fijas   e algo de lo mío;   2568b
"vós les diestes villas por arras   en tierras de   2570
                    [Carrión,
"yo quiero les dar axuvar   *tres* mill marcos de plata;
"dar vos é mulas e palafrés   muy gruessos de sazón,
"cavallos pora en diestro,   fuertes e corredores, *
"e muchas vestiduras   de paños de çiclatones;
"dar vos he dos espadas,   a Colada e a Tizón,   2575
"bien lo sabedes vós   que las gané a guisa de varón.

---

* *fol. 52v.º*

2564 *villas*: "heredades".
2565 *arras*: donación que el esposo hace a la esposa en remuneración
        de la dote.
        onores: "haciendas".
2567 "(y) de qué tendrán una parte los hijos que tengamos".
2569 "No se recelaba de ninguna afrenta...".
2568b *algo de lo mío*: "parte de mi riqueza".
2571 *axuvar*: "ajuar".
2572 *muy gruessos de sazón*: "en excelente condición".
2573 *cavallos pora en diestro*: "corceles".
2574 *paño*: término genérico para toda clase de tela, véase Jesusa
        Alfau de Solalinde, *Nomenclatura de los tejidos españoles del
        siglo XIII* (Madrid, 1969), pp. 140-141; *çiclatones* eran brocados
        entretejidos con oro, comúnmente con diseños de círculos o es-
        cudos, mientras el fondo podía ser de colores distintos, comp.
        Santa Oria, estr. 143b: "blancos çiclatones", *Gran conquista de
        ultramar* (B.A.E., XLIV, p. 33): "un ciclaton verde". En p. 81,
        nota 187, la señora de Solalinde sugiere que "pudieron hacerse
        ciclatones de diferentes colores en épocas posteriores, asignán-
        doles el mismo nombre", sin considerar la posibilidad de que
        los distintos colores mencionados se refieran a la seda en la que
        se tejía el oro (o a veces la plata).
2575 El Cid entrega a sus yernos las dos grandes espadas que ha ga-
        nado y que son símbolos de su proeza militar; esto es adicional
        al anterior intercambio de espadas (v. 2093). En los pleitos exi-
        girá la devolución de Colada y Tizón (vv. 3153-3158), pero no
        de las anteriores (v. 2093).
2576 *a guisa de varón*: "varonilmente", "luchando como un hombre".

"Mios fijos sodes amos   quando mis fijas vos do,
"allá me levades   las telas del coraçón.
"Que lo sepan en Gallizia   e en Castiella e en León
"con qué rriqueza enbío   mios yernos amos   2580
                     [a dos.
"A mis fijas sirvades,   que vuestras mugieres son,
"si bien las servides   yo vos rrendré buen galardón."
Atorgado lo han esto   los iffantes de Carrión,
aquí rreçiben   las fijas del Campeador,
conpieçan a rreçebir   lo que el Çid mandó;   2585
quando son pagados   a todo so sabor,   .
ya mandavan cargar   iffantes de Carrión.
Grandes son las nuevas   por Valençia la mayor,
todos prenden armas   e cavalgan a vigor
porque escurren sus fijas del Campeador   a   2590
                     [tierras de Carrión.
Ya quieren cavalgar,   en espidimiento son;
amas hermanas   don Elvira e doña Sol
fincaron los inoios   ant el Çid Campeador:
"¡Merçed vos pedimos, padre,   sí vos vala el Criador!
"Vós nos engendrastes,   nuestra madre nos   2595
"delant sodes amos,   señora e señor.   [parió;
"Agora nos enviades   a tierras de Carrión,
"debdo nos es a cunplir   lo que mandáredes vós. *
"Assí vos pedimos merçed   nós amas a dos
"que ayades vuestros mensaies   en tierras de   2600
                     [Carrión."
Abraçólas Mio Çid   e saludólas amas a dos.

---

* *fol.* 53r.º

2577 *quando*: "puesto que".
     do: "doy".
2578 *las telas del coraçón*: "lo que más amo".
2587 *mandavan cargar*: "mandaron cargar las acémilas".
2588 *nuevas*: "actividad".
2590 *escurren*: "despiden a".
2591 *espidimiento*: "despedida".
2598 Véase la nota al v. 225.
2600 Smith se pregunta si deberíamos leer *ayamos* o *mandedes* por *ayades* y señala que ningún editor ha aludido a esta posibilidad.

125 [*Doña Jimena se despide de sus hijas; el Cid
ve malos agüeros*]

Él fizo aquesto,   la madre lo doblava:
"Andad, fijas, d'aquí   el Criador vos vala,
"de mí e de vuestro padre   bien avedes nuestra graçia.
"Id a Carrión   dó sodes heredadas,   2605
"assí commo yo tengo,   bien vos he casadas."
Al padre e a la madre   las manos les besavan;
amos las bendixieron   e diéronles su graçia.
Mio Çid e los otros   de cavalgar pensavan
a grandes guarnimientos,   a cavallos e armas.   2610
Ya salién los ifantes   de Valençia la clara
espi[*di*]endos' de las dueñas   e de todas sus com-
[pañas.
Por la huerta de Valençia   teniendo salién armas,
alegre va Mio Çid   con todas sus compañas.
Violo en los avueros   el que en buen ora çinxo   2615
[espada
que estos casamientos   non serién sin alguna tacha;
nos' puede rrepentir,   que casadas las ha amas.

Pero si interpretamos *mensaies* como "mensajeros" (comp. el
v. 1834), el sentido literal sería "que tenga Vd. sus mensajeros
en las tierras de Carrión", es decir, "que nos envíe sus mensa-
jeros a las tierras de C.".
2602 *lo doblaba*: "hizo lo mismo", o quizá, "las besó dos veces más".
2605 *dó sodes heredadas*: "donde tenéis heredades" (de las arras, comp.
el v. 2565).
2606 *bien vos he casadas*: "os tengo bien casadas".
2610 *a grandes guarnimientos*: "magníficamente ataviados".
2611 *la clara*: "la renombrada".
2615 *avueros*: "agüeros", véase la nota a los vv. 11-12.
2617 "no puede volverse atrás (de lo ofrecido), porque ya las tiene
casadas".

126 [*El Cid manda a Félez Muñoz que acompañe
a sus hijas; el doloroso adiós último; los via-
jeros llegan a Molina, desde donde Avengalvón
les escolta hasta El Ansarera; se descubre el
plan de los infantes para asesinar a Aven-
galvón*]

"¿Ó eres mio sobrino,   tú, Félez Muñoz?
"Primo eres de mis fijas amas   d'alma e de coraçón.
"Mándot' que vayas con ellas   fata dentro en   2620
                                    [Carrión,
"verás las heredades   que a mis fijas dadas son,
"con aquestas nuevas   vernás al Campeador."
Dixo Félez Muñoz: "Plazme d'alma e de coraçón."
Minaya Álbar Fáñez   ante Mio Çid se paró: *
"Tornémosnos, Çid,   a Valençia la mayor,   2625
"que si a Dios ploguiere   e al padre Criador,
"ir las hemos ver   a tierras de Carrión."
"A Dios vos acomendamos,   don Elvira e doña Sol,
"atales cosas fed   que en plazer caya a nós."
Respondién los yernos: "¡Assí lo mande   2630
                                    [Dios!"
Grandes fueron los duelos   a la departición,
el padre con las fijas   lloran de coraçón,
assí fazían   los cavalleros del Campeador.
"¡Oyas, sobrino,   tú, Félez Muñoz!
"Por Molina iredes,   í iazredes una noch,   2635
"saludad a mio amigo   el moro Avengalvón;
"rreçiba a mios yernos   commo él pudier meior.
"Dil' que enbío mis fijas   a tierras de Carrión,

---

* *fol.* 53v.º

2622 *aquestas nuevas*: "este parte".
      al Campeador: el Cid habla de sí en tercera persona.
2626 *ploguiere*: 3.ª p.ª sg. fut. subj. de *plaçer*.
      e: apositivo.
2629 "Portáos de tal manera que estemos contentos de vosotras".
2630 Exclamación irónica, véase la nota al v. 2055.
2631 *departición*: "despedida".
2635 *í iazredes una noch*: "allí pasaréis una noche".

"de lo que ovieren huebos   sírvalas a so sabor,
"desí escúrralas fasta Medina   por la mi amor;   2640
"de quanto él fiziere   yol' dar[é] por ello buen ga-
                                         [lardón."
Cuemo la uña de la carne   ellos partidos son,
yas' tornó pora Valençia   el que en buen ora nasçió.
Piénsanse de ir   los ifantes de Carrión,
por Sancta María d'Alvarrazín   fazían la   2645
                                         [posada.
Aguijan quanto pueden   ifantes de Carrión:
félos en Molina   con el moro Avengalvón.
El moro, quando lo sopo,   plógol' de coraçón,
saliólos rrecebir   con grandes avorozes,
¡Dios, qué bien los sirvió   a todo so sabor!   2650
Otro día mañana   con ellos cavalgó, *
con dozientos cavalleros   escurrirlos mandó;
ivan troçir los montes,   los que dizen de Luzón.
A las fijas del Çid   el moro sus donas dio,
buenos seños cavallos   a los ifantes de Carrión.   2655
Troçieron Arbuxuelo   e llegaron a Salón,
ó dizen el Ansarera   ellos posados son.
Tod esto les fizo el moro   por el amor del Çid
                                         [Campead[or].
Ellos veyén la rriqueza   que el moro sacó,
entr'amos hermanos   conseiaron traçión: 2660

---

     * *fol. 54r.º*
2639 "que les sirva cuanto necesiten...".
2640 *escúrralas*: "(y que) las escolte".
2642 El símil más impresionante del *Poema,* usado también en el
     v. 375.
2645 *por*: tal vez elipsis de "por tierras de"; "cerca de".
2649 *avorozes*: "regocijos".
2653 "pasaron por los bosques de Luzón", que está 38 Km. al N.O.
     de Molina; los bosques estaban antes al S.E. de la villa.
2655 "un buen caballo a cada infante".
2656 *Arbuxuelo*: el valle al S.E. de Medinaceli, véase la nota al v.
     1493.
2657 *el Ansarera*: lugar desconocido, pero el nombre implica que guar-
     daban gansos allí. Es probable que se situara justo debajo de
     Medinaceli, en la ribera norte del Jalón, como pone de manifiesto
     el v. 2687 (y no al S. del río, como quiere Menéndez Pidal, ed.
     crít., donde frente a p. 72; lo coloca correctamente en p. 63
     y en el mapa de la 1.ª edic. de 1908.
2660 "los dos hermanos planearon una traición".

"Ya pues que a dexar avemos   fijas del Campeador,
"si pudiéssemos matar   el moro Avengalvón,
"quanta rriquiza tiene   aver la iemos nós.
"Tan en salvo lo abremos   commo lo de Carrión,
"nunqua avrié derecho de nós   el Çid   2665
                                    [Campeador."
Quando esta falsedad   dizién los de Carrión,
un moro latinado   bien ge lo entendió;
non tiene poridad,   díxolo [a] Avengalvón:
"Acayaz, cúriate d'éstos,   ca eres mio señor,
"tu muert oí cosseiar   a los ifantes de Carrión."   2670

127   [*Avengalvón amenaza a los infantes*]

El moro Avengalvón   mucho era buen barragán,
co[n] dozientos que tiene   iva cavalgar,
armas iva teniendo,   parós' ante los ifantes,
de lo que el moro dixo   a los ifantes non plaze:
"¡Dezidme qué vos fiz,   ifantes de Carrión!   2675
"Yo sirviéndovos sin art   e vós, pora mí, muert
                                    [conseiastes.
"Si no lo dexás   por Mio Çid el de Bivar,
"tal cosa vos faría   que por el mundo sonás *
"e luego levaría sus fijas   al Campeador leal;
"vós nu[n]qua en Carrión   entrariedes iamás.   2680

---

* *fol. 54v.º*

2661 *dexar*: "abandonar".
2664 "Será tan nuestra como las heredades de Carrión".
2667 *un moro latinado*: "un moro que sabía español".
2668 *non tiene poridad*: lítote; "no lo guardó en secreto".
2669 *Acayaz*: "Señor" (comp. *alcaide*).
2670 *cosseiar*: parece ser forma popular de *consejar*; "urdir".
2671 *buen barragán*: "un valiente".
2676 "mientras yo os servía lealmente, vosotros urdíais mi muerte".
     Smith admite la sintaxis rara "e vos consejastes pora mi muert",
     pero *conseiar muert* ocurre en el v. 2670 y en *Fuero juzgo*,
     prólogo, 12*a*, p. xi*b*; así se puede considerar *mi* como pronom-
     bre disyuntivo y cambiar la posición de *conseiastes* para con-
     formar con la asonancia.
2677 "Si no desistiese de ello en consideración a Mio Cid...".
2678 "os haría tal cosa que resonaría por el mundo".

128 [*La afrenta en el robledo de Corpes*]

"Aquím' parto de vós   commo de malos e de trai-
                                        [dores.
"Iré con vuestra graçia,   don Elvira e doña Sol,
"poco preçio las nuevas   de los de Carrión.
"Dios lo quiera e lo mande   que de tod el mundo es
                                      [señor,
"d'aqueste casamiento   que grade el   2685
                     [Canpeador."
Esto les ha dicho   e el moro se tornó,
teniendo iva armas   al troçir de Salón,
cuemmo de buen seso   a Molina se tornó.
Ya movieron del Ansarera   los ifantes de Carrión,
acóiense a andar   de día e de noch,   2690
a siniestro dexan Atiença,   una peña muy fuert,
la sierra de Miedes   passáronla esto[n]z,
por los Montes Claros   aguijan a espolón,

2681 *de malos e de traidores*: expresión legal, empleada otra vez
     durante los retos (v. 3343).
2683 *nuevas*: "fama".
2687 "ejercitándose en juego de armas al cruzar el Jalón".
2688 *cuemmo de buen seso*: "siendo hombre prudente".
2691 "dejan Atienza por su izquierda"; la ciudad, que se menciona
     aquí por única vez, está 35 Km. al O.N.O. de Medinaceli, por
     terreno dificultoso.
2692 *la sierra de Miedes*: véase la nota al v. 415.
2693 *los Montes Claros*: las montañas todavía conocidas con este
     nombre, donde nace el Jarama, están a unos 45 Km. al O. de
     Atienza y al S. de Riaza, y quedan demasiado hacia el S.O. del
     itinerario descrito aquí. Menéndez Pidal, ed. crít., p. 57, sugiere
     que los Montes Claros del *Poema* estaban al N. de Miedes, cerca
     de Caracena. Criado de Val, pp. 99-100, intenta con muy poco
     éxito demostrar que los viajeros medievales hubieran podido se-
     guir por este enorme desvío, solamente "por la necesidad de
     seguir un cauce de agua (el Cañamares) y de encontrar un paso
     (el Puerto de Infantes) de la Cordillera Central", ¡y hubieran he-
     cho todo esto *después* de haber cruzado la Cordillera al N. de
     Miedes! Si bien este episodio y por lo tanto el viaje son proba-
     blemente ficticios, cabría esperar que la ruta hubiera tenido al
     menos una vaga coherencia, a juzgar por las otras rutas descritas
     en el *Poema*.

a siniestro dexan a Griza   que Álamos pobló,
allí son caños   dó a Elpha ençerró,   2695
a diestro dexan a Sant Estevan,   más cae aluén.
Entrados son los ifantes   al rrobredo de Corpes,

2694 *Griza*: lugar desconocido. Menéndez Pidal sugirió que podría
     corresponder a Riaza (ed. crít., p. 52), suponiendo que el poeta
     hubiera recogido el relato de la afrenta en una versión ya arrai-
     gada en esa región al oeste de Atienza, pero quisiera empla-
     zarla más cerca de San Esteban de Gormaz. De otra manera
     puede entenderse como una referencia a algún sitio junto al río
     Riaza en su curso hacia el Duero, al norte, pasando sólo unos
     6 Km. al O. del paraje donde Menéndez Pidal, con tino, coloca
     Corpes (véase la nota al v. 2697). Nada se sabe de *Álamos*, que
     podría aludir a una persona, si no es referencia mutilada a las
     alamedas tan características del valle del Riaza.
2695 *caños*: "cuevas", "cavernas" (o tal vez "madrigueras").
     Elpha: Menéndez Pidal, *En torno al Poema del Cid* (Barcelona
     y Buenos Aires, 1963), pp. 181-186, hace la interesante sugerencia
     de que la palabra puede derivarse del germánico *Elfe*, "elfo",
     o "una especie de ninfa o sílfide de los bosques, de canto fas-
     cinador, seductora en sus danzas y en sus amores, terrible en
     sus venganzas; *habita en las riberas del río* o una caverna"
     (*ibid.*, p. 182, cursiva mía; véase mi sugerencia al final de la
     nota anterior). Aunque Menéndez Pidal encontró cuatro ejemplos
     de *Elfa* empleada en esp. ant. como nombre de mujer, se inclinó
     a entenderlo aquí como referencia a "una leyenda de encanta-
     miento, un mito cavernario, análogo a los de la Jana-Diana que
     existían en toda la Península" (*ibid.*, p. 185). Las cavernas más
     imponentes de aquella región se encuentran en Tiermes, y en el
     monasterio de Piedra (fundado por monjes cistercienses de Po-
     blet en 1195), pero estos dos lugares quedan muy lejos del Riaza
     y de la posible localización de Corpes. No obstante, la topografía
     es tan inexacta en todo este itinerario, por lo visto ficticio, que
     el poeta pudo haber incluido alusiones muy vagas, como hizo
     con los Montes Claros del v. 2693.
2696 "por su derecha dejan a San Esteban, que queda más allá", según
     cabe suponer, al N. de su itinerario.
2697 *rrobredo de Corpes*: el problema de la ubicación del robledo de
     Corpes ha generado mucha controversia. Menéndez Pidal, ed.
     crít., p. 54, notó la gran importancia del documento del año 931,
     por el cual el conde Fernán González y su madre Mumadueña
     hacen una donación territorial al monasterio de San Pedro de
     Arlanza y que reza en parte: "de parte orientale de cabo de Con-
     gusto et de illo moiolo usque in castro de Mezelbardon cum suas
     ecclesias, et per illa Penna Rubia, et per summo lumbo usque
     ad uiam maiore, et per illos Ualles usque ad Corpes usque in
     cabo de Ualles ad illas coronas, siue de contra Montego usque ad
     illa quintana que est de Steuano Euenarias in Ual de Uacas".
     De los lugares conocidos mencionados, Valdevacas está a unos
     32 Km. al N.N.O. de Riaza y 4 Km. al S.O. del río Riaza. Mon-
     tejo está a 3 Km. al N. de Valdevacas, junto al río Riaza, y
     Peña Rubia de Montejo y Peña Rubia de Casuar quedan al E.
     de Montejo, todos a una distancia entre sí de 3 Km. A unos

6.   Atienza, "una peña muy fuert", v. 2691.

7. Valle entre Castillejo de Robledo y Valdanzo
("per illos Ualles que exeunt ad Corpes", doc.
del año 931); posible ubicación del robledo de
Corpes (véase la nota al v. 2697).

los montes son altos,   las rramas puian con las núes;
¡e las bestias fieras   que andan aderredor!
Fallaron un vergel   con una linpia fuent,   2700
mandan fincar la tienda   ifantes de Carrión,
con quantos que ellos traen   í iazen essa noch,
con sus mugieres en braços   demuéstranles amor,
¡mal ge lo cunplieron   quando salié el. sol!

---

5 Km. al S.E. de ellos, Los Valles se extienden hacia el N.E. del
río hacia Valdanzo (véase la lámina 7), y un poco al E. de Los
Valles hay un sitio deshabitado, llamado El Páramo, donde se
han descubierto grandes raíces bajo tierra; Castillejo de Ro-
bledo está cerca. Es en El Páramo donde Menéndez Pidal loca-
liza Corpes, y la ubicación tiene la gran ventaja de estar a
menos de 20 Km. de San Esteban de Gormaz (comp. el v. 2813).
Criado de Val, pp. 98-100, sostiene que el pueblo ahora llamado
Robledo de Corpes, cerca del Cañamares al S.O. de Atienza,
corresponde al Corpes del *Poema*, basándose principalmente en
los imponentes bosques y montañas que se encuentran allí, a
diferencia de El Páramo. Aparte de la enorme distancia entre
este lugar y San Esteban, adviértase que Criado habla del paisaje
de hoy, cuando ya no queda rastro de los bosques medievales,
y que no hay documentación del topónimo Corpes cerca del
Cañamares antes del siglo XIX. T. Riaño Rodríguez, "Del autor
y fecha del *PMC*", *Prohemio*, II (1971), pp. 467-500, apoya la
ubicación de Corpes en El Páramo; menciona (p. 497) la tradi-
ción de que la primera iglesia española dedicada a la Purísima
Concepción fue construida en 1132 cerca del paraje donde las
hijas del Cid quedaron abandonadas y que monjas premonstra-
tenses fundaron un convento allí; también alude al curioso des-
cubrimiento en 1933 de un fresco en la iglesia de Castillejo de
Robledo que representa a dos gigantes con dos mujeres atadas
a unos árboles. Dicho fresco puede ser de una fecha muy pos-
terior; cuando lo examiné en 1974, gracias a la intervención de
Juan Zozaya, sólo pude ver dos pequeños cuadrados de él, puesto
que había sido cubierto con yeso de nuevo por orden de un
párroco hoy difunto.
2698 *puian*: "suben".
     núes: "nubes".
2699 Las bestias hubieran incluido lobos, osos, gatos cervales y ja-
     balíes.
2700 Como parte del tópico literario del *locus amoenus* (o jardín pa-
     radisíaco) suele haber un claro con una fuente cristalina, véase
     E. R. Curtius, *European Literature and the Latin Middle Ages*
     (Nueva York, 1953), pp. 195-200, y comp. Berceo, *Milagros*,
     estrs. 2-3, y *Alex*, estrs. 936-37; véase también H. R. Patch,
     El otro mundo en la literatura medieval (México y Buenos Aires,
     1956), pp. 142-181, con el apéndice de M. R. Lida de Malkiel,
     pp. 371-416 *passim*.
2704 "¡mal les cumplieron su amor cuando rayó el sol!".

Mandaron cargar las azémilas   con grandes   2705
                              [averes,
cogida han la tienda   dó albergaron de noch, *
adelant eran idos   los de criazón,
assí lo mandaron   los ifantes de Carrión
que non í fincás ninguno,   mugier nin varón,
sinon amas sus mugieres   doña Elvira e doña   2710
                              [Sol:
deportarse quieren con ellas   a todo su sabor.
Todos eran idos,   ellos *quatro* solos son,
tanto mal comidieron   los ifantes de Carrión:
"Bien lo creades,   don Elvira e doña Sol,
"aquí seredes escarnidas   en estos fieros   2715
                              [montes.
"Oy nos partiremos   e dexadas seredes de nós,
"non abredes part   en tierras de Carrión.
"Irán aquestos mandados   al Çid Campeador,
"nós vengaremos por aquésta   la [*desondra*] del
                              [león."
Allí les tuellen   los mantos e los pelliçones,   2720
páranlas en cuerpos   e en camisas e en çiclatones.
Espuelas tienen calçadas   los malos traidores,
en mano prenden las çinchas   fuertes e duradores.
Quando esto vieron las dueñas,   fablava doña Sol:

---

* *fol. 55r.º*

2706 *cogida han*: "desmontaron".
2707 *los de criazón*: "los de su séquito".
2709 *fincás*: 3.ª p.ª sg. pret. subj. de *fincar*; "que nadie quedase allí".
2713 *tanto mal comidieron*: "urdieron un plan tan inicuo".
2714 *Bien lo creades*: "Podéis creerlo".
2715 *escarnidas*: "escarnecidas".
     fieros montes: "bosques salvajes".
2717 *non abredes part*: "no tendréis porción".
2718 *mandados*: "noticias".
2719 "(así) nos vengaremos de la deshonra (que sufrimos) del león".
     Sobre la enmienda del Ms., véase el Aparato Crítico.
2721 "les quitan la ropa, dejándolas sólo con las camisas y túnicas
     de seda".
2722 Véase la nota al v. 2681.
2723 *duradores*: "duras".

"¡Por Dios vos rrogamos,   don Diego e don   2725
                     [Ferrando!
"Dos espadas tenedes   fuertes e taiadores,
"al una dizen Colada   e al otra Tizón,
"cortandos las cabeças,   mártires seremos nós,
"moros e christianos   departirán d'esta rrazón,
"que por lo que nós mereçemos   no lo   2730
                     [prendemos nós.
"Atan malos ensienplos   non fagades sobre nós;
"si nós fuéremos maiadas,   abiltaredes a vós,
"rretraer vos lo an   en vistas o en cortes."
Lo que rruegan las dueñas   non les ha ningún pro,*
essora les conpieçan a dar   los ifantes de   2735
                     [Carrión,

---

* *fol. 55v.º*

2727 Al mencionar las espadas de su padre, Sol evoca la valentía y
     virilidad del Cid, que contrastan acusadamente con la debilidad
     y cobardía de los infantes.
2728 *cortandos = cortadnos*; hubieran preferido ser degolladas —eje-
     cución propia de las hidalgas— a ser azotadas como villanas.
     Sobre todo es la manera en que son tratadas lo que produce el
     ultraje y sentimiento de escándalo, y lo que aumenta la des-
     honra.
2729 "todo el mundo hablará de este trance".
2730 "porque no merecemos ser tratadas así", que es por lo que se-
     rían consideradas como mártires. Un valioso estudio sobre la
     posible conexión entre los sufrimientos de Elvira y Sol y el mar-
     tirio de varias santas ha sido realizado por John K. Walsh,
     "Religious motifs in the early Spanish epic", *Revista Hispánica
     Moderna*, XXXVI (1970-1971, aparecido en 1974), pp. 165-172.
2731 "No cometáis tantas crueldades contra nosotras"; la expresión
     "fazer malos ensienplos" se relaciona con el martirio, comp.
     Berceo, *San Lorenzo*, estr. 26:

               Desafió al mundo e a toda la christiandat,
               empezó en los clérigos façer grant crueldat,
               dábalis fuertes penas sin nula piadat,
               fazié exiemplos malos de toda voluntat.

     y también el lat. bíblico EXEMPLARE, "ridiculizar", véase Coro-
     minas, *DCELC*, *s.v.* "ejemplo".
2732 "si nos golpeáis, os envileceréis vosotros".
2733 *rretraer vos lo an*: "os lo echarán en cara".
     vistas . . . cortes: véase la nota al v. 1899*b*.
     La observación de Sol presagia lo que va a suceder.
2734 *ningún pro*: "ningún provecho".

con las çinchas corredizas   máianlas tan sin sabor,
con las espuelas agudas   dón ellas an mal sabor
rronpién las camisas e las carnes   a ellas amas a dos,
linpia salié la sangre   sobre los çiclatones;
ya lo sienten ellas   en los sos coraçones.   2740
¡Quál ventura serié ésta,   si ploguiesse al Criador,
que assomasse essora   el Çid Campeador!
Tanto las maiaron   que sin cosimente son,
sangrientas en las camisas   e todos los ciclatones.
Cansados son de ferir   ellos amos a dos,   2745
ensayandos' amos   quál dará meiores colpes.
Ya non pueden fablar   don Elvira e doña Sol;
por muertas las dexaron   en el rrobredo de Corpes.

129   [*Las hijas del Cid abandonadas*]

Leváronles los mantos   e las pieles armiñas,
mas déxanlas marridas   en briales e en camisas   2750
e a las aves del monte   e a las bestias de la fiera
                                                    [guisa.

2736 *corredizas*: lit. "resbaladizas"; ¿"con hebillas"?
2737 *dón*: "de las cuales".
2739 *linpia*: "clara". El efecto de los colores —la sangre bermeja
      sobre la seda dorada de los ciclatones— es más impresionante
      por la parquedad de colores en el *Poema*, comp. los vv. 2744
      y 3092.
2741-2742 Aun cuando está ausente, el Cid domina toda la acción;
      aquí el poeta emplea el recurso retórico de la exclamación para
      despertar el suspense del público.
2743 *que sin cosimente son*: tal vez lit. "que [las hijas] están entu-
      mecidas del dolor". Menéndez Pidal, CC, p. 250 nota, inter-
      preta "sin fuerzas, agotadas", pero advierte en ed. crít., p. 603,
      que no pudo encontrar ejemplos de este sentido en otros textos
      (*sin cosimente* usualmente significaba "sin piedad", comp. *Alex*,
      estr. 517*c*, y *Apol*, estr. 101*d*). Georges Cirot, *RFE* (1922),
      p. 164, interpreta: "mucho las maltrataron, pues ellos son unos
      despiadados", pero esto destruye la correlación de *tanto . . . que*.
      Bello e Hinard erróneamente pensaron que *sin cosimente* signi-
      ficaba "inconscientes", "desmayadas".
2746 *ensayandos'*: "compitiendo el uno con el otro".
      quál: "(para ver) cuál de ellos".
2749-2750 *mas*: conj. adversativo débil; "se les llevan los mantos y
      pieles de armiño, mientras las dejan afligidas, sólo con sus tú-
      nicas y camisas".

Por muertas la[s] dexaron,   sabed, que non por bivas.
¡Quál ventura serié   si assomás essora el Çid Cam-
[peador!

130 [*Los infantes se alaban de su "hazaña"*]

Los ifantes de Carrión en el rrobredo de   2754-55
            [Corpes | por muertas las dexaron
que el una al otra   nol' torna rrecabdo.
Por los montes dó ivan   ellos ívanse alabando:
"De nuestros casamientos   agora somos vengados;
"non las deviemos tomar por varraganas | si   2759-60
            [non fuéssemos rrogados, *
"pues nuestras pareias   non eran pora en braços.
"La desondra del león   assís' irá vengando."

131 [*Félez Muñoz vuelve atrás en busca de sus
primas, las reanima y las lleva a San Esteban;
la noticia de la afrenta llega al rey y al Cid,
y Álvar Fáñez va a San Esteban a recoger a
las hijas*]

Alabandos' ivan   los ifantes de Carrión,
mas yo vos diré   d'aquel Félez Muñoz:
sobrino era   del Çid Campeador;   2765
mandáronle ir adelante,   mas de su grado non fue.

---

* *fol. 56r.º*

2752 Repetición emotiva del v. 2748.
2753 Comp. los vv. 2741-2742; el poeta vuelve a evocar la figura del
    Cid y alude a la venganza que exigirá.
2754-2755 Repetición, con variación del orden, de los vv. 2748 y 2752.
2756 *nol' torna rrecabdo*: "no le ofrece ayuda".
2760 *rrogados*: comp. el v. 2080; los infantes se engañan a sí mismos.
2761 *pareias . . . pora en braços*: "mujeres legítimas".
2763 Repetición del v. 2757, empleado aquí como fórmula de despe-
    dida, para introducir a continuación una nueva parte de la
    acción.
2765 Véase la nota al v. 741.
2766 *de su grado*: "por voluntad propia".

En la carrera dó iva   doliól' el coraçón,
de todos los otros   aparte se salió,
en un monte espesso   Félez Muñoz se metió
fasta que viesse venir   sus primas amas a dos   2770
o qué an fecho   los ifantes de Carrión.
Violos venir   e oyó una rrazón,
ellos nol' v[e]yén   ni dend sabién rración;
sabet bien que si ellos le viessen   non escapara de
[muert.

Vanse los ifantes,   aguijan a espolón;   2775
por el rrastro   tornós' Félez Muñoz,
falló sus primas   amorteçidas amas a dos.
Llamando: "¡Primas, primas!",   luego descavalgó,
arrendó el cavallo,   a ellas adeliñó:
"¡Ya primas, las mis primas,   don Elvira e   2780
[doña Sol,
"mal se ensayaron   los ifantes de Carrión!
"¡A Dios plega e a Sancta María   que dent prendan
[ellos mal galardón!"
Valas tornando   a ellas amas a dos,
tanto son de traspuestas   que non pueden dezir nada.
Partiéronsele las telas   de dentro del coraçón,   2785
llamando: "¡Primas, primas,   don Elvira e don Sol!
"¡Despertedes, primas,   por amor del Criador!

2771 *o*: "o de otro modo".
2772 *oyó una rrazón*: "oyó lo que decían", comp. los vv. 2758-2762.
2773 *nin dend sabién rración*: "ni sabían nada de lo que hacía".
2780 Igual que en la escena de la afrenta misma, el poeta emplea
      aquí la repetición con gran efecto, comp. los vv. 2786-2787 y
      2792.
2781 *mal se ensayaron*: "se esforzaron malvadamente"; contraste iró-
      nico con los pobres esfuerzos militares de los infantes antes,
      véase el v. 2460.
2782 *plega*: 3.ª p.ª sg. pres. subj. de *plaçer*.
2783 *Valas tornando*: quizá "las volvió". Menéndez Pidal, CC, p. 252
      nota, interpreta: "las va haciendo volver en su acuerdo", pero
      tornar con esta acepción rige *en* seguido de *recuerdo* o *sentido*,
      comp. *Apol*, estr. 315a: "Entró más en recuerdo, tornó en su
      sentido"; *ibid.*, estr. 113c: "en su recuerdo tornado". Un ejem-
      plo de *tornar* con un miembro corporal como complemento di-
      recto aparece en *Apol*, estr. 528b: "ouo con fellonia el braço a
      tornar".
2784 *tanto . . . de traspuestas*: véase la nota al v. 2491.
2785 Comp. el v. 2578.

" ¡Mie[n]tra es el día,   ante que entre la noch, *
"los ganados fieros   non nos coman en aqueste mont!"
Van rrecordando   don Elvira e doña Sol,   2790
abrieron los oios   e vieron a Félez Muñoz:
" ¡Esforçadvos, primas,   por amor del Criador!
"De que non me fallaren   los ifantes de Carrión,
"a grant priessa   seré buscado yo;
"si Dios non nos vale   aquí morremos nós."   2795
Tan a grant duelo   fablava doña Sol:
"Sí vos lo meresca, mio primo,   nuestro padre el
[Canpeador,
" ¡dandos del agua,   sí vos vala el Criador!"
Con un sonbrero   que tiene Félez Muñoz,
nuevo era e fresco,   que de Valénçial' sacó,   2800
cogió del agua en él   e a sus primas dio,
mucho son lazradas   e amas las fartó.
Tanto las rrogó   fata que las assentó,
valas conortando   e metiendo coraçón
fata que esfuerçan,   e amas las tomó   2805
e privado   en el cavallo las cavalgó,
con el so manto   a amas las cubrió.
El cavallo priso por la rrienda   e luego dent las
[part[ió],
todos tres señeros   por los rrobredos de Corpes,

---

* fol. 56v.º

2789 ganados: "bestias".
2790 Van rrecordando: "están volviendo en sí".
2793 De que non me fallaren: "En cuanto me echen de menos"; de
     que = "desde que", comp. el v. 3129.
2795 morremos: 1.ª p.ª pl. fut. indic. de morir.
2796 Tan a grant duelo: "Con tanta aflicción".
2797 "Según nuestro padre el Campeador te lo recompensará"; sobre
     mereçer, véase la nota al v. 2338.
2798 dandos = dadnos.
2800 fresco: "recién comprado".
     que: "porque".
2801 del agua: partitivo; "agua".
2802 amas las fartó: "les dejó beber a las dos todo lo que quisieron".
2803 fata que las assentó: "hasta que las incorporó".
2804 conortando: "consolando".
2806 las cavalgó: "las puso en su caballo".
2808 dent: "de allí".
2809 señeros: "solos".

entre noch e día   salieron de los montes,   2810
a las aguas de Duero   ellos arribados son,
a la torre de don Urraca   elle las dexó.
A Sant Estevan   vino Félez Muñoz,
falló a Diego Téllez,   el que de Álbar Fáñez fue.
Quando él lo oyó,   pesól' de coraçón, *   2815
priso bestias   e vestidos de pro,
iva rreçebir   a don Elvira e a doña Sol;
en Sant Estevan   dentro las metió,
quanto él meior puede   allí las ondró.
Los de Sant Estevan   siempre mesurados son,   2820
quando sabién esto,   pesóles de coraçón,
a llas fijas del Çid   danles esfuerço;
allí sovieron ellas   fata que sanas son.

---

* *Cuaderno 9.º, fol. 57r.º*

2810 *entre noch e día*: "al anochecer".
2811 *arribados son*: "han llegado". Suponiendo que Menéndez Pidal
        tiene razón en localizar el robledo de Corpes en o cerca de El
        Páramo (véase la nota al v. 2697), Félez Muñoz y las hijas hu-
        bieran tenido que salvar un declive de unos 200 metros para
        llegar a la ribera sur del Duero.
2812 *la torre de don Urraca*: hoy La Torre, 7 Km. al O.S.O. de San
        Esteban de Gormaz. El topónimo y la localización están atesti-
        guados en una donación del año 1151: "damus vobis unam here-
        ditatem que iacet inter Turrem de domna Urraca et Sernam Re-
        gis" (véase Menéndez Pidal, ed. crít., Adiciones, p. 1171). Este
        verso produce una dificultad geográfica: ¿por qué Félez Muñoz
        subiría a Elvira y Sol desde la ribera del Duero hasta La Torre
        —desnivel de unos 170 metros—, mientras que continuando por
        el terreno llano cerca del río hacia el E., hubiera podido lle-
        varlas directamente a San Esteban? O bien el poeta no sabía
        mucho de la topografía, aunque recordara que La Torre estaba
        en el distrito, o bien quiso indicar que, por alguna razón no
        revelada (quizá el estado físico de las hijas ultrajadas), Félez
        Muñoz no quería llevarlas inmediatamente a San Esteban. Hay
        otra discrepancia geográfica tocante al mismo distrito en el
        v. 398.
2814 *Diego Téllez, el que de Álbar Fáñez fue*: probable referencia al
        Diego Téllez que era gobernador de Sepúlveda en 1086, ciudad
        que está a 54 Km. al S.O. de San Esteban. Álvar Fáñez había
        desempeñado un papel importante en la repoblación de Sepúl-
        veda en 1076, pero no ha sobrevivido documentación que rela-
        cione a este Diego Téllez con Álvar Fáñez ni con San Esteban.
2820 *mesurados*: "prudentes". Este verso forma parte del argumento
        de Menéndez Pidal de que el poeta era oriundo de San Esteban,
        argumento discutido por Russell (véase la Introducción, pp. 49-50).
2823 *sovieron*: 3.ª p.ª pl. pret. indic. de *ser*; "permanecieron".

Alabandos' seían   los ifantes de Carrión.
De cuer pesó esto   al buen rrey don Alfonso.   2825
Van aquestos mandados   a Valençia la mayor,
quando ge lo dizen   a Mio Çid el Campeador,
una grand ora   pensó e comidió;
alçó la su mano,   a la barba se tomó:
"Grado a Christus,   que del mundo es señor,   2830
"quando tal ondra me an dada   los ifantes de Carrión;
"par aquesta barba   que nadi non messó,
"non la lograrán   los ifantes de Carrión,
"¡que a mis fijas   bien las casaré yo!"
Pesó a Mio Çid   e a toda su cort   2835
e [a] Álbar Fáñez   d'alma e de coraçón.   2835b
Cavalgó Minaya   con Pero Vermúez
e Martín Antolínez,   el burgalés de pro,
con dozientos cavalleros   quales Mio Çid mandó;
díxoles fuertemientre   que andidiessen de día e de
                                                    [noch,
aduxiessen a sus fijas   a Valençia la mayor.   2840
Non lo detardan   el mandado de su señor, *
apriessa cavalgan,   andan los días e las noches,
vinieron a Gormaz,   un castiello tan fuert,

_____

* fol. 57v.º

2824 Al final del episodio del rescate, el poeta recoge el hilo de la
    narración que dejó en el v. 2763.
2828 Fórmula empleada cuando se reciben malas noticias, comp. los
    vv. 1889, 1932 y 2953.
2829 Se agarra la barba para jurar por ella, símbolo de su honra y
    virilidad (véase la nota al v. 268).
2830-2831 El Cid expresa parecido agradecimiento por un infortunio
    en los vv. 8-9 y 1933.
    tal ondra: irónico.
2837 de pro: "excelente".
2839 díxoles fuertemientre: "les subrayó".
    andidiessen: 3.ª p.ª pl. pret. subj. de andar.
2840 aduxiessen: 3.ª p.ª pl. pret. subj. de aduzir.
2843 Gormaz: Ms. Sant Estevan de Gormaz, probable confusión del
    copista (véase el Aparato Crítico). Criado de Val, p. 89, defiende
    la lección del Ms., considerando que los vv. 2845 y ss. son repe-
    tición con más detalles de los vv. 2843-2844 (especie de narra-
    ción doble, véase la nota a los vv. 394-395); pero el v. 2844

í albergaron por verdad una noch.
A Sant Estevan el mandado llegó 2845
que vinié Minaya por sus primas amas a dos.
Varones de Sant Estevan a guisa de muy pros
rreçiben a Minaya e a todos sus varones,
presentan a Minaya essa noch grant enfurçión,
non ge lo quiso tomar, mas mucho ge lo 2850
[gradió:
"Graçias, varones de Sant Estevan, que sodes co-
[ñosçedores,
"por aquesta ondra que vós diestes a esto que nos
[cuntió;
"mucho vos lo gradeçe, allá dó está, Mio Çid el
[Canpeador,
"assí lo fago yo que aquí estó.
"Afé Dios de los çielos que vos dé dent 2855
[buen galardón."
Todos ge lo gradeçen e sos pagados son,
adeliñan a posar pora folgar essa noch.
Minaya va ver sus primas dó son,
en él fincan los oios don Elvira e doña Sol:
"Atanto vos lo gradimos commo si viéssemos 2860
[al Criador
"e vós a Él lo gradid quando bivas somos nós.

---

dificulta esta interpretación, porque la expresión *por verdad* es
concesiva: "aunque se les había mandado andar noche y día
(v. 2839), en realidad pasaron una noche en Gormaz".
2847 *a guisa de muy pros*: raro en pl.; "como los hombres excelentes
que son".
2849 *enfurçión*: "hospitalidad"; lit. "tributos o rentas pagados en
especie a un señor" (en forma de carne, trigo y vino).
2851 *coñosçedores*: "prudentes".
2852 *a esto que nos cuntió*: "en este suceso infeliz".
2853 Sobre la presencia simbólica, véase la nota al v. 505 y comp.
los vv. 2741-2742 y 2753.
2856 *sos pagados son*: "están contentos de él".
2857 *folgar*: "descansar".
2860 Elipsis: "Se lo agradecemos tanto (el haber venido) como si vié-
ramos al Creador".
2861 "y déle gracias a Él de que estemos vivas".

132 [*Álvar Fáñez lleva a las hijas a Valencia*]

"En los días de vagar   toda nuestra rrencura sa-
                                        [bremos contar."
Lloravan de los oios   las dueñas e Álbar Fáñez
e Pero Vermúez   otro tanto las ha:
"Don Elvira e doña Sol,   cuidado non ayades   2865
"quando vós sodes sanas e bivas   e sin otro mal.
"Buen casamiento perdiestes,   meior podredes ganar.
"¡Aún veamos el día   que vos podamos vengar!" *
Í iazen essa noche   e tan grand gozo que fazen.
Otro día mañana   piensan de cavalgar,   2870
los de Sant Estevan   escurriéndolos van
fata Río d'Amor,   dándoles solaz;
d'allent se espidieron d'ellos,   piénsanse de tornar
e Minaya con las dueñas   iva cabadelant.
Troçieron Alcoçeva,   a diestro dexan Gormaz,   2875

---

* *fol. 58r.º*

2862 *En los días de vagar*: "Cuando haya más tiempo", "A su de-
       bido tiempo".
2864 Verso de sentido oscuro. No se ha encontrado otra expresión pa-
       recida que pudiera aclararlo (*otros tantos* significa "tantos más"
       en el v. 725). Restori propuso enmendar *otro tanto las ha* de-
       jándolo en *conortado las ha* ("Pedro Bermúdez las ha conso-
       lado" con las palabras que van a continuación), conjetura que
       merece tenerse en cuenta; pero puede tratarse simplemente de
       un verbo omitido.
2865 *cuidado non ayades*: "no os preocupéis".
2866 *sin otro mal*: *otro* aquí (y quizás en el v. 1371) es complemento
       negativo reforzante, equivalente a "ninguno". Este uso es poco
       común pero está suficientemente atestiguado por otros ejemplos,
       PCG, p. 389a: "et mas por liuiandat de coraçon que por otra
       santidad ninguna", *ibid.*, p. 626a: "que sea por derecho, mas
       non por otra fuerça nin por otro tuerto"; y comp. Berceo, *Sacri-*
       ficio, estr. 167d, y *Apol*, estr. 513a.
2869 *que*: pleonástico; "y se regocijan tanto".
2872 *Río d'Amor*: la localización es desconocida.
2874 *cabadelant*: "todo recto".
2875 *Alcoçeva*: quizás un barranco que desagua en el Duero, en la
       ribera norte, en el recodo que describe el río entre San Esteban
       y el castillo de Gormaz.

ó dizen Bado de Rey   allá ivan pas[s]ar,
a la casa de Berlanga   posada presa han.
Otro día mañana   métense a andar,
a qual dizen Medina   ivan albergar
e de Medina a Molina   en otro día van.   2880
Al moro Avengalvón   de coraçón le plaz,
saliólos a rreçebir   de buena voluntad,
por amor de Mio Çid   rrica cena les da.
Dent pora Valençia   adeliñechos van;
al que en buen ora nasco   llegava el mensaie,   2885
privado cavalga,   a rreçebirlos sale,
armas iva teniendo   e grant gozo que faze,
Mio Çid a sus fijas   ívalas abraçar,
besándolas a amas,   tornós' de sonrrisar:
"¡Venides, mis fijas,   Dios vos curie de mal!   2890
"Yo tomé el casamiento,   mas non osé dezir ál.
"Plega al Criador,   que en çielo está,
"que vos vea meior casadas   d'aquí en adelant.
"¡De mios yernos de Carrión   Dios me faga vengar!"
Besaron las manos   las fijas al padre.   2895
Teniendo ivan armas,   entráronse a la cibdad, *
grand gozo fizo con ellas   doña Ximena su madre.
El que en buen ora nasco   non quiso tardar,
fablós' con los sos   en su poridad,
al rrey Alfonso de Castiella   pensó de enbiar: 2900

---

* fol. 58v.º

2876 *Bado de Rey*: Vadorrey, fortaleza que estaba situada cerca del antiguo vado del Duero, un poco al E. de Morales.
2877 *Berlanga*: Berlanga de Duero, 32 Km. al S.E. de San Esteban.
    posada presa han: "se han alojado".
2879 *Medina*: Medinaceli.
2884 *Dent*: "De allí".
    adeliñechos: "dirigidos".
2889 *tornós de sonrrisar*: "se sonrió".
2891 *ál*: "otra cosa".
2899 *en su poridad*: "en secreto".

133 [*El Cid envía a Muño Gustioz para que pida
justicia al rey*]

"¿Ó eres, Muño Gustioz, mio vassallo de pro?
"¡En buen ora te crié a ti en la mi cort!
"Lieves el mandado a Castiella al rrey Alfonso,
"por mí bésale la mano d'alma e de coraçón,
"cuemo yo só su vassallo e él es mio señor,   2905
"d'esta desondra que me an fecha los ifantes de
[Carrión
"quel' pese al buen rrey d'alma e de coraçón.
"Él casó mis fijas, ca non ge las di yo;
"quando las han dexadas a grant desonor,
"si desondra í cabe alguna contra nós,   2910
"la poca e la grant toda es de mio señor.
"Mios averes se me an levado, que sobeianos son,
"esso me puede pesar con la otra desonor.
"Adúgamelos a vistas, o a iuntas o a cortes
"commo aya derecho de ifantes de Carrión,   2915
"ca tan grant es la rrencura dentro en mi coraçón."
Muño Gustioz privado cavalgó,
con él dos cavalleros quel' sirvan a so sabor
e con él escuderos que son de criazón.

2902 *crié*: "entrené".
      cort: "casa".
2903 *mandado*: "mensaje".
2904 *bésale la mano*: "ruégale" (completado en el v. 2907).
2908 El Cid recuerda ahora el punto en el que tanto había insistido,
      comp. los vv. 2110, 2134 y 2204.
2911 *la poca e la grant*: la deshonra menor parece referirse a la que
      recae indirectamente sobre el Cid, a través de sus hijas, y la
      mayor a la afrenta misma sufrida por ellas. El rey es respon-
      sable de haber concertado el casamiento y de haber ordenado
      al Cid que lo acatara. Para esta expresión legal, comp. el pacto
      firmado entre Pedro I de Aragón y el conde de Urgel, año de 1101:
      "Et in ista conveniencia sunt finitas illas rancuras paucas vel
      grandes qui erant inter rege et illo comite", véase Antonio Ubieto
      Arteta, *Colección diplomática de Pedro I...*, documento núm. 105,
      p. 358.
2914 Véase la nota al v. 1899*b*.
      Aduga: 3.ª p.ª sg. pres. subj. de *aduzir*.
2915 *commo*: conj. final, "para que".
2919 *de criazón*: "de su séquito".

Salién de Valençia   e andan quanto pueden,   2920
nos' dan vagar   los días e las noches;
al rrey   en San Fagunt lo falló. *
Rey es de Castiella   e rrey es de León
e de las Asturias   bien a San Çalvador,
fasta dentro en Sancti Yaguo   de todo es señor,   2925
e llos condes gallizanos   a él tienen por señor.
Assí commo descavalga   aquel Muño Gustioz,
omillós' a los santos   e rrogó a[l] Criador;
adeliñó pora 'l palaçio   dó estava la cort,
con él dos cavalleros   quel' aguardan cum a   2930
[señor.
Assí commo entraron   por medio de la cort,
violos el rrey   e connosçió a Muño Gustioz,
levantós' el rrey,   tan bien los rreçibió.
Delant el rrey fincó los inoios   aquel Muño Gustioz,
besávale los pies   aquel Muño Gustioz: 2935
"¡Merçed, rrey Alfonso,   de largos rreinos a vós dizen
[señor!
"Los pies e las manos   vos besa el Campeador
"ele es vuestro vassallo   e vós sodes so señor.
"Casastes sus fijas   con ifantes de Carrión,
"alto fue el casamien[t]o   ca lo quisiestes vós.   2940
"Ya vós sabedes la ondra   que es cuntida a nós,

---

* fol. 59r.º

2921 nos' dan vagar: "no descansan".
2924 San Çalvador: Oviedo, cuya catedral está dedicada a San Sal-
    vador.
2925 Sancti Yaguo: Santiago de Compostela.
2928 "se inclinó delante de (las estatuas de) los santos y rezó al
    Creador".
2929 palaçio: "sala", "estancia".
    cort: "séquito del rey".
2930 quel aguardan cum a señor: "que le escoltan como a su señor".
2934-2935 La repetición del nombre de Muño intensifica el efecto dra-
    mático de su homenaje.
2936 largos: "muchos". Véase el final de la nota al v. 3014.
2938 ele: forma arcaica de él.
2940 alto: "noble".
2941 ondra: usa la palabra en sentido irónico como ha hecho el Cid
    en el v. 2831.

"cuemo nos han abiltados ifantes de Carrión:
"mal maiaron sus fijas del Çid Campeador,
"maiadas e desnudas a grande desonor,
"desenparadas las dexaron en el rrobredo de   2945
                                    [Corpes,
"a las bestias fieras e a las aves del mont.
"Afélas sus fijas en Valencia dó son.
"Por esto vos besa las manos commo vassallo a
                                    [señor *
"que ge los levedes a vistas, o a iuntas o a cortes;
"tienes' por desondrado, mas la vuestra es   2950
                                    [mayor,
"e que vos pese, rrey, commo sodes sabidor;
"que aya Mio Çid derecho de ifantes de Carrión."
El rrey una grand ora calló e comidió:
"Verdad te digo yo que me pesa de coraçón
"e verdad dizes en esto, tú, Muño Gustioz,   2955
"ca yo casé sus fijas con ifantes de Carrión;
"fizlo por bien que fuesse a su pro.
"¡Si quier el casamiento fecho non fuesse oy!
"Entre yo e Mio Çid pésanos de coraçón,
"aiudar le [é] a derecho, ¡sín' salve el   2960
                                    [Criador!
"Lo que non cuidava fer de toda esta sazón,
"andarán mios porteros por todo mio rreino,

---

* fol. 59v.º

2942 abiltados: "envilecidos".
2943 mal maiaron: "golpearon duramente".
2944 El hecho de haber azotado y desvestido a las hijas exacerbó la
    deshonra, véase la nota al v. 2728.
2945 desenparadas: "sin protección".
2949 Comp. la nota al v. 1899b.
2950 Comp. los vv. 2910-2911.
2951 sabidor: "prudente", tal vez "en asuntos jurídicos", comp. el
    v. 3005.
2953 Véase la nota al v. 2828.
2957 a su pro: "a su ventaja".
2959 Entre: "ambos", comp. el v. 191.
2960 sín' = así me.
2961 de toda esta sazón: "en toda esta temporada".
2962 porteros: "comisarios reales".

"pora dentro en Toledo   pregonarán mi cort,
"que allá me vayan   cuendes e ifançones,
"mandaré cómmo í vayan   ifantes de Carrión   2965
"e cómmo den derecho   a Mio Çid el Campeador,

134 [*Don Alfonso convoca corte en Toledo*]

"e que non aya rrencura   podiendo yo vedallo.
"Dezidle al Campeador,   que en buen ora nasco,
"que d'estas *siete* semanas   adobes' con sus vassallos,
"véngam' a Toledo,   éstol' do de plazo.   2970
"Por amor de Mio Çid   esta cort yo fago.
"Saludádmelos a todos,   entr' ellos aya espaçio,
"d'esto que les abino   aún bien serán ondrados." *
Espidiós' Muño Gustioz,   a Mio Çid es tornado.
Assí commo lo dixo,   suyo era el cuidado,   2975
non lo detiene por nada   Alfonso el castellano,
enbía sus cartas   pora León e a Sancti Yaguo,
a los portogaleses   e a galizianos
e a los de Carrión   e a varones castellanos,

---

* *fol. 60r.°*

2963 Para honrar al Cid (comp. el v. 2971), el rey proclama cortes,
     la reunión más solemne e importante, en Toledo, ciudad tomada
     por él en 1085.
2964 *cuendes e ifançones*: véase la nota al v. 1980.
2965 *cómmo*: conj. subordinativo; "Ordenaré a los infantes que acu-
     dan allí".
2967 *vedallo = vedarlo*.
2969 *siete semanas*: el plazo legal consistía por lo común en treinta
     días. El número aquí bien puede ser simbólico, comp. los siete
     pecados, las siete obras de piedad espirituales y corporales, los
     siete dones del Espíritu Santo, etc. Además el número tiene uso
     simbólico a menudo en las leyendas (comp. los siete infantes de
     Salas) y en la estructura literaria (comp. *Setenario, Siete par-
     tidas*). También puede ser nocional en los vv. 2249, 2397 y 2407
     del *Poema* (comp. asimismo la nota al v. 187).
2972 *espaçio*: "alivio", "consuelo", comp. *Lba*, estr. 376a: "Des-
     que sientes a ella, tu coraçón espaçias".
2977 *Sancti Yaguo*: comp. el v. 2925.
2979 *varones*: "barones", "nobles".

que cort fazié en Toledo   aquel rrey ondrado,   2980
a cabo de *siete* semanas   que í fuessen iuntados;
qui non viniesse a la cort   non se toviesse por su
                                                      [vassallo.
Por todas sus tierras   assí lo ivan pensando
que non falliessen   de lo que el rrey avié mandado.

135 [*Los infantes ruegan en vano al rey que les
        exima de asistir: la corte se reúne*]

Ya les va pesando   a los ifantes de Carrión   2985
porque en Toledo   el rrey fazié cort;
miedo han que í verná   Mio Çid el Campeador.
Prenden so conseio   assí parientes commo son,
rruegan al rrey   que los quite d'esta cort.
Dixo el rey: "No lo feré,   ¡sín' salve Dios!   2990
"Ca í verná   Mio Çid el Campeador;
"dar le [e]des derecho,   ca rrencura ha de vós.
"Qui lo fer non quisiesse   o no ir a mi cort,
"quite mio rreino,   ca d'él non he sabor."
Ya lo vieron que es a fer   los ifantes de Carrión,   2995
prenden conseio   parientes commo son;
el conde don Garçía   en estas nuevas fue,
enemigo de Mio Çid   que mal siémprel' buscó,
aquéste conseió   los ifantes de Carrión. *
Llegava el plazo,   querién ir a la cort,   3000
en los primeros va   el buen rrey don Alfonso,

---

* *fol. 60v.º*

2982 Los vasallos del rey tenían obligación de asistir a las reuniones
     de la *curia regis.*
2984 *que non falliessen de lo que:* "que no dejaran de hacer lo que".
2989 *que los quite:* "que les exima de asistir a".
2990 *sín'* = *así me.*
2992 *rrencura:* "queja".
2995 *que es a fer:* "que tienen que hacerlo".
2997-2999 Véase la nota al v. 1345.
3000 *querién ir:* impersonal; "todos iban".

el conde don Anrrich e el conde don Remond,
aquéste fue padre del buen enperador,
el conde don Fruella e el conde don Beltrán.
Fueron í de su rreino otros muchos sabidores 3005
de toda Castiella todos los meiores.
El conde don Garçía con ifantes de Carrión
e Assur Gonçález e Gonçalo Assúrez,
e Diego e Ferrando í son amos a dos,
e con ellos grand bando que aduxieron a la 3010
[cort:
e[n]baírle cuidan a Mio Çid el Campeador.
De todas partes allí iuntados son.
Aún non era llegado el que en buen ora naçió,
porque se tarda el rrey non ha sabor.

3002-3003 *Anrrich*: Enrique, nieto de Roberto, primer duque de Bor-
goña, y sobrino de la reina Constanza, esposa de Alfonso VI.
Antes de 1095 se había casado con Teresa, hija ilegítima de Al-
fonso, y éste le había nombrado gobernador de Portugal.
Remond: Raimundo, conde de Amoux en Borgoña, primo y ri-
val de Enrique. Era el cuarto hijo de Guillermo I "Têtehardie"
y en 1087 ya estaba casado con Urraca, hija legítima de Alfon-
so VI, y se le había nombrado gobernador de Galicia. El hijo
de Raimundo, nacido en 1105, llegó a ser Alfonso VII el Em-
perador (reinó de 1127(?) a 1157). Debido a que el epíteto *buen
enperador* reemplaza aquí al nombre de Alfonso VII, Menéndez
Pidal, ed. crít., pp. 21 y 1167-1168, sostuvo que el *Poema* debió
componerse antes de la muerte del emperador en 1157. No obs-
tante, A. Ubieto Arteta, *Arbor*, XXXVII (1957), pp. 745-770,
aduce varios ejemplos de los documentos que demuestran que
Alfonso VII era llamado *Imperator*, sin expresar su nombre, en
fecha tan posterior como 1220.
3004 *Fruella*: véase la nota al v. 239. Froila Díaz, hermano de Ji-
mena, fue conde de León, Aguilar y Astorga, y mayordomo de
Raimundo, yerno de Alfonso VI.
Beltrán: desconocido en tiempos del Cid, pero dieciocho años
después de la muerte de Rodrigo, Beltrán heredó el condado de
Carrión a la muerte de Pedro Ansúrez en 1117; por lo tanto,
ésta parece ser referencia anacrónica.
3005 *sabidores*: "peritos en leyes".
3008 Asur González fue hermano de los infantes, y Gonzalo Asúrez
su padre, véase la nota a los vv. 1372-1373.
3011 *e[n]baírle cuidan*: "piensan atropellarle".
3014 Tal vez un vago recuerdo de un suceso histórico: en la primavera
de 1085, García Jiménez, general de Alfonso VI, había ganado
una batalla campal en Aledo, entre Murcia y Lorca, y allí había
construido un castillo que llegó a ser base para las correrías
cristianas contra las villas moras circundantes. El verano de 1089,
el emperador almorávide Yúsuf llegó de Marruecos con refuerzos

Al quinto día   venido es Mio Çid el   3015
                    [Campeador,
[a] Álvar Fáñez   adelántel' enbió
que besasse las manos   al rrey so señor:
bien lo sopiesse   que í serié essa noch.
Quando lo oyó el rrey,   plógol' de coraçón,
con grandes yentes   el rrey cavalgó   3020
e iva rreçebir   al que en buen ora naçió.
Bien aguisado viene   el Çid con todos los sos,
buenas conpañas   que assí an tal señor.
Quando lo ovo a oio   el buen rrey don Alfonso,
firiós' a tierra   Mio Çid el Campeador, *   3025
biltarse quiere   e ondrar a so señor.
Quando lo oyó el rrey   por nada non tardó:
"¡Par Sant Esidro   verdad non será oy!
"Cavalgad, Çid, si non,   non avría de[n]d sabor,
"saludar nos hemos   d'alma e de coraçón.   3030
"De lo que a vós pesa   a mí duele el coraçón,

---

* fol. 61r.º

---

y asedió Aledo. Alfonso mandó al Cid unir fuerzas con él para
lanzar una expedición de socorro, pero Rodrigo llegó demasiado
tarde y no tomó parte en la acción. Como resultado se le acusó
de traición, y Alfonso le desterró (véase la nota al v. 1596). El
Cid envió a uno de sus vasallos para que persuadiera al rey de
su inocencia (comp. el paralelo de los vv. 3016-3017), pero sólo
consiguió la excarcelación de Jimena y sus hijos (véase Menén-
dez Pidal, *España del Cid,* I, pp. 319 y 361-369). Alfonso, en
efecto, celebró una corte en Toledo en marzo de 1088, a la cual
asistieron todos los notables, el Cid entre ellos, pero la ocasión
fue para hacer una donación al papado y adoptar Alfonso un
nuevo título: "gratia Dei imperator constitutus super omnes His-
paniae nationes", comp. el v. 2936. Todos estos sucesos ocurrie-
ron, desde luego, mucho antes de que el Cid capturara Valencia
en 1094; recordados sólo borrosamente, se han remodelado para
ajustarlos a las exigencias artísticas del *Poema.*
3018 "que bien supiera que el Cid llegaría aquella noche".
3022 *aguisado:* "preparado", "equipado".
3024 "Cuando el buen rey Alfonso le divisaba".
3025 "el Cid saltó a tierra", comp. los vv. 1842 y 2019.
3026 *biltarse:* "humillarse".
3027 *oyó:* catacresis: "vio", comp. el cambio contrario en los vv. 1662
y 2347; o bien puede interpretarse como referencia a un discurso
no expresado: "Cuando el rey oyó que el Cid iba a hacer esto...".
3029 *Cavalgad:* "Monte Vd. a caballo".

"¡Dios lo mande que por vós   se ondre oy la cort!"
"Amen, —dixo   Mio Çid el Campeador,
besóle la mano   e después le saludó—
"Grado a Dios   quando vos veo, señor.   3035
"Omíllom' a vós   e al conde do Remond
"e al conde don A[n]rrich   e a quantos que í son,
"¡Dios salve a nuestros amigos   e a vós más, señor!
"Mi mugier doña Ximena,   dueña es de pro,
"bésavos las manos,   e mis fijas amas a dos,   3040
"d'esto que nos abino   que vos pese, señor."
Respondió el rrey: "Sí fago, ¡sín' salve Dios!"

136 [El Cid guarda vigilia en el monasterio de San
       Servando]

Pora Toledo   el rrey tornada da,
essa noch Mio Çid   Taio non quiso passar:
"¡Merçed, ya rrey,   sí el Criador vos salve!   3045
"Pensad, señor,   de entrar a la çibdad
"e yo con los míos   posaré a San Serván;
"las mis compañas   esta noche llegarán.
"Terné vigilia   en aqueste sancto logar,
"cras mañana   entraré a la çibdad   3050
"e iré a la cort   enantes de iantar."
Dixo el rrey: "Plazme de veluntad."

3034 le saludó: "le abrazó".
3039-3041 El Cid recuerda al rey el rango de Jimena e implícitamente
   su conexión real con él (véase la nota al v. 239); a continuación
   presenta de parte de su esposa la queja sobre el ultraje de sus
   hijas.
3042 Sí fago: verbo vicario que reemplaza a Sí, me pesa.
   sín' = así me: "De verdad me preocupa, ¡Dios me guarde!".
3047 San Serván: el castillo de San Servando, al otro lado del desfi-
   ladero del Tajo, está situado junto al puente de Alcántara. Al-
   fonso VI lo reconstruyó en plan de monasterio y en la dona-
   ción que hizo al papa en 1088 (véase la nota al v. 3014), lo
   cedió al abad de San Víctor de Marsella.
3049-3050 El Cid quiere velar toda la noche en preparación para la
   reunión de la corte del día siguiente, pero también quiere estar
   fuera de Toledo hasta que llegue su fuerza principal, en caso de
   traición, comp. el v. 3011.
3051 enantes de iantar: "antes del almuerzo".

El rrey don Alfonso   a Toledo es entrado, *
Mio Çid Ruy Díaz   en San Serván posado.
Mandó fazer candelas   e poner en el altar,   3055
sabor á de velar   en essa santidad,
al Criador rrogando   e fablando en poridad.
Entre Minaya   e los buenos que í ha
acordados fueron   quando vino la man.
Matines e prima   dixieron faza'l alba.   3060

137 [*El Cid habla a los suyos y se viste para ir a
          la corte; habiendo entrado allí, declina el ho-
          nor de sentarse al lado del rey; demanda repa-
          ración civil y gana el pleito*]

Suelta fue la missa   antes que saliesse el sol
e su ofrenda han fecha   muy buena e conplida.
"Vós, Minaya Álbar Fáñez,   el mio braço meior,
"vós iredes comigo   e el obispo don Iherónimo
"e Pero Vermúez   e aqueste Muño Gustioz   3065
"e Martín Antolínez,   el burgalés de pro,
"e Álbar Álbarez   e Álbar Salvadórez
"e Martín Muñoz,   que en buen punto naçió,
"e mio sobrino   Félez Muñoz;

---

* *fol. 61v.º*

3055 *candelas:* "cirios", comp. Berceo, *Sacrificio,* estr. 67: "quisque
     lo que se treve, bodigo o oblada, / o candela de çera, offrenda
     muy ondrada".
3057 "rezando al Creador y celebrando un consejo secreto", cumpliendo
     así las dos razones para alojarse en San Servando (vv. 3048-
     3049); por encima de todo, el Cid era hombre práctico.
3059 *acordados:* "de acuerdo" sobre la táctica que van a seguir el día
     siguiente.
3060 "Rezaron maitines (o laudes) y primas hacia el alba", véase la
     nota al v. 238.
3061 *Suelta:* "Cantada", "Terminada", comp. Berceo, *Sacrificio,* estr.
     104.
3062 *ofrenda:* era corriente que los caballeros que velaban proporcio-
     naran cirios e hicieran ofrendas, comp. *Alex,* estr. 1183*ab:*
     "Touioron su uigilia con grant deuoçion, / de çyrios e d'ofrenda
     fezioron grant proçession" (Ms. *P* "grant mission").
3063 *braço meior:* sinécdoque; "mejor edecán".
3064-3071 Recurso retórico de enumerar a los vasallos, comp. los vv.
     443-444, 734-741, 1458-1460, etc.

"comigo irá Mal Anda,   que es bien sabidor,   3070
"e Galind Garçíez,   el bueno d'Aragón;
"con éstos cúnplanse çiento   de los buenos que í son.
"Velmezes vestidos   por sufrir las guarnizones,
"de suso las lorigas   tan blancas commo el sol;
"sobre las lorigas   armiños e pelliçones   3075
"e, que non parescan las armas,   bien presos los
                       [cordones,
"so los mantos las espadas   dulçes e taiadores;
"d'aquesta guisa   quiero ir a la cort
"por demandar mios derechos   e dezir mi rrazón. *
"Si desobra buscaren   ifantes de Carrión,   3080
"dó tales çiento tovier,   bien seré sin pavor."
Respondieron todos: "Nós esso queremos, señor."
Assí commo lo á dicho,   todos adobados son.
Nos' detiene por nada   el que en buen ora naçió:

---

* *fol. 62r.º*

3070 *Mal Anda*: personaje mencionado aquí como asesor jurídico.
Menéndez Pidal, ed. crít., p. 740, aduce una referencia posterior
(documento de 1144), que dice en parte: "terra de illo molino
de Mal Anda . . . circa ista media terra de Pero Uermudez"; se
trata de un territorio en el pueblo de Villahazán de Treviño (Bur-
gos), donde el Cid también tenía heredades. El nombre Mal
Anda implica que el abogado era judío o moro porque suena a
una corrupción de un nombre hebreo o árabe.

3073 *Velmezes*: el belmez era una especie de túnica que se llevaba
encima de la camisa para proteger el cuerpo del roce de la
armadura.
sufrir: "proteger contra".

3076 *cordones*: presillas para abrochar las pellizas de modo que la
armadura quede oculta.

3077 *dulçes*: "bien templadas".
Todas estas precauciones provienen del consejo secreto (v. 3057),
para evitar un ataque traicionero (comp. el v. 3011).

3079 *dezir mi rrazón*: "presentar mi queja".

3080 *desobra*: palabra desconocida. Menéndez Pidal, ed. crít., p. 266
nota, interpreta "demasía, desmán". Tal vez haya que leer *de
sobra*, comp. *Poema de Yúcuf*, estr. 18*cd*: "y de puñox i de
kalçex atan mal lo n feriⁱo; / el niño kon lax xobrax en la
tiⁱerre kayó", donde *sobras* parece significar "maltratamiento"
(véase Corominas, *DCELC, s.v.* "sobre"). Por otra parte, se
podría explicar como mala lectura de copista de *desabor*, comp.
Calila e Dimna, ed. J. E. Keller y R. W. Linker (Madrid, 1967),
cap. II, 4 (p. 31), etc., o bien de *desondra*.

calças de buen paño   en sus camas metió,   3085
sobr' ellas unos çapatos   que a grant huebra son,
vistió camisa de rrançal   tan blanca commo el sol,
con oro e con plata   todas las presas son,
al puño bien están,   ca él se lo mandó;
sobr' ella un brial   primo de çiclatón,   3090
obrado es con oro,   pareçen por ó son;
sobr' esto una piel vermeia,   las bandas d'oro son,
siempre la viste   Mio Çid el Campeador;
una cofia sobre los pelos   d'un escarín de pro,
con oro es obrada,   fecha por rrazón,   3095
que non le contal[l]assen los pelos   al buen Çid
[Canpeador;
la barba avié luenga   e prísola con el cordón,
por tal lo faze esto   que rrecabdar quiere todo lo
[suyo;
de suso cubrió un manto,   que es de grant valor.

3085 *camas*: "piernas"; *cama, camba*, en esp. ant. (comp. *Alex,* estr. 149d) es cognado del fr. *jambe* e ital. *gamba*; véase Corominas, *DCELC, s.v.* "gamba".
3086 *çapatos . . . a grant huebra*: "zapatos muy bien labrados" para calzar en la corte; montados a caballo llevaban *huesas,* "botas altas", comp. el v. 994.
3087 *rrançal*: "hilo", comp. el v. 183.
3088 *presas*: "presillas".
3089 *al puño bien están*: "le van bien a los puños".
    ca él se lo mandó: *se* es dativo ético; "porque él la había encargado".
3090 *primo*: "primoroso".
    çiclatón: véase la nota al v. 2574.
3091 *pareçen por ó son*: Bello proporcionó la mejor interpretación: "las [labores o huebras] relumbran por donde están". Ésta parece ser excelente descripción de la tela, que se tejía con hilos de oro y seda de distinto color (véase la nota al v. 2574). Thomas Montgomery considera este hemistiquio como error de copista, pero no ofrece una alternativa, véase "Grammatical causality and formulism in the *PMC*", en *Studies in honor of Lloyd A. Kasten* (Madison, 1975), pp. 185-198.
3092 *bandas*: "ceñidores", "cintas".
3095 *fecha por rrazón*: "fabricada especialmente".
3096 *que non le contal[l]assen los pelos*: "que no le arrancasen el pelo", como insulto.
3097-3098 Se ata la barba con el cordón (quizás el cordón de la cofia) para proteger su persona de asaltos. Las cautelas respecto a la protección del pelo y la barba parecen ser un motivo folklórico y pagano (comp. también el caso bíblico de Sansón).
3099 *de suso cubrió*: "se puso encima".

En él abrién que ver   quantos que í son.   3100
Con aquestos çiento   que adobar mandó
apriessa cavalga,   de San Serván salió;
assí iva Mio Çid   adobado a lla cort.
A la puerta de fuera   descavalga a sabor,
cuerdamientre entra   Mio Çid con todos los   3105
[sos:
él va en medio   e los çiento aderredor. *
Quando lo vieron entrar   al que en buen ora naçió,
levantós' en pie   el buen rrey don Alfonso
e el conde don Anrrich   e el conde don Remont
e desí adelant,   sabet, todos los otros;   3110
a grant ondra lo rreçiben   al que en buen ora naçió.
Nos' quiso levantar   el Crespo de Grañón,
nin todos los del bando   de ifantes de Carrión.
El rrey dixo al Çid: "Venid acá ser, Campeador,
"en aqueste escaño   quem' diestes vós en don;   3115
"maguer que [a] algunos pesa,   meior sodes que nós."
Essora dixo muchas merçedes   el que Valençia gañó:
"Sed en vuestro escaño   commo rrey e señor,
"acá posaré   con todos aquestos míos."
Lo que dixo el Çid   al rrey plogo de coraçón.   3120
En un escaño torniño   essora Mio Çid posó,

---

* fol. 62v.º

3100 "Todos los que estaban tendrían que fijarse en él", comp. los
  vv. 2060 y 3123-3124.
3104 A la puerta de fuera: "Fuera de la puerta".
3105 cuerdamientre: "cautelosamente".
3110 e desí adelant: "y uno tras otro".
3112 el Crespo de Grañón: apodo del conde García Ordóñez, "el
  rizado de Grañón"; véase la nota al v. 1345.
3115 Este obsequio no ha sido mencionado antes.
3116 meior sodes que nós: expresión cortés; quizá, "Vd. es más va-
  liente que nos".
3117 merçedes: "gracias".
  El epíteto épico se emplea adrede para subrayar la importancia
  política del Cid.
3118 Sed: "Siéntese"; el Cid, siempre correcto en asuntos legales,
  propone que Alfonso, en su categoría de monarca y juez, presi-
  da solo.
3121 torniño: "torneado".

los çiento quel' aguardan   posan aderredor.
Catando están a Mio Çid   quantos ha en la cort,
a la barba que avié luenga   e presa con el cordón,
en sos aguisamientos   bien semeia varón,   3125
nol' pueden catar de vergüença   ifantes de Carrión.
Essora se levó en pie   el buen rrey don Alfonso:
" ¡Oíd, mesnadas,   sí vos vala el Criador!
"Yo, de que fu rrey,   non fiz más de dos cortes,
"la una fue en Burgos   e la otra en Carrión;   3130
"esta terçera   a Toledo la vin fer oy
"por el amor de Mio Çid,   el que en buen ora naçió,
"que rreçiba derecho   de ifantes de Carrión. *
"Grande tuerto le han tenido,   sabémoslo todos nós;
"alcaldes sean d'esto   el conde don Anrrich   3135
                    [e el conde don Remond
"e estos otros condes   que del vando non sodes.
"Todos meted í mientes,   ca sodes coñosçedores,
"por escoger el derecho,   ca tuerto non mando yo.
"D'ella e d'ella part   en paz seamos oy:
"juro par Sant Esidro,   el que bolviere mi   3140
                        [cort

---

* Cuaderno 10.º, fol. 63r.º

3122 *aguardan*: "escoltan", "acompañan".
3125 *aguisamientos*: "arreo".
3129 *de que*: "desde que".
      fu = fui.
3130-3131 No tenemos noticia de las dos primeras reuniones de la
      corte, y el número de tres podría ser simbólico. Sin embargo, el
      hecho de que el rey menciona la ubicación de las dos anteriores
      puede indicar que tuvieron lugar en la realidad, aunque sólo
      tenemos una vaga memoria de ellas en las alusiones de los vv. 3272
      y 3310. Pero la referencia a la corte de Burgos podría aludir al
      incidente legendario del juramento de Santa Gadea, véase Carola
      Reig, *El cantar de Sancho II y cerco de Zamora* (Madrid, 1947),
      pp. 53-56.
3134 Nótese que el rey considera el agravio como admitido por los
      infantes.
3135 *alcaldes*: "jueces", "asesores".
3136 *vando*: el bando de Carrión.
3137 *meted í mientes*: "presten atención a la cuestión".
      coñoscedores: "expertos en derecho".
3138 "para obrar justamente, porque no autorizaré una injusticia".
3139 *D'ella e d'ella part*: "De ambas partes" en la disputa.
3140 *bolviere*: "estorbe".

"quitar me á el rreino,   perderá mi amor.
"Con el que toviere derecho   yo d'essa parte me só.
"Agora demande   Mio Çid el Campeador;
"sabremos qué rresponden   ifantes de Carrión."
Mio Çid la mano besó al rrey   e en pie se   3145
[levantó:
"Mucho vos lo gradesco   commo a rrey e a señor
"por quanto esta cort   fiziestes por mi amor.
"Esto les demando   a ifantes de Carrión:
"por mis fijas quem' dexaron   yo non he desonor,
"ca vós las casastes, rrey,   sabredes qué fer oy;   3150
"mas quando sacaron mis fijas   de Valençia la mayor,
"yo bien los quería   d'alma e de coraçón,
"diles dos espadas,   a Colada e a Tizón,
"éstas yo las gané   a guisa de varón,
"ques' ondrassen con ellas   e sirviessen a vós;   3155
"quando dexaron mis fijas   en el rrobredo de Corpes
"comigo non quisieron aver nada   e perdieron mi
[amor;
"denme mis espadas   quando mios yernos non son."
Atorgan los alcaldes: "Tod esto es rrazón." *
Dixo el conde don Garçía: "A esto fablemos   3160
[nós."
Essora salién aparte   iffantes de Carrión
con todos sus parientes   e el vando que í son,
apriessa lo ivan trayendo   e acuerdan la rrazón:
"Aún grand amor nos faze   el Çid Campeador

---

* fol. 63v.º

3141 amor: "favor".
3147 por mi amor: "por consideración a mí".
3148 El Cid empieza el pleito con una reclamación civil por los
     daños sufridos.
3157 perdieron mi amor: "perdieron mi favor", es decir, "rompieron
     el vínculo del parentesco".
3158 Las espadas son Colada y Tizón, y no las espadas intercambia-
     das en los desposorios, véase la nota al v. 2093.
3159 Tod esto es rrazón: "Todo esto es petición justa".
3163 trayendo: "discutiendo".
     acuerdan la rrazón: "se ponen de acuerdo".
3164-3169 En esta discusión privada entre los miembros del bando
     de Carrión, ellos creen equivocadamente que el Cid ha termi-
     nado su petición, mientras en realidad sólo ha comenzado.

"quando desondra de sus fijas no nos 3165
[demanda oy,
"bien nos abendremos con el rrey don Alfonso.
"Démosle sus espadas quando assí finca la boz,
"e quando las toviere partir se á la cort;
"ya más non avrá derecho de nós el Çid Canpeador."
Con aquesta fabla tornaron a la cort: 3170
"¡Merçed, ya rrey don Alfonso, sodes nuestro señor!
"No lo podemos negar ca dos espadas nos dio,
"quando las demanda e d'ellas ha sabor
"dárgelas queremos delant estando vós."
Sacaron las espadas Colada e Tizón, 3175
pusiéronlas en mano del rrey so señor,
saca las espadas e rrelumbra toda la cort,
las maçanas e los arriazes todos d'oro son.
Maravíllanse d'ellas todos los omnes buenos de la
[cort.
Reçibió [el Çid] las espadas, las manos le 3180
tornós' al escaño dón se levantó, [besó,
en las manos las tiene e amas las cató,
nos' le pueden camear ca el Çid bien las connosçe,
alegrós'le tod el cuerpo, sonrrisós' de coraçón,
alçava la mano, a la barba se tomó: 3185
"¡Par aquesta barba que nadi non' messó,
"assís' irán vengando don Elvira e doña Sol!" *
A so sobrino por nónbrel' llamó,

---

* fol. 64r.º

3166 *bien nos abendremos*: "fácilmente nos pondremos de acuerdo".
3167 *finca la boz*: "termina su petición".
3177 "(el rey) saca las espadas (de las vainas) y toda la sala reluce".
3178 *maçanas*: "pomos".
3181 *dón*: "de donde".
   El poeta parece demostrar conocimientos minuciosos de los pro-
   cedimientos jurídicos.
3183 *nos' le pueden camear*: "no pueden engañarle sustituyéndolas".
3185 Véase la nota al v. 2829.
3186 El Cid repite el juramento que prestó en el v. 2832.
3188 No se nombra al sobrino, pero se sabe que es Pedro Bermúdez,
   abanderado del Cid; comp. el v. 3301, donde éste le ruega lance
   el primer reto, y el v. 3643. La omisión del nombre podría ser
   un error, pero en otras obras medievales no es desconocida la
   técnica de ocultar los nombres de los personajes hasta avanzada
   la narración de sus acciones.

tendió el braço,   la espada Tizón le dio:
"Prendetla, sobrino,   ca meiora en señor."   3190
A Martín Antolínez,   el burgalés de pro,
tendió el braço,   el espada Coládal' dio:
"Martín Antolínez,   mio vassallo de pro,
"prended a Colada,   ganéla de buen señor,
"del conde do Remont Verenguel   de Barçilona   3195
                                [la mayor.
"Por esso vos la do   que la bien curiedes vós;
"sé que si vos acaeçiere . . . . . .
"con ella ganaredes   grand prez e grand   3197b
                                [valor."
Besóle la mano,   el espada tomó e rreçibió.
Luego se levantó   Mio Çid el Campeador:
"Grado al Criador   e a vós, rrey señor,   3200
"ya pagado só de mis espadas,   de Colada e de Tizón.
"Otra rrencura he   de ifantes de Carrión:
"quando sacaron de Valençia   mis fijas amas a dos
"en oro e en plata   tres mill marcos les di [y]o,
"yo faziendo esto,   ellos acabaron lo so;   3205
"denme mis averes   quando mios yernos non son."
¡Aquí veriedes quexarse   ifantes de Carrión!
Dize el conde don Remond: "Dezid de sí o de no."
Essora rresponden   ifantes de Carrión:
"Por éssol' diemos sus espadas   al Çid   3210
                                [Campeador
"que ál no nos demandasse,   que aquí fincó la boz."
"Si ploguiere al rrey,   assí dezimos nós:
"a lo que demanda el Çid   quel' rrecudades vós."

3196 *Por esso ... que*: "para que".
3197 *si vos acaeçiere*: "si Vd. tiene ocasión".
3201 *pagado*: "satisfecho".
3202 Ésta es la segunda etapa del pleito civil.
3204 Comp. el v. 2571.
3205 *acabaron lo so*: "llevaron a cabo lo que habían urdido".
3210-3211 Los infantes tratan de salvarse mediante lo que consideran
    ser una cuestión de derecho: que el Cid, una vez terminada su
    primera petición, ya no tiene derecho a continuar.
3212-3213 Los jueces rechazan la proposición de los infantes, a reserva
    de la aprobación del rey.

Dixo el. buen rrey: "Assí lo otorgo yo." *
Levantós' en pie   el Çid Campeador: 3215
"D'estos averes   que vos di yo
"si me los dades,   o dedes [d'ello rraçón]."   3216b
Essora salién aparte   ifantes de Carrión,
non acuerdan en conseio   ca los haveres grandes son,
espesos los han   ifantes de Carrión.
Tornan con el conseio   e fablavan a so señor: 3220
"Mucho nos afinca   el que Valençia gañó
"quando de nuestros averes   assíl' prende sabor,
"pagar le hemos de heredades   en tierras de Carrión."
Dixieron los alcaldes   quando manifestados son:
"Si esso ploguiere al Çid,   non ge lo vedamos   3225
                                             [nós,
"mas en nuestro iuvizio   assí lo mandamos nós
"que aquí lo enterguedes   dentro en la cort."
A estas palabras   fabló el rrey don Alfonso:
"Nós bien la sabemos   aquesta rrazón
"que derecho demanda   el Çid Campeador.   3230
"D'estos *tres* mill marcos   los *dozientos* tengo yo,
"entr'amos me los dieron   los ifantes de Carrión;
"tornárgelos quiero,   ca *tan* de*s*fechos son,
"enterguen a Mio Çid,   el que en buen ora naçió;

  * *fol. 64v.º*

3214 El rey se pronuncia de acuerdo con los jueces.
3216b Elipsis: "(decid) si me los vais a dar, o si no, justificad vuestra
     conducta". Aquí el Cid empieza a dirigirse directamente a los
     demandados, mientras que antes había expuesto su demanda a
     los jueces; Eduardo de Hinojosa, *Estudios sobre la historia del
     derecho español* (Madrid, 1903), pp. 90 y ss., ve en esto una
     amalgama de la antigua ley germánica de confrontación y el pro-
     cedimiento posterior de mayor intervención judicial.
3219 *espesos los han*: "lo han gastado". Tal vez para cumplir con una
     obligación legal, han dado parte de la riqueza al rey, como él
     mismo revelará (vv. 3231-3232). Contrástese la presente indigen-
     cia de los infantes con sus cálculos anteriores (vv. 2470, 2510,
     2529, 2542 y 2552).
3221 *afinca*: "apremia".
3224 *quando manifestados son*: término legal; "cuando los infantes
     admitieron la deuda".
3225 *esso*: es decir, "devolución en forma de tierras".
3227 *lo enterguedes*: "le reintegréis".
3229 "Nos reconocemos la justicia de esto".
3233 *desfechos*: "arruinados".

"quando ellos los an a pechar,   non ge los   3235
                                [quiero yo."
Fabló Ferrán Go[n]çález: "Averes monedados non
                                [tenemos nós."
Luego rrespondió   el conde don Remond:
"El oro e la plata   espendiésteslo vós,
"por juvizio lo damos   ant el rrey don Alfonso:
"páguenle en apreçiadura   e préndalo el   3240
                                [Campeador."
Ya vieron que es a fer   los ifantes de Carrión:
veriedes aduzir   tanto cavallo corredor, *
tanta gruessa mula,   tanto palafré de sazón,
tanta buena espada   con toda guarnizón;
rreçibiólo Mio Çid   commo apreçiaron en la   3245
                                [cort.
Sobre los dozientos marcos   que tenié el rrey Al-
                                [fonso,
pagaron los ifantes   al que en buen ora nasco,
enpréstanles de lo ageno,   que non les cumple lo
                                [suyo,
mal escapan iogados,   sabed, d'esta rrazón.

138   [*El Cid demanda justicia por razón de mayor
          deshonra*]

Estas apreçiaduras   Mio Çid presas las ha,   3250
sos omnes las tienen   e d'ellas pensarán,

---

* *fol.* 65r.º

3235 *pechar*: "pagar".
3240 *en apreçiadura*: "en especie".
3244 *guarnizón*: "armadura".
3245 *commo apreçiaron en la cort*: "como lo estimaron en la corte".
3246 *Sobre*: "Además de".
3248 "piden prestado a otras personas, porque no tienen bastante".
3249 "sabed que salieron muy escarnecidos de este asunto".
3250 *apreçiaduras*: comp. el v. 3240.
3251 *d'ellas pensarán*: "se ocuparán de ellas".

mas quando esto ovo acabado   pensaron luego d'ál:
"¡Merçed, ya rrey señor,   por amor de caridad!
"La rrencura mayor   non se me puede olbidar.
"Oídme toda la cort   e pésevos de mio mal: 3255
"de los ifantes de Carrión,   quem' desondraron tan
[mal,
"a menos de rriebtos   no los puedo dexar.

139 [*El Cid pronuncia la acusación solemne de
menos valer contra los infantes*]

"Dezid, ¿qué vos mereçí,   ifantes [*de Carrión*],
"en juego o en vero | o en alguna rrazón?   3258b-59
"Aquí lo meioraré   a juvizio de la cort.   3259b
"¿A quém' descubriestes   las telas del coraçón?   3260
"A la salida de Valençia   mis fijas vos di yo
"con muy grand ondra   e averes a nombre;
"quando las non queriedes,   ya canes traidores,
"¿por qué las sacávades   de Valençia sus honores?
"¿A qué las firiestes   a çinchas e a espolones?   3265
"Solas las dexastes   en el rrobredo de Corpes
"a las bestias fieras   e a las aves del mont;
"por quanto les fiziestes   menos valedes vós.
"Si non rrecudedes,   véalo esta cort." *

---

* *fol.* 65v.º

3252 *pensaron luego d'ál*: expresión impersonal, que podría signi-
    ficar "(los de la corte) se ocuparon luego de otro asunto", o
    "(los del Cid) luego expusieron otra demanda".
3254 *La rrencura mayor*: o sea, la acusación de alevosía.
3257 *rriebtos*: "retos", "desafíos".
3258 *¿qué vos mereçí...?*: "¿qué mal os hice...?".
3259b *lo meioraré*: "lo remediaré".
3260 Expresión conmovedora; "¿Por qué me quitasteis lo que más
    amaba?".
3262 *a nombre*: "abundantes".
3263 "puesto que no las queríais, perros traidores".
3264 "¿por qué os las llevasteis de Valencia, que era su heredad?", o
    bien, "...de Valencia donde tenían sus heredades?", comp. el
    v. 2546.
3268 Aquí el Cid pronuncia la acusación de conducta deshonrosa.
3269 *rrecudedes*: "contestáis"; hubiera sido de esperar *rrecudides o
    *rrecudiéredes (de rrecudir).

140 [*El conde García Ordóñez denigra al Cid; éste le recuerda su propia humillación en Cabra*]

El conde don Garçía   en pie se levantava: 3270
" ¡Merçed, ya rrey,   el meior de toda España!
"Vezós' Mio Çid   a llas cortes pregonadas;
"dexóla creçer   e luenga trae la barba,
"los unos le han miedo   e los otros espanta.
"Los de Carrión   son de natura tal   3275
"non ge las devién querer   sus fijas por varraganas,
"o ¿quién ge las diera   por pareias o por veladas?
"Derecho fizieron   por que las han dexadas.
"Quanto él dize   non ge lo preçiamos nada."
Essora el Campeador   prisos' a la barba: 3280
" ¡Grado a Dios   que çielo e tierra manda!
"Por esso es lue[n]ga   que a deliçio fue criada;
"¿qué avedes vós, conde,   por rretraer la mi barba?
"Ca de quando nasco   a deliçio fue criada,
"ca non me priso a ella   fijo de mugier nada,   3285
"nimbla messó   fijo de moro nin de christiana,
"commo yo a vós, conde,   en el castiello de Cabra;
"quando pris a Cabra   e a vós por la barba,
"non í ovo rrapaz   que non messó su pulgada.
"La que yo messé   aún non es eguada."   3290

3272 *Vezós' ... a*: "Ya tiene experiencia de"; véase la nota a los vv. 3130-3131.
3276 *varraganas*: "concubinas".
3277 *o*: funciona dos veces como cópula simple; "y ¿quién se las hubiera dado como mujeres legítimas?", comp. el v. 3381. Formulada como pregunta retórica, ya lleva una contestación conocida del público: "el rey, a petición de los infantes mismos", comp. los vv. 2075-2076.
3282 *a deliçio fue criada*: "fue cuidada con esmero".
3283 *rretraer la mi barba*: "calumniar mi honra".
3285 *fijo de mugier nada*: "nadie en absoluto".
3286 *nimbla = ni me la*.
3287 Véase la nota inicial al Cantar primero, p. 75.
3289 *rrapaz*: "mozuelo".
3290 "El pelo que le arranqué todavía no se ha igualado".

141 [*El infante don Fernando rechaza la inculpa-
ción de menos valer*]

Ferrán Go[n]çález   en pie se levantó,
a altas vozes   odredes qué fabló:
"Dexássedes vós, Çid,   de aquesta rrazón;
"de vuestros averes   de todos pagado sodes.
"Non creçiés varaia   entre nós e vós.   3295
"De natura somos   de condes de Carrión, *
"deviemos casar con fijas   de rreyes o de enperadores,
"ca non perteneçién   fijas de ifançones.
"Por que las dexamos   derecho fiziemos nós;
"más nos preçiamos,   sabet, que menos no."   3300

142 [*El Cid invita a Pedro Bermúdez de que rete
a Fernando*]

Mio Çid Ruy Díaz   a Pero Vermúez cata:
"¡Fabla, Pero Mudo,   varón que tanto callas!
"Yo las he fijas   e tú primas cormanas;
"a mí lo dizen,   a ti dan las oreiadas.
"Si yo rrespondier,   tú non entrarás en   3305
                                        [armas."

---

* *fol.* 66r.º

3295 *varaia*: "riña".
3302 Véase la nota al v. 611.
3303 *primas cormanas*: "primas hermanas".
3304 Quizás, "me insultan a mí, a ti te dan una bofetada" (hablando
   metafóricamente). Menéndez Pidal, ed. crít., p. 779, y Smith in-
   terpretan el segundo hemistiquio como "te lo dicen indirecta-
   mente", "eso va contigo", sin aducir otros ejemplos con ese
   significado. En *Veinte reyes* hay un uso semejante: "¿No sabes
   que tus primas coirmanas son mis fijas? E como quier qu'ellos
   me digan esto, a ti dan las orejadas". Existen dos ejemplos en
   fr. ant. de *donner une oreillee*, "abofetear": "De son poing li
   donna une telle orellie / Et l'assena si fort assez pres de l'oye /
   Que vivant l'abaty", *Chevalier au cygne,* vv. 1423-1425, y "Et
   Hües li donna une telle oreillie, / Sa gorgiere pisainne n'i valut
   une alie, / Le haterel li trenche", *Li Bastars de Buillon,* vv.
   3044-3046. El *Diccionario de autoridades* da una de las acepcio-

143 [*Pedro Bermúdez recuerda a Fernando su co-
bardía en la batalla*]

Pero Vermúez   conpeçó de fablar,
detiénes'le la lengua,   non puede delibrar,
mas quando enpieça,   sabed, nol' da vagar:
"¡Dirévos, Çid,   costu[m]bres avedes tales,
"siempre en las cortes   'Pero Mudo' me   3310
[llamades!
"Bien lo sabedes   que yo non puedo más;
"por lo que yo ovier a fer   por mí non mancará.
"Mientes, Ferrando,   de quanto dicho has,
"por el Campeador   mucho valiestes más.
"Las tus mañas   yo te las sabré contar: 3315
"¡miémbrat' quando lidiamos   çerca Valençia la
[grand!
"Pedist las feridas primeras   al Canpeador leal,
"vist un moro,   fústel' ensayar,
"antes fuxiste   que a [é]l te allegasses.   3318b
"Si yo non uviás,   el moro te jugara mal;

---

nes de *orejear* como "Vale también hacer alguna cosa de mala
gana y con violencia". Sin aludir al ejemplo del *Poema*, Coromi-
nas, *DCELC, s.v.* "oreja", se refiere a ejemplos de *pestorejada*
y al ejemplo de *pestojada* en el *Cavallero Zifar*, que fue reem-
plazado, en la primera edición impresa, por *palmada* y equiva-
lía a "ferida en la mexiella" (en la edición de C. P. Wagner,
Ann Arbor, 1929, p. 200.10, *pestojada* lleva una variante *pres-
tojada*; corrijo aquí el error de mi edición inglesa, *The Poem
of the Cid*, Manchester y Nueva York, 1975, p. 239). La pre-
sencia del art. def. en la expresión *dar las oreiadas* podría
implicar que tal acción solía acompañar un desafío, si bien las
bofetadas no se dieran de hecho. Hay otro ej. de *orejada* = "pes-
cozada" en *Enrique fi de Oliua* (1425, publ. 1498), ed. Gayan-
gos (1871), p. 65.
3307 *delibrar*: "hablar con soltura".
3308 *nol' da vagar*: "la lengua no para".
3310 Véase la nota a los vv. 3130-3131.
3312 *por mí non mancará*: "no faltará por culpa mía".
3316 *¡miémbrat...!*: "¡recuerda...!".
3318 Véase la nota al v. 2338.
    ensayar: "atacar".
3318b "huiste antes de acercarte a él".
3319 "Si no hubiese acudido en tu ayuda, las hubieras pasado ne-
gras con el moro".

"passé por ti,   con el moro me of de aiuntar,   3320
"de los primeros colpes   ofle de arrancar;
"did' el cavallo,   tóveldo en poridad,
"fasta este día   no lo descubrí a nadi.
"Delant Mio Çid e delante todos   ovístete de alabar *
"que mataras el moro   e que fizieras barnax;   3325
"croviérontelo todos,   mas non saben la verdad.
"¡E eres fermoso,   mas mal varragán!
"Lengua sin manos,   ¿cuémo osas fablar?

144 [*Pedro Bermúdez recuerda el episodio del león,
       y reta a Fernando*]

"Di, Ferrando,   otorga esta rrazón:
"¿non te viene en miente   en Valençia lo del   3330
                                   [león,
"quando durmié Mio Çid   e el león se desató?
"E tú, Ferrando,   ¿qué fizist con el pavor?
"¡Metístet' tras el escaño   de Mio Çid el Campeador!
"Metístet', Ferrando,   por ó menos vales oy.
"Nós çercamos el escaño   por curiar nuestro   3335
                                   [señor,
"fasta dó despertó Mio Çid,   el que Valençia gañó;
"levantós' del escaño   e fues' pora'l león.
"El león premió la cabeça,   a Mio Çid esperó,
"dexós'le prender al cuello   e a la rred le metió.

---

* *fol. 66v.º*

3320 *passé por ti*: "pasé por delante de ti".
    of = ove; "hube".
3322 *did' = dite*; "te di".
    tóveldo = tóvetelo; "te lo guardé".
3325 *barnax*: "hazaña".
3327 *mal varragán*: "mozo cobarde".
3328 *Lengua sin manos*: ejemplo impresionante de sinécdoque.
3330 *¿non te viene en miente...?*: "¿no te acuerdas de...?".
3333 *Metístet'*: "Te pusiste".
3334 *por ó*: "en un sitio por el cual...".
    menos vales: la acusación de conducta deshonrosa.
3337 *fues'*: "se fue".
3339 *dexós'le prender*: "le dejó que lo tomase".

"Quando se tornó   el buen Campeador,   3340
"a sos vassallos   violos aderredor,
"demandó por sus yernos,   ¡ninguno non falló!
"Riébtot' el cuerpo   por malo e por traidor,
"éstot' lidiaré aquí   ant el rrey don Alfonso
"por fijas del Çid,   don Elvira e doña Sol,   3345
"por quanto las dexastes   menos valedes vós;
"ellas son mugieres   e vós sodes varones,
"en todas guisas   más valen que vós.
"Quando fuere la lid,   si ploguiere al Criador,
"tú lo otorgarás   a guisa de traidor; *   3350
"de quanto he dicho   verdadero seré yo."
D'aquestos amos   aquí quedó la rrazón.

145   [*El infante don Diego se opone a la acusación
de menos valer*]

Diego Gonçález   odredes lo que dixo:
"De natura somos   de los condes más li[m]pios,
"estos casamientos   non fuessen apareçidos,   3355
"por consagrar   con Mio Çid don Rodrigo.
"Porque dexamos sus fijas   aún no nos rrepentimos,
"mientra que bivan   pueden aver sospiros;
"lo que les fiziemos   ser les ha rretraído,
"esto lidiaré   a tod el más ardido,   3359b
"que porque las dexamos   ondrados somos   3360
                    [nós."

---

* *fol. 67r.º*

3343 Pronuncia el "reto" de alevosía. Véase la nota al v. 2681.
3345 *por*: "en nombre de".
3346 "porque las abandonasteis, estáis deshonrados".
3348 *en todas guisas*: "a todas luces".
3349 "Cuando tenga lugar el duelo, si Dios quiere...".
3350 "tú lo admitirás, como traidor que eres".
3352 *rrazón*: "asunto".
3355 *apareçidos*: "iniciados".
3359 *ser les ha rretraído*: "se les echará en cara".
3359b *a tod el más ardido*: "con el más atrevido entre vosotros".

146 [*Martín Antolínez reta a Diego*]

Martín Antolínez   en pie se levantava:
" ¡Calla, alevoso,   boca sin verdad!
"Lo del león   non se te deve olbidar,
"saliste por la puerta,   metístet' al corral,
"fústed' meter   tras la viga lagar,   3365
" ¡más non vesti*st*   el manto nin el brial!
"Yo llo lidiaré,   non passará por ál,
"fijas del Çid   porque las vós dexastes;
"en todas guisas, sabed   que más valen que vós.
"Al partir de la lid   por tu boca lo dirás   3370
"que eres traidor   e mintist de quanto dicho has."
D'estos amos   la rrazón fincó.

147 [*El infante don Asur González entra en la corte*]

Assur Gonçález   entrava por el palaçio,
manto armiño   e un brial rrastrando,
vermeio viene,   ca era almorzado,   3375
en lo que fabló   avié poco rrecabdo: *

148 [*Asur insulta al Cid*]

"Ya varones,   ¿quién vio nunca tal mal?
"¿Quién nos darié nuevas   de Mio Çid el de Bivar?

---

* *fol. 67v.º*

3362 *boca sin verdad*: sinécdoque; comp. el v. 3328.
3366 *más non vestist*: "no te pusiste más".
3367 *llo*: forma arcaica de *lo*.
3370 "Al terminar el duelo, tú mismo lo confesarás".
3374 *rrastrando*: "arrastrando".
3375 *vermeio*: "con la cara encendida".
3376 *rrecabdo*: "cautela", "discreción".

" ¡Fuesse a Río d'Ovirna   los molinos picar
"e prender maquilas,   commo lo suele far!   3380
"¿Quíl' darié   con los de Carrión a casar?"

149   [*Muño Gustioz reta a Asur; el rey accede a
los duelos; llegan mensajeros de los infantes
de Navarra y Aragón a pedir la mano de las
hijas del Cid para sus señores; Álvar Fáñez
reta a los Vanigómez, y Gómez Peláez le re-
plica, pero el rey prohíbe este duelo y fija
plazo a los que retaron antes*]

Essora Muño Gustioz   en pie se levantó:
" ¡Calla, alevoso,   malo e traidor!

3379 *Río d'Ovirna*: el Ubierna pasa por Vivar, véase la nota a los
vv. 11-12. Hasta muy recientemente funcionaba allí un antiguo
molino de agua.
los molinos picar: "picar (o afilar con una pica) las piedras del
molino". Los infanzones solían ser propietarios de los molinos,
comp. *Fuero viejo de Castilla* (Madrid, 1771, reimpreso 1964),
I, vi, 1 (p. 29): "e quien quebranta guerto, o molino, o cavaña,
o era, o monte de Ynfançon, a sesenta sueldos de caloña", pero
no los trabajaban ellos mismos. La *Carta de arras* del Cid a
Jimena de 1074 menciona "terras, vineas, arbores, seu pomi-
feris, pasquis, seu padulibus aquis aquarum, defesas et in mo-
linarum sive exitus etiam et regressus" (ed. Menéndez Pidal,
España del Cid, II, p. 840). Además de infamar el rango del
Cid, es posible que Asur González esté calumniando su naci-
miento legítimo: Menéndez y Pelayo menciona el romance de
fecha posterior (*Primavera*, núm. 28) donde se alega que el Cid
era hijo bastardo de una campesina, pero la leyenda puede ser
más antigua porque la *Tercera crónica general* se empeña en
desmentirla: "los que leen la estoria dicen que este fue Mio
Cid, mas en esto yerran". Claro está que en el folklore los bastar-
dos se consideraban más fuertes que los hijos legítimos. Francisco
Santos, *La verdad en el potro y el Cid resucitado* (Madrid,
1686), p. 85, tiene la siguiente aportación interesante: "Dixo
otro: ¿si seria cierto que hubo Cid? Sí (respondió), que yo tengo
un libro manuscrito en que dize que le huvo, y que fue bas-
tardo, avido en una molinera" (véase Menéndez y Pelayo, *An-
tología de poetas líricos castellanos*, XI. *Tratado de los roman-
ces viejos*, I, Madrid, 1924, p. 347). Comp. el romance núm. V,
Romancero del Cid, ed. Carolina Michaëlis (Leipzig, 1871), p. 8:

Ese buen Diego Lainez después que hubo yantado,
hablando está sobre mesa con sus hijos todos cuatro.
Los tres son de su mujer, pero el otro era bastardo,
Y aquel que era bastardo, era el buen Cid castellano.

"Antes almuerzas   que vayas a oración,
"a los que das paz   fártaslos aderredor.   3385
"Non dizes verdad   [a] amigo ni a señor,
"falso a todos   e más al Criador;
"en tu amistad   non quiero aver rración.
"Fazer te lo [é] dezir   que tal eres qual digo yo."
Dixo el rrey Alfonso: "Calle ya esta rrazón.   3390
"Los que an rrebtado   lidiarán, ¡sín' salve Dios!"
Assí commo acaban   esta rrazón,
afé dos cavalleros   entraron por la cort,
al uno dizen Oiarra   e al otro Yéñego Siménez,
el uno es [del] ifante de Navarra | e el otro   3395-96
                    [del] ifante de Aragón.
Besan las manos   al rrey don Alfonso,
piden sus fijas   a Mio Çid el Campeador
por ser rreínas   de Navarra e de Aragón
e que ge las diessen   a ondra e a bendiçión.   3400
A esto callaron   e ascuchó toda la cort. *

---

* fol. 68r.º

3384 "Desayunas antes de ir a misa".
3385 "eructas sobre aquéllos a quienes das la paz". Antes era cos-
    tumbre que los comulgantes se besaran cuando el celebrante
    pronunciaba las palabras de Pax Domini.
3388 rración: "parte".
3389 Desafía a Asur.
3391 sín' = así me.
3394 Oiarra: personaje desconocido; el nombre deriva del vasco otso,
    "lobo", comp. la variante Ochoa.
    Yéñego Siménez: cierto Íñigo Jiménez era gobernador de Mel-
    tria hacia 1106-1107 y privado de Alfonso el Batallador, rey de
    Aragón (véase Menéndez Pidal, ed. crít., p. 718).
3399 rreínas: contrástese el v. 3448. Ninguna de las hijas llegó a
    reina: Cristina (Elvira), la mayor, se casó (quizás hacia 1098-
    1099) con un infante de Navarra, Ramiro, señor de Monzón, que
    era nieto del rey García de Atapuerca; su hijo García Ramírez
    subió al trono de Navarra en 1134. María (Sol) se casó con
    Ramón Berenguer el Grande, conde de Barcelona (sobrino del
    conde del Poema); tuvieron dos hijas, pero María murió en 1105,
    cuando tenía sólo veinticinco años. Es posible que se casase o
    desposase antes con Pedro Pedrez, hijo de Pedro I de Aragón
    (véase la Introducción, apartado 7).
3400 a ondra e a bendiçión: "como esposas legítimas", comp. los
    vv. 2226 y 2233.
3401 El poeta explota este golpe teatral.

Levantós' en pie   Mio Çid el Campeador:
" ¡Merçed, rrey Alfonso,   vós sodes mio señor!
"Esto gradesco yo   al Criador,
"quando me las demandan   de Navarra e de   3405
"Vós las casastes antes,   ca yo non,   [Aragón.
"afé mis fijas,   en vuestras manos son;
"sin vuestro mandado   nada non feré yo."
Levantós' el rrey,   fizo callar la cort:
"Ruégovos, Çid,   caboso Campeador,   3410
"que plega a vós,   e atorgar lo he yo,
"este casamiento   oy se otorgue en esta cort,
"ca creçe vos í ondra   e tierra e onor."
Levantós' Mio Çid,   al rrey las manos le besó:
"Quando a vós plaze,   otórgolo yo, señor."   3415
Essora dixo el rrey: " ¡Dios vos dé dén buen ga-
                                                    [lardón!
"A vós, Oiarra,   e a vós, Yéñego Ximénez,
"este casamiento   otórgovosle yo
"de fijas de Mio Çid,   don Elvira e doña Sol,
"pora los ifantes   de Navarra e de Aragón,   3420
"que vos las den   a ondra e a bendiçión."
Levantós' en pie   Oiarra e Íñego Ximénez,
besaron las manos   del rrey don Alfonso
e después de Mio Çid   el Campeador,
metieron las fes   e los omenaies dados son   3425
que cuemo es dicho   assí sea, o meior.
A muchos plaze   de tod esta cort, *
mas non plaze   a los ifantes de Carrión.
Minaya Álba[r] Fáñez   en pie se levantó:

---

* fol. 68v.º

3407-3408 Puesto que el Cid había entregado a sus hijas al rey antes
    del casamiento anterior, todavía están bajo custodia real. El
    poeta no alude a ninguna disolución del primer matrimonio, del
    cual tampoco hay constancia histórica.
3413 El rey menciona las tres ventajas: prestigio, tierras y haciendas
    (o rentas derivadas de castillos y villas).
3421 "que se las den en casamiento honrado y legítimo"; Minaya sigue
    en capacidad de manero, comp. el v. 3447.
3422 Con un sujeto pl. el verbo a veces va en sg., comp. el v. 136.
3425 Sobre omenaies, véase la nota a los vv. 2039-2040.

" ¡Merçed vos pido   commo a rrey e a señor   3430
"e que non pese esto   al Çid Campeador:
"bien vos di vagar   en toda esta cort,
"dezir querría   yaquanto de lo mío."
Dixo el rrey: "Plazme de coraçón;
"dezid, Minaya,   lo que oviéredes sabor."   3435
"Yo vos rruego   que me oyades toda la cort,
"ca grand rrencura he   de ifantes de Carrión.
"Yo les di mis primas   por mandado del rrey Al-
                                                [fonso,
"ellos las prisieron   a ondra e a bendiçión;
"grandes averes les dio   Mio Çid el Campeador,   3440
"ellos las han dexadas   a pesar de nós.
"Riébtoles los cuerpos   por malos e por traidores.
"De natura sodes   de los de Vanigómez
"onde salién condes   de prez e de valor;
"mas bien sabemos   las mañas que ellos han.   3445
"Esto gradesco yo   al Criador
"quando piden mis primas   don Elvira e doña Sol
"los ifantes de Navarra   e de Aragón.
"Antes las aviedes pareias   pora en braços las tener,
"agora besaredes sus manos   e llamar las hedes   3450
                                                [señoras,
"aver las hedes a servir,   mal que vos pese a vós.
" ¡Grado a Dios del çielo   e [a] aquel rrey don Al-
                                                [fonso
"assíl' creçe la ondra   a Mio Çid el Campeador! *
"En todas guisas   tales sodes quales digo yo:

---

* fol. 69r.º

3432 *bien vos di vagar*: "no he abusado de su paciencia (permane-
     ciendo callado hasta ahora)". Minaya ahora da el relato pedido
     por el rey en el v. 2139.
3441 *a pesar de nós*: "contra nuestra voluntad", o bien "para pena
     nuestra".
3442-3445 Desafía a los infantes por medio del rey, no directamente
     como han sido retados antes, comp. los vv. 3343, 3370-3371 y
     3389.
3449 Álvar Fáñez ahora se dirige a los infantes, igual que en el
     v. 3443.
     pareias pora en braços las tener: "como mujeres legítimas".
3454 *En todas guisas*: "En todos los respectos".

"si ay qui rresponda   o dize de no,   3455
"yo só Álbar Fáñez   pora tod el meior."
Gómez Peláyet   en pie se levantó:
"¿Qué val, Minaya,   toda essa rrazón?
"Ca en esta cort   afarto[s] ha pora vós
"e qui ál quisiesse   serié su ocasión.   3460
"Si Dios quisiere   que d'ésta bien salgamos nós,
"después veredes   qué dixiestes o qué no."
Dixo el rrey: "Fine esta rrazón,
"non diga ninguno   d'ella más una entençión.
"Cras sea la lid,   quando saliere el sol,   3465
"d'estos *tres* por tres   que rrebtaron en la cort."
Luego fablaron   ifantes de Carrión:
"Dandos, rrey, plazo,   ca cras ser non puede,
"armas e cavallos tienen   los del Canpeador,
"nós antes abremos a ir   a tierras de Carrión."   3470
Fabló el rrey   contra'l Campeador:
"Sea esta lid   ó mandáredes vós."
En essora dixo Mio Çid: "No lo faré, señor;
"más quiero a Valençia   que tierras de Carrión."
En essora dixo el rrey: "A osadas, Campeador.   3475
"Dadme vuestros cavalleros   con todas vuestras guar-
"vayan comigo,   yo seré el curiador,   [nizones,
"yo vos lo sobrelievo   commo a buen vassallo faze
                                      [señor

3456 *pora tod el meior*: "listo a lidiar con el mejor de vosotros".
3457 *Gómez Peláyet*: noble leonés, que hubiera podido ser el hijo de Pelayo Gómez, tercer hijo del conde Gómez Díaz (nótese el sistema ant. de gentilicios que derivaban del nombre de pila del padre y cambiaban con cada generación).
3459 *afarto[s] ha pora vós*: "hay bastantes que se atreverían a lidiar con Vd.".
3460 "y quien lo desmintiese lo haría a riesgo suyo".
3462 "después Vd. verá si decía la verdad o no".
3463 *Fine esta rrazón*: "Basta de este asunto".
3466 *d'estos tres por tres*: "entre estos tres pares (de combatientes)".
3468 *Dandos = Dadnos*.
3469-3470 Los infantes carecen de armas por haberlas entregado al Cid como parte de la recompensa, comp. los vv. 3242-3245.
3471 *contra*: "a".
3474 "preferiría ir a Valencia que a Carrión".
3475 *A osadas*: "Por cierto".
3477 *curiador*: "custodio".
3478 *sobrelievo*: "garantizo".

"que non prendan fuerça   de conde nin de ifançón.
"Aquí les pongo plazo   de dentro en mi cort, *   3480
"a cabo de tres semanas   en begas de Carrión
"que fagan esta lid   delant estando yo:
"quien non viniere al plazo   pierda la rrazón,
"desí sea vençido   e escape por traidor."
Prisieron el juizio   ifantes de Carrión.   3485
Mio Çid al rrey   las manos le besó
e dixo: "Plazme, [señor].   3486b
"Estos mis tres cavalleros   en vuestra mano son,
"d'aquí vos los acomiendo   como a rrey e a señor;
"ellos son adobados   pora cumplir todo lo so,
"¡ondrados me los enbiad a Valençia,   por   3490
                    [amor del Criador!"
Essora rrespuso el rrey: "¡Assí lo mande Dios!"
Allí se tollió el capiello   el Çid Campeador,
la cofia de rrançal,   que blanca era commo el sol,
e soltava la barba   e sacóla del cordón.
Nos' fartan de catarle   quantos ha en la cort;   3495
adeliñó a él el conde don Anrrich   e el conde don
                    [Remond.
Abraçólos tan bien   e rruégalos de coraçón
que prendan de sus áveres   quanto ovieren sabor.
A éssos e a los otros   que de buena parte son,
a todos los rrogava   assí commo han sabor,   3500
tales í á que prenden,   tales í á que non.
Los *dozientos* marcos   al rrey los soltó,
de lo ál tanto priso   quant ovo sabor.

---

* *fol. 69v.º*

3479 *que non prendan fuerça*: "que no sufran actos de violencia".
3483 *rrazón*: "pleito".
3485 *Prisieron*: "Aceptaron".
3492 *se tollió el capiello*: "se quitó la gorra" (o "capilla").
3494 Comp. el v. 3097.
3499 *de buena parte*: "del buen partido", es decir, de los partidarios
    del Cid.
3500 "les invitaron a todos a que tomasen lo que quisieran".
3501 *tales . . . tales*: "algunos . . . otros".
3502 *al rrey los soltó*: "se los perdonó al rey".
3503 "el rey tomó todo lo que quiso del resto".

"Merçed vos pido, rrey,   por amor del Criador!
"Quando todas estas nuevas   assí puestas son,   3505
"beso vuestras manos   con vuestra graçia, señor,
"e irme quiero pora Valençia,   con afán la gané yo."

* [*Laguna de 50 versos aproximadamente: falta
   un folio*]

150   [*Alfonso rehúsa aceptar Bavieca como regalo,
          y el Cid sale en dirección a Valencia; los duelos
          tienen lugar en Carrión; Pedro Bermúdez vence
          a Fernando*]

El rrey alçó la mano,   la cara se sanctigó: **
"¡Yo lo juro par Sant Esidro   el de León
"que en todas nuestras tierras   non ha tan   3510
                          [buen varón!"
Mio Çid en el cavallo   adelant se llegó,
fue besar la mano   a Alfonso so señor:
"Mandástesme mover   a Bavieca el corredor,
"en moros ni en christianos   otro tal non ha oy,
"y[o] vos le do en don,   mandédesle tomar,   3515
                          [señor."
Essora dixo el rrey: "D'esto non he sabor;

---

* Laguna de cincuenta versos aproximadamente: después del fol. 69
falta una hoja (el séptimo fol. del décimo cuaderno), de la que
sólo queda una franja de un centímetro de ancho. Por lo tanto
podemos suponer una laguna de unos cincuenta versos. Las ver-
siones contenidas en las crónicas relatan en este punto cómo el
Cid lanzó Babieca al galope para demostrar al rey las exce-
lentes cualidades del caballo. La de *Veinte reyes* hace constar
que esta demostración tuvo lugar, a instancia del rey, en el Zo-
codover de Toledo. La *PCG*, p. 624*b*, afirma que el Cid ofreció
poner a prueba el caballo y que, a pesar de romperse uno de los
frenos durante la carrera, Babieca paró en seco, dejando asom-
brados al rey y los cortesanos. Es muy probable que la versión
de *Veinte reyes* sea más parecida a los versos perdidos del *Poe-
ma*, comp. el v. 3513.
** *Cuaderno 11.º, fol. 70r.º*

3515 *mandédesle tomar*: perífrasis cortés; "acéptelo, por favor".

"si a vós le tolliés   el cavallo no havrié tañ bue[n]
[señor.
"Mas atal cavallo cum ést   pora tal commo vós
"pora arrancar moros del canpo   e ser segudador,
"quien vos lo toller quisiere   nol' vala el   3520
[Criador,
"ca por vós e por el cavallo   ondrados somo[s]
[nós."
Essora se espidieron   e luegos' partió la cort.
El Campeador a los que han lidiar   tan bien los
[castigó:
"Ya Martín Antolínez   e vós, Pero   3524-25
[Vermúez | e Muño Gustioz,
"firmes sed en campo   a guisa de varones;   3525b
"buenos mandados me vayan   a Valençia de vós."
Dixo Martín Antolínez: "¿Por qué lo dezides, señor?
"Preso avemos el debdo   e a passar es por nós,
"podedes oír de muertos,   ca de vencidos no."
Alegre fue d'aquesto   el que en buen ora   3530
[nació,
espidiós' de todos   los que sos amigos son;
Mio Çid pora Valençia   e el rrey pora Carrión.
Las tres semanas de plazo   todas complidas son. *
Félos al plazo   los del Campeador,
cunplir quieren el debdo   que les mandó so   3535
[señor,

---

* fol. 70v.º

3517 "si se lo quitase, el caballo ya no tendría tan buen dueño".
3518 Elipsis: "Pero un caballo como éste debe tener un dueño
    como Vd.".
3519 e ser segudador: "e ir en persecución".
3526 mandados: "mensajes", "portes".
3528 "Hemos aceptado la obligación y tenemos que cumplirla", véase
    la nota al v. 225.
3529 "Vd. podrá saber de nuestra muerte, pero no de nuestra derro-
    ta", comp. Alex, estr. 922b: "en uno lo an puesto o uençer o
    morir", y también en el consejo de Aristóteles a Alejandro, ibid.,
    estr. 66d: "yr cab adelantre o uençer o morir".
3532 El Cid no volverá a reaparecer hasta el v. 3710, casi al final
    del Poema.

ellos son en p[o]der   del rrey don Alfonso el de
[León;
dos días atendieron   a ifantes de Carrión.
Mucho vienen bien adobados   de cavallos e de guar-
[nizones
e todos sus parientes   con ellos son,
que si los pudiessen apartar   a los del   3540
[Campeador
que los matassen en campo   por desondra de so
[señor.
El cometer fue malo,   que lo ál nos' enpeçó,
ca grand miedo ovieron   a Alfonso el de León.
De noche belaron las armas   e rrogaron al Criador.
Troçida es la noche,   ya quiebran los albores,   3545
muchos se juntaron   de buenos rricos omnes
por ver esta lid,   ca avién ende sabor;
demás sobre todos   í es el rrey don Alfonso
por querer el derecho   e non consentir el tuerto.
Yas' metién en armas   los del buen Campeador,   3550
todos tres se acuerdan,   ca son de un señor.
En otro logar se arman   los ifantes de Carrión,
sediélos castigando   el conde Garçí Ordóñez:
andidieron en pleito,   dixiéronlo al rrey Alfonso,
que non fuessen en la batalla   las espadas   3555-56
[taiadores | Colada e Tizón,
que non lidiassen con ellas   los del Canpeador,   3556b
mucho eran rrepentidos los ifantes   por quanto da-
[das son,
dixiérongelo al rrey,   mas non ge lo conloyó:

3536 *en p[o]der de*: "bajo la protección de".
3537 *atendieron*: "esperaron".
3540 Elipsis: "(habiendo planeado) que si...".
3542 "Los planes eran malévolos, pero no se llevaron a cabo".
3545 *Troçida es*: "Ha pasado".
3546 Hipérbaton y uso del partitivo: "se unieron muchos buenos no-
bles".
3548 *demás sobre todos*: "y, por encima de todos".
    í es: "allí está".
3553 *castigando*: "aconsejando".
3555 *non fuessen*: "no fuesen permitidas".
3558 *conloyó*: "aprobó".

"Non sacastes ninguna   quando oviemos la cort;
"si buenas las tenedes,   pro abrán a vós,*   3560
"otrossí farán   a los del Canpeador.
"Levad e salid al campo,   ifantes de Carrión,
"huebos vos es que lidiedes   a guisa de varones,
"que nada non mancará   por los del Campeador.
"Si del campo bien salides,   grand ondra   3565
                            [avredes vós,
"e si fuére[de]s vençidos,   non rrebtedes a nós,
"ca todos lo saben   que lo buscastes vós."
Ya se van rrepintiendo   ifantes de Carrión,
de lo que avién fecho   mucho rrepisos son;
no lo querrién aver fecho   por quanto ha en   3570
                            [Carrión.
Todos tres son armados   los del Campeador,
ívalos ver   el rrey don Alfonso;
dixieron   los del Campeador:
"Besámosvos las manos   commo a rrey e a señor
"que fiel seades oy   d'ellos e de nós;   3575
"a derecho nos valed,   a ningún tuerto no.
"Aquí tienen su vando   los ifantes de Carrión,
"non sabemos   qués' comidrán ellos o qué non;
"en vuestra mano   nos metió nuestro señor:
"¡tenendos a derecho,   por amor del Criador!"   3580
Essora dixo el rrey: "¡D'alma e de coraçón!"
Adúzenles los cavallos   buenos e corredores,
santiguaron las siellas   e cavalgan a vigor,
los escudos a los cuellos   que bien blocados son,

---

    * fol. 71r.º

3559 sacastes: "excluyeron Vds.".
3562 Levad: "Pónganse Vds. en pie".
3563 huebos vos es: "les hace falta".
3564 mancará: "faltará".
3569 rrepisos: "arrepentidos".
3575 fiel: "garante".
3578 qués' comidrán: "lo que planearán".
3580 tenendos = tenednos.
3584 bien blocados: "provistos de fuertes blocas" o puntas en el centro de los escudos.

e[n] mano prenden las astas   de los fierros   3585
                     [taiadores, *
estas tres lanças   traen seños pendones,
e derredor d'ellos   muchos buenos varones.
Ya salieron al campo   dó eran los moiones.
Todos tres son acordados   los del Campeador
que cada uno d'ellos   bien fos ferir el so.   3590
Févos de la otra part   los ifantes de Carrión,
muy bien aconpañados,   ca muchos parientes son.
El rrey dioles fieles   por dezir el derecho e ál non,
que non varagen con ellos   de sí o de non.
Dó sedién en el campo   fabló el rrey don   3595
                     [Alfonso:
"Oíd qué vos digo,   ifantes de Carrión:
"esta lid en Toledo la fiziérades,   mas non quisiestes
                     [vós.
"Estos tres cavalleros   de Mio Çid el Campeador
"yo los adux a salvo   a tierras de Carrión;
"aved vuestro derecho,   tuerto non querades   3600
                     [vós,
"ca qui tuerto quisiere fazer,   mal ge lo vedaré yo,
"en todo mio rreino   non avrá buena sabor."
Ya les va pesando   a los ifantes de Carrión.
Los fieles e el rrey   enseñaron los moiones,
librávanse del campo   todos aderredor;   3605
bien ge lo demostraron   a todos *seis* cómmo son,

---

* fol. 71v.º

3585 de los fierros taiadores: "con las puntas agudas".
3586 seños pendones: "sendos pendones".
3588 moiones: "mojones", señales para marcar los lindes del campo
de lid.
3590 fos = fuesse.
3593 fieles: "árbitros".
3594 "para que no hubiera riñas entre los combatientes".
3595 Dó sedién: "Cuando estaban".
3597 "Vds. se habían encargado de estos duelos en la corte de To-
ledo, pero no quisieron lidiarlos".
3599 yo los adux a salvo: "yo les traje bajo mi salvoconducto".
3601 mal: "severamente".
3602 non avrá buena sabor: "no tendrá favor".
3605 librávanse: "se apartaron".

que por í serié vençido   qui saliesse del moión.
Todas las yentes   esconbraron aderredor,
más de *seis* astas de lanças   que non llegassen al
[moión.
Sorteávanles el campo,   ya les partién el sol,   3610
salién los fieles de medio,   ellos cara por cara son,
desí vinién los de Mio Çid   a los ifantes de Carrión *
e llos ifantes de Carrión   a los del Campeador,
cada uno d'ellos   mientes tiene al so.
Abraçan los escudos   delant los coraçones,   3615
abaxan las lanças   abueltas con los pendones,
enclinavan las caras   sobre los arzones,
batién los cavallos   con los espolones,
tembrar querié la tierra   do[n]d eran movedores.
Cada uno d'ellos   mientes tiene al so,   3620
todos tres por tres   ya juntados son;
cuédanse que essora cadrán muertos   los que están
[aderredor.

Pero Vermúez,   el que antes rrebtó,
con Ferrá[n] Gonçález   de cara se juntó,
firiénse en los escudos   sin todo pavor.   3625
Ferrán Go[n]çález a Pero Vermúez   el escúdol'
prísol' en vazío,   en carne nol' tomó,   [passó,

---

* *fol. 72r.º*

3607 "que el que saliera de los mojones sería considerado como ven-
cido".
3608 *esconbraron*: "despejaron":
3609 Elipsis: "(se les mandó) no acercarse más de seis lanzas de dis-
tancia de los lindes".
3610 "Echaron suertes para decidir los lados, y compartieron el sol",
es decir, de manera que tuvieran iguales condiciones de luz.
3612 *vinién*: "atacaban".
3614 *mientes tiene al so*: "se concentra en su adversario".
3615-3617 Comp. los vv. 715-717.
3620 Repetición del v. 3614.
3621-3623 Obsérvese que el primer encuentro de los seis combatientes
se describe simultáneamente, pero que a partir del v. 3623 el
poeta relata los tres duelos consecutivamente, según el orden de
los desafíos, empleando la técnica de *laisses parallèles* o tiradas
paralelas.
3626 *passó*: "perforó".
3627 *en vazío*: "en vago".

bien en dos logares   el astil le quebró.
Firme estido Pero Vermúez,   por esso nos' encamó,
un colpe rreçibiera   mas otro firió: 3630
quebrantó la b[*l*]oca del escudo,   apart ge la echó,
passógelo todo,   que nada nol' valió,
metiól' la lança por los pechos,   que nada nol' valió.
Tres dobles de loriga tenié Fernando,   aquéstol' prestó,
las dos le desmanchan   e la terçera fincó: 3635
el belmez con la camisa   e con la guarnizón
de dentro en la carne   una mano ge la metió,
por la boca afuera   la sángrel' salió,
quebráronle las çinchas,   ninguna nol' ovo pro, *
por la copla del cavallo   en tierra lo echó.   3640
Assí lo tenién las yentes   que mal ferido es de muert.
Él dexó la lança   e al espada mano metió,
quando lo vio Ferrán Go[*n*]çález   conuvo a Tizón,
antes que el colpe esperasse   dixo: "Vençudo só."
Atorgárongelo los fieles,   Pero Vermúez le   3645
[dexó.

---

* *fol. 72v.º*

3629 *nos' encamó*: "no se volcó".
3630 *otro*: en correlación con el golpe dado por Fernando. Los com-
    batientes sólo dan un golpe cada uno durante todo el duelo, que
    se mencionan primero en el v. 3625; el de Fernando se describe
    con detalle en los vv. 3626-3630, y el de Pedro, casi simultáneo
    al de Fernando, en los vv. 3630-3640.
3632 "le atravesó el cuerpo con la lanza, porque nada le protegía".
3634 *Tres dobles*: "Tres telas de malla".
3636 *belmez*: véase la nota al v. 3073.
3637 *una mano*: "un palmo".
3640 *copla*: "grupa".
3642 *Él*: es decir, Pedro Bermúdez, el sujeto de *echó* en el v. 3640.
3643 *conuvo*: "reconoció".
    A. D. Deyermond y Margaret Chaplin, "Folk-Motifs in the me-
    dieval Spanish epic", *PQ*, 51 (1972), pp. 36-53, ven la posibili-
    dad de dos motivos folklóricos aquí: "espada mágica derrota al
    enemigo" (clasificación de Stith Thompson, D 1400.1.4.1) y "He-
    rido o muerto con su propia arma" (K 818).
3644 Fernando pronuncia la admisión de derrota, comp. el v. 3350.
3645 *le dexó*: "le perdonó la vida".

151   [*Martín Antolínez vence a Diego*]

Martín Antolínez e Diego Gonçález   firiéronse de
                                        [las lanças,
tales fueron los colpes   que les quebraron amas.
Martín Antolínez   mano metió al espada,
rrelumbra tod el campo,   tanto es linpia e clara;
diol' un colpe,   de traviéssol' tomava,   3650
el casco de somo   apart ge lo echava,
las moncluras del yelmo   todas ge las cortava,
allá levó el almófar,   fata la cofia llegava,
la cofia e el almófar   todo ge lo levava,
rráxol' los pelos de la cabeça,   bien a la carne   3655
                                        [llegava,
lo uno cayó en el campo   e lo ál suso fincava.
Quando este colpe á ferido   Colada la preçiada,
vio Diego Gonçález   que no escaparié con el alma,
bolvió la rrienda al cavallo   por tornasse de cara.
Essora Martín Antolínez   rreçibiól' con el   3660
                                        [espada,
un cólpel' dio de llano,   con lo agudo nol' tomava.
Diago [*Go*]nçález espada tiene en mano,   mas   3662-63
                          [no la | ensayava,
essora el ifante   tan grandes vozes dava: *
"¡Valme, Dios, glorioso señor,   e cúriam'   3665
                          [d'este espada!"

---

* *fol. 73r.º*

3649 Comp. el v. 3177.
3650 "le cogió de través".
3651 "Le quitó con el golpe la parte superior del yelmo".
3652 *moncluras*: "lazadas", que ataban el yelmo.
3653 *allá levó*: "luego quitó (con la espada)".
3655 *rraxo*: 3.ª p.ª sg. pret. fuerte de *raer*.
3656 "parte del cuero cabelludo cayó al suelo, el resto permaneció en
      su sitio".
3659 *tornasse = tornarse*.
3661 *un cólpel' dio de llano*: "le dio un cintarazo".
3663 *ensayava*: "empleó".
3665 *cúriam'*: "sálvame".

El cavallo asorrienda   e mesurándol' del espada
sacól' del moión;   Martín Antolínez en el campo
[fincava.
Essora dixo el rrey: "Venid vós a mi compaña,
"por quanto avedes fecho   vençida avedes esta ba-
[talla."
Otórgangelo los fieles   que dize verdadera   3670
[palabra.

152 [*Muño Gustioz vence a Asur González y los
del Cid vuelven a Valencia; segundos matrimo-
nios de las hijas; muerte del Cid*]

Los dos han arrancado,   dirévos de Muño Gustioz,
con Assur Gonçález   cómmo se adobó.
Firiénse en los escudos   unos tan grandes colpes;
Assur Gonçález,   furçudo e de valor,
firió en el escudo   a don Muño Gustioz,   3675
tras el escudo   falsóge la guarnizón,
en vazío fue la lança   ca en carne nol' tomó.
Este colpe fecho,   otro dio Muño Gustioz,
tras el escudo   falsóge la guarnizón:

3666-3667 "Diego frenó el caballo, y al eludir la espada de Martín,
hizo que el caballo se saliese del linde".
3671 "Dos (de los del Cid) han vencido...".
3672 *se adobó*: "se ingenió".
3674-3692 Nótese que, igual que en el primer duelo, los únicos golpes
de los combatientes se mencionan: primero, los dos simultánea-
mente (v. 3673, comp. el v. 3625), y después se describe con
detalle el golpe de cada uno, el de Asur en los vv. 3674-3678
(comp. los vv. 3626-3630), y el de Muño en los vv. 3678-3687;
obsérvese especialmente el uso de *otro* en el v. 3678, con sentido
de "su golpe", comp. el v. 3630.
3676 *tras*: "a través de".
falsóge = falsóle, quizás una forma dialectal, con *ge* como va-
riante de *le*, aunque no haya otro pronombre de 3.ª p.ª en la
expresión.
3677 Comp. el v. 3627.
3679 y ss. Para una interpretación de este pasaje, véase el apartado 5
de la Introducción.

por medio de la bloca   el escúdol' quebrantó,   3680
nol' pudo guarir,   falsóge la guarnizón;
apart le priso,   que non cab el coraçón,
metiól' por la carne adentro   la lança con el pendón,
de la otra part   una braça ge la echó;
con él dio una tuerta,   de la siella lo encamó,   3685
al tirar de la lança   en tierra lo echó,
vermeio salió el astil   e la lança e el pendón.
Todos se cuedan   que ferido es de muert.
La lança rrecombró   e sobr' él se paró,
dixo Gonçalo Assúrez: "¡Nol' firgades, por   3690
                               [Dios!" *
Vençudo es el campo   quando esto se acabó,
dixieron los fieles: "Esto oímos nós."
Mandó librar el canpo   el buen rrey don Alfonso,
las armas que í rrastaron   él se las tomó.
Por ondrados se parten   los del buen   3695
                               [Campeador,
vençieron esta lid,   grado al Criador.
Grandes son los pesares   por tierras de Carrión.
El rrey a los de Mio Çid   de noche los enbió

---

* *fol. 73v.º*

3680-3684 Narración doble; estos versos recogen los vv. 3678-3679 con
    más detalles.
3681 *guarir*: "proteger".
3682 *apart le priso*: "le cogió en un costado".
3684 *de la otra part*: "por el otro lado del cuerpo".
    braça: véase la nota al v. 2420.
3685 "(con la lanza hundida en el cuerpo) le torció a un lado y le
    derribó de la silla".
3690-3691 Gonzalo Asúrez, padre de Asur, grita la rendición de parte
    de su hijo mal herido. Menéndez Pidal, ed. crít., y Smith con-
    sideran el v. 3691 como parte del estilo directo del v. 3690,
    mientras Huntington termina el discurso después de *campo*. Sin
    embargo, "¡El campo está vencido!" sonaría muy extraño en
    boca del padre del vencido. Tomo *acabarse* como "efectuarse"
    (comp. los vv. 1771 y 3205); el *esto* del v. 3691 y el del v. 3692
    se refieren a la rendición pronunciada por el padre. Contrástese
    el uso pasivo de *vençer* cuando no están presentes las palabras
    campo, lid o *batalla*, = "ser derrotado", comp. los vv. 3484,
    3607 y 3644.
3693 *librar*: "despejar".
3694 Las armas de los traidores derrotados eran gaje del mayordomo
    del monarca, comp. *Siete partidas*, VII, 4, 6.

que no les diessen salto   nin oviessen pavor.
A guisa de menbrados   andan días e noches,   3700
félos en Valençia   con Mio Çid el Campeador;
por malos los dexaron   a los ifantes de Carrión,
conplido han el debdo   que les mandó so señor,
alegre fue d'aquesto   Mio Çid el Campeador.
Grant es la biltança   de ifantes de Carrión: 3705
qui buena dueña escarneçe   e la dexa después
atal le contesca   o siquier peor.
Dexémosnos de pleitos   de ifantes de Carrión,
de lo que an preso   mucho an mal sabor;
fablémosnos d'aqueste   que en buen ora naçió.   3710
Grandes son los gozos   en Valençia la mayor
porque tan ondrados fueron   los del Canpeador.
Prisos' a la barba   Ruy Díaz so señor:
"¡Grado al Rey del çielo,   mis fijas vengadas son! *
"Agora las ayan quitas   heredades de Carrión.   3715
"Sin vergüença las casaré   o a qui pese o a qui non."
Andidieron en pleitos   los de Navarra e de Aragón,
ovieron su aiunta   con Alfonso el de León,
fizieron sus casamientos   con don Elvira e con doña
                                            [Sol.
Los primeros fueron grandes,   mas aquéstos   3720
                                   [son miiores,
a mayor ondra las casa   que lo que primero fue.
¡Ved quál ondra creçe   al que en buen ora naçió
quando señoras son sus fijas   de Navarra e de Ara-
                                              [gón!

---

* fol. 74r.º

3699 diessen salto: "atacasen".
3702 malos: "traidores".
3705 biltança: "humillación".
3709 an preso: "han recibido".
3713 Prisos' a la barba: "Se agarró la barba".
3715 "Ahora sean quitas de las heredades de Carrión"; juego irónico
     de palabras sobre la expresión legal "heredad libre y quita"; las
     hijas no vieron nunca las heredades donde las llevaban los infan-
     tes, vv. 2563-2567; en cambio recibieron el ultraje.
3718 aiunta: "reunión".
3721 que lo que primero fue: "que la primera vez".
3723 Comp. el v. 3399.

Oy los rreyes d'España   sos parientes son,
a todos alcança ondra   por el que en buen   3725
                         [ora nació.
Passado es d'este sieglo   el día de cinquaesma;

3724-3725 Estos versos han originado mucha controversia sobre la
fecha de composición. Menéndez Pidal, ed. crít., pp. 21-22, CC,
p. 298 nota, y *España del Cid*, pp. 583-584, mantiene que había
suficiente conexión entre los descendientes del Cid y los reyes
de Castilla y Aragón en el año 1140 para que éste se considerase
como el *terminus a quo* del *Poema*. No obstante, el nexo en aquel
año era muy poco firme: el hijo de Cristina, hija mayor del Cid,
era García Ramírez el Restaurador, rey de Navarra de 1134
a 1150. Se concertó una boda entre su hija Blanca (biznieta del
Cid) y Sancho III el Deseado de Castilla en 1140, pero el ca-
samiento no se consumó hasta 1151. María, hija menor del Cid,
fue la primera esposa de Ramón Berenguer III, conde de Bar-
celona; el hijo de éste, de su segundo matrimonio, era Ramón
Berenguer IV, regente de Aragón de 1137 a 1162, cuya hermana
Berenguela de Barcelona se casó con Alfonso VII el Emperador
y dio a luz a Sancho III el Deseado hacia 1134. Estas conexio-
nes algo distantes no incluyen los reinos de León y Portugal, y
el verso dice *a todos alcança ondra*. A. Ubieto Arteta, "Observa-
ciones al *CMC*", *Arbor*, 37 (1957), pp. 145-170, señala que el
Cid no estuvo relacionado con todos los reyes de España has-
ta 1201, a través de las nietas de Blanca de Navarra y Sancho III
el Deseado de Castilla: Berenguela de Castilla contrajo matrimonio
con Alfonso IX de León en 1197 y Urraca con Alfonso II de
Portugal en 1201. Una estricta interpretación de estos versos,
por lo tanto, exige que 1201 sea la fecha más antigua de la
composición del *Poema*. El v. 3725 fue grabado en la nueva
tumba del Cid en la catedral de Burgos a instancia de Menén-
dez Pidal. Es posible que el v. 3725 fuera el último compuesto
por el poeta (véase la nota siguiente).

3726 "Partió esta vida el día de Pentecostés"; en 1099, año de
la muerte del Cid, el domingo de Pentecostés cayó en 29 de mayo,
pero la *Historia Roderici*, más fidedigna que el *Poema*, afirma
que murió en julio de aquel año. Se le enterró en Valencia, pero
cuando Alfonso VI abandonó aquella ciudad a los moros, en
mayo de 1102, doña Jimena trasladó los restos mortales de su
marido a Castilla para que los inhumasen en Cardeña. P. E. Rus-
sell fue el primero en señalar "la brusquedad y crudeza de esta
terminación" del *Poema*, y observa que "El texto no revela
dónde murió el Cid, ni lo que hicieron con sus restos"; sugiere
que los vv. 3726-3730 "representan una alteración bastante sus-
tancial del texto hecha por el copista del siglo XIV", véase su
"San Pedro de Cardeña...", *Medium Aevum*, XXVII (1958),
pp. 57-79, en p. 74 (la traducción es mía). Como explica Rus-
sell, la probable razón del truncamiento al final del *Poema* por
parte del copista sería una discrepancia entre el final del origi-
nal, hoy perdido, y la *Estoria del Cid* (¿hacia 1238-1260?), una
leyenda vernácula en prosa (perdida también) donde se mencio-
naba que el cadáver embalsamado del Cid estuvo expuesto por
los monjes caradignenses durante diez años, sentado sobre el

. . . . ¡de Christus aya perdón!
¡Assí fagamos nós todos   iustos e peccadores!
Éstas son las nuevas   de Mio Çid el Canpeador,
en este logar   se acaba esta rrazón.   3730

[*Explicit*]

Quien escrivió este libro, ¡dél' Dios paraíso, amen!
Per Abbat le escrivió en el mes de mayo
en era de mill ɀ. C.C. xL.v. años   [el (el) rromanz

---

famoso escaño delante del altar mayor, hasta que se le des-
prendió la punta de la nariz dejándolo poco presentable.

3727 Este verso defectuoso apoya el argumento de Russell que lo su-
pone parte de una interpolación de copista (véase la nota ante-
rior).

3728 "¡Así perdónenos a todos, justos y pecadores!".

3729 *nuevas*: "hazañas".

3730 *rrazón*: "poema", comp. la *Razón de amor*, del siglo XIII, que
comienza: "Qui triste tiene su coraçon / benga oyr esta razon".

3731 *escrivió*: "puso por escrito", véanse E. Alarcos Llorach, *Investi-
gaciones sobre el Libro de Alexandre* (Madrid, 1948), pp. 47-50,
y Jules Horrent, "Notes de critique textuelle sur le *CMC*", *Mé-
langes ... M. Delbouille* (Gembloux, 1964), II, pp. 275-289, en
p. 276. Véase también la Introducción, pp. 48-49, nota 60, sobre
este punto.
libro: es decir, "manuscrito", puesto que el poeta había aludido
antes a su obra como *la gesta* (v. 1085) y a una parte de ella
como *las coplas d'este cantar* (v. 2276), véase Horrent, art. cit.

3732 *Per Abbat*: probablemente el nombre de un copista, no del Ms.
existente sino de otro códice anterior, copiado por él en el
año 1207, y perdido hoy. A pesar de que Menéndez Pidal había
rechazado una docena de referencias a personas llamadas Per
Abbat, T. Riaño Rodríguez ha propuesto a cierto Per Abbat,
clérigo de Fresno de Caracena, y Colin Smith a otro Per
Abbat, mencionado en un documento falsificado en Palencia
(véase el apartado 9 de la Introducción). Por añadidura, A. Ubie-
to Arteta, apoyándose en las referencias geográficas del *Poema*,
pero no en ninguna documentación histórica, localiza el origen
de Per Abbat en "las tierras turolenses cercanas a Santa María de
Albarracín", véase *El "CMC" y algunos problemas históricos*
(Valencia, 1973), p. 190. Todos estos estudiosos suponen que
Per Abbat era el autor, mientras que el *escrivió* del v. 3731 im-
plica que sólo era copista. A todas luces, solamente Smith ha
aducido a un Per Abbat relacionado con la leyenda del Cid.

3733 "en era de 1245", es decir, "1207 año de Cristo". Hasta avanzado
el siglo XIV, las fechas solían darse en España como "era" o "era
de Julio César", porque las calculaban basándose en la supuesta

[E]s leído, datnos del vino; si non tenedes dineros,
[echad
[Al]lá unos peños, que bien vos lo dar(ar)án   3735
[sobr' el[l]os.]

---

fecha de la fundación de las provincias romanas en España:
38 antes de J.C. Después de la segunda *C* hay en el Ms. un
espacio lo bastante grande como para otra *C*, quizá borrada más
tarde (opinión de Menéndez Pidal, ed. crít., p. 13; Horrent,
"Notes de critique textuelle...", también se inclina a ella). Igual-
mente hubiera podido ser el signo "tironiano" *τ*, como reco-
noció Menéndez Pidal, porque se pueden encontrar ejemplos de
fechas así escritas, comp. el explicit del *Fuero de Alcaraz* (B.N.,
Madrid, Ms. 17.799): "En el era de mill *τ* ccc *τ* treynta y
quatro annos" (año de Cristo 1296), cit. por Rafael de Ureña
y Smenjaud, *El fuero de Zorita de los Canes* (Madrid, 1911),
p. xxix. No está claro por qué se habría querido borrar la có-
pula, pero si se tratara de una tercera *C*, esto hubiera podido
hacerse o para corregir un error mecánico del copista del si-
glo XIV, como Ubieto sugirió en *Arbor*, 37 (1957), pp. 145-170,
o para hacer pasar el Ms. por más antiguo de lo que era.
Ubieto ha sugerido recientemente que hubiera podido existir
una *L*, lo que implicaría una fecha de era 1295, o 1257 de
Cristo (*El "CMC" y algunos problemas históricos*, p. 10), pero
ésta sería forma muy rara; Ubieto, *ibid.*, duda de que en realidad
hubiese nada escrito en el espacio, por la existencia de una
arruga "que impidió que se escribiese sobre ella". Menéndez Pi-
dal también había mencionado la arruga, que desapareció al
aplicar nuevos reactivos. Cuando yo examiné el Ms. en 1968,
noté que la arruga se extendía desde justo encima del espacio
en cuestión hasta el borde inferior de la hoja (véase la lámi-
na 8). Estirando la hoja con mucha delicadeza pude averiguar
que ni con una lupa a la luz del día, ni bajo la lámpara de
cuarzo, se puede ver el menor resto de tinta. La única manera
de comprobarlo en definitiva sería mediante la fotografía in-
frarroja o un aparato de rayos infrarrojos directos, pero desafor-
tunadamente la Biblioteca Nacional no dispone de estas facili-
dades. El uso de reactivos ha hecho tanto daño al folio que es
imposible juzgar si se trata de una borradura; me inclino a
pensar que la arruga data del siglo pasado, cuando empezaron
a emplearse reactivos fuertes. La fecha que podemos leer es 1207
año de Cristo que no puede referirse al Ms. existente; por lo
tanto, forzosamente tiene que aludir a una copia de aquel año,
antecesora del Ms. actual y perdida para nosotros.
3733-3735 Las palabras que siguen a *años* son de letra distinta al resto
del Ms., pero probablemente también del siglo XIV, y aportan
prueba de que el Ms. existente se empleó para recitar. Pue-
den interpretarse: "Se ha leído el *Poema*, dadnos vino; si no
tenéis monedas, echad allá algunas prendas, porque devolverán
buena cantidad por ellas".

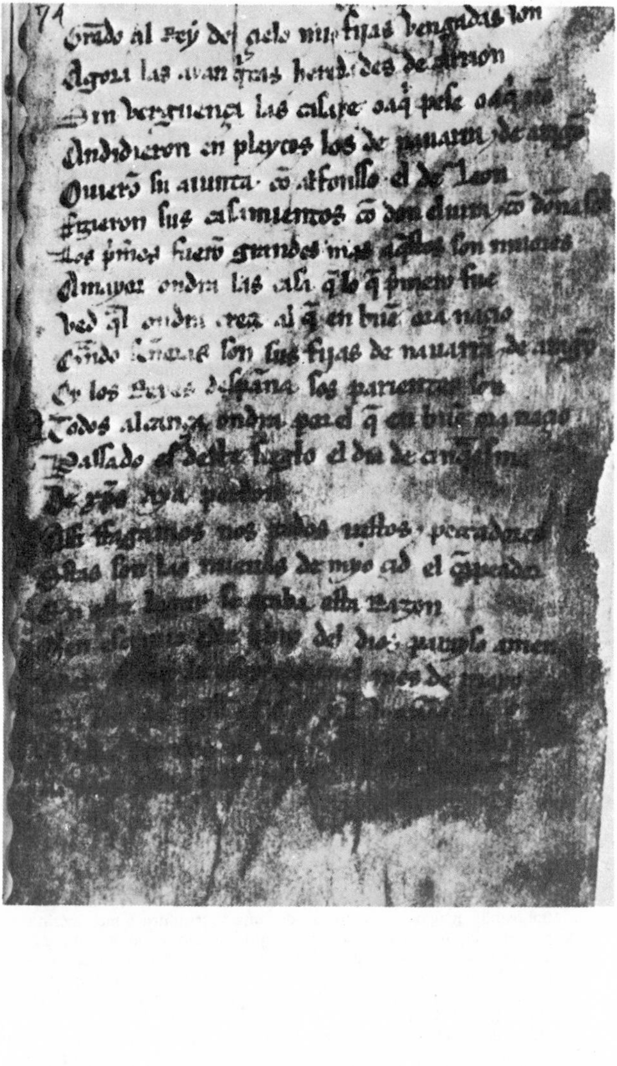

APARATO CRÍTICO

S E incluyen aquí las lecciones del Manuscrito que han sido cambiadas en esta edición, con excepción de los cambios normativos de ortografía mencionados en el apartado 12 de la Introducción. Adviértase que la *s* alta del Manuscrito se imprime aquí con un signo muy semejante al que utiliza el propio copista (ſ). También se incluyen algunas reseñas sobre las lecturas de otros editores anteriores y las principales divergencias halladas en sus ediciones, pero se omiten las diferencias causadas por los distintos criterios ortográficos adoptados por ellos y las erratas obvias que se han encontrado. Los signos empleados se explican en la tabla de abreviaturas.

2 *e*: Ms. ẓ; Huntington *é*; Menéndez Pidal, ed. crít., *i*; Smith *y*.

3 *cañados*: Bello lo sustituye por *estrados*.

6 Restori suprime *mucho*.

8 Menéndez Pidal, ed. crít., y Smith ponen la cesura tras *padre,* pero comp. 330.

9 Ms. *buelto*; Menéndez Pidal, CC, *buolto*, ed. crít., *buelto*.

12 *e*: Ms. *E*; Menéndez Pidal, ed. crít., *e*; Smith *y*.

13 *e*: Ms. ẓ; Menéndez Pidal, ed. crít., y Smith *y*; comoquiera que Menéndez Pidal de vez en cuando y Smith con regularidad hacen esta alteración de la cópula cuando precede a las palabras que comienzan en *e* o *he,* no volveré a hacer más indicaciones aquí a tal respecto.

14 *Albricia*: así el Ms.; Sánchez *Albrizias.* Tras este verso Menéndez Pidal, ed. crít., inserta innecesariamente un

verso que reconstruyó basándose en *PCG*: *Mas a grand ondra tornaremos a Castiella.*

[15] *Ruy*: Menéndez Pidal, ed. crít., *Roy*; como hace esta enmienda esporádicamente, no se indicará más aquí. *entrava*: Menéndez Pidal, ed. crít., corrige la asonancia poniendo *entróve.*

[16] *su*: Menéndez Pidal, ed. crít., lo arcaíza en *sue. sessaenta*: Ms. .LX. Sobre *pendones* el primer corrector escribió *levava*, admitido al final del verso por Bello, Lidforss y Smith.

[16b] *ver*: Menéndez Pidal. ed. crít., lo arcaíza en *veer*; estos intentos arcaizantes de Menéndez Pidal, muy frecuentes pero no consistentes, no se indicarán más. *mugieres*: Vollmöller *mugeres.*

[17] *burgeses e burgesas*: se podría leer *burg[u]eses e burg[u]esas* atendiendo a la frecuente confusión del copista entre *g* y *gu*, comp. *page*, 498, *paguen*, 2504. *son*: Menéndez Pidal, ed. crít., *sone*, habiendo añadido una *e* paragógica a ésta y a las demás palabras asonantes de esta tirada. Tras *son*, el Ms., al parecer, tenía *puestas*, escrito por mano posterior y repasado como *puestos*, pero Menéndez Pidal borró el repaso; Huntington encontró *puestos* "casi completamente ilegible".

[22] *avié la*: Menéndez Pidal, CC, lo cambia a *avie le* sin indicación; esta lectura sería preferible en razón de la sintaxis.

[23] *d'él ... su*: Bello rechaza el pleonasmo y propone suprimir *d'él*, o bien poner *delibró su.*

[25] *diessen*: Smith *diesse(n).*

[27] Restori suprime *e más.*

[28] Hinard propone *corpos* por *cuerpos.*

[32] *puerta*: Menéndez Pidal, ed. crít., *puorta*, sin indicación.

[33] *avién*: Bello y Lidforss *avie. Alfonso*; *avién parado*: Menéndez Pidal, ed. crít., *Alfons*; *pararan.*

[34] *fuerça*: Ms. *fuerca*: Janer, Vollmöller y Smith *fuerça*, pero no hay cedilla; Bello y Restori suprimen *por fuerça*; Bello cambia *nadi* por *ome nado*; Menéndez Pidal, ed. crít., cambia radicalmente: *que si non la quebrantás, que non gela abriessen por nada.*

[35] Cornu, *Études*, sustituye *de Mio Çid* por *del buen Campeador* y *llaman* por *lama[va]n.*

[37] *Aguiió*: Cornu, *Études, Aguijava.* Restori suprime la *e* de *se.*

40 *Una niña de nuef años*: Bello lo cambia por *Una naña de sesenta años* (!) basándose en la *Crónica particular del Cid*.

41 *buen ora*: Menéndez Pidal, ed. crít., *buena*; hace esta enmienda muy a menudo, por lo que no se indicará más aquí.

42 *e[n]tró*: Ms. *etrº*; Smith *entro*.

43 Restori suprime *e*.

44 Smith coloca la cesura tras *abrir*.

46 *e demás*: Restori y Menéndez Pidal, ed. crít., *e aun demás* por analogía con 28.

48 Restori y Ríos suprimen *todas*. *sanctas*: Ms. *ſčas*; Huntington, Menéndez Pidal, ed. pal. y crít., y Smith leen *santas*, porque en la única ocasión en que el copista lo escribió sin abreviar, no puso la *c* (*santos*, 2928); con Sánchez, Janer e Hinard, sigo la resolución normal de esta abreviatura en esp. ant., la cual no se indicará más aquí.

50 *vee*: según Menéndez Pidal, ed. pal., se intentó cambiar en el Ms. la segunda *e* por una *i*, así se podría leer *vei* (= *vey[e]*). *gr[aci]a*: Ms. *gra*; el Ms. aquí está muy borroso y un encuadernador ha recortado el margen superior muy cerca de la palabra; Menéndez Pidal, ed. crít., y Smith leen *graçia*.

52 *descavalga*: Restori *descaualga[ua]*.

53 *inoios*: Ms. *ȳnoios*; Vollmöller, Lidforss y Menéndez Pidal, ed. pal. y crít., leen *yñoios*; no obstante, en muchos otros casos la *y* griega aparece en éste y otros Mss. con un punto o rayita encima que los editores desatienden con razón. Al igual que Huntington y Smith, hago caso omiso de la rayita (comp. 1896).

55 *e Arlançón pas[s]ava*: Ms. *z en Arlançon poſaua, en* y *çon* aparecen encima del renglón; sigo a Bello y a Menéndez Pidal, ed. crít., en considerar *en* como corrección errónea y *posaua* como error por *passaua* (comp. 2876). Lidforss conserva la lección del Ms., y quizá cabría interpretar "acampó en (el río) Arlanzón", es decir, en la *glera*; el pueblo de Arlanzón, a 18 Km. al E. de Burgos, resulta demasiado lejano si tenemos en cuenta las idas y venidas que van a producirse durante las negociaciones con los prestamistas.

56 Menéndez Pidal, ed. crít., añade *Burgos* tras *cabo*.

61 *fuesse*: Menéndez Pidal, ed. crít., aquí y a menudo

cambia estas formas por *fosse,* etc., cambios que no se indicarán más aquí.

[63] Bello, Vollmöller y Huntington cambian el sentido al no poner puntuación tras *vianda,* pero la prohibición parece haberse establecido principalmente respecto a la compra de provisiones, como nota Menéndez Pidal, ed. crít.

[64] *non le*: Menéndez Pidal, ed. crít., *nol. al menos*: Hinard *la menor.*

[66] *suyos*: Menéndez Pidal, ed. crít., lo cambia por *sos* aquí y en casi todo el texto; el cambio no se indicará más aquí.

[69] Tras *Cid* aparece *el campeador,* que suprimo; Restori suprime *el campeador* y *todos*; Cornu, *ZfrPh,* suprime *myo Çid, todos* y *otros.* Bello, Menéndez Pidal, ed. crít., y Smith dividen el verso en dos; Bello completa el primero con *don Rodrigo* (alternativamente, *complido*), y Menéndez Pidal, ed. crít., y Smith con *conplido.*

[70] *A[n]tolínez*: Sánchez, Janer, Menéndez Pidal, ed. crít., y Smith suplen la *n* que falta, sin dar indicación.

[73] Tras *seré* hay una pequeña cruz que se refiere a otra cruz grande en el margen inferior, debajo de la cual una mano distinta ha escrito: *por lo q̄ vos he ſeruido*; por lo tanto Sánchez e Hinard leen *seré por* en vez de *seré de.*

[75] Menéndez Pidal, ed. crít., y Smith ponen la cesura tras *convusco.*

[76] Menéndez Pidal, ed. crít., pone la cesura tras *rrey. me ha*: Menéndez Pidal, ed. pal., piensa que el copista cambió *ma* por *me* (*ha* aparece encima del renglón), y en su ed. crít. lee *m'a.*

[82] *aver*: escrito encima del renglón, posiblemente por el primer corrector; Huntington propone *plata*; Bello, Menéndez Pidal, ed. crít., y Smith ponen *nada*; Restori *auer no trayo*; Lidforss *aver yo no trayo.* *non*: Huntington observa que el Ms. tiene *n̄o,* pero él y los demás editores imprimen *no* (la tilde podría ser posterior). Como Lidforss, Menéndez Pidal, ed. crít., y Smith, sigo a Restori en trasponer *e huebos me serié* desde el final de 82 para formar el primer hemistiquio de 83.

[85] *consejo*: Ms. *cōſego*; Smith *consego. arcas*: Ms. *archas.*

[86] *inchámoslas*: Ms. *Yncamos las*; Smith *incamos las.*

[89] Ms. *Rachel τ Vidas*; Menéndez Pidal, ed. crít., *Raquel e Vidas*; en una nota, Huntington se inclina a enmendar *Vidas* poniendo *Iudas.*

⁹⁰ Restori suprime *en Burgos.*

⁹⁶ *detarda:* Ms. *detarua,* el copista tal vez influenciado por la terminación *ua* de los tres versos siguientes; Sánchez, Hinard, Vollmöller, Menéndez Pidal, ed. crít., y Smith *detar[da]va.*

⁹⁷ Verso idéntico a 99; Bello, Hinard y Menéndez Pidal, ed. crít., lo suprimen, y Lidforss también considera dudosa su inclusión. Con Huntington y Smith, conservo el verso, en atención a que el poeta podría haberlo repetido adrede.

¹⁰² *de:* Ms. *dde,* la primera *d* mal formada.

¹⁰⁴ *fablar:* Ms. *flablar,* admitido por Huntington; los demás editores suprimen la primera *l* considerándola una anticipación del copista. Menéndez Pidal, ed. crit., y Smith ponen la cesura tras *poridad.*

¹⁰⁶ Lidforss pone la coma tras *amos.*

¹¹²⁻¹¹⁷ Hinard reorganiza 114, 115, 113, y Lidforss 112 114-115, 113, 117, 116.

¹¹³ *llenas:* Ms. *lennas,* admitido por Smith; Menéndez Pidal, ed. crít., *llennas.*

¹¹⁶ *serién ventadas:* Bello, Ríos y Menéndez Pidal, ed. crít., *serie ventado.*

¹²⁴⁻¹²⁵ *gañó ... sacó:* Restori y Menéndez Pidal, ed. crít., *a gañado ... a sacado* (ajuste de asonancia).

¹²⁶⁻¹²⁹ Lidforss reorganiza 127-128, 126, 129.

¹²⁷ Asonancia defectuosa: Restori *E. a. amas // [a dos?] las prendamos;* Menéndez Pidal, ed. crít., cambia *amas* por *amos.*

¹²⁸ Asonancia defectuosa; Restori reorganiza mal: *En l. que non sean // ventadas las metamos;* Cornu (reseña de Lidforss) y Menéndez Pidal, ed. crít., cambian *sean ventadas* por *sea ventado.*

¹³⁰ Restori y Cornu, *ZfrPh,* innecesariamente suprimen *o.*

¹³⁴ *me[n]guados:* Ms. *meg^uados;* Smith *menguados.*

¹³⁶ Hinard y Lidforss ponen todo el verso en estilo indirecto, con *dargelos* regido por *dixo.* Con Bello, Restori, Cornu, *Études,* y Menéndez Pidal, ed. crít., suplo [*emos*], Smith [*hemos*].

¹³⁸ *marcos:* Ms. *marchos,* admitido por Smith aquí y en los otros casos.

¹⁴² *amos tred:* encima de estas palabras una mano cursiva, quizá de finales del siglo xv, ha añadido *todos,* admitido por Restori y Huntington. Hinard y Bello leen *Vamos*

todos tres, rechazado con acierto por Restori, quien propone
Amos a dos traed.

148   *privado:* Hinard propone *tan privado.*

149   Ms. *volutad;* Menéndez Pidal, ed. crít., y Smith *vo-
luntad,* sin indicación.

150   *puent:* Ms. *pueent,* admitido por Huntington y Smith.

151   Ms. *ventanſſen;* Cornu, *R* X, suprime la *n* final.

153   Restori suprime *al Çid.*

159   Menéndez Pidal, ed. crít., suprime *Don,* pero en sus
Adiciones, p. 1205, dice que puede valer; pone la cesura
tras *Çid.*

161   *seisçientos:* Ms. *.v.j. çiētos.*

165   Cornu, *Études,* añade [*que*] antes de *non;* Bello,
Lidforss y Menéndez Pidal, ed. crít., suprimen *la,* Lid-
forss apoyándose en que *ganançia* significa aquí "interés"
más bien que "botín", y Menéndez Pidal en que no se
había convenido ninguna cantidad específica en 130-132;
pero es posible que el poeta considerase la cantidad de
insuficiente importancia para mencionarse.

174   Asonancia defectuosa: Restori, Lidforss y Cornu, *Étu-
des,* ponen *le va besar la mano,* colocando el verso al final
de la tirada 9, pero la anteposición del pronombre débil
no puede admitirse, véase H. Ramsden, *Weak-Pronoun Po-
sition,* pp. 84-85; Bello y Menéndez Pidal, ed. crít., *la manol
ha besada,* suponiendo dos errores de copista, lo que parece
excesivo. La *b* de *ba* es dudosa y puede leerse *va,* pero
no *ha.*

180   *d'aquí:* Cornu, *Études,* d[*es*]*aquí.*

181   El significado del pasaje implica una laguna después
de este verso (comp. 200-202), pero no es probable que
constituyera todo un folio; es posible que algún copista
se hubiera distraído momentáneamente y omitiera algunos
versos. Menéndez Pidal, ed. crít., suple tres versos recons-
truidos a base de *PCG: Raquel e Vidas las arcas leva-
van, / con ellos Martín Antolínez por Burgos entrava. /
Con todo recabdo llegan a la posada.*

182   *almofalla:* con Sánchez y Bello lo admito con el
sentido de "alfombra"; Menéndez Pidal, ed. crít., p. 458,
lo considera como error de copista y lo cambia por *almo-
çalla:* Smith cree que los argumentos de Menéndez Pi-
dal son sustanciales, pero conserva la lección del Ms.

184   Asonancia defectuosa: Restori y Cornu, *ZfrPh,* su-
primen *tod* y colocan *echaron* tras *colpe;* Menéndez Pidal,
ed. crít., considera violento este cambio y sigue a Bello en

suprimir *echaron*; Lidforss propone *echavan* en vez de *echaron*, solución adoptada por Smith. *trezientos*: Ms. *iii^ccc*.

186   *trezientos*: Ms. *C.C.C.*

187   Bello y Restori suprimen *don Martino*; Cornu, *Études*, pone *çinco escuderos tiene, todos [çinco] los cargava*.

192   *no'*: Huntington lee *nos*, pero Menéndez Pidal señala que la *s* fue añadida por mano posterior.

196   *treínta*: Ms. *.xxx.*

197   *no'*: Sánchez, Janer, Hinard y Huntington leen *nos*, pero la *s* es adición posterior.

198   Menéndez Pidal, ed. crít., y Smith ponen la cesura tras *hedes*.

201   En un intento de descifrar el v. 55, Cornu, *Études*, pone *De Burgos exido es [a] Arlançon a passado*.

204   *Venides*: Restori y Cornu, *Études*, *Venid*. Menéndez Pidal, ed. crít., y Smith puntúan el verso con signos de interrogación.

207   *seis*: Ms. *vj*. *treínta*: Ms. *xxx*.

222   *e me acorra*: Ms. *El(la) me acorra*; *la* escrito por una mano posterior y borrado; todos los editores antes de Menéndez Pidal leyeron *Ella*. Como Smith, sigo a Menéndez Pidal en considerar *El* error por *e*.

225   *esto é*: Ms. *Eſto ç*; Sánchez e Hinard, *Estó* (suprimiendo *e*).

228-228b   Restori lo mantiene en un verso, suprimiendo *Antolinez* y *todo*; Bello y Menéndez Pidal, ed. crít., lo dividen en dos versos, supliendo el hemistiquio perdido con *el burgalés natural* y *el Burgalés leal,* respectivamente; Smith conserva la lección del Ms. en un verso, poniendo la cesura tras *Antolinez*.

232   Restori suprime *Antolinez* y Bello suprime *a Burgos*. Menéndez Pidal, ed. crít., cambia la construcción poco común *e Mio Çid a aguijar* por la más corriente *e mio Çid aguijó*, colocando este verso y el siguiente en la tirada 14, porque van después de un discurso; Smith adopta la misma solución.

233   Menéndez Pidal, ed. crít., y Smith cambian *espolear* por *espolón* para ajustarlo a la asonancia de la tirada 14.

234   Sigo a Lidforss en colocar este verso tras 236, preferible para la división de tiradas, mientras que no afecta el sentido.

238   *rrezava*: Ms. *Rezaua*, y así leen Janer, Huntington, Menéndez Pidal, ed. pal., y Smith; no obstante, Menéndez

Pidal, ed. crít., y CC, sigue a Sánchez e Hinard y lee *rezaba.*

244 *lu*[*n*]*bres*: la tilde sobre la *u* es posterior; Menéndez Pidal, ed. crít., *lumbres.*

248 *Graçias*: Ms. *Dixo el çid graçias,* admitido por Smith; Bello y Menéndez Pidal, ed. crít., dividen el verso en dos, supliendo un hemistiquio: *el que en buen ora nasco*; sigo a Restori en considerar *Dixo el çid* como adición de copista, y lo suprimo.

250 *çinquaenta*: Ms. *.L.*; Sánchez e Hinard, *cinquenta.*

251 *visquier*: Bello *visquier*[*e*], Menéndez Pidal, ed. crít., *visquiero.*

252 Baist, Lidforss y Menéndez Pidal, ed. crít., cambian *fazer* por *far*; Bello *no faré en el m.*; Restori coloca *fazer* tras *monesterio* para comenzar el segundo hemistiquio.

253 *çiento*: Ms. *.C.*; Sánchez e Hinard *cien*, Menéndez Pidal, ed. crít., *çient.*

254 Ms. *Aella ⁊ a ſus fijas ⁊ a ſus duenas*; Restori y Cornu, *Études,* suprimen *e a sus duenas*; Menéndez Pidal, ed. crít., conserva la lección del Ms., basándose en *PCG*; Smith también la mantiene; sigo a Bello en suprimir *e a sus fijas,* puesto que el verso siguiente trata específicamente de ellas.

256 *aquí vos llas*: Ms. *Aq̃llas uos,* admitido por Smith, pero *Aquellas vos* es uso extraño del demostrativo; Bello lo cambia por *aqui las,* Restori y Lidforss *que llas vos,* Cornu (reseña de Lidforss) *a ellas vos,* Menéndez Pidal, ed. crít., *aquí vos las,* que adopto. Aunque *aquí llas vos* es atrayente, el *Poema* no tiene ningún ejemplo de un complemento pronominal átono que preceda a un complemento indirecto.

260 Tras la *t* de *monesterio,* el verso está muy afectado por el uso de reactivos.

263 Asonancia defectuosa: Menéndez Pidal, ed. crít., cambia *adelant* por *en los braços*; Smith conserva la lección del Ms., oponiéndose con acierto a la enmienda de Menéndez Pidal, y en una nota propone [*por las manos*].

264 Bello y Cornu, *ZfrPh,* cambian *Campeador* por *Çid*; Restori suprime *doña Ximena*; Smith pone la cesura tras *Campeador.*

273 *Dadnos*: Ms. *Dand nos,* admitido por Janer, Huntington y Menéndez Pidal, ed. crít.; sigo a Sánchez, Hinard y Lidforss, aunque se podría cambiar por *Dandos*; Smith *Da*(*n*)*d nos.*

²⁷⁴ *la barba vellida*: Ms. *en la ʃu barba velida,* que no tiene sentido; Bello lo cambia por *el de la barba bellida,* adoptado por Smith; sigo a Menéndez Pidal, ed. crít., en admitir la sinécdoque, suprimiendo *en ... su.*

²⁷⁵ *braço'*: Ms. *braço*; Sánchez e Hinard *brazos,* Janer *braços,* Lidforss *braço[s]*; Menéndez Pidal, ed. crít., *braço'* (pero CC *braço*) y señala la posibilidad de la asimilación de la *s* a la *l* siguiente, comp. 192, 197, 2364 (contrástense 254 y 3515); aunque se podría admitir el sg., la expresión se da en otros versos en pl., comp. 255, 2333, 2703, 2761 y 3449; Smith *en braço'*.

²⁸⁰ *emos*: todo el verso estaba repasado con tinta posterior que Menéndez Pidal borró; los editores anteriores leyeron *tenemos.*

²⁸¹ *e vós*: Ms. *ꝛ uos*; Menéndez Pidal, ed. crít., *y vos.* Smith pone la cesura tras *iré.*

²⁸³ *que dé*: Ms. *q̃ de*; Huntington *quede,* los demás editores *que de,* incluso Menéndez Pidal, ed. crít., que observa "No creo poder leer *quede*", aunque en CC imprime *quede.*

²⁹³ *ellos' coió*: Ms. *ellos cõio,* pero la tilde podría ser adición posterior; Ulibarri leyó *ellos corrio,* Janer, Vollmöller y Huntington *ellos conio*; Sánchez, Lidforss y Menéndez Pidal, *ellos cojó*; igual que Menéndez Pidal, ed. crít., y Smith, sigo la sugerencia de Lidforss de ver apócope del *se* de *cogerse* en la *s* de *ellos.*

²⁹⁴ Restori y Cornu, *Études,* suprimen *do esta* y cambian *el* por *al*; Menéndez Pidal, ed. crít., cambia *buen punto* por *buena.*

²⁹⁷ *salié*: asonancia defectuosa; Bello, Menéndez Pidal, ed. crít., y Smith lo cambian a *sale.*

^{298-298b} Lidforss coloca *tornós' a sonrisar* al final de 297; Restori suprime este hemistiquio; Bello lo pone en verso separado supliendo *Mio Cid el Campeador* en el primer hemistiquio, mientras que Menéndez Pidal, ed. crít., suple *dont a ojo los ovo,* basándose en 1517 y 2016. Smith conserva la lección del Ms. en un verso, poniendo la cesura tras *sonrisar.*

³⁰⁰ *spiritual*: Ms. *ʃp̄al*; Huntington, Menéndez Pidal y Smith leen *spiral,* basándose en 1633, pero la abreviatura del Ms. se resuelve en *[e]spiritual* en otros textos.

³⁰⁴ Ms. *la iantar*: Hinard *l'ayuntar,* Huntington *laiantar.*

³⁰⁵ Bello y Restori suprimen *todos*; Menéndez Pidal, ed. crít., y Smith ponen la cesura tras *todos.*

306   *seis*: Ms. *.vj.*

308   Cornu, *Études,* suprime la primera *a,* Menéndez Pidal, ed. crít., y Smith la segunda.

312   Ms. A∫os; Smith *a sus.*

319   Bello, Restori y Menéndez Pidal, ed. crít., suprimen *ésta será.*

323   Lidforss y Nyrop suplen [*a*] tras *viniendo,* innecesariamente. *man*: Ms. m̄anᵃ; hay un borroncito tras la *n* que Menéndez Pidal, ed. pal., toma por una *o* tachada; Sánchez, Hinard y Janer leen *mañana,* Huntington *maña.* Sigo a Menéndez Pidal, ed. crít., cambiándolo a *man* (Smith también).

324   *ensellar*: Ms. *caualgar,* que no tiene buen sentido en vista de 317 y 320 (van a cabalgar más tarde en 367, 376 y 391); por lo tanto sigo a Bello y Menéndez Pidal, ed. crít., en hacer esta enmienda (Smith también). *piessan*: estoy de acuerdo con Huntington en conservar esta forma que los demás editores cambian por *pienssan.*

334   *voluntad*: la segunda letra está borrosa, pero como Huntington la leo como una *o* más bien que una *e*; Menéndez Pidal, ed. pal., lee *veluntad,* pero nota que podría leerse *voluntad*: Smith *veluntad.*

335   *oviéronte*: Ms. *ouierō de*: igual que Lidforss, Menéndez Pidal, ed. crít., y Smith, sigo a Restori en esta enmienda.

336   Sobre la rarísima anteposición del complemento pronominal átono tras la cesura, véase H. Ramsden, *Weak-Pronoun Position...,* p. 80.

337-338   Restori reorganiza: *Te offreçieron M., G. e B. Oro, tus,* etc., pero Staaff y Menéndez Pidal, ed. crít., señalan con acierto que el verso no puede comenzar con un complemento pronominal átono; véase también Ramsden, *Weak-Pronoun Position,* p. 87. Menéndez Pidal, ed. crít., cambia *Gaspar* por *Caspar* innecesariamente, pone la cesura tras *mirra,* y sustituye *commo fue tu* por *de.* Smith también pone la cesura tras *mirra.*

338b-339   [*salveste*]: mediante la aplicación de un reactivo químico, Menéndez Pidal logró leer ∫alve∫te al final del v. 338 escrito por una mano cursiva posterior; el reactivo ha afectado el pergamino y apenas puede leerse la palabra hoy (tampoco la vio Huntington antes); Smith [*salvest*].

340   Menéndez Pidal, ed. crít., y Smith ponen la cesura tras *Daniel. los*: Menéndez Pidal, CC, imprime *sus.*

341   *al*: Menéndez Pidal, ed. crít., lo cambia por *a.*

[343] *treínta e dos años*: Ms. *xxxij años,* que Bello suprime; Menéndez Pidal, ed. crít., y Smith ponen la cesura tras *años.*

[344] *miráculos*: Ms. *Miraclos*: Menéndez Pidal lee *miraclos,* aunque nota que la *l* lleva el signo de abreviación; Smith *miraclos.*

[347] Las letras *ie* de *Caluarie* están borrosas y caen dentro de una arruga del pergamino; Sánchez, Hinard y Janer leen *Caluari,* Vollmöller y Huntington *Caluario.* Menéndez Pidal aplicó reactivo y leyó *Caluarie.*

[352] *nu[n]quas*: Menéndez Pidal, ed. crít., lo cambia innecesariamente a *nunqua.*

[354] *corrió por*: Ms. *corrio la ſangre por,* admitido por Smith; Restori y Cornu, *ZfrPh,* suprimen *por el astil,* Bello suprime *la sangre* y *ayuso;* sigo a Menéndez Pidal, ed. crít., en suprimir sólo *la sangre,* que parece ser repetición del verso anterior.

[358-359] Milá, Restori y Lidforss suprimen *en el monumento resuçitest* por estar fuera del orden cronológico (Huntington también se inclina a esta supresión). Bello y Menéndez Pidal, ed. crít., dividen 358 en dos, cambiando *resuçitest* por *oviste a resuçitar* para ajustar la asonancia; Smith lo divide también, pero deja *resuçitest* para formar el segundo hemistiquio de 358.

[360] *quebranteste*: Ms. *Ōbranteſte*; Smith *quebrantaste.* Sigo a Menéndez Pidal, ed. crít., y Restori (en una nota) en invertir el orden del Ms. *padres ſc̃os* para ajustar la asonancia (Smith también).

[371] *a catar*: Huntington lee *aacatar,* y Menéndez Pidal, ed. pal., observa que las palabras estaban repasadas así en tinta negra que él borró.

[372] *acomiendo, fijas, e*: Ms. *acomiendo fijas c̃ a la muḡ c̃*; Sánchez e Hinard dividen el verso en dos; Bello suprime *fijas e a la mugier e,* mientras que Restori, Lidforss y Menéndez Pidal, ed. crít., suprimen *fijas e a la mugier*; yo conservo *fijas* porque el verso anterior se refiere específicamente a ellas. Smith conserva la lección del Ms.; no obstante, la interpolación de *e a la mugier* antes de la frase apositiva no es valedera.

[379] Sánchez e Hinard dividen el verso en dos.

[381] *gozo*: Restori *gozo[s].*

[386] Bello, Restori y Cornu, *Études,* suprimen *dello.*

[388-389] Sigo a Lidforss en transponer *abbat* del comienzo

de 389 al final de 388 (Smith también). Menéndez Pidal, ed. crít., hace la misma alteración sin dar indicación.

389b   *piessen*: estoy de acuerdo con Huntington en conservar la lección del Ms.; los demás editores *pienssen*.

391   *piessan*: véase la nota anterior.

393   *Vino*: Cornu, *Études, Venido es*.

394-395   Sigo a Menéndez Pidal, ed. crít., en invertir el orden de estos versos (Smith también); véase la nota a pie de página. *acoien*: así el Ms.; Smith *acogen*.

398   *Alilón*: Ms. *a lilon*; un encuadernador cortó los trazos altos de las eles y una mano posterior añadió una *i* encima de *li* y repasó *on* en tinta negra, que Menéndez Pidal borró en parte. Ulibarri leyó *Ayllon*, Pellicer y los editores hasta Menéndez Pidal leyeron *Ahilon*. Menéndez Pidal, ed. crít., lo cambia por *Atiença* y coloca el verso entre 415 y 416, mala corrección (véase la nota a pie de página). Smith conserva la lección del Ms.

404   *fue çenado*: asonancia defectuosa; Restori lo cambia por *çenado fue,* Menéndez Pidal, ed. crít., *fo de noch*. Smith conserva la lección del Ms. pero imprime el verso separado del resto de la tirada 19.

406   *sueño*: asonancia defectuosa; Restori propone *el en sueño vio*; Menéndez Pidal, ed. crít., lo cambia por *visión*, enmienda adoptada por Smith.

407b-408   Sigo a los demás editores en transponer *Ca nunqua* del final de 407 al comienzo de 408.

411-412   Bello, Restori y Lidforss cambian *á soñado* por *soñó* para que encaje con la asonancia de la tirada 19; Menéndez Pidal, ed. crít., coloca ambos versos en la tirada 20, cambiando *acomendó* por *fo acomendar* y *á soñado* por *soñado a*; Smith conserva las lecciones del Ms., imprimiendo 412 separado de la tirada 20.

425   *vinida*: así el Ms.; Smith *venida. man*: Sánchez, Janer y Huntington leen *mañana*, aunque este último observa que las letras tras *man* fueron interpoladas por una mano posterior; Menéndez Pidal y Smith *man*.

431   *todo*: Cornu, *R*, X, *todo*[*s*].

433   *no* [*l*]*o*: Ms. *no io,* corregido a *no lo* por una mano posterior.

435   *Ó*: Hinard y Lidforss [*D*]*o*; Bello suprime *O* y cambia *dizen* por *Dicen a,* erróneamente.

437-438   Asonancia defectuosa en 437; Bello altera el segundo hemistiquio, poniendo *el Campeador leal*; Restori invierte los hemistiquios, suprimiendo *Toda* y transponiendo *iaz(e)* al final del verso; Menéndez Pidal, ed. crít., hace una alteración violenta del v. 437: *Toda la noche yaze Mio Çid en çelada,* para que encaje con la asonancia de la tirada 23, donde remite este verso y el siguiente, en el cual transpone *Minaya* al final por la asonancia. Smith conserva las lecciones del Ms., pero imprime estos versos separados de la tirada 23.

440 *çiento*: Ms. *.C,* seguido de una letra tachada, de la cual vi un pequeño resto de tinta bajo la lámpara de cuarzo (hubiera podido ser otra *C,* como resultado de una confusión del copista con *C.C.* en el v. 442); véase 3733, con un problema similar pero no idéntico. Lidforss pone *Vos con ciento* [*andad*].

441 Bello: *los moros de Castejón sacaredes a celada,* en un intento de aliviar el rápido cambio de interlocutor ocasionado por la laguna que sigue.

442 Hay una laguna, no de muchos versos, antes de este verso, puesto que está claro que aquí habla el Cid y no Minaya. Un corrector, quizá casi contemporáneo del copista, trató de resolver la dificultad cambiando *Vos* por *yo* e *yd uos* por *yre,* enmiendas admitidas por Sánchez, Janer, Vollmöller y Huntington, quienes permiten así un cambio de interlocutor en pleno verso. Menéndez Pidal, ed. crít., inserta lo que llama una "Restauración arbitraria" de cuatro versos: *en él fincaredes teniendo a la çaga; / a mí dedes dozientos pora ir en algara; / con Dios e vuestra auze feremos grand ganançia." / Dixo el Campeador: "bien fablastes, Minaya; dozientos:* Ms. *.c.c.*

443 *Garçía*: Menéndez Pidal, ed. crít., *Garcíaz.*

445 Restori suprime *por miedo.*

446 Igual que Hinard, Menéndez Pidal, ed. crít., y Smith, sigo a Sánchez en dividir este verso.

449 *çiento*: Ms. *.C.*

451 *cueta*: una tilde borrosa, añadida encima de la *e*; Janer y Menéndez Pidal, CC, *cuenta*; Restori, Huntington, Menéndez Pidal, ed. crít., y Smith, *cueta.*

455 Ms. *ficaran*; Menéndez Pidal, CC, *fincarán.*

460 Asonancia defectuosa; Menéndez Pidal, ed. crít., cambia *heredades* por *heredanças,* forma desconocida, aparte de un ej. port. del siglo XIII, *herdança* (véase Corominas, *DCELC, s.v.* "heredad" y "herencia").

461 Ms. *dexadas an abiertas*; sigo a Restori y Menéndez Pidal, ed. crít., en esta transposición (Smith también).

⁴⁶² Bello y Lidforss cambian *fincaron* por *fincaban*, Menéndez Pidal, ed. crít., y Smith *fincar*[*a*]*n*.

⁴⁶³ Menéndez Pidal, ed. crít., pone la cesura tras *yentes*.

⁴⁶⁴ᵇ *corre*: parece que el copista escribió primero *crrie* y luego cambió la primera *r* a *o* y la *i* a *r*; Menéndez Pidal, ed. pal., lee *corrie*, pero admite *corre*(?) en una nota; los demás editores *corrie*. Restori inserta [*ayuso*] antes de *corrie*; Lidforss y Menéndez Pidal, ed. crít., suplen *en derredor* al mismo lugar basándose en *PCG*; Menéndez Pidal, no obstante, observa que *en derredor* ocurre en el Ms. dos versos más abajo y sugiere [*e bien*] como adición alterna; dichos editores ponen la cesura tras *corrie*; Smith también, pero nota que el primer hemistiquio queda "incómodamente corto".

⁴⁷³ *e el oro e la*: Ms. *τ el oro ela*; en el espacio entre *oro* y *ela* hay una raspadura que Menéndez Pidal, ed. crít., afirma era el signo "tironiano" (*τ*), insertado por el primer corrector, pero fue borrado cuando la tinta estaba aún fresca; en su ed. pal. lee correctamente *τ el oro ela,* pero lo pone mal en su ed. crít. y CC como *e el oro y ela*; Smith *y el oro e la.*

⁴⁷⁵ Sigo a Restori, Lidforss y Menéndez Pidal, ed. crít., en suplir la *n* final de *preçia*[*n*] tomada de la *n* inicial de *nada*; Smith toma *preçia* como 3.ª p.ª sg., admitiendo el cambio de sujeto.

⁴⁷⁶ *dozientos e tres*: Ms. cc.iij. Smith pone la cesura tras *tres.*

⁴⁷⁷ Sánchez, Vollmöller y Lidforss lo conservan en un verso, poniendo punto tras *Alcalá*; Smith también, poniendo la cesura tras *corren*. Restori suprime *e sin dubda corren*. Bello divide el verso, supliendo *grandes averes ganaban* al primer verso; Menéndez Pidal, ed. crít., también lo divide, supliendo *toda la tierra preavan* y poniendo la cesura tras *Alcalá* en el segundo verso.

⁴⁸⁶ Smith pone punto y coma tras *poder.*

⁴⁸⁹ Menéndez Pidal, ed. crít., y Smith puntúan ésta y otras salutaciones con signos de interrogación.

⁴⁹¹ Restori suprime el verso. Hinard inserta otro segundo hemistiquio: *e partamos las ganancias*; Menéndez Pídal, ed. crít.: *e de toda la ganancia*. Bello combina este verso y el siguiente, suprimiendo *si la quisieredes* de 492. Smith conserva la lección del Ms.

⁴⁹⁴ Menéndez Pidal, ed. crít., cambia *d'aquesta quinta* a *D'aqueste quinto* para que haga concordancia con el par-

ticipio pasado, pero la forma *quinto* no se encuentra en el *Poema. mand*[*ad*]*o*: Ms. *mando*, error del copista.

⁴⁹⁵ Menéndez Pidal, ed. crít., cambia *d'ella* a *delle* como consecuencia de su enmienda a 494.

⁴⁹⁶ Menéndez Pidal, ed. crít., cambia *la* a *lo* (consecuente de su enmienda a 494). *suelto*: Ms. ſuelta, error del copista.

⁴⁹⁸⁻⁵⁰¹ Restori reorganiza: 498, 500-501, 499, y pone distinta puntuación; Lidforss: 500, 498-499, 501, que Huntington se inclina a aprobar; Menéndez Pidal, ed. crít., señala con tino que no hay dificultad alguna en conservar el orden del Ms. *fata*: una mano posterior añadió una *s* encima del renglón. Menéndez Pidal, ed. crít., y Smith ponen la cesura tras *lidiando* en 499.

⁵⁰³ Menéndez Pidal, ed. crít., suprime *vale*.

⁵⁰⁷ Bello cambia *fue nado* por *çinxo espada*, y Menéndez Pidal, ed. crít., cambia *buen ora fue nado* por *buena çinxo espada* (ajuste de la asonancia).

⁵⁰⁸ Sigo a Bello en cambiar *al* a *el* (véase la nota a pie de página).

⁵¹⁰ Asonancia defectuosa; Bello cambia *tod aqueste aver* por *todas estas ganancias*; Lidforss, Menéndez Pidal, ed. crít., y Smith añaden *sin falla* al final del verso.

⁵¹¹ Bello cambia *gelos* por *ge las* (consecuente de su enmienda a 510).

⁵¹³ *çiento*: Ms. .c.; Sánchez e Hinard *cien*; Menéndez Pidal, ed. crít., *çient*, CC, *çien*.

⁵¹⁵ *toda la quinta*: Menéndez Pidal, ed. crít., *todo el quinto* (comp. 494).

⁵¹⁶ *puede*: Ms. *pueden*, admitido por Huntington y Smith; sigo a Bello, Lidforss y Menéndez Pidal, ed. crít., en suprimir la *n* final.

⁵²¹ *tres mill*: Ms. *iij mitt*.

⁵²⁹ *Minyaya*: con Huntington, conservo la lección del Ms.; Sánchez, Hinard y Menéndez Pidal, ed. crít., lo cambian por *Minaya*, Smith *Min*(*y*)*aya*, pero *ny* puede ser grafía de *nn*, con que se escribía el título muchas veces (véase Menéndez Pidal, ed. crít., Adiciones, p. 1211).

⁵³⁴ Tras *las* Menéndez Pidal, ed. crít., inserta *i*.

⁵⁴³ *Alcarias*: así el Ms.; Menéndez Pidal, ed. crít., lo cambia en *Alcarrias*, pero la *r* sencilla está más cerca de la raíz árabe, *al-caria* ("la granja"), y el topónimo se atestigua a menudo con sólo una *r* en varias partes de España, como reconoce don Ramón en una nota adicional, p. 449.

[545] *Torançio*: Restori lo cambia por *Toranz* y Menéndez Pidal, ed. crít., por *Taranz*, pero en *PCG* se encuentran las variantes *Taranço, Taraçon* y *Tarçion*. Smith conserva la lección del Ms.

[548] *que*: Ms. *q̃*; el palo inferior de la *q* tachado, quizá por el copista. Menéndez Pidal, ed. crít., sigue a Restori en suprimir *son las* y *que,* poniendo la cesura tras *priso*; Smith conserva la lección del Ms. pero también pone la cesura tras *priso*.

[549] *an*: así el Ms., pero podría ser error por *á*.

[552] Janer y Cornu, *Études,* leen *e Ateca*.

[555] *puedent*: Smith *pueden*(*t*).

[559] Restori y Lidforss insertan *el* antes de *que*; Bello y Menéndez Pidal, ed. crít., cambian *nasco* por *cinxo espada* (ajuste de asonancia).

[564] *essas*: Ms. *eſſas*; Smith *esas*.

[568] *Aguardando*: Ms. *Agardando*; Menéndez Pidal, ed. crít., lo cambia por *Alegrando*. *vassallos*: Ms. *vaſſallos*; Smith *vasallos*.

[570] Menéndez Pidal, ed. crít., suprime *de grado* para ajustar el verso a la asonancia de la tirada 29, a la cual pertenece sintácticamente. Smith coloca el verso en la tirada 29 pero lo imprime separado de los demás versos.

[571] *Terrer*: Ms. *Teruel,* probable confusión del copista de un signo de abreviatura, que tomó por el topónimo mejor conocido, como ya señalaron Bello y Menéndez Pidal; comp. *PCG*, p. 526*b*, con el mismo error. Bello, Baist y Lidforss, como consecuencia de haber puesto un punto al final de 570 de la tirada 28, aquí cambian *e los de Teca* en *A los de Teca*, poniendo coma tras *casa*.

[573] *quinze*: Ms. *.x.v.*

[585] *Terrer*: Ms. *Teruel,* pero Menéndez Pidal, ed. pal., piensa que *Terer* estuvo escrito debajo. Restori: *Antes que los de Teruel; si non nos daran nada* (sintaxis inaceptable); Bello: *Si l' prenden los de Ter. non nos daran,* etc. Menéndez Pidal, ed. crít., divide el verso e inserta un hemistiquio inventado por él: *antes quel prendan los de Terrer la casa, / ca si ellos le prenden, non nos,* etc. Smith también lo divide y sigue a Menéndez Pidal en el primer verso, pero en el segundo pone simplemente *si non* como el primer hemistiquio. Conservo la lección del Ms.

[589] *abuelta anda*: Ms. *abuelta nadi,* que no tiene buen sentido, incluso si tomamos la *a* de *abuelta* como verbo ["nadie tiene refriega con los del Cid"(?)]; parece más

bien error del copista resultante de una resolución errónea de una tilde. Bello cambia *nadi* por *andaba,* Menéndez Pidal, ed. crít., por *anda,* que adopto.

591 Lidforss, Menéndez Pidal, ed. crít., y Smith cambian *dan* por *davan* (ajuste de asonancia).

599 *llana*: Ms. *laña*; Menéndez Pidal, ed. crít., *llaña,* Smith *laña.*

605 Bello, Restori, Cornu, *Études,* Lidforss y Menéndez Pidal, ed. crít., suprimen *un ora e. trezientos*: Ms. *.c.c.c.*; Sánchez e Hinard *trescientos.*

607 Menéndez Pidal, ed. crít., cambia *por el* a *poral.*

610 *sabet*: Ms. *ſabent*; todos los editores suprimen la *n* como error del copista.

611 *Vermúez*: Menéndez Pidal, ed. crít., *Vermudoz* aquí y en los demás casos, y este cambio no se notará más (comp. 3302).

625 *Terrer*: Ms. *Teruel.*

626 *non plaze*: hemistiquio corto; Bello *mal les ovo de pesar*; Restori *sabet, mucho pesaua* (mal para la asonancia); Menéndez Pidal, ed. crít., *sabet, pesando va,* adoptado por Smith, aunque considera la enmienda de Bello valedera también; conservo la lección del Ms.

629 Menéndez Pidal, ed. crít., suprime *el*; suprime a menudo el art. cuando precede a los títulos y estas supresiones no se notarán más aquí.

630 Restori suprime *posar.*

632 *Terrer*: Ms. *Teruel.*

635 *ferá*: Ms. *ffera*; se había repasado la palabra como *ffara* con tinta negra que Menéndez Pidal borró; así los editores anteriores a él leyeron *ffará.*

641 Menéndez Pidal, CC, cambia *deland* a *delant.*

642 Smith suprime *se me* sin dar indicación.

643 *Tres mill*: así el Ms., correctamente transcrito por Menéndez Pidal, ed. pal., pero en ed. crít. y CC imprime *Tres mil.*

644 *Sogorve*: así el Ms.; Menéndez Pidal, CC, *Segorve.*

651 *noche*: así el Ms.; Smith *noch.*

656 *prendend*: Smith *prenden(d).*

658b Sigo a Restori, Lidforss y Menéndez Pidal, ed. crít., en transponer *de día* del final de 658 al comienzo de 659 (Smith también, sin indicación).

659 *noch*: así el Ms.; Menéndez Pidal, CC, *noche.*

662 Restori, Bello y Menéndez Pidal, ed. crít., suprimen *la. querién*: Ms. *q̄riē*; Smith *quieren.*

668   *noch*: así el Ms.; Smith *noche*.

674   *seisçientos*: Ms. *.vi. çientos*.

675   *passe*: Ms. *paſe*.

678   *aver*: Ms. *aū*; los editores anteriores a Huntington y Menéndez Pidal leyeron *aun*.

679   Restori suprime *Todos*.

690   *art*: Ms. *arth*, aunque Huntington, Menéndez Pidal, ed. pal., y Smith leen *arch*; Menéndez Pidal, ed. crít., *arth,* Smith *ar[t]h*.

694   Bello suprime *de los moros* y *tornar*; Restori suprime *de los moros*.

699   Restori suprime *de peones mezclados*; Lidforss cambia *peones* por *pendones* y propone la supresión de *fizieron dos azes de*; Huntington sugiere *E dos azes fizieron mezclados; de los peones qui podrie contar?* Menéndez Pidal, ed. crít., sigue a Lidforss: *e los pendones mezclados, ¿qui los podrié contar?* El verso es largo y puede haber error de copista, pero tiene sentido y las enmiendas propuestas son excesivas. Smith también conserva la lección del Ms.

705   *espolonar*: así el Ms.; Smith *espolonear*.

708   Menéndez Pidal, ed. crít., cambia *veremos* por *veré*. *acorredes*: asonancia defectuosa; Bello: *veed que la acorrades*; Cornu (reseña de Lidforss), Menéndez Pidal, ed. crít., y Smith: *acorrades*.

716   *abueltas*: el Ms. parece tener *a bueftas*, pero Huntington y Menéndez Pidal, ed. pal., leen *a bueſtas*; Restori lo cambia en *bueltas*, Menéndez Pidal, ed. crít., *a bueltas*, comp. 3616.

719   Asonancia defectuosa; Menéndez Pidal, ed. crít., cambia *nasco* por *nació*, seguido por Smith; Lidforss coloca 719-721 tras 725 en la tirada 36.

720   Cornu, *R*, XXII, y Menéndez Pidal, ed. crít., cambian *de caridad* por *del Criador*.

721   Ms. *Yo ſo Ruy Diaz el Çid Campeador de Biuar*; sigo a Cornu, *R*, XXII, en transponer *de Bivar* al final del primer hemistiquio; Menéndez Pidal, ed. crít., lo cambia confusamente a *Yo so Roy Díaz, el Çid // de Bivar Campeador*, Smith *¡Yo so Ruy Diaz el Çid // Campeador de Bivar!* Bello y Lidforss dejan 720-721 pareados con asonancia en *-á*.

725   [*muertos*]: sigo a Menéndez Pidal, ed. crít., en esta inserción para el sentido; Cornu, *ZfrPh*, propone [*moros*]; los demás editores aceptan la lección del Ms.

728 *falsa[r]* [*e*]: Huntington admite *loriga falssa*; sigo a Cornu, *R*, X, igual que Lidforss, Restori, Menéndez Pidal, ed. crít., y Smith.

731 *Mafómat*: así el Ms., pero Smith lee "*¡Mahomat!*". *Yagü[e]*: Ms. *yagu*, cortado por un encuadernador; Menéndez Pidal, ed. crít., *Yague*. Por no haber indicado su división de 732, Menéndez Pidal, CC, erróneamente numera este verso como 730.

732 A excepción de Huntington y Smith, los demás editores dividen este verso en dos, añadiendo varias palabras tras *cayén*: Bello [*tantos*]; Restori *c. en* [*un ora e*] y [*De*] antes de *moros* al comienzo de su segundo verso; Lidforss *c. en* [*poca hora e*] y [*de*] antes de *moros*; Menéndez Pidal, ed. crít., [*por el campo*]. [*trezientos ya*]: Ms. *ccc ya*, repasado por una mano posterior.

735 *Çorita*: Ms. *Corita*.

737 Bello, Restori, Lidforss y Smith colocan *fue* al final del verso; Menéndez Pidal, ed. crít., *so criado fo*.

755 Tras este verso, Menéndez Pidal, ed. crít., inserta un verso adicional basándose en *PCG*: *a menester // que los cometamos de cabo.*

760 *tres*: Ms. *iij.*

762 *destella[n]do*: Ms. *deſtellado.*

771 Ms. *de la part*; Lidforss y Smith *de la* [*e de la*] *part*; Menéndez Pidal, ed. crít., *della e della part.*

773 *Terrer*: Ms. *Teruel.*

775 y 777 *Calatayut*: el Ms. parece tener *Calatayuch*; Menéndez Pidal, ed. pal., lee *Calatayuch*, Huntington *Calatayuth.*

779 *treínta e quatro*: Ms. *xxxiiij.*

784 Asonancia defectuosa: Restori y Menéndez Pidal, ed. crít., cambian *vençida* por *arrancado*; Smith, que no se opone a la asonancia, lo cambia en [*arrancada*] por razones gramaticales no explicadas por él; hay otros ejemplos de la expresión, *vençiemos la lid,* 831, y comp. 1008, 1011, etcétera. Sigo a Bello en conservar la lección del Ms.

792 [*a*] *Aquel*: Ms. *a q̄l*, probable haplografía; Menéndez Pidal, ed. crít., y Smith *aquel.*

794 Restori suprime *luego*; Menéndez Pidal, ed. crít., y Smith ponen la cesura tras *albergada*; Bello y Menéndez Pidal, ed. crít., cambian *robada* a *robado.*

796 Sigo a los demás editores en dividir en dos versos. *quinientos e diez*: Ms. *.D.x.* Restori y Lidforss insertan [*en cuenta*] tras *fallaron.*

797   Hinard cambia *alegreya* a *alegria,* pero parece ser forma popular; Smith pone la cesura tras *alegreya.* Lidforss invierte innecesariamente el orden de 797-798.

800   Milá invierte los hemistiquios; Bello, Restori y Lidforss suprimen *con aquesta ganança;* Menéndez Pidal, ed. crít., divide en dos versos, completando el segundo con *que y avién fallado.*

801   *A so castiello*: Ms. *Aſos caſtiellos,* admitido por Smith; estoy de acuerdo con Menéndez Pidal, ed. crít., en verlo como error del copista.

802   Menéndez Pidal, ed. crít., y Smith ponen la cesura tras *Çid.*

805   *çiento*: Ms. *.C.;* Sánchez e Hinard *cien;* Menéndez Pidal, ed. crít., *cient,* y él y Smith ponen la cesura tras *quinta.*

814   Asonancia defectuosa; Sánchez, Hinard, Ríos, Restori y Menéndez Pidal, ed. crít., cambian *arrancada* a *arrancado.*

816   *treínta*: Ms. *.xxx.*

818   Asonancia defectuosa; Ríos cambia *colgadas* a *colgados,* Menéndez Pidal, ed. crít., a *colgando.*

820-821   Restori y Lidforss insertan [*de*] antes de *oro* y *plata;* Menéndez Pidal, ed. crít., añade *fina* tras *plata;* estoy de acuerdo con estos tres editores en transponer *vna uesa leña* del final de 820 al comienzo de 821 (Smith también). *mingua*: Ms. *mīguaua,* que considero repetición de sílaba de parte del copista, y, como Menéndez Pidal, ed. crít., suprimo el *ua* final; Smith conserva la lección del Ms. e imprime 820-821 separados del resto de la tirada 41.

826   Como Hinard, Menéndez Pidal, ed. crít., y Smith, sigo a Sánchez en dividir este verso en dos. [*contados*]: escrito por un encuadernador.

827-828   Asonancia defectuosa, o bien los versos constituyen una tirada aparte; Menéndez Pidal, ed. crít., cambia *era entrada* por *avie entrado* y *acordava* por *acordando;* Smith conserva la lección del Ms. pero imprime estos versos separados de la tirada 42.

831   *lid*: Ms. *lidit,* error de copista (mal leído por los editores anteriores a Menéndez Pidal como *lidat*).

835   Ms. *biuir* en letra posterior. Tras este verso, Menéndez Pidal, ed. crít., inserta un verso bastante vacuo basándose en *PCG*: *e commo yo cuedo, a ir nos avremos d'aquí.*

837   Cornu, *Études,* Restori y Lidforss insertan [*toda*]

tras *con*; Menéndez Pidal, ed. crít., inserta *fincó y*; Smith conserva la lección del Ms., pero reconoce que el sentido exige alguna adición; yo inserto [*fincó*].

842 *Terrer*: Ms. *Teruel*.

846 *Alcoçer á ven[d]ido*: Ms. *a Alcolçer es venido*; error de copista; como Smith, adopto la enmienda de Menéndez Pidal, ed. crít., pero transpongo la *a* para suplir el verbo auxiliar.

854 *fincamos*: Ms. *fincados*; error de copista.

860 *Terrer*: Ms. *Terer*; el corrector tachó la terminación *er* erróneamente y escribió *uel* encima del renglón.

866 *Doroca*: así el Ms.; Huntington lee *Daroca*, Menéndez Pidal, ed. pal., *Doroca*, ed. crít., *Daroca*; Smith *Daroca*, sin dar indicación.

875-876 Restori suprime *aquesta*. Menéndez Pidal, ed. crít., supone innecesariamente una laguna entre estos versos (véase la nota a pie de página), y reconstruye cuatro versos basados en *PCG*: *Pues quel vos ayrastes, Alcoçer gañó por maña*; / *al rey de Valençia dello el mensaje llegava*, / *mandólo y çercar, e tolléronle el agua.* / *Mio Çid salió del castiello, en campo lidiava.*

877 *gana[n]çia*: Ms. *ganaçia*; Menéndez Pidal, ed. crít., y Smith *ganançia,* sin indicación. Menéndez Pidal, ed. crít., pone la cesura tras *es*.

890 *Minaya*: Menéndez Pidal, ed. crít., cambia *Minaya* por *Álbar Fáñez* para colocar el verso al comienzo de la tirada 48; Smith lo conserva, pero imprime el verso separado del resto de la tirada 48.

896-897 Menéndez Pidal, ed. crít., vuelve a suponer una laguna, innecesariamente; inserta entre estos versos: *con Dios guisaremos commo vos lo fagades." / Dixo el rey: "Minaya, esso sea de vagar.,* y sigue a Restori en suprimir *Minaya* en 897.

898 Restori y Menéndez Pidal, ed. crít., suprimen *ganançia,* cambiando así el sentido.

899 Restori suprime *e çinxo espada*; Lidforss sugiere que *nasco e* debiera suprimirse como error de copista, enmienda rechazada por Huntington, pero adoptada por Menéndez Pidal, ed. crít., y Smith.

901 *e la*: Ms. *τ dela,* admitido por los demás editores; yo considero *de* como repetición del copista.

904 Ms. *el de rio Martî,* y a primera vista parece que falta un sustantivo tras *el*, como observó Lidforss; Menén-

dez Pidal, ed. crít., y Smith insertan [*val*]. No obstante, el *Fuero de Daroca* (hacia 1142) menciona "rio de Martin", que adopto mediante una simple transposición.

907 *quinze*: Ms. *.x.v.*

915 y 920 Estos números se imprimen dislocados en Menéndez Pidal, CC.

929 *dexadas*: Menéndez Pidal, ed. crít., *dexado*.

934 Basándose en *PCG*, Lidforss y Menéndez Pidal, ed. crít., suponen una laguna tras este verso y don Ramón inserta: *más valedes que nos, ¡tan buena mandadería!,* y dos versos más tras 935.

935 Tras este verso Menéndez Pidal, ed. crít., inserta: *priso dozientos cavalleros escollechos a mano, / fizo una corrida la noch trasnochando.*

940 *Huesca*: podría ser error del copista por *Huesa*, igual que en 952 y 1089, como señaló Huntington; Menéndez Pidal, ed. crít., p. 896, defiende la lección del Ms. aquí, puesto que Huesca está sólo a unos 60 Km. al N.O. de Monzón; don Ramón pone la cesura tras *va*.

951 *Aluca[n]t*: Ms. *Alucāt*, pero la tilde es posterior; Menéndez Pidal, ed. crít., y Smith *Alucat,* pero véase la nota a pie de página.

952 *Huesa*: Ms. *Hueſca*; error de copista, que escribió el lugar mejor conocido por él; como señala Menéndez Pidal, ed. crít., p. 896, Huesa está sólo a unos 25 Km. de Montalván, mientras que Huesca está a 160 Km.

953 *diez*: Ms. *.x.*

956 *a todas partes*: Restori inserta [*todos*] antes de la expresión; Menéndez Pidal, ed. crít., la cambia por *a las partes todas* y la coloca en la tirada 55; Bello suprime el verso como repetición de 954; Lidforss también favorece su supresión.

957 Menéndez Pidal, ed. crít., cambia *conde* a *comde* aquí y en casi todo el episodio; este cambio no se notará más.

963 *non'*: Ms. *nō*; Menéndez Pidal, ed. crít., propone que se lea *no[m']*.

965 *enemistad*: Menéndez Pidal, ed. crít., lo cambia por *el amiztad.*

967 *llegando se van*: Ms. *ſeuan legādo*; sigo la enmienda de Menéndez Pidal, ed. crít.

968 Sigo a Menéndez Pidal, ed. crít., en invertir el orden de hemistiquios del Ms.; Smith lo conserva.

972 Ms. *Aſi viene eſ forçado q̃ el 9de amanos ſele cuydo*

tomar, conservado por Smith, pero no tiene mucho sentido; igual que Lidforss, sigo la solución de Restori de transponer *que,* cambio sencillo y elegante; Bello suprime *el conde*; Menéndez Pidal, ed. crít., suprime *el conde* y hace otros cambios: *así vienen esforçados que a manos se le cuydan tomar.*

973 Ms. *trae grand ganançia*: Bello reorganiza *gr. ga. tr.,* Restori, Menéndez Pidal, ed. crít., y Smith *tr. ga. gr.*; sigo el orden de 944. (comp. 988).

993 *e las siellas*: Ms. *Elas ſiellas*; Menéndez Pidal, ed. crít., *elas siellas,* tomando *elas* como art. def. (pone punto y coma tras *calças* en 992); como Smith, lo veo como cópula correlativa, "y . . . y".

994 Restori suprime *cavalgaremos.*

1009 *le an*: Ms. *lean*; Cornu, *Études,* Lidforss y Menéndez Pidal, ed. crít., suprimen la *n.*

1010 Lidforss, Restori y Menéndez Pidal, ed. crít., suprimen *de plata* y colocan el verso al final de la tirada 58.

1012 *tienda*: Ms. *t̄r̄a*; sigo a Hinard y Menéndez Pidal, ed. crít., en esta enmienda, que fue aprobada por Huntington; comp. 1014 y la nota a 1679.

1013 Ms. *mandar lo guardaua*; sigo a Menéndez Pidal, ed. crít., en esta reorganización.

1015 Restori (en una nota), Lidforss, Menéndez Pidal, ed. crít., y Smith cambian *aiuntaron* por *ajuntavan.*

1020 Ríos suprime *lo.*

1028-1029 Bello divide 1028 en dos tras *Remont,* supliendo un hemistiquio con [*al Campeador leal*]; también cambia *comer* por *yantar* por la asonancia; Restori transpone *e pensedes de folgar* a 1029 y suprime *que non quiero comer*; Menéndez Pidal, ed. crít., suprime *Dixo el conde don Remont* y añade *al* tras *comer* en 1029 por la asonancia; Smith mantiene todo el v. 1028 en un verso.

1028b, 1033b y 1035b *gar, x^lanos* y *mano* escritos por un encuadernador.

1032 Menéndez Pidal, ed. crít., pone la cesura tras *fazer.*

1035 Bello y Menéndez Pidal, ed. crít., insertan *,el comde,* tras *vos.* [*a*]: los demás editores admiten la sintaxis sin esta adición, pero comp. 1040.

1042 Menéndez Pidal, ed. crít., suprime el primer *vos.*

1043 Ms. *Mas q̄anto auedes perdido non uos lo dare*: parece ser repetición del copista, no de 1041 como afirma Menéndez Pidal, ed. crít., sino de los primeros hemistiquios de 1041 y 1042, el segundo de los cuales se repite también inoportunamente en 1045. Sigo a Bello, Restori, Lidforss y Menéndez Pidal, ed. crít., en suprimir este verso, que no es valedero sintácticamente. Smith defiende la lección del Ms.

1044 Menéndez Pidal, ed. crít., suprime *mios vassallos* y combina este verso con la primera parte de 1045.

1045 Tras *lazrados,* el Ms. lee *nō uos lo dare,* probablemente otra repetición del copista del primer hemistiquio de 1042; lo suprimo como los demás editores con excepción de Smith. Entre *que* y *comigo* Lidforss inserta [*lo han menester e*]. *comigo:* Ms. *cōmigo,* pero la tilde parece haber sido añadida; Menéndez Pidal, ed. pal., y Vollmöller hacen caso omiso de ella, y Huntington duda de su validez; Smith *conmigo.*

1061 *cavalgaremos:* Ms. *caualgeremos;* error del copista.

1062 *fue:* así el Ms.; Cornu, *Études,* y Lidforss lo cambian por *fui,* pero esta forma de la 1.ª p.ª está bien documentada.

1054 Menéndez Pidal, ed. crít., cambia *Danle* a *Danles* innecesariamente.

1070 Bello transpone *quisieredes* al final del verso para formar una nueva tirada con 1071-1073 de asonancia en *é-e;* hace un cambio parecido en 1073.

1071 Menéndez Pidal, ed. crít., cambia *fallarme podredes* por *fazedme antes mandado,* empleando parte de 1072.

1072-1073 Es cierto que hay confusión del copista aquí, puesto que *o me dexaredes* debe colocarse en 1073 para evitar el encabalgamiento; Menéndez Pidal, ed. crít., suprime *e si non ... edes buscar,* combinando, con cambios, el resto de 1072-1073; Smith mantiene la lección del Ms. en 1071-1073, aunque reconoce el problema del encabalgamiento (señala con acierto el ejemplo de 2522-2523, pero los ejemplos que aduce de 347-348 y 3666-3667 no son tan violentos).

1083 *conpeçós' de pagar:* Ms. *conpeçolas de legar,* el cual, si se interpreta "comenzó a congregarles", deja el verso siguiente sin sentido. Smith conserva la lección del Ms., pero sugiere *conpeçol[e]s* en una nota, que no resuelve la falta de conexión con 1084. Menéndez Pidal, ed. crít., con tino lo cambia por *conpeçós' de alegrar;* no obstante, prefiero *pagar,* basándome en 1201 y porque *alegrarse* suele regir *en* (comp. 1287), como observa don Ramón, mientras que *pagarse* siempre rige *de* (comp. 141, 146 y 2275) y así encaja mejor con el *de* de 1084. Podría mantenerse *con-*

peçólas con el cambio de *legar* por *pagar,* interpretando "comenzó a satisfacerles con el botín extraordinario que habían capturado", puesto que *pagar* puede regir *de* antes del complemento que expresa lo pagado, comp. 129, 141, 1247, y 3223, pero la presencia de *que an fecha* fuerza la sintaxis.

[1085] Este verso constituye la base para comenzar un segundo Cantar, pero el Ms. no indica ninguna división. Una variante del v., posiblemente compuesta por un juglar, fue garabateada en fol. 74v.º del Ms. en letra del siglo XIV (véase la Introducción, p. 55, nota 65).

[1086] Bello, Cornu, *Études,* Restori, Lidforss y Menéndez Pidal, ed. crít., colocan este verso después de 1084, al final del primer Cantar, afirmando que su sentido depende de un nexo con aquel verso. El orden del Ms. tiene sentido, sin embargo, si tomamos este verso como un recuerdo al público al comienzo del segundo Cantar de la situación financiera del Cid y sus hazañas hasta este punto (Smith interpreta de igual modo).

[1087] *Alucant*: Ms. *Alucāt*; Menéndez Pidal, ed. crít., lo cambia a *Alucat,* Smith *Aluca(n)t* (véase la nota a pie de página).

[1088] *e las*: Ms. *ꝫ alas*; suprimo la *a* que casi todos los editores admiten, porque *dexar* suele regir un complemento directo, comp. 1438, etc.; así *dexado* en 1088 y 1089 debe depender de la *á* que lo sigue en cada caso, y no de la *ha* de *Poblado* en 1087, como parece haber pensado Lidforss, puesto que inserta [*a*] antes de *las tierras de Mont Alván* en 1089; Menéndez Pidal, ed. crít., imprime *dexado a* en 1088 y 1089, y en p. 339 piensa que quizás *a* deba borrarse en 1088; en CC pone *dexado ha* en ambos versos, si bien conserva *a las tierras ducá* sin supresión de la *a.* Smith suprime la *a,* sin dar indicación. *ducá*: así el Ms.; Bello y Lidforss lo cambian por *d'acá.*

[1089] *Huesa*: Ms. *Huesca*; véase 940 y 952. Menéndez Pidal, ed. crít., suprime *las,* como parte de su intento de normalizar la falta esporádica del art. def. con nombres propios en el *Poema*; estas supresiones de don Ramón no se notarán más aquí.

[1092] [*a*] *Almenar*: Menéndez Pidal, ed. crít., y Smith no indican la haplografía.

[1096] *v*[*e*]*yé*: Ms. *vie,* admitido por Smith; es probable que sea imperf., y sigo a Cornu, *Études,* en insertar una *e* (cabría la posibilidad que fuera un pret. aragonés con terminación en -é); Menéndez Pidal, ed. crít., lo arcaíza en *vidié*.

¹¹⁰²ᵇ *spiritual*: Ms. *spāl*; Huntington, Menéndez Pidal, ed. crít., y Smith leen *spirital,* Sánchez e Hinard *spiritual,* comp. 300, 343, 372, etc.

¹¹⁰³ *todo*: el primer corrector añadió la segunda *o* encima del renglón; Menéndez Pidal, ed. crít., pone *tod*, pero Huntington señala que el *Poema* no admite *tod* antes de una consonante, si bien éste constituye el único ejemplo de la expresión *todo mal*.

¹¹⁰⁶ Ms. *nos partira aqueſto*; sigo a Restori en invertir el orden, igual que Lidforss, Menéndez Pidal, ed. crít., y Smith.

¹¹¹³ Asonancia defectuosa; Restori propone *iuntandos uan*; Bello, Lidforss, Menéndez Pidal, ed. crít., y Smith cambian *son* por *s'an*.

¹¹¹⁶ *nos partiemos*: este verbo se emplea a menudo como reflexivo, comp. 272, 280, etc.; no obstante, *nos* podría considerarse como sujeto pronominal aquí.

¹¹¹⁸ Restori inserta [*del çielo*] tras *Dios*.

¹¹²³ *armas*: Lidforss [*a*] *armas*.

¹¹²⁶ *pareçrá*: una *e* fue añadida en tinta negra encima de la *ç* en el Ms.

¹¹²⁷ *qué*: Lidforss [*lo*] *que*.

¹¹²⁸ Menéndez Pidal, ed. crít., y Smith ponen la cesura tras *Campeador*.

¹¹²⁹ *çiento*: Ms. *.C.*; Sánchez e Hinard *cien*; Menéndez Pidal, ed. crít., *çient*, CC *çien*.

¹¹³¹ *í*: Ms. *y*, que apenas puede leerse; Sánchez, Hinard y Janer hacen caso omiso de ella. Una mano posterior puso una marca encima de *aura*. Cornu, *Études*, inserta [*Minaya*] tras *ferredes*.

¹¹³⁸ Menéndez Pidal, ed. crít., no pone acento sobre *apostol* ni crema sobre *Yague*.

¹¹³⁹ Restori, Lidforss y Menéndez Pidal, ed. crít., suprimen por razones métricas *grado e de grand,* perdiendo así la euforia del original.

¹¹⁴² Restori y Lidforss suprimen *a todas partes*.

¹¹⁴³ [*Los*] añadido en el margen por una mano de la época; Menéndez Pidal, ed. pal. y crít., y Smith lo suprimen.

¹¹⁴⁵⁻¹¹⁵⁶ Dislocación del orden de los versos. Lidforss reorganiza: 1145, 1151, 1147-1150, 1152-1153, 1146, 1154-1156; Menéndez Pidal, ed. crít.: 1145, 1151, 1147-1149, 1152-1153,

1146, 1150, 1155, 1154, 1156; yo reorganizo: 1145, 1151, 1146-1149, 1152, 1150, 1153-1156, el mínimo necesario para seguir el orden normal en las descripciones de las batallas, comp. 785-803; Bello y Smith conservan el orden del Ms.; véase la nota a pie de página.

1145   Restori suprime *e a arrancar.*

1151   Restori y Lidforss insertan [*e*] tras *pies.*

1153   Restori cambia *estas* por [*aqu*]*estas* y suprime *que traen grandes;* Bello, Lidforss, y Menéndez Pidal, ed. crít., suprimen *grandes.*

1155   Cornu, *Études,* inserta *Tal* antes de *miedo.*

1156   *allent*: Ms. *alent,* admitido por Menéndez Pidal, ed. crít., y Smith; tras *mar* don Ramón añade *andan* y coloca este verso al comienzo de la tirada 69.

1160   Restori cambia *llegan* por *Lega*[*ua*]*n* en cada hemistiquio.

1161   *a Deyna*: Ms. *aDeyna;* Sánchez e Hinard *a Deina;* Menéndez Pidal, ed. crít., lo cambia por *a Denia,* la forma moderna del topónimo, pero *yn* puede ser una grafía de los copistas del este de la Península para representar la *n* palatal; Smith también la conserva.

1165   *ma*[*l*] *les*: Ms. *Males.*

1169   *tres*: Ms. *iij.*

1170   *ha*: Ms. *han;* sigo a Lidforss en suprimir la *n;* otros editores conservan *han,* y Menéndez Pidal, ed. crít., lo defiende, observando que las formas del sg. y pl. se mezclan en 1159-1163; pero podría ser error del copista, distraído por las formas del pl. del resto del v.

1171   *fueras*: Restori lo cambia a *fuera.*

1172   *taiávales*: Ms. *Taiauā les,* según Menéndez Pidal, ed. crít., la tilde fue repasada con tinta negra sobre una tilde muy borrosa más antigua que no estaba escrita por el copista; todos los editores hasta Lidforss y don Ramón leyeron *taiavanles.*

1174   *sabent*: Ms. *ſabēt;* Smith *saben*(*t*).

1176   *cosseio*: en el Ms. hay un borroncito encima de la primera *o;* todos los editores leen *conssejo,* con excepción de Menéndez Pidal, ed. pal., pero en ed. crít. lo cambia a *conssejo.*

1178   Smith pone la cesura tras *es.*

1179   *lo*[*s*]: sigo a Bello, Lidforss y Menéndez Pidal, ed. crít., en ponerlo en pl. para el sentido, pero Smith defiende la lección del Ms., aduciendo los ejemplos de 1838 (véase mi nota) y 2016 (donde está claro que *lo* se refiere al rey). *murir*: así el Ms.; Sánchez e Hinard *morir*; Menéndez Pidal, ed. crít., *murir*, CC *morir*.

[1182] *avié*: Ms. *auyen*; igual que Menéndez Pidal, ed. crít., considero la *n* como error de copista, comp. 1170; Smith la conserva.

[1183] *cosseio*: Ms. *coſeio*; Menéndez Pidal, ed. crít. lo cambia a *consejo*; Smith *consejo*.

[1185] Cornu, *Études,* cambia *salió* por *salido es.* Bello y Menéndez Pidal, ed. crít., cambian *trasnochada* por *a trasnochar* (ajuste de la asonancia).

[1186] Cornu, *Études,* suprime *a.*

[1189] Menéndez Pidal, ed. crít., pone la cesura tras *perder.*

[1195] Menéndez Pidal, ed. crít., cambia *el que en buen ora nasco* por *el Campeador leal* (ajuste de la asonancia).

[1196] *ca él ganada se la á*: Ms. *ca el ſe la a ganada*; sigo la enmienda de Menéndez Pidal, ed. crít.; Bello cambia *ganada* a *ganado,* pareando el verso con 1195; Smith conserva la lección del Ms., pero imprime 1095-1096 separados del resto de la tirada 74.

[1198] *quiere[n]*: Ms. *qⁱere*; sigo a Restori, Lidforss y Menéndez Pidal, ed. crít., en insertar la *n* para el sentido; Smith también, sin dar indicación.

[1200] *en*: escrito encima del renglón por un corrector contemporáneo, tal vez el mismo copista. Tras *Riqueza* hay una letra raspada, que Menéndez Pidal, ed. pal., dice haber sido una *a,* y así en ed. crít. lee *creçiendo va riqueza a mio Çid,* etc., justificándolo por la construcción análoga en 296, 1977 y 2316; Smith le sigue sin comentario. Sigo a Huntington y otros editores en admitir la corrección del Ms., comp. *creçremos en rrictad,* 688 (otros ejemplos de la construcción en 1883, 1905, 1929, 2198).

[1201] Bello, Restori, Lidforss y Menéndez Pidal, ed. crít., suprimen *Mio Çid,* considerándolo repetición del copista.

[1203] *sobr' ellas'*: Ms. *ſobrellas,* mal leído como *sobrellos* por Ulibarri, Vollmöller y Huntington (éste incluso se sorprende de la lectura de don Ramón, que es la correcta).

[1206-1207] Menéndez Pidal, ed. crít., pp. 30-31, sugiere que estos versos podrían colocarse tras 1199, a causa de la distancia entre los complementos pronominales de 1208 y sus antecedentes en 1204-1205; lleva a cabo esta reorganización en CC. No obstante, los versos pueden constituir un comentario parentético sobre la realzada categoría del Cid en el momento de tomar Valencia.

[1208] Cornu, *Études,* cambia *la* por *Valençia.*

[1209] *iaz*[*e*]: la *e* se añadió al Ms.; Huntington y Menéndez Pidal, ed. crít., *iaz*; Smith *yaz*.

[1217] *treínta*: Ms. *xxx*.

[1220] Menéndez Pidal, ed. crít., cambia *alcáçar* a *alcáçer*; Smith conserva la lección del Ms., pero imprime el verso separado del resto de la tirada 74.

[1224] *treínta*: Ms. *xxx*.

[1229] *arruenço*: Ms. *aruenço*.

[1230] *Marruecos*: sigo a Bello en conservar la lección del Ms.; Menéndez Pidal, ed. crít., y Smith lo cambian por *Sevilla*, atendiendo a 1222, pero véase la nota a pie de página.

[1233] *arrancada*: Ms. *arancăda*; la tilde parece haber sido añadida; Menéndez Pidal, ed. pal., *arancada,* sin comentarlo; Huntington lee *arancanda*, Vollmöller *aranca(n)da,* Smith *aranca(n)da*.

[1234] *çiento*: Ms. *C.*; Sánchez e Hinard *cien*; Menéndez Pidal, ed. crít., *çient*.

[1239] Menéndez Pidal, ed. crít., cambia *dixo* por *ca dixera* basándose en *Veinte reyes*: "yua ya creçiendo mucho la barua al Çid e allongándossele el cabello, ca el Çid avie jurado que nunca rayese la barba nin tajasse della nada"; no obstante, la secuencia de tiempos es de pres. a pret. en el *Poema*, y no de imperf. a pluscuamperfecto como en la crónica.

[1240] *del*: la *l* insertada en el Ms. por el primer corrector; Huntington y Smith leen *del*; Menéndez Pidal *de*. Bello pone este verso en estilo indirecto.

[1241-1242] Smith sigue a Vollmöller y Lidforss en poner estos versos en estilo directo, pero *entrarié* y *avrié* no suelen encontrarse como formas de la 1.ª p.ª; sigo a Menéndez Pidal en ver aquí un cambio de estilo directo a indirecto, común en el *Poema*.

[1246-1247] Restori suprime *e heredades*; Bello y Menéndez Pidal, ed. crít., dividen 1246 en dos, supliendo *el Campeador contado* al segundo hemistiquio del primer verso; todos los editores transponen *de que son pagados*.

[1248] Restori y Lidforss proponen la supresión de *e los de después*; Menéndez Pidal, ed. crít., suprime *con él e los de,* cambiando así el sentido (véase la nota a pie de página); Smith pone la cesura tras *después*.

[1252] Restori, Lidforss y Staaff insertan [*vassallos*] tras *sos*, Staaff también cambia *ningún* por *todo*; con estos tres editores, Bello y Menéndez Pidal, ed. crít., dividen el verso en dos, estos últimos completando el primer verso con *que con él ganaron algo*; don Ramón sostiene que el verso se refiere a los vasallos recién llegados, igual que 1258 según él, y no a los vasallos en 1261, pero véase la nota a pie de página a 1248. Smith conserva la lección del Ms. y pone la cesura tras *sos*.

1256   *consejar*: Ms. *cõſegar*; Smith *consegar*; Bello, Cornu, *Études,* Restori, Lidforss y Menéndez Pidal, ed. crít., lo cambian por *consejando*.

1257   Smith pone la cesura tras *quisiéredes*, pero contrástese lo que hace en 1267 y 1270.

1260   *fallaren*: asonancia defectuosa, pero tiene buen sentido; Restori y Lidforss lo cambian por *fallamos*, Menéndez Pidal, ed. crít., *fallaro*.

1274   *çiento*: Ms. *.C.*; Sánchez e Hinard *cien*; Menéndez Pidal, ed. crít., *çient*.

1276-1277   Sánchez e Hinard combinan estos versos; Restori, Lidforss y Smith suprimen *si fuere su merçed*; Menéndez Pidal, ed. crít., inserta *doña Ximena* tras *mugier,* y *naturales* tras *fijas* para completar 1276, colocando *si fuere merçed* al comienzo de 1277.

1281   *nos*: podría interpretarse como sujeto pronominal, pero lo considero como dativo reflexivo.

1284   Restori y Lidforss suprimen *por servirle en la carrera*; Cornu, *Études,* suprime *a Álbar Fáñez*; Bello, Menéndez Pidal, ed. crít., y Smith insertan *a toda su voluntad* para completar 1284*b*.

1285   Restori propone la supresión de *de plata*; Cornu, *Études,* propone: *A San Pero [de Cardeña] mill marcos mando levar*.

1286   *los diesse*: Bello y Menéndez Pidal, ed. crít., insertan *quinientos* tras *los*, en vista de 1422-1423, sosteniendo que *diesse* podría ser una haplografía de [*.d.*] *diesse*, adición adoptada por Smith; pero también podría ser otro descuido del poeta. *a don Sancho* [*e*]*l abbat*: Ms. *al abbat don Sancho*; sigo a Cornu, *Études,* y Menéndez Pidal, ed. crít., en esta reorganización. Lidforss y Smith conservan el orden del Ms., pero éste imprime el verso separado del resto de la tirada 77.

1287   *se*: Ms. *ſea*; Baist y Lidforss *se* [*v*]*a*[*n*]; los demás editores suprimen la *a*, considerándola como anticipación de la palabra siguiente.

1289   *Ierónimo*: aquí y por lo largo del *Poema* Menéndez Pidal, ed. crít., lo cambia por *Jerome*, forma nunca escrita

por el copista, basándose en la asonancia en que se halla
en 1667, 2512 y 3064.

1293   Bello, Restori, Lidforss, Menéndez Pidal, ed. crít., y
Smith suprimen *el obispo* y ponen la cesura tras *viesse*.

1300   Restori inserta [*he*] tras *dárgelo*; Menéndez Pidal,
ed. crít., pone la cesura tras *este*.

1305   *todo*: Ms. *toda*, repasado por una mano posterior
como *todo*; Huntington lee *todo*, Menéndez Pidal, ed. pal.,
toda, pero en ed. crít. lo cambia a *tod*, a pesar de que la
forma apocopada no se admite en el *Poema* antes de las
consonantes, comp. 1103; Smith *todo*.

1315   *presenteia*: Sánchez e Hinard leen *presentaja*; Lid-
forss, Menéndez Pidal, ed. crít., y Smith lo cambian a
presentaja, pero la forma es fonológicamente posible.

1317-1320   En estos cuatro versos Menéndez Pidal, ed. crít.,
cambia el diptongo de las últimas palabras a *uo* para que
encajen con la asonancia *ó-o* de 1316.

1327   *ganada* [*á*] *a*: los demás editores no indican que
hay que leer otra *a*, comp. 1092. *Onda*: hay una letra ras-
pada entre la *d* y la *a*; la palabra fue repasada en tinta
negra como *Ondra*, que Menéndez Pidal borró; Huntington
leyó *Ondra*; Smith *On(d)ra*.

1338   *que*: Ms. *τ q̃*; sigo a Restori y Menéndez Pidal,
ed. crít., en suprimir la conj.; Smith (*e*) *que*.

1342   Menéndez Pidal, ed. crít., cambia *Esidro* a *Esidre*;
comp. el cambio que hace en 1867.

1357   *curiallas*: Ms. *curialdas*; igual que Menéndez Pidal,
ed. crít., y Smith, sigo la enmienda de Lidforss, mejor para
el sentido y la sintaxis (se supone una confusión entre *cu-
riadlas* y *curiarlas*, que podrían los dos resolverse como
curiallas).

1361   Smith pone la cesura tras *pierda*.

1364   *herdades*: Ms. *h̄dades*; Sánchez, Hinard y Janer leen
heredades; Huntington y Menéndez Pidal, ed. pal., *herda-
des*, pero en ed. crít. éste lo cambia a *heredades*, conside-
rándolo como transcripción defectuosa del copista; sigo a
Baist en considerar valedera la forma, comp. *Alex*, estr.
347*b* (Ms. *O*), y el port. *herdade*.

1371   *desonor*: Menéndez Pidal, ed. crít., lo cambia por
desamor, sosteniendo (p. 622) que hay que leerlo así por la
asonancia (olvidando que *desonor* asona igual), y señalando
la versión en *Veinte reyes*.

1385   Restori y Lidforss lo conservan en un verso, supri-
miendo *a Minaya Álvar Fáñez* y cambiando *dando* a *dan-*

do[*l*]; Bello y Menéndez Pidal, ed. crít., dividen el verso en dos, aquél supliendo *Diego e Ferrand González* y éste *so consejo preso ane*; Smith conserva todo el verso, poniendo la cesura tras *Carrión*.

1387 Menéndez Pidal, ed. crít., y Smith ponen la cesura tras *saludadnos*.

1395 Asonancia defectuosa; Bello cambia *se tornó* por *tornado s' ha,* Menéndez Pidal, ed. crít., por *se fo tornar,* Smith por *se* [*fue*] *torn*[*ar*].

1397 Bello reconstruye: *así faga a las fijas amas de Mio Çid el de Bivar;* Menéndez Pidal, ed. crít.: *assí ffaga a vuestras fijas amas a dos las iffantes,* basándose en 1279.

1398 *onde*: Ms. *ond de*; repetición del copista.

1402 *sanas*: Ms. ſ*añas.*

1409 *fuéremos*: la segunda *e* no está clara en el Ms.; podría leerse como una *a*; Janer *fueramos*; otros editores *fueremos.*

1410 *quinze*: Ms. *.xv.*

1411 [*í*] *yo*: Ms. *yo*; sigo a Bello y Menéndez Pidal, ed. crít., en considerarlo como un caso de haplografía; Smith no lo acepta.

1412 *y*: Ms. *Hy*; Cornu (reseña de Lidforss) señala que podría ser error del copista por τ, influenciado por *Hydos* del verso siguiente.

1416 *quiere*[*n*]: no hay tilde ni *n* en el Ms.; todos los editores la insertan.

1418 *esto*: Bello, Hinard, Lidforss y Smith lo cambian por *está*; Menéndez Pidal, ed. crít., lo suprime. *Mianaya*: Ms. *Myanaya*; Sánchez, Hinard, Janer, Menéndez Pidal, CC, y Smith lo cambian por *Minaya*; Menéndez Pidal, ed. crít., lo conserva, y en Adiciones, p. 1211, observa que deriva de *mi* más el vasco *anai* ("hermano"); por lo tanto, la forma debe aceptarse.

1419 Bello, Restori y Menéndez Pidal, ed. crít., suprimen *A Minaya. sessaenta* [*e*] *çinco*: Ms. *.Lxv.*

1420 *çiento*: Ms. *.C.*

1421 *buena conpaña*: Ms. *bu*ẽ*a conpana.*

1424 Ms. *Ximina*: Sánchez, Hinard, Lidforss, Menéndez Pidal, ed. crít., y Smith lo cambian a *Ximena,* pero la forma se encuentra en documentos notariales.

1429 *ha*: Ms. *han*; sigo a Lidforss y Menéndez Pidal, ed. crít., en suprimir la *n.*

1430 Menéndez Pidal, ed. crít., cambia *pensar quiere* por *pienssa.*

1446 Bello, Restori y Menéndez Pidal, ed. crít., insertan *Campeador* tras *Çid.*

1451 *çinco*: Ms. *.v.*

1457 Lidforss inserta [*mandado*] tras *tal.*

1475 *Frontael*: Sánchez, Hinard y Janer leen *front a él*; Restori sospechó que se tratase de un topónimo, pero no pudo encontrar uno parecido; Menéndez Pidal, ed. crít., lo cambia por *Fronchales,* considerándolo como referencia a Bronchales (provincia de Teruel); Smith también. La lección del Ms. podría ser una forma arcaica del topónimo, pero no se ha documentado hasta ahora.

1483 *co[n]*: Ms. *Co.*

1486 En el margen derecho exterior entre este verso y 1492 hay un dibujo tosco de la cabeza de una mujer; existe un dibujo semejante en el mismo margen de este fol. (31r.°) al lado de los versos 1500-1507, aunque éste está más borroso.

1490 Los demás editores leen *dozientos va,* pero el empleo frecuente del reflexivo con verbos iterativos favorece la lectura *dozientos* [*s'*] *va.*

1492 Cornu (reseña de Lidforss) propone la supresión *de tal guisa,* conservando el verso en uno; Bello y Menéndez Pidal, ed. crít., dividen el verso en dos, insertando *desí* tras *passaron*; Smith conserva el verso intacto, poniendo la cesura tras *Toranz.* Menéndez Pidal, ed. crít., cambia *Toranz* a *Taranz.*

1493 *Arbuxedo*: Menéndez Pidal, ed. crít., y Smith lo cambian a *Arbuxuelo,* comp. 1543 y 2656; en el Ms. la terminación *edo* está escrita sobre una raspadura.

1494 Tras este verso, Menéndez Pidal, ed. crít., inserta un verso adicional basado en *Veinte reyes: vídolos venir armados temiós Minaya Álvar Fáñez*; pero no es de ningún modo verosímil que el poeta hubiera presentado al "brazo derecho" del Cid como temeroso (contrástese su descripción del rey en 1840).

1495 Menéndez Pidal, ed. crít., suprime *Minaya Álvar Fáñez* como consecuencia del verso que ha insertado, mientras que Cornu, *Études,* suprime estas palabras sin hacer ninguna adición; estos editores y Smith cambian *sopiesse* a *sopiessen* innecesariamente; Smith conserva el resto del verso intacto, poniendo la cesura tras *Fáñez.*

1496 *detard[an]*: Ms. *de tardo,* pero una mano posterior cambió la *o* por *a* y añadió la tilde (no es enmienda de

Menéndez Pidal, como piensa Smith); Bello *detardaron.*
Lidforss cambia *esto non* por *Esto[s] non [lo]:*

1499   Restori lo conserva en un verso, suprimiendo *afévos
aquí,* y Smith lo conserva intacto; Bello y Menéndez Pi-
dal, ed, crít., lo dividen, aquél supliendo *cavallero de pres-
tar* tras *Vermúez,* éste poniendo *delant* tras *Vermúez* (que
cambia por *Vermudoz*).

1501   *coranado:* así el Ms.; Smith lo cambia a *cor[o]-
nado.*

1508-1509   Ms. *En buenos cauallos a petrales τ a caſ-
caueles / E a cuberturas de çendales τ eſcudos alos cue-
llos;* Lidforss sugiere que las palabras asonantes hubieran
podido ser *petrales* y *çendales,* pero es difícil ver cómo se
podría reorganizar el verso dejando *petrales* al final; Smith
conserva la lección del Ms., pero puesto que es poco pro-
bable que los caballos llevasen los escudos, sigo a Menén-
dez Pidal, ed. crít., en su reorganización de los hemisti-
quios; por añadidura, Menéndez Pidal cambia *petrales* por
peytrales y *cascaveles* por *cascaviellos* e inserta *traen* tras
cuellos.

1511   *sopiessen:* Ms. ſopienſſen.

1512   Antes de *con* el Ms. dice *Albarfanez,* que suprimo,
considerándolo como repetición del copista, igual que pen-
saron Restori, Lidforss, Cornu, *Études,* y Menéndez Pidal,
ed. crít.; Bello divide el verso en dos; Smith conserva la
lección del Ms.

1514   *tómanse:* así el Ms. y así lo leen Menéndez Pidal,
ed. pal., y Smith; Huntington y los demás editores leen
tórnanse. deportar: la *o* está mal escrita; Menéndez Pidal,
ed. pal. y crít., *deportar,* Smith también; Huntington y los
otros editores *departar.*

1516   Restori y Lidforss proponen la supresión de *Albar-
fanez;* Menéndez Pidal, ed. crít., lo suprime; Bello divide
el verso en dos.

1524   Cornu, *R, X,* Lidforss, Menéndez Pidal, ed. crít., y
Smith cambian *fer* por *far.*

1527   Cornu, *Études,* y Menéndez Pidal, ed. crít., reor-
ganizan: *Álbar Fáñez Minaya,* colocando este verso al co-
mienzo de la tirada 84; Smith conserva la lección del Ms.,
pero imprime el verso separado del resto de la tirada 84.
Sorrisós': hay una marca posterior encima de la primera *o;*
Huntington y Menéndez Pidal con acierto hacen caso omiso
de ella; los demás editores leen *Sonrrisos'.*

1528 *Y[a]*: Ms. *Hy*; sigo a Lidforss en esta enmienda; Menéndez Pidal, ed. crít., y Smith también.

1533 *vos la daré*: Staaff corrige en [*a*] *vos la daré*, tomando la *a* de *día,* y señala que pocos hemistiquios del *Poema* empiezan con un pronombre átono; H. Ramsden, *Weak-Pronoun Position...*, p. 74, no incluye este ejemplo entre sus cuatro ejemplos de la anteposición en la cesura tras una expresión adverbial, pero aduce un ejemplo parecido de *Alex,* estr. 520*d*: "oy dia en Greçia lo traen por fabriella". Menéndez Pidal, ed. crít., acepta la enmienda de Staaff porque éste es el único ejemplo en el *Poema* en que, precedido sólo de pronombres átonos, el fut. o cond. no se separa en forma analítica. No obstante, *a vós* sin repetición mediante el pronombre átono indirecto parece forzado. Smith conserva la lección del Ms. sin comentarla.

1535 *tomaron*: Bello, Restori y Lidforss lo cambian por *tomauan,* Menéndez Pidal, ed. crít., y Smith *tomaran.*

1538 *sacaron*: Bello, Restori y Lidforss lo cambian por *sacauan,* Menéndez Pidal, ed. crít., y Smith *sacaran.*

1544 *Torançio*: Menéndez Pidal, ed. crít., lo cambia por *Taranz.*

1547 *aguardava*: Ms. *aguardando*: sigo a Lidforss en esta enmienda por la sintaxis y asonancia; Menéndez Pidal, ed. crít., y Smith también.

1551 *Ave[n]galvón*: en el Ms. la tilde encima de la *e* es posterior.

1557 *lo so*: Ms. *los ſos*; *d'el[l]os*: Ms. *delo ſo*; confusión del copista; Lidforss propone: *los sos [aueres] despendie el moro, que de lo so non tomaua[n] nada*; sigo la enmienda de Bello, igual que Restori, Cornu, *ZfrPh,* Menéndez Pidal, ed. crít., y Smith.

1560-1561 Menéndez Pidal, ed. crít., cambia *en buen ora nasco* por *en buena çinxo espada* y *liévanle el mandado* por *el mandádol' levavan,* colocando estos versos al final de la tirada 84.

1564 *Dozi[en]tos*: Ms. *Dozitos.*

1565 *Mianaya*: Ms. *Myanaya*; Sánchez, Hinard y Menéndez Pidal, CC, *Minaya,* Smith *Mi(a)naya*; Huntington y Menéndez Pidal, ed. crít., conservan el original, que puede admitirse (comp. 1418).

1573 Menéndez Pidal, ed. crít., inserta un verso adicional tras este verso, basándose en *Veinte reyes*: *d'aquel rey de Sevilla e de la sue arrancada,* conjetura arriesgada.

1576 Menéndez Pidal, ed. crít., cambia el segundo hemistiquio a *do en so salvo estava.*

1577 *e de sus*: así el Ms.; en mi edición inglesa, suprimí el *de,* adoptando la enmienda de Restori; Menéndez Pidal, ed. crít., p. 388, y Smith lo conservan, sin aducir otros ejemplos, pero Keith Whinnom me ha citado ejemplos del siglo xv de *delante* sin *de,* seguido por *de* tras la cópula.

1578 Ms. *Reçebidas*; Smith *Reçibidas.*

1581 *acordaran*: Ms. *acordarō*; Lidforss lo cambia por *acordavan*; como Smith, sigo a Menéndez Pidal, ed. crít.

1583 [*a*]: la *a* personal no aparece en todos los casos (comp. 210, 282*b*, 2939, etc.), y la mayoría de los editores admiten aquí la lección del Ms.; no obstante, sigo a Lidforss en insertarla, puesto que se usa en el segundo hemistiquio.

1584-1590 Dislocación del orden de los versos; Lidforss coloca 1589 tras 1590; Smith reorganiza: 1589, 1588, 1590; sigo la reorganización de Menéndez Pidal, ed. crít.

1584 *en*: Ms. *ēl*; error del copista.

1597 *e*: en el Ms. la conj. va tras *fijas*; Cornu, *Études,* sugirió que el copista pudo equivocarse, interpretando *amas* como "ayas" o "amas de cría".

1601 *deleite*: corregido así en el Ms.; Huntington y Menéndez Pidal, ed. pal., leen *delent*; Menéndez Pidal, ed. crít. lo cambia a *deleyt,* Smith *dele*[*i*]*t.*

1602 *teniendo ... quebrantando*: Menéndez Pidal, ed. crít., lo cambia por *tenién ... crebantavan,* Smith *tenien-*(*do*) *... quebranta*[*van*].

1603 Menéndez Pidal, ed. crít., cambia *en buen ora nasco* por *en buena çinxo espada*; Smith *en buen ora* [*çinxo espada*].

1604 Ms. *Vos q̃rida τ ondrada mug̃ʾ τ amas mis̃ fijas*; tras *Vos,* Restori, Menéndez Pidal, ed. crít., y Smith insertan *doña Ximena* para completar el primer hemistiquio.

1615 Tras este verso, Menéndez Pidal, ed. crít., inserta un verso algo trivial, basado en *Veinte reyes*: *e todas las otras cosas que eran de solaz.*

1618 Restori suprime *tan.*

1626 *çinquaenta*: Ms. *.L.*

1636 *puedo*: Menéndez Pidal, ed. crít., y CC, lo cambia por *puodo,* sin indicación, aunque este diptongo no se emplea nunca en el Ms.

1642 *se*: en la reseña anónima del *Times Literary Supplement* (22 de septiembre de 1972, p. 1111) sobre la edición de Smith, se sugirió que aquí *se* podría leerse como *le*; es verdad que el trazo superior está algo borroso, y puede tratarse de una alteración del copista (*s* larga en lugar de *l*), o tal vez de falta de tinta en la pluma al empezar a trazar la letra.

1645 Bello y Menéndez Pidal, ed. crít., cambian *fincadas* por *fincar*.

1652 Bello y Restori suprimen *e si quisieredes* por razones métricas; Menéndez Pidal, ed. crít., lo suprime por el sentido, puesto que las damas ya estaban en el alcázar en 1644; también sigue a Restori en colocar mal la cesura tras *este*; yo considero la *e* como conjunción pleonástica, comp. 248, 255 y 1749 (véase la nota a pie de página).

1659 Restori suprime *e dixo*; Menéndez Pidal, ed. crít., y Smith ponen la cesura tras *dixo*.

1665 *quinze*: Ms. *.xv. a[l]*: sigo a Restori en esta adición, igual que Lidforss, Menéndez Pidal, ed. crít., y Smith.

1666 Para el primer hemistiquio, Bello suple: *aquellas señas e*, Restori y Lidforss: *Muger doña Ximena*, Menéndez Pidal, ed. crít.: *abremos a ganar*; Smith conserva la lección del Ms. en un verso. *quáles*: Ms. *q̃anles*.

1672 *ent[r]an*: Ms. *eſtā*; Lidforss y Smith mantienen *estan*; sigo a Bello y Menéndez Pidal en esta enmienda sintáctica.

1673 Restori y Lidforss colocan *tanxo* al final del verso, ¡para que asone en -ó!

1674 Asonancia defectuosa; Bello y F. Araujo Gómez, *Gramática del Poema del Cid* (Madrid, 1896), acentúan *cristíanas* para que encaje con la asonancia en *í-a* (!). Restori transpone *prestas son* al final del verso para que asone con la tirada 91 donde remite este verso y el anterior; Menéndez Pidal, ed. crít., cambia *christianas* por *de Roy Díaz*.

1679 *tiendas*: escrito sobre una raspadura en el Ms., que Menéndez Pidal, ed. pal., cree haber sido *t̄ras*; comp. 1012.

1680 *piessan de cavalgar*: Menéndez Pidal, ed. crít., lo cambia por *piénssanse de tornar*, basándose en que *tornarse* suele seguir al *alcanz* [como en realidad ocurre en 1682], comp. 787, 1152, 1231, etc.; pero en su Vocab. admite *cavalgar* en el sentido de "partir", "marchar", comp. 148, 1061, 1816.

1688-1689 *dezir nos ha*: Restori y Lidforss toman *nos* como *nos [se]*, construcción impersonal, pero el orden de los pronombres sería extrañísimo; Menéndez Pidal, ed. crít., y Smith invierten el orden de estos versos para resolver la dificultad de la falta de sujeto en el primer verso, pero la enmienda es inadmisible (véase la nota a pie de página). Como Bello y Lidforss, conservo el orden del Ms.

1690 Restori lo conserva en un verso, suprimiendo *-l Criador e del apostol*; Bello lo divide en dos, completando el primer verso con *damor e de voluntad,* Menéndez Pidal, ed. crít., también lo divide, supliendo *non passará por al*; Smith lo mantiene en un verso, poniendo la cesura tras *fferir.* Menéndez Pidal, ed. crít., pone acento sobre *apóstol* aquí, pero no pone una diéresis sobre la *u* de *Yague.*

1691 *[p]an*: cambiado a *campo* en el Ms. por un corrector; Ulibarri leyó *ayan el alcanz* (por *coian el [p]an*), Pellicer y otros editores anteriores a Menéndez Pidal, *coian el campo*; hoy casi nada puede leerse de la *p,* que don Ramón leyó aplicando reactivos; Smith *pan.*

1694 Menéndez Pidal, ed. crít., y Smith ponen la cesura tras *queredes. mandedes*: Ms. *mandades,* aunque Huntington lee *mandedes*; Menéndez Pidal, ed. pal. *mandades,* pero en ed. crít., y CC pone *mandedes* sin indicación; Smith igualmente; el indic. podría emplearse como imperativo, pero no se usa así en el *Poema.*

1695 *çiento [e] treínta*: Ms. *.C.xxx.*

1699 *es entrada*: Ms. *entrada eſ*; como Restori, Lidforss y Menéndez Pidal, ed. crít., sigo a Bello en invertir el orden: Smith conserva el orden del Ms. pero imprime el verso separado del resto de la tirada 94.

1708 Restori y Coester lo cambian por *Pido uos un don y sea en presentaia*; Bello y Menéndez Pidal, ed. crít., *pídovos una dona e seam presentada.*

1711 *Va[le]nçia*: Ms. *Vançia,* con *le* escrito sobre el renglón en letra posterior; asonancia defectuosa; Bello, Restori y Lidforss invierten los hemistiquios, enmienda aprobada por Huntington (también aprueba la supresión de *todos,* sugerida por Bello); Menéndez Pidal, ed. crít., cambia *Va[le]nçia* por *Quarto,* basándose en *Veinte reyes* y encontrando "enteramente imprecisa e inaceptable la expresión *torres de Valençia,* tratándose de una ciudad que tenía tantas puertas" (p. 881 nota); desgraciadamente, el Ms. no alude nunca a las torres de Cuarte (don Ramón vuelve a mencionarlas en un verso adicional tras 2312), y es evidente que el poeta tenía escasísimos conocimientos de la geografía de Valencia y la región circundante.

1717 *treínta*: Ms. *xxx.*

[1719-1720] En el Ms. una mano posterior suprimió *z Aluar Saluadorez*; estoy de acuerdo con Huntington en no considerar válida la tachadura; Restori, Lidforss y Menéndez Pidal, ed. crít., suprimen *e Alvar Salvadorez* y *Alvar Fañez* y combinan estos versos; Smith suprime *e Alvar Salvadorez,* pero deja los versos separados. Véase la nota a pie de página.

[1721] *ovieron de arrancarlos*: Ms. *ouierō los de arrancar*; como Lidforss, Menéndez Pidal, ed. crít., y Smith, sigo a Restori en esta reorganización.

[1726] *saliós'le de so'l espada*: así el Ms. y así lo lee Menéndez Pidal en su edición de 1900 y su ed. pal. de 1961, pero en ed. pal. y crít. de 1908-1911 y en la nueva edición de ésta en 1944-1946 pone erróneamente *saliósle del sol espada,* error señalado por J. L. Brooks, *RFE,* XXXV (1951), pp. 347-349, con un relato de sus repercusiones.

[1728] *alcaz*: así el Ms.; Sánchez, Hinard y Janer *alcanz,* Vollmöller *alca[n]z*; Bello y Menéndez Pidal, ed. crít., lo cambian por *alcanço*; Smith *alcaz.*

[1732] *cabo*: Cornu, *R,* X, propone *rabo,* enmienda aceptada por Lidforss, pero Huntington con tino se opone a ella.

[1734] *çinquaenta*: Ms. *.L. fuero[n]*: Ms. *fuero*; Menéndez Pidal, ed. crít., *fuero',* puesto que la *n* probablemente se suprimió al empezar la palabra siguiente por *n*; Smith *fueron,* sin comentarlo.

[1738] Lidforss, Menéndez Pidal, ed. crít., y Smith suplen *de* antes de *las,* aunque Smith propone *avían* como alternativa. No es necesario hacer ninguna enmienda si lo consideramos como ejemplo de anacoluto.

[1740] *les*: la *s* escrita por el primer corrector; Sánchez, Janer y Smith *le*; los demás editores *les.*

[1741] *al*: así el Ms. y todos los editores con excepción de Smith, que lee *el,* sin comentarlo.

[1742] Sigo a Lidforss en suplir *[a]* tomada de la *A* de *Álbar,* Smith también; Menéndez Pidal, ed. crít., pone circunflejo sobre *Alvar,* pero no en CC.

[1743] *çiento*: Ms. *.C.*; Sánchez e Hinard *cient,* Menéndez Pidal, ed. crít., *çient.*

[1746] *Reçibiénlo*: Menéndez Pidal, CC, *Reçibiendo* (¿error de imprenta?).

[1751] *an dada*: Ríos lo cambia por *ha dado,* Bello, Lidforss y Menéndez Pidal, ed. crít., *an dado,* aprobado por Huntington.

1752 Menéndez Pidal, ed. pal., puntúa el verso con signos de interrogación, pero en ed. crít. lo puntúa como afirmación (Huntington y Smith también).

1753 *con tal cum esto*: Hinard interpreta "avec un tel [cheval] comme celui-ci" (pero en ese caso se esperaría *éste*); Cornu, *R, X*, "avec de tels exploits", Menéndez Pidal, CC, "de este modo, así".

1754 *Rogand*: Sánchez, Hinard, Lidforss, Menéndez Pidal, ed. crít., y Smith suprimen la *n* para hacerlo imperativo, pero podría ser una forma aragonesa del participio pres.

1763 *daña*: así el Ms.; todos los editores salvo Huntington lo cambian por *doña*, pero podría ser forma influenciada por el fr.

1765 Lidforss inserta [*seños*] tras *con,* encontrando raro el uso del partitivo; no es aceptable, porque *seños* nunca se emplea con *de*.

1766 *dozientos*: Ms. *.C.C.* Bello, Restori, Lidforss, Menéndez Pidal, ed. crít., y Smith suprimen *de plata*.

1775 Menéndez Pidal, ed. crít., inserta *ellos* tras *fallan,* y cambia el segundo hemistiquio a *que mucho es sobejano,* alegando que fue el corrector quien cambió la *o* final de *sobeiano* por *a*; Smith reorganiza: *que cosa es sobejana.*

1777 Restori y Menéndez Pidal, ed. crít., suprimen *ellos,* Bello suprime *todos.* Smith pone la cesura tras *saber.*

1778 *arrad*[*í*]*os*: Ms. *arriados*; probablemente error del copista, como notaron Cornu, *Études*, p. 494, y Lang, pp. 245-246. Véase la nota a pie de página.

1780 *al*: Ms. *el*; como Cornu, *Études*, y Restori, sigo la enmienda de Hinard, comp. 1782; Menéndez Pidal, ed. crít., conserva la lección del Ms. y se opone a la enmienda, sosteniendo que se trata de un caso de anacoluto; si lo es, es violentísimo. Smith conserva *el,* sin comentarlo.

1781 Bello divide el verso en dos. *e quinientos*: Ms. *τ D.*; Restori, Lidforss y Menéndez Pidal, ed. crít., lo suprimen, sosteniendo que el botín parece excesivo y el rey recibe sólo doscientos de estos caballos, menos del quinto debido; pero el poeta a menudo exagera cantidades y tiene descuidos en materia de números.

1787-1788 Restori y Lidforss lo cambia a *Que fita souies la tienda myo Çyd Ruy Diaz* [*a*] *mand*[*ad*]*o,* / *e non la tolliesse dent* [*ningun*] *cristiano*; Menéndez Pidal, ed. crít., suprime *Ruy Díaz* e inserta *el Campeador contado* para completar 1787. Smith mantiene la lección del Ms., poniendo cesuras tras *Diaz* y *tolliesse*. *soviesse*: el copista escribió la primera *e* encima de la *i*; Menéndez Pidal, ed. pal., lee *soviesse*, pero en ed. crít. pone *sovisse*.

[1789] Restori coloca *es* tras *que*; Bello y Menéndez Pidal, ed. crít., cambian *es passada* por *ha passado*.

[1791] *sos*: Menéndez Pidal, ed. crít., lo cambia por *sus*, pero podría ser forma dialectal.

[1796] *cayé*: Menéndez Pidal, ed. crít., lo arcaíza en *cadié*; podría leerse como pres. indic. *caye* con una yod antihiática

[1802] *la[s]*: el copista escribió *la*, pero hay restos de una *s* interpolada; Menéndez Pidal, ed. pal., lee *las*, sin comentarlo, pero en la ed. crít., pone *la[s]*; Smith también. *que[s']*: como Restori, Lidforss, Menéndez Pidal, ed. crít., y Smith, adopto esta adición de Bello, necesaria para el sentido, si no consideramos a doña Jimena y sus hijas como el sujeto de *tienen* (construcción poco probable).

[1805] Restori suprime el segundo *vos*.

[1819] Restori lo divide en dos, y propone: [*Que*] *desta lid que* [*el Cid*(?)] *ha...*, etc.; Menéndez Pidal, ed. crít., también lo divide, insertando *mio Çid* tras *que*. *dozientos*: Ms. .c.c. Como Lidforss y Smith, sigo a Bello en dividir sin adiciones.

[1820] Hinard, Restori y Lidforss cambian *he* por *ha*, poniendo el verso innecesariamente en el estilo directo que empiezan con la palabra *que* en 1819; Bello cambia *he* por *hia*, poniéndolo todo en estilo indirecto; Menéndez Pidal, ed. crít., y Smith ponen este verso en estilo directo.

[1823-1824] Bello y Restori colocan *han* al final de 1823 y Bello completa 1824 con *que* [*de*] *las otras tierras* [*la de Castiella*] *parte*; Restori propone la supresión de 1824, adoptada por Lidforss; Menéndez Pidal, ed. crít., y Smith completan el segundo hemistiquio de 1823 con *que vagar non se dan*.

[1828] *enviávanle*: Ms. *En viauā le*, la tilde añadida por el corrector; casi todos los editores leen *enviávanle*, pero Menéndez Pidal, ed. crít., pone *enviávale*, aunque nota que "Más bien: *enviavanle* o *enviaval*", y Smith *Enviava le*, sin comentarlo.

[1832] *todos*: Ms. *tos*, con *dos* sobre el renglón; la *s* que sobra es ciertamente error de anticipación.

[1836] Como Restori, Cornu, *Études*, y Lidforss, sigo a Bello en suplir [*e*] tomada de la *e* inicial de *el*; Smith [*y*]; Menéndez Pidal, ed. crít., suprime la *l*, y lee *e comde*, insertando *del Çid* antes de *so,* pero el antecedente del posesivo es *el que en buen ora nasco* en 1834.

1838 *lo*[*s*]: como Menéndez Pidal, ed., crít., sigo a Bello en insertar la *s,* considerando *los del que en buen ora nasco* como el complemento repetido de *avién*; Lidforss propone: *A ojo lo avien los* [*enemigos*] *del que,* etc. El argumento de Smith de que *lo* constituye un neutro vago representando "toda la escena", "ese espectáculo", es poco convincente.

1840 *seíse*: Ms. ſeyſe; Lidforss *sey*[*e*]*se,* Smith *seyse*; sigo a Menéndez Pidal, ed. crít.

1842 *deçendieron*: Bello, Restori y Cornu, *Études, de-ç(end)ieron*; Lidforss y Menéndez Pidal, ed. crít., *diçieron*; Smith defiende bien la lección del Ms.

1852 *Las ganançias ... sobeianas*: Menéndez Pidal, ed. crít., lo cambia a *Los ganados ... sobejanos.*

1856 *gradéscolo*: Ms. Gradeſcolo; Smith suprime *lo.*

1857 [*el*] *ora*: sigo a Lidforss en insertar *el*; los demás editores admiten *vea ora,* a pesar de 205, 2338 y 2868.

1860 *diez*: Ms. *.x.*

1863 *del*: Ríos lo cambia por *en.*

1866 Menéndez Pidal, ed. crít., cambia *e dixo esta rrazón* por *odredes lo que diz.*

1867 Restori suprime *-l señor*; Menéndez Pidal, ed. crít., cambia *Esidro* por *Esidre* y suprime *el de León.*

1870 *e a*: Ms. ʒ *ea.*

1871 Menéndez Pidal, ed. crít., cambia *cuerpos* a *cuorpos* sin dar indicación, y suprime *servir e*; Restori y Lidforss suprimen *e vestir.*

1872 *dixiéredes*: Hinard, Baist y Lidforss lo cambian a *ixiéredes.*

1874 *tres*: Ms. iij.

1885 Restori, Lidforss y Menéndez Pidal, ed. crít., suprimen *natural,* colocando el verso en la tirada 102; Smith conserva la lección del Ms., pero imprime el verso separado de la tirada 102.

1889 Menéndez Pidal, ed. crít., y Smith ponen la cesura tras *ora.*

1892 Menéndez Pidal, ed. crít., y Smith ponen la cesura tras *casamiento.*

1896 *ele*: en el Ms. hay un punto encima de la segunda *e* que no parece significar nada; Sánchez lee *elle*; Janer, Vollmöller y Huntington *elen*; Menéndez Pidal, ed.

pal., *ele*, ed. crít., *elle*; Smith *ele*; sobre puntos o rayitas sin significación, véase Fred Hodcroft, "Notas sobre la *Crónica de Morea*: Fonética", *Archivo de Filología Aragonesa*, XIV-XV (1962), pp. 83-102, en pp. 91-92.

1898-1898b Menéndez Pidal, ed. crít., cambia *el Campeador* por *Roi Díaz Campeador*. Smith pone la cesura tras *sirvem*. En el Ms. el corrector añadió una *a* antes de *mereçe* y una *r* y *yo* después; así los editores anteriores a Menéndez Pidal leyeron *el lo a mereçer yo*.

1910 Restori, Lidforss y Menéndez Pidal, ed. crít., cambian *nasco* por *nació*.

1911 *fuere aguisado*: Restori, Lidforss y Menéndez Pidal, ed. crít., invierten el orden de estas palabras, y don Ramón también cambia *fuere* por *fore*.

1914 *al*: así el Ms. y todos los editores salvo Smith, que lee *del*, sin comentarlo.

1920 Menéndez Pidal, ed. crít., pone la cesura tras *á*.

1929 *creç[r]ié*: sigo a Restori y Menéndez Pidal, ed. crít., en cambiarlo a cond. (el rey siendo sujeto de *connosçié*, pero el Cid sujeto de *creç[r]ié*); Nyrop, *R*, XVIII, y Lidforss admiten el imperf. como caso de *imperfectum futuri*; Smith también lo conserva, sin comentarlo.

1933 *Christus*: Ms. *xp̄s*; igual en 2074, 2477 y 2830. Menéndez Pidal, CC, pone la cesura tras *Cristus* (Smith también), pero en ed. crít. tras *gradesco*.

1934 *é*: Ms. *τ*.

1936 *graçia*: Bello, Lidforss, Menéndez Pidal, ed. crít., y Smith lo cambian por *amor*. Restori altera el verso: *Que del rrey he su graçia lo gradesco a Dios,* aprobado por Huntington.

1937 Aunque no haya ningún indicio de laguna y la continuidad del texto es perfecta, Menéndez Pidal, ed. crít., inserta cuatro versos adicionales tras este verso, basándose en *PCG* (apoyada por *Veinte reyes*): "*¿Dezid, Minaya e vos Per Vermudoz, / d'aqueste casamiento que semeja a vos? / —"Lo que a vos ploguiere esso dezimos nos." / Dixo el Çid: "de grand natura son ifantes de Carrion,"*.

1941 *fablemos*: Ms. *Flablemos*.

1951 *ir[i]emos*: sigo a Restori y Menéndez Pidal, ed. crít., en esta enmienda, necesaria para el sentido; Smith conserva *iremos*, pero interpreta "iríamos de grado".

1952 *de tierra*: asonancia defectuosa; Bello, Restori, Lidforss, Menéndez Pidal, ed. crít., y Smith lo cambian por *e señor*.

1954   Restori y Lidforss proponen la supresión del segundo hemistiquio y la combinación del primero con 1955, aprobadas por Huntington; Cornu, *Études*, altera el verso: *Sobre [las aguas de] Taio que es un rrio mayor*; Menéndez Pidal, ed. crít., y Smith cambian *cabdal* por *mayor*.

1958   Restori y Cornu, *Études*, suprimen *esso*; Menéndez Pidal, ed. crít., y Smith ponen el verso en estilo indirecto.

1962   *tres*: Ms. *iij.*

1965   *la[s]*: Ms. *la*; Menéndez Pidal, ed. pal., erróneamente lee *las*, pero en ed. crít. (no en CC) indica la adición de una *s*.

1971   *A[n]dria*: Ms. *Adria*; Menéndez Pidal, ed. crít., siguió al principio la enmienda de Hinard: *A[lexan]dria*, pero más tarde aceptó la explicación de Schultz-Gora (véase la nota a pie de página).

1982   *galizianas*: Menéndez Pidal, ed. crít., *gallizianas*.

1992   Bello y Menéndez Pidal, ed. crít., completan el verso con *el que mandó a Mont Mayor*, Restori con *que en buen punto naçio*: Lidforss y Smith lo retienen todo en un verso.

1993   *coranado*: Smith lo cambia en *cor[o]nado*.

1998   Restori, Lidforss y Menéndez Pidal, ed. crít., insertan *quantos* antes de *que*.

1999   *[A]* tomada de la primera letra de *Álvar* es preferible para la sintaxis, pero podría admitirse el anacoluto.

2001b   Sigo a Bello y Menéndez Pidal, ed. crít., en insertar *[otros]*, a causa de la dificultad de encontrar la cesura; Smith lo pone mal tras *que*.

2002   Restori suprime *del alcaçar que*; Bello completa el primer verso con *su palacio del Campeador*, Menéndez Pidal, ed. crít., con *mio Çid lo mandó*; Smith mantiene la lección del Ms. en un verso.

2008   Lidforss, Menéndez Pidal, ed. crít., y Smith cambian *nasco* por *naçió*.

2009   *e espolonavan*: Bello, Restori, Lidforss, Menéndez Pidal, ed. crít., y Smith lo cambian por *a espolón*.

2016   *lo*: se refiere al rey, y no es "neutro colectivo vago" como alega Smith, p. 38. Lidforss, Menéndez Pidal, ed. crít., y Smith cambian *nasco* por *naçió*.

2018   *coraçó[n]*: Ms. *coraço*, y así lo lee Huntington; Menéndez Pidal y Smith leen *coraçon*, sin comentarlo; Vollmöller *coraço[n]*.

2019   *quinze*: Ms. *.xv.*

2026   Smith pone la cesura tras *pesar*.

[2028] *no*[*n*]: Ms. *nō*, pero la tilde fue añadida; Huntington, Menéndez Pidal y Smith leen *no*.

[2032b] Tras *oyan*, Menéndez Pidal, ed. crít., inserta *todos*.

[2033] Menéndez Pidal, ed. crít., pone la cesura tras *feré*.

[2035] Sigo a Bello en suplir [*e*], tomándola de la *e* de *en*, igual que Lidforss y Menéndez Pidal, ed. crít.; Smith suple [*y*]; Bello además añade *aved* antes de *parte*; Restori propone *partedes de oy*.

[2036] Restori suprime *Fabló Mio Çid e dixo*; Lidforss propone la supresión de *yo lo rreçibo*; Menéndez Pidal, ed. crít., divide el verso, insertando *esta razón* tras *dixo* (Smith también).

[2043b] Restori y Lidforss insertan *yo* antes de *al*; Menéndez Pidal, ed. crít., inserta *padre* antes de *Criador*.

[2051] Menéndez Pidal, ed. crít., pone la coma tras *Çid*.

[2056] Restori, Lidforss, Menéndez Pidal, ed. crít., y Smith cambian *nasco* por *naçió*.

[2059] Bello propone *tamaña* (o *tamayna*) en vez de *tan aína*. Bello, Lidforss, Menéndez Pidal, ed. crít., y Smith cambian *creçiera* por *creçió*.

[2067] *tres*: Ms. *.iij.*

[2083] *edad*: Ms. *hedand*.

[2095] Bello y Menéndez Pidal, ed. crít., suprimen *Grado e*; Restori y Lidforss cambian *bueno* por *buen* [*varon*] y suprimen el resto del verso.

[2111-2112] Menéndez Pidal, ed. crít., completa 2111 con *los omenajes dados son*; Restori y Lidforss suprimen *otro día mañana*; Smith lo conserva, arreglando los versos: *Las palabras ... sol / ques ... son. salies*[*s*]*e*: Ms. *ſalie le*, *le* añadido por el corrector, probablemente como error por *se*; la sintaxis exige un pret. subj., como señalan Lidforss y Menéndez Pidal, ed. crít., pero Smith admite *salie* y suprime *le*.

[2115-2116] Como Lidforss y Menéndez Pidal, ed. crít., sigo a Hinard en invertir el orden de estos versos por razones de sentido; Smith conserva el orden del Ms.

[2118] *sessaenta*: Ms. *.L.x.*

[2124] *oy de más*: Menéndez Pidal, ed. crít., y Smith lo cambian por *de oy más* innecesariamente; Smith pone la cesura tras *más*. Menéndez Pidal, ed. crít., inserta un verso adicional tras este verso, basado en *Veinte reyes*: *sírvanvos commo a padre e guárdenvos cum a señor*.

[2126] *dem'*: Menéndez Pidal, ed. crít., y Smith lo cambian erróneamente por *devos,* véase la nota a pie de página.

2127-2130 Menéndez Pidal ed. crít., coloca estos versos entre 2155 y 2156.

2127 *dava*: Bello, Milá, Lidforss, Menéndez Pidal, ed. crít., y Smith lo cambian por *dio.*

2129 Sigo a Bello, Restori y Menéndez Pidal, ed. crít., en suprimir *comigo* que va tras *ir* en el Ms., como anticipación del copista del verso siguiente; Smith lo conserva.

2138 *d'ellas*: Ms. *dellos;* como Menéndez Pidal, ed. crít., y Smith, sigo a Lidforss en esta enmienda.

2144 *veínte*: Ms. *.xx.;* Menéndez Pidal, ed. crít., lo cambia por *treínta,* basándose en *Veinte reyes.*

2145 *treínta*: Ms. *xxx.*

2155 *en buen logar*: asonancia defectuosa; Bello lo cambia por *todo en salvo,* Menéndez Pidal, ed. crít., por *en buen recabdo*; Smith conserva la lección del Ms. pero imprime el verso separado del resto de la tirada 106.

2157 Restori, Lidforss y Menéndez Pidal, ed. crít., reorganizan el segundo hemistiquio: *dessí luegol quitó* (ajuste de la asonancia).

2168 *E a*: Ms. *Ea;* Lidforss y Menéndez Pidal, ed. crít., suprimen *E*; Restori y Menéndez Pidal, ed. crít., suprimen *don* dos veces en este verso.

2171 *sos*: Menéndez Pidal, ed. crít., lo cambia a *sus,* pero podría ser forma dialectal.

2175 Ms. *gaño*; Sánchez, Hinard y Menéndez Pidal, CC, *ganó.*

2178-2179 [*e*]: la conj. va tras *rreyal* en el Ms., pero sigo a Lidforss y Menéndez Pidal, ed. crít., en considerarla dislocada del comienzo de 2179; Smith la suprime, poniendo punto y coma tras *Carrión.*

2185 *en buena ora*: *en* y *ora* fueron añadidos por el corrector; Menéndez Pidal, ed. crít., admite sólo *buena.*

2190 Menéndez Pidal, ed. crít., suprime *amas* colocando este verso y el siguiente en la tirada 109.

2191 Asonancia defectuosa; Bello suprime *todas* y añade *desta guisa fablaban;* Restori propone *que las aconpañan* para el segundo hemistiquio; Lidforss suprime el verso; Coester, *RH,* XV, y Smith añaden *sin falla;* Menéndez Pidal, ed. crít., cambia el segundo hemistiquio por *de quien son servidas.*

2196 *Criador*: Ms. *C¹aador.*

2207 *xamed*: Menéndez Pidal, ed. crít., acentúa *xámed*, pero véase Corominas, *DCELC, s.v. "jamete"*.

2211 Bello y Restori suprimen *adelant*.

2213 *entraron*: Ms. *en^tr^aron* claramente, pero Smith lee *ent[r]aron*.

2215 *a ele e a su*: Ms. *Ael ʒ eaſſu*; Menéndez Pidal, ed. crít., pone *a elle e a ssu. se le[s]*: sigo a Bello y Lidforss en añadir la *s*; Menéndez Pidal, ed. crít., admite *le*, pero se pregunta si hay que añadir la *s*; Smith *se le*.

2224 *no lo*: Cornu, *ZfrPh*, lo cambia por *nol*; Bello por *no le*, y suprime *por*; sigo a Menéndez Pidal, ed. crít., en considerar *lo* como neutro (indefinido). *a í*: Ms. *ay*, admitido por Menéndez Pidal, ed. crít., y Smith.

2227 *Esto[n]z*: la *o* es dudosa, y una mano posterior añadió una *e* final; Sánchez lee *Estonce*, Janer *Estonze*, Vollmöller *Est[o]nze*, Huntington *Estnze*, Menéndez Pidal, ed. pal., *Eſtoz*, ed. crít. *Estoz* (Smith también).

2231 *mano*: Cornu, *Études*, y Lidforss lo cambian por *man[d]o* innecesariamente.

2233 *tomássedes*: Restori lo cambia por *tomedes*.

2235 Menéndez Pidal, CC, suprime *a* antes de *mio Çid*.

2241 *ecclesia*: Ms. *eccłia*; Sánchez, Hinard, Huntington, Menéndez Pidal, ed. crít., y Smith leen *ecclegia*, basándose en 2239.

2249 *siete*: Ms. *.vij*.

2251 Ms. *durarō en las bodas*; sigo a Bello, Milá, Lidforss y Menéndez Pidal, ed. crít., en esta reorganización (Smith también).

2252 *çerca*: Ms. *Hya çerca*, admitido por Smith; sigo a Restori, Lidforss y Menéndez Pidal, ed. crít. en suprimir *Hya* como anticipación del segundo hemistiquio; Bello lee *I açerca. quinze*: Ms. *.x.v*.

2255 *ciento á*: Ms. *.C. ſon*; puesto que *Mio Çid* de 2253 no lleva verbo, *son* parece ser error por *á* (enmienda de Menéndez Pidal); Smith conserva la lección del Ms.

2266 *ca será aguisado*: Bello lo cambia por *ca ser [les] ha aguisado*, Lidforss *[así] era aguisado*.

2267 *Fernando*: Ms. *fr̃o*; Huntington, Menéndez Pidal, ed. crít., y Smith leen *Ferrando*.

2275 *[ovo a algo]*: se han aplicado reactivos a estas palabras varias veces (más de una vez por el mismo Menéndez Pidal); bajo la lámpara de cuarzo, logré leer *algo*, muy borroso, además de *ouo* sobre el renglón. Menéndez Pidal, ed. pal., sugiere que el copista escribió *algo*, lo tachó, y luego escribió *ouo,* seguido de una palabra que constaba de cinco o seis letras, probablemente con terminación en *vos* (esta palabra no puede leerse hoy). Ulibarri leyó *lo olgo;* Pellicer *lo ovo en algo,* adoptado por la mayoría de los editores; prefiero seguir la enmienda de Menéndez Pidal, ed. crít., en leer [*a*] tomada de la *a* de *algo* (en una nota don Ramón sugiere la posibilidad de leer: *lo ovo* [*por*] *voz* [*tratado*]).

2278 *seí*: Ms. ſ*eye,* la segunda *e* añadida por el corrector; Menéndez Pidal, ed. crít., *sedí,* Smith *seye. con todos sus vassallos*: asonancia defectuosa; Bello lo cambia por *con tod*[*a su criazon*], Restori y Lidforss [*el Campeador*], pero éste sugiere *con todos* [*los sos*], adoptado por Menéndez Pidal, ed. crít. No hay ningún indicio en el Ms. del comienzo del tercer Cantar, aparte de una mayúscula muy grande y el contenido de 2276.

2286 Restori suprime *Gonçalez:* Bello divide el verso en dos tras *alçasse;* Menéndez Pidal también lo divide, completando el primer verso con *ifant de Carrión* (sugiere la supresión de *abierta*); Smith lo mantiene todo en un verso, poniendo la cesura tras *alçasse.*

2297 Como Menéndez Pidal, ed. crít., y Smith, sigo a Restori en suplir [*l*] tomada de la *l* de *león.*

2298 Vollmöller pone la coma y la cesura tras *assí,* criticado por Cornu, *R,* X.

2299 Restori suprime *e el rrostro fincó;* Menéndez Pidal, ed. crít., pone la cesura tras *cabeça.*

2303 *al palaçio:* Ms. *al apalaçio.*

2306 Tras *fallaron,* el Ms. lee *τ ellos vinierō aſſi vinierō;* Bello suprime *ellos vinieron assi;* como Menéndez Pidal, ed. crít., y Smith, sigo a Restori en suprimir *τ ellos vinierō,* considerándolo como anticipación del copista.

2307 *juego*: Ms. *guego,* la segunda *g* escrita sobre una raspadura, que Menéndez Pidal, ed. pal., cree haber sido una *l;* Smith *guego.*

2308 Menéndez Pidal, CC, pone la cesura tras *Çid,* pero en ed. crít. tras *vedar.*

2312 Tras este verso, Menéndez Pidal, ed. crít., inserta un verso adicional: *en el campo de Quarto ellos fueron posar;* no obstante, la continuidad del texto es perfecta.

2313 Bello suprime *mill;* Restori considera interpolado *de las cabdales* y sugiere *el rey fincadas ha;* Lidforss invierte innecesariamente: *de las cabdales fincadas ha.*

2314 *ouyestes*: Ms. *ouieſtes*: Sánchez, Bello y Menéndez

Pidal, ed. crít., *oviestes,* don Ramón considerando la *u* como una *v* antihiática (reconoce que la forma tiene que ser 2.ª p.ª pl. del pret. de *oír,* no de *aver*); Lidforss *oyiestes,* Smith *oyestes;* lo considero como forma dialectal de AUDI(V)ISTIS (véase la nota a pie de página); para la fórmula, comp. *Santo Domingo,* 187*a,* y *Apol,* 45*b.*

2318 Bello y Restori suprimen *de moros.*

2320 *Catamos:* Milá lo cambia por *catemos,* pero tiene buen sentido como pret.

2325 Bello, Restori y Menéndez Pidal, ed. crít., suprimen *Ruy Díaz.*

2326 Tras *osados,* el corrector añadió ſoy, pero la *y,* por borrosa, es dudosa; los editores anteriores a Menéndez Pidal leyeron *son,* pero Huntington observa que podría leerse *sey.* Bello y Restori suprimen *pavor han;* Menéndez Pidal, ed. crít., suprime *qué pavor han* y lee *son* tras *osados;* Lidforss y Smith mantienen el verso y admiten la adición del corrector como *son,* poniendo punto y coma y la cesura tras *yernos.*

2337 Tras este verso, falta un fol., y Sánchez cree que fue cortado con tijeras; varios editores han intentado suplir el contenido del fol. perdido, Lidforss basándose en la *Tercera* (a veces la *Primera*) *crónica general,* Huntington en *PCG* y Menéndez Pidal, ed. crít., en *Veinte reyes.*

2338 Hinard sigue la enmienda de J. H. Frere (véase la nota a pie de página); Restori propone *dos tantos* en vez de *dos tanto.*

2342 Bello, Cornu y Lidforss suprimen la conj. *e,* erróneamente, como señala Nyrop, *R,* XVIII.

2344 *van:* Lidforss propone *va.*

2352 Sigo a Bello, Cornu, *Études,* y Lidforss en insertar [*don*]; Menéndez Pidal, ed. crít., suprime *don* antes de *Fernando;* Smith acepta la lección del Ms.

2353 *la cosa:* el corrector añadió la *s* del pl. al final de cada palabra; sigo a Menéndez Pidal en hacer caso omiso de ellas; otros editores admiten la adición.

2358 Menéndez Pidal, ed. crít., añade *los* tras *ferir,* pero se muestra menos cierto en su comentario en p. 319.

2359 Restori suprime *firmemientre.*

2360 *cueta;* Menéndez Pidal, ed. crít., *cueta,* CC, *cuenta.*

2367 Tras *ayamos* una mano posterior añadió *lo;* Huntington y otros editores anteriores a Menéndez Pidal leyeron *ayamos lo;* como Smith sigo a Menéndez Pidal en hacer caso omiso de la adición.

2368-2369 Bello divide estos versos en tres: *Afevos don Hierónimo* [*coronado de prestar*] / *muy bien armado paravas' delant* / *al* [*Cid*] *Campeador,* [*aquel de*] *la buen auze*; Restori suprime *Don Iheronimo* en 2368 y *parauas* en 2369; Menéndez Pidal, ed. crít., inserta *estave* tras *armados* en 2368. *delant al*: uso muy raro de *a*; podría ser error por *delant el*.

2375 *corças*: Ms. *corcas*; Sánchez e Hinard *corzas,* los demás editores lo cambian a *corças*.

2380 *plazme*: Lidforss *me plaz*.

2383 *priso a espolonada*: Nyrop, *R*, XVIII, y Lidforss lo cambian a *aprissa espolonaua*.

2386 *lanç*[*a*]: un encuadernador cortó la última letra; Bello cambia *matava de la lanç*[*a*] por *mató de lanza*; Restori, Lidforss y Menéndez Pidal, ed. crít., suprimen *de la lanç*[*a*], éste observando que *moros* también podría suprimirse (se supone, en vez de la otra supresión).

2389 Lidforss propone la inserción de [*la*] antes de *lança. çinco*: Ms. *.v.*

2397 *siete*: Ms. *.vij. quatro*: Ms. *.iiij.*

2399 Bello inserta [*les*] tras *cae*, Restori y Lidforss lo insertan antes de *cae*, innecesariamente, como notó Menéndez Pidal, ed. crít.; comp. 772, pero contrástese 2403.

2401 Bello inserta [*que*] antes de *con*; Cornu, *R*, X, puntúa el verso con signos de admiración, interpretando: "dommage, elles étaient si richement ouvrées".

2402 Restori suprime *a los de Bucar.*

2403 *alcaz*: Lidforss *alca*[*n*]*z*.

2407 *siete*: Ms. *VII.* *migeros*: Ms. *migŏs*; Sánchez, Hinard y Janer leen *migos,* Huntington, Menéndez Pidal y Smith *migeros*.

2408 *alcaz*: Lidforss *alca*[*n*]*z*.

2409 Restori y Lidforss insertan [*la*] antes de *mar*.

2411 *amistad*: Ms. *amiſtas,* admitido por Huntington; Cornu, *R*, X, propone *amistades* o *amistad*: Menéndez Pidal, ed. crít., *amiztat,* Smith *amista*[*d*].

2412 *Cofonda*: Sánchez, Hinard y Janer leen *confonda,* Vollmöller *co*[*n*]*fonda. amistad*: Menéndez Pidal, ed. crít., lo cambia a *amiztad.*

2413 Bello, Milá y Restori suprimen *en la mano*; Menéndez Pidal, ed. crít., cambia el primer hemistiquio a *Espada tienes en mano.*

2415 *caye*: 3.ª p.ª sg. del pres. con yod antihiática; Menéndez Pidal, ed. crít., lo cambia a *cade.*

2421 *grant*: Ríos *gran.*

2422 *la[s]*: sigo a los demás editores en insertar la *s.*

2425 Lidforss inserta [*el*] antes de *mar.*

2428 Asonancia defectuosa; Restori crea un leonino, reorganizando el primer hemistiquio: *Myo Çid aquis ondró*; Lidforss y Cornu cambian *son* por *van,* Menéndez Pidal, ed. crít., por *están.*

2431-2432 Lidforss y Smith conservan dos versos dividiendo tras *llegados*; Restori y Coester proponen: *A la tienda eran legados del que en buen ora nasco* (pero las *tiendas* deben referirse al campamento moro); Bello y Menéndez Pidal, ed. crít., cambian *do estava* por *con,* sosteniendo que la lección del Ms. no encaja con *vinía* en 2435; puede interpretarse, sin embargo, que el Cid pasa por el sitio de la matanza hecha en el campamento de los moros (resultante de la persecución), dirigiéndose a sus hombres procedentes del campo de batalla que acaban de saquear.

2436-2437 Baist y Lidforss intercambian los segundos hemistiquios de estos versos; Cornu y Restori consideran incomprensible 2437; Bello cambia el segundo hemistiquio de 2437 por [*e*] *fronçida yacuanto*; como Menéndez Pidal y Smith, conservo la lección del Ms.

2438 *v[e]yé*: Ms. *vie,* admitido por Smith; Menéndez Pidal, ed. crít., *vidie.*

2439 *esteva*: Ms. *esteua*; sigo a Huntington en admitir la forma, comp. *Fuero juzgo,* 113*a*; los demás editores lo cambian a *estava.*

2440 Menéndez Pidal, ed. crít., pone la cesura tras *venir* (Smith igual), pero tras *Díago* en CC.

2441 Restori y Lidforss proponen la supresión de este verso, considerándolo como interpolación, pero el poeta tal vez está recordando al público el linaje de los infantes.

2450 *espad[ad]o*: Ms. *espado*; haplografía.

2454 *veínte*: Ms. *.xx.*

2455 Dislocado; lo coloco entre 2448 y 2449, después de la llegada de los infantes, que no pueden considerarse como vasallos. Menéndez Pidal, ed. crít., lo coloca entre 2437 y 2438, por razones de foliación hipotéticas, puesto que ni la posición del verso en el Ms. ni el lugar que le adjudica coinciden con el comienzo o el final del fol. Smith conserva el orden del Ms.

2459 Menéndez Pidal, ed. crít., y Smith ponen la cesura tras *bienes.*

[2464] Cornu, *ZfrPh,* cambia el segundo hemistiquio por *mas ellos en al cuydaron;* Menéndez Pidal. ed. crít., cambia *mal* por *escarnio;* Smith lo conserva, pero imprime el verso separado del resto de la tirada 119.

[2465-2467] Asonancia en *á-a,* que favorece una división de tirada entre 2463 y 2464 (éste con asonancia defectuosa en *-á*) y entre 2467 y 2468; así lo divide Huntington, y también Smith, que numera estas secciones 119b y 119c. Cornu, *ZfrPh,* y Menéndez Pidal, ed. crít., hacen cambios para producir asonancia en *á-o:* en 2465 Cornu cambia: *con todas estas gananças a V. son legados,* Menéndez Pidal, *Todos los ganados a V. son llegados;* en 2466 ambos editores cambian *conpañas* por *vassallos,* y en 2467 transponen *de plata* al comienzo del segundo hemistiquio.

[2473] *Mucho son:* Ms. *Muchos ſon,* admitido por Menéndez Pidal, ed. crít., pero probablemente es repetición del copista, como señaló Cornu, *R,* X.

[2474] Bello admite la lección del Ms., tomando *el día* como equivalente a *aquel día* y viendo la construcción como un galicismo, comp. "mainte richece i ot le jor mostrée" (véase F. Araujo Gómez, *Gramática del Poema del Cid,* Madrid, 1896, p. 146), pero sigo a Menéndez Pidal, ed. crít., en insertar [*por*] (Smith también); comp. 770.

[2481] Sigo a los demás editores en insertar [*an*]; Menéndez Pidal, ed. crít., innecesariamente cambia *vos* por *nos* (Smith también) y termina el estilo directo con este verso.

[2482] Bello, Lidforss y Menéndez Pidal, ed. crít., cambian *ganadas* por *ganado.*

[2483] Sigo a Bello y los demás editores, excepto Menéndez Pidal, en terminar el discurso del Cid con este verso, según exige la lección del Ms.; Bello además cambia *han* por *ayamos* y erróneamente interpreta "guardemos lo nuestro i cuidemos de la seguridad común". Por haber terminado el discurso en 2481, Menéndez Pidal, ed. crít., tiene que cambiar *nuestro* por *dellos,* que afecta tanto al sentido que en CC dice de este verso: "Verso difícil, que creo significa: 'lo uno es propiedad ya antigua de ellos; lo otro, de esta batalla, lo tienen ya a buen recaudo'". La interpretación de Hinard es más acertada: "une partie est nôtre, le reste leur appartient"; véase la nota a pie de página.

[2487] *e la su quinta:* Menéndez Pidal, ed. crít., lo cambia a *e el so quinto de mio Çid.*

[2489] *seix*: Ms. *ʃeyx*; Menéndez Pidal, ed. crít., lo cambia a *seys,* sin indicación.

[2494] *ʃu*: en el Ms. una mano posterior añadió una *e*; Sánchez e Hinard leen *ʃue,* Cornu, *Études,* y Lidforss *ʃu[i].*

[2500] *abrán*: Ms. *abram*; Menéndez Pidal, ed. crít., p. 269, considera que recuerda las formas gallegas y leonesas tales como *virem, dem,* etc., y lo admite (Smith también); no obstante, puede ser error del copista al anticipar *de mí* que sigue (pensando erróneamente en una construcción dativa **abrá[n]m'*); para la construcción normal, comp. 754 y 1899.

[2501] *piesso*: Sánchez e Hinard, *pienso,* Janer y Smith *piensso,* Vollmöller y Menéndez Pidal, ed. crít., *pie[n]sso*; sigo a Huntington en conservar la lección del Ms.

[2505-2506] Restori suprime *en Valençia* y cambia *sus vassallos* por *los otros,* Lidforss por *los sos*; Cornu (reseña de Lidforss), Menéndez Pidal, ed. crít., y Smith ponen la cesura tras *gozos,* insertan *la mayor* tras *Valençia* y ponen el resto de 2505 como segundo hemistiquio de 2506, cambiando *con* por *de* y suprimiendo *e de todos sus vassallos* (perdiendo así la distinción entre compañeros y vasallos). Bello cambia el segundo hemistiquio de 2506 en *e de toda su criazon,* y Nyrop, *R,* XVIII, propone cambiarlo por *e de todos los sos,* o bien *que le sirven a so sabor* (Menéndez Pidal encontró esta alternativa aceptable). Todas estas enmiendas parecen excesivas ante un verso largo y una asonancia defectuosa.

[2508] Lidforss y Menéndez Pidal, ed. crít., colocan este verso entre 2506 y 2507, considerando que no debería referirse a los infantes, sino a los vasallos del Cid; esta enmienda, no obstante, fuerza demasiado la sintaxis de 2506-2507 (*gozos ... de todas sus conpañas ... d'aquesta arrancada*), mientras que *d'aquesta arrancada* encaja muy bien con *ganaron* en el orden del Ms. (*de coraçón,* puede ser irónico); Smith también defiende el orden del Ms. por razones semejantes.

[2512] *do*: así el Ms., conservado también por Menéndez Pidal, ed. crít., mientras que los demás editores lo cambian a *do[n]*; la forma apocopada se encuentra a menudo antes de nombres de persona empezando en *R-* o *ʃ-.*

[2522-2523] Asonancia defectuosa y encabalgamiento; Restori añade [*nos*] tras *matamos,* y en 2523 invierte el orden de *traidor provado*; Lidforss también lo invierte, pero coloca 2522-2523 tras 2526 (todavía como parte del discurso del Cid) innecesariamente. Menéndez Pidal, ed. crít., transpone estos versos, dejándolos entre 2530 y 2531 y cambiando así el sentido; Smith le sigue. Tienen sentido en el orden del Ms.

2524   *del*: así el Ms.; Smith *de*.

2525   Restori propone la supresión de *nuestros*; Menéndez Pidal, ed. crít., y Smith cambian *nuestros* por *vuestros* innecesariamente.

2527   *fabló Ferrán Gonçález*: Cornu, *ZfrPh*, lo cambia por *don Ferrando a fablado,* Bello *fabló don Ferrando,* Menéndez Pidal, ed. crít., *fabló ifant Ferrando.*

2535   *juegos*: Ms. *guegos*.

2536   *e las*: Ms. *Elas*; Huntington lee *E las,* Menéndez Pidal, ed. crít., *elas* (forma arcaica del art. def.); otros editores *e las*.

2538   *saliero[n]*: Ms. *ſaliero*; Menéndez Pidal, ed. pal. lee *ſalieron* erróneamente; Huntington y Vollmöller leen correctamente; Smith *salieron*.

2542   Hinard y Menéndez Pidal, ed. crít., cambian *lo* por *los*, y éste invierte los hemistiquios, cambiando *visquiéremos* por *bivos seamos*.

2543   Menéndez Pidal, ed. crít., supone que el segundo infante empieza a hablar aquí, es decir, que los infantes no están hablando juntos en 2540-2555, como es corriente con las parejas de personajes en el *Poema*.

2544   *levaremos*: así el Ms.; Menéndez Pidal, ed. crít. y CC, *llevaremos,* pero en esp. ant. el verbo *levar* se conjugaba *lievo, lievas,* etc., como reconoce en su Vocab.

2545   *[e]*: los demás editores aceptan la lección del Ms.; inserto la conj. por razones de sintaxis, suponiendo una haplografía en la *e* de *enseñar*.

2552   Lidforss y Menéndez Pidal, ed. crít., suponen que el primer infante vuelve a hablar aquí (véase 2543), suposición que, al parecer, Smith aprueba.

2563   Restori suprime *nuestras*.

2564-2565   Restori y Lidforss los combinan en un verso, suprimiendo *hemos* y *por arras e*; Menéndez Pidal, ed. crít., también combina, suprimiendo *las villas,* a pesar de que el Cid se refiere a ellas en 2570: *meter las hemos en arras que les diemos por onores* (también suprime *e por*).

2568-2569   El Ms. es confuso: *Dixo el Campeador daruos he mys fijas τ algo delo myo / El Çid q̄ nos curiaua de aſſi ſer afontado*; Lidforss considera 2569 como un aparte del juglar; Restori y Coester ponen *Dixo el Cid que nos curiava de assi ser afontado;* / *"Daruos he mis fijas e de lo myo algo*; Menéndez Pidal, ed. crít.: *Nos curiava de fonta mio Çid el Campeador,* / *"Darvos he...*, etc.; sigo a estos editores en poner 2569 primero, suprimiendo *Dixo el, q̄* y *assi* e intercambio *Çid* y *Campeador*; Smith conserva la lección del Ms. y defiende *lo mió* como asonante.

2570 Ms. *villas e tierras por arras entr̄ras,* con una letra raspada, quizás una *n,* antes del primer caso de *tierras*; sigo a Bello en suprimir *e tierras* como anticipación del copista, igual que Lidforss, Menéndez Pidal, ed. crít., y Smith; Restori suprime *e tierras por arras.*

2571 Restori suprime *axuvar. tres*: *Ms. .iij.* Lidforss cambia *plata* por *oro,* Menéndez Pidal, ed. crít., y Smith lo cambian por *valor.*

2574 Huntington y Menéndez Pidal, ed. pal., leen *τ* tras *paños,* pero el signo, ahora muy borroso, fue añadido al Ms.; los editores *de paños e de çiclatones.*

2575 *Tizón*: una mano posterior añadió una *a* al final de esta palabra en el Ms.

2576 Menéndez Pidal, ed. crít., pone la cesura tras *gané.*

2590 Restori, Lidforss y Cornu (reseña de Lidforss) suprimen *a tierras de Carrión* basándose en que los de la escolta no piensan hacer todo el recorrido hasta Carrión; Menéndez Pidal, ed. crít., cambia *Campeador* por *Çid* y suprime *sus*; afirma que *a* no significa "hasta" aquí y que *escurrir* no significa "escoltar" sino "acompañar al que va de viaje, saliendo con él a despedirle".

2598 *cunplir*: así el Ms.; Sánchez e Hinard *complir.*

2600 *vuestros*: Ms. *ur̄os,* Huntington y Vollmöller leen *nuestros.* Véase también la nota a pie de página.

2601 Restori suprime *a dos* y coloca este verso al comienzo de la tirada 125.

2603 Smith pone la cesura tras *fijas.*

2604 Cornu (reseña de Lidforss) propone el cambio de *nuestra* por *vos la,* pero el poseedor también precede al adj. posesivo en 23, 870, 2057, como señala Menéndez Pidal, ed. crít., p. 327.

2619 Restori y Lidforss suprimen *amas.*

2623 Restori suprime *dalma e.*

2633 Restori suprime *cavalleros* e inserta [*Çid*] antes de *Campeador.*

2635 Ms. *vna noch y iazredes*: sigo la reorganización de Milá, igual que Lidforss, Menéndez Pidal, ed. crít., y Smith.

2639 *sírvalas*: el Ms. tiene una tilde encima de la primera *a* en tinta negra, que podría ser del copista, pero sigo a Menéndez Pidal, ed. crít., en suprimirla por el sentido; Smith *sirvan las.*

²⁶⁴⁰ Staaff, *RF*, XXIII, se extraña por la colocación poco corriente del pronombre átono y propone: *desí fasta Medina // escúrralas,* etc., del cual Menéndez Pidal, ed. crít., nota (y p. 404), comenta: "Posible una buena corrección de Staaff"; sin embargo, H. Ramsden, *Weak-Pronoun Position...,* pp. 67-68, encuentra doce ejemplos parecidos de postposición en esp. ant. y en todo caso el adv. indica una progresión cronológica como en este ejemplo.

²⁶⁴¹ *dar[é]*: como Menéndez Pidal, ed. crít., y Smith, sigo a Restori en esta inserción.

²⁶⁴² *Cuemo*: Menéndez Pidal, ed. crít., y CC, lo cambia por *Quomo* sin indicación.

²⁶⁴⁵ Bello y Restori suprimen *d'Alvarrazín* y transponen *fazían* para crear un leonino; Lidforss considera dudoso el verso; Menéndez Pidal, ed. crít., cambia el segundo hemistiquio por *la posada fecha fo.*

²⁶⁴⁹ Lidforss y Cornu, *Études, a[l]vorozes.*

²⁶⁵⁴ *donas*: Ms. *doñas.*

²⁶⁵⁶⁻²⁶⁵⁷ Menéndez Pidal, ed. crít., considera dislocados estos versos y los pone entre 2653 y 2654; Smith defiende el orden del Ms.

²⁶⁵⁸ *Campead[or]*: en el Ms. la terminación de la palabra está borrosa.

²⁶⁶⁰ *traçion*: Restori y Lidforss lo cambian por *trayçion,* pero comp. el catalán ant. *tració.*

²⁶⁶⁵ Menéndez Pidal, ed. crít., y Smith ponen la cesura tras *derecho.*

²⁶⁶⁹ *Acayaz*: Menéndez Pidal, ed. crít., acentúa *Acáyaz,* pero no pone acento en su Vocab.

²⁶⁷⁰ *cosseiar*: sigo a Huntington en mantener la lección del Ms.; Sánchez e Hinard *conseiar,* Janer *consseiar,* Vollmöller, Menéndez Pidal, ed. crít., y Smith *conssejar.*

²⁶⁷⁵⁻²⁶⁷⁶ Lidforss propone una transposición de estos versos, *y* Menéndez Pidal, ed. crít., los coloca antes de 2681 de la tirada 128, atendiendo así más a la asonancia que al sentido y efecto artístico. *e vós, pora mí, muert conseiastes*: Ms. *τ uos cõſſeiaſtes pora mi muert*; Restori *uos por mi muert consseiastes*; Cornu suprime *pora* por razones métricas, Menéndez Pidal, ed. crít., lo suprime por razones sintácticas y pone: *e vos conssejastes mie muort*; Smith admite la sintaxis desconocida de *consejar pora* más sus-

tantivo. Comp. *consellar morte de sos principes, Fuero juzgo,* 12*a,* p. xi*b.*

2681 Restori suprime *de malos e.*

2685 *que grade el Canpeador*: así el Ms.; Bello, Milá y Lidforss *que grade al C.*; Menéndez Pidal, ed. crít., y Smith lo cambian por *ques grade el C.*; *gradarse con* se encuentra en 172, pero *gradó exir* en 200; comp. *Lba,* 940, "los cuervos non gradan" (que Menéndez Pidal propone cambiar en "[se] gradan" por la métrica).

2687 *iva*: Ms. *yuan,* que no puede mantenerse si no se invierte el orden de 2687-2688, y tal inversión colocaría El Ansarera en la ribera sur del Jalón (véase la nota a pie de página a 2657); sigo a Menéndez Pidal, ed. crít., en suprimir la *n*; Smith *ivan.*

2688 Restori coloca este verso antes de 2687, aprobándolo Huntington, pero véase la nota anterior.

2691 *Atienza*: Ms. *Atineza,* quizás error del copista.

2692 *esto[n]z*: Ms. *eſtoz,* admitido por Huntington, Menéndez Pidal, ed. crít., y Smith.

2698 Restori y Lidforss invierten los hemistiquios y reorganizan: *los montes altos son*; por razones de asonancia, Menéndez Pidal, ed. crít., cambia *núes* por *nuoves,* pero *nues* se encuentra en *Alex,* 1583*d* (Ms. *O*); *nueves* se halla en Sem Tob, 155, pero no conozco ningún ejemplo de *nuoves; Smith estaría más dispuesto a aceptar *nu[v]es* si hiciera falta una corrección.

2699 *e las*: Ms. *Elas*; Menéndez Pidal, ed. crít. *elas.* Bello y Restori suprimen *que,* pero Menéndez Pidal señala que el verso lleva un tono exclamatorio.

2700 *linpia*: así el Ms.; Sánchez, Hinard y Menéndez Pidal, CC, *limpia.*

2705 Restori y Lidforss consideran interpolado el verso. Menéndez Pidal, ed. crít., cambia *grandes averes* por *averes a nombre.*

2712 *quatro*: Ms. *iiij.*

2713 *comidieron*: la palabra fue repasada en el Ms. con la primera *i* mal trazada; los editores anteriores a Menéndez Pidal leyeron *comedieron.*

2716 *dexadas*: así el Ms. y Menéndez Pidal, ed. pal., pero en ed. crít. y CC pone *daxadas.*

2719 Ms. *Nos vengaremos aq̅ſta por la del leon*; Nyrop, *R,* XVIII, dudando que se pudiera leer *por la* como *burla,* prefiere cambiar *aquesta* por *aquesta[s]*, tomando ésta como referencia a las hijas: "nous nous vengerons sur celles-là du deshonneur que nous a causé le lion", pero esta explicación necesitaría [*de*] antes de *aquesta*[*s*]; Menéndez Pidal, ed. crít., considera que *aquesta* ... *la* tienen la función de neutros con el sustantivo no expresado (comp. *desondra*, 2762), y conserva la lección del Ms.; Smith también, sin comentarla. Es curioso que ningún editor haya notado que la sintaxis del primer hemistiquio es inadmisible (aunque Bello la encontró dudosa ya que puso dos puntos tras *vengaremos*): en el *Poema* es siempre *vengar* más complemento directo (comp. *vengallo*, 1070, y véase 2868), o *vengarse de* (comp. *De mios yernos ... Dios me faga vengar*, 2894, y comp. el uso pasivo con *de* en 2758); por lo tanto, aquí *Nós* tiene que ser sujeto pronominal (de ninguna manera podría ser pronombre reflexivo a causa de su anteposición, véase H. Ramsden, *Weak-Pronoun Position...*, pp. 99-103), y *la del león* tiene que ser el complemento directo de *vengaremos,* sintaxis que puede conseguirse mediante la transposición de *por.* La omisión del complemento es menos seria y no es preciso suplirlo, pero [*desondra*] va mejor para el ritmo del verso.

2725   Asonancia defectuosa; Milá, Restori y Lidforss invierten los hemistiquios y reorganizan: *rogamos uos por Dios*; Cornu también los invierte e inserta *nos* tras *rogamos*; Menéndez Pidal, ed. crít., mantiene el orden del Ms., pero inserta *nos* toscamente al final del verso.

2730   Restori suprime el primer *nos.*

2735   Restori suprime *essora.*

2741   Restori suprime *esta.*

2748   *rrobredo*: Ms. *Robredo*; Menéndez Pidal, ed. pal. (1913) transcribe correctamente, pero en la edición de 1946 erróneamente lo cambia por *Robredo*; en ed. pal. de la edición facsímil (1961) lo imprime correctamente otra vez, ¡pero lo corrige mal en la lista de erratas!

2752   *la*[*s*]: Ms. *la*; Huntington *la*, Vollmöller y Smith *la*[*s*], Menéndez Pidal, ed. pal. lee *las* erróneamente, pero en ed. crít. indica que inserta la *s.*

2753   Restori y Lidforss proponen la supresión del verso; Menéndez Pidal, ed. crít. y CC, no acentúa *assomas,* que por lo tanto podría leerse como *assómas*[*e*] (acentúa bien en otros lugares, comp. 2677); la sintaxis exige el pret. subj., comp. 2742. Menéndez Pidal, ed. crít., cambia *Campeador* en *Roy Díaz*; Smith coloca el verso en la tirada 130, pero lo imprime separado, junto con 2754.

2754-2755 Restori, Lidforss y Menéndez Pidal, ed. crít., suprimen *en el rrobredo de Corpes*; Smith conserva estos versos y defiende 2755 como un medio verso que ocupa "el espacio emocional de un verso entero". Los combino sin suprimir nada.

2757 Sánchez, Bello y Vollmöller ponen la cesura tras *ellos.*

2759-2760 Bello, Lidforss y Coester suprimen *por barraganas,* pero Menéndez Pidal, ed. crít., p. 886, señala que tal supresión afectaría el sentido de 2761 y debilitaría el paralelo con 3276-3277. Smith mantiene dos versos, con las cesuras tras *deviemos* y *fuessemos* (muy forzada ésta).

2773 *v[e]yén*: Ms. *vien*, admitido por Smith; Menéndez Pidal, ed. crít., *vidien.*

2776 Restori y Lidforss insertan [*aquel*] antes de *Félez* y ponen la cesura tras *tornós'*, pero es más probable que la cesura deba ponerse antes de *tornós'* a causa de la posposición del pronombre átono (véase H. Ramsden, *Weak-Pronoun Position...,* p. 74).

2777 Restori y Lidforss invierten el orden de *sus primas* y *amorteçidas.*

2782 Restori y Menéndez Pidal, ed. crít., suprimen *e a Sancta María*. Bello suprime *ellos.* Cornu, *Études,* divide el verso en dos.

2784 Restori, Lidforss y Coester invierten el orden de los hemistiquios y también reorganizan: *traspuestas son*; Bello reorganiza el segundo hemistiquio: *que decir nada non pueden,* Menéndez Pidal, ed. crít.: *que nada dezir non puoden.*

2785 *telas*: Ms. *tellas. del coraçón*: Ms. *de los coraçones*; Ríos y Bello notan este error del copista, y Bello lo cambia por *del so coraçon*; como Restori, Lidforss, Menéndez Pidal, ed. crít., y Smith, sigo la enmienda de Bello.

2786 *don Sol*: posible error del copista; Hinard, Menéndez Pidal, ed. crít., y Smith lo cambian a *doña Sol.*

2788 *Mie[n]tra*: lectura muy dudosa; Ms. *Mi^qe t^apa* (?); Ulibarri y Pellicer leen *Mire que tiempo*; Sánchez y Janer *Que tiempo*; K. Hofmann, *ZfrPh,* IV, propone *Mietad paso el día*; Vollmöller *Mio trapo* (?) o *Mie trapa* (?); Cornu, *R,* X, propone *Mientra que es de día* o *Mientra exe el día*; Lidforss *Mientra partes el día*; Huntington sugiere *Grado a x͞po*; C. C. Marden (Johns Hopkins University Circulars, febrero de 1896, p. 43) sugiere que *tpa* (o *tpo*) podría leerse como *tra* y propone *Mientra es el dia,* adoptado por Menéndez Pidal, ed. crít., y Smith, y en esta edición.

2799 *sonbrero*: Ms. ſonbrero y así Menéndez Pidal, ed. pal., pero en ed. crít., imprime *sombrero,* igual que Sánchez y Smith.

2812 Cornu, *Études,* inserta *dueñas* tras *las. elle* podría ser error del copista por *allí,* comp. 2819.

2813 Lidforss inserta *aquel* tras *vino.*

2822 *a llas*: Ms. *Allas*; podría ser error del copista influenciado por *Alli* y *Allabādos* al comienzo de los dos versos siguientes. *esfuerço*: así el Ms.; Menéndez Pidal, ed. crít., lo cambia por *enffurçión,* pensando en 2849.

2823 *sanas*: Ms. ſañas.

2824 *Alabandos' seían*: Ms. *Allabados* ſean; un corrector añadió una tilde sobre la tercera *a* y una *y* encima de la *e,* y después el verso fue repasado con tinta clara que Menéndez Pidal borró; Ulibarri y Janer leen *Alabandos yban*; Sánchez *Allábades sean*; Bello *alabados se han*; Vollmöller y Huntington *Allavades sean,* tomando *Allavades* como una imprecación (A. Morel-Fatio, *R,* XVI, lo relaciona con *Alauut, Razón de amor,* 254); Menéndez Pidal, ed. crít., *Alabándos sedían*; Smith *Allabandos seyan.* Tras este verso Coester supone una larga laguna, basándose en *PCG,* y Menéndez Pidal, ed. crít., inserta un verso adicional reconstruido de *Veinte reyes: Por todas essas tierras estas nuevas sabidas son.*

2825 Hinard, Lidforss y Cornu, *Études,* proponen la supresión de este verso.

2832 *par*: con excepción de Cornu, *R,* X, Menéndez Pidal y Smith, los editores leyeron *por* (la palabra estaba repasada erróneamente y Menéndez Pidal borró los retoques).

2838 *dozientos*: Ms. *.CC. quales*: Lidforss y Cornu (reseña de Lidforss) leen *qual* [*l*]*es.*

2839 Restori suprime *fuertemientre* y pone la cesura tras *andidiessen.*

2842 Ms. *los dias z las noches andan*; sigo la reorganización de Bello, Milá, Lidforss y Menéndez Pidal, ed. crít. (Smith también).

2843 *Gormaz*: Ms. *SantEſteuan de Gormaz*: confusión del copista entre el castillo de Gormaz y la villa de San Esteban de Gormaz, comp. 2845; Lidforss lo deja sin corregir; Cornu, *Études,* y Restori suprimen *de Gormaz*; pero estas lecturas no tienen sentido; como Menéndez Pidal, ed. crít., y Smith, sigo a Bello en suprimir *SantEsteuan de.*

2851 Restori y Cornu, *Études,* suprimen *Graçias,* pero Menéndez Pidal, ed. crít., señala que *por* debe depender de *Graçias* y no puede depender de *gradeçe* en 2853.

2853 Lidforss suprime *lo;* Bello suprime *myo Çid;* Restori suprime *alla do esta.*

2862 Bello, Restori y Lidforss piensan que es una combinación de dos versos y que falta un hemistiquio; Restori suple: [*Bien creades, Minaya, que*] *en los días de vagar,* / etc.; Menéndez Pidal, ed. crít., también lo divide, supliendo *en Valençia la mayor* al final del primer verso y *nos* al final del segundo, y coloca los dos versos al final de la tirada 131; Smith mantiene un solo verso, pero lo imprime separado del resto de la tirada 131.

2864 *otro tanto las ha*: Hinard cambia *ha* por *ha*[*bla*], aprobado por Huntington; Restori propone *conortado las ha,* adoptado por Lidforss, o bien *conortando las ba*; la expresión es desconocida, pero la conservo, igual que Menéndez Pidal, ed. crít., y Smith.

2866 *sanas*: Ms. *ſañas.* Como Smith, sigo a Lang en poner la cesura tras *bivas;* los demás editores la ponen tras *sanas.*

2875 *dexan Gormaz*: Ms. *de SantEſteuan de Gormaz,* ciertamente erróneo, puesto que el grupo salió de San Esteban antes; Menéndez Pidal, ed. crít., p. 59, lo considera como mala lectura por el copista de *desan (o *dessan) Gormaz; buena enmienda, adoptada también por Smith.

2876 *pas*[*a*]*r*: Ms. *poſar;* error del copista, puesto que los viajeros no acamparían dos veces en tan poca distancia; *passar* fue sugerido por Lidforss y aprobado por Huntington y Menéndez Pidal (comp. 55-56); Smith también lo adopta.

2884 *adeliñechos*: Ms. *adelinechos.*

2898 Restori y Lidforss insertan [*lo*] tras *non.*

2922 Tras *rrey,* Restori inserta *Alfonso,* Lidforss *don Alfonso* y Menéndez Pidal, ed. crít., *don Alfons.*

2934 Tras *rrey,* Restori y Lidforss insertan *Alfonsso,* Menéndez Pidal, ed. crít., *Alfons;* Menéndez Pidal y Smith reorganizan: *los inojos fincó,* y, como Bello, Restori y Lidforss, suprimen *aquel Muño Gustioz,* considerándolo como anticipación de 2935, pero la repetición puede ser deliberada.

2936 Restori y Menéndez Pidal, ed. crít., suprimen *Alfonso* y ponen la cesura tras *rreinos;* Restori también suprime *a.*

²⁹⁴⁰   *casamien[t]o*: Ms. *caſamieno*.

²⁹⁵¹   *que*: Cornu, *R*, XXII, *que [ent]*, Lidforss *que[nt]*.

²⁹⁶²   Restori reorganiza: *[el] myo regno todo*; Menéndez Pidal, ed. crít.: *todo el reyno mio*; Bello, Lidforss y Smith dejan el verso formando pareado con el verso siguiente.

²⁹⁶³   Sigo a Menéndez Pidal, ed. crít., en invertir el orden de los hemistiquios.

²⁹⁶⁷   Menéndez Pidal, ed. crít., reorganiza: *podiéndolo vedar yo*; Smith lo conserva, imprimiéndolo separado del resto de la tirada 133; sigo a Lidforss en colocarlo al comienzo de la tirada 134.

²⁹⁶⁸   *Dezid*: así el Ms., pero Menéndez Pidal, ed. pal. y crít. y CC, y Smith leen *Dizid* erróneamente.

²⁹⁶⁹   *siete*: Ms. *vij*.

²⁹⁷⁸   Milá y Lidforss insertan *[los]* antes de *galizianos*; Menéndez Pidal, ed. crít., *gallizianos*.

²⁹⁸¹   *siete*: Ms. *.vij.*

²⁹⁸⁶   Ms. *Por q̄ el Rey fazie cort en Tolledo*; sigo a Restori en esta reorganización, como Menéndez Pidal, ed. crít., y Smith.

²⁹⁸⁸   Bello pone la cesura tras *assí*; Restori suprime *assí*.

²⁹⁹⁰   Smith pone la cesura tras *rrey*.

²⁹⁹¹   Milá y Ríos insertan *buen* antes de *Campeador*.

²⁹⁹³   *ir a*: Ms. *yr a*; Menéndez Pidal, ed. crít., lee *irâ* (es decir, *irá [a]*); Smith *ira [a]*; el fut. indic. es lectura posible, pero el inf. regido por *quisiesse* puede admitirse, a pesar del negativo repetido.

²⁹⁹⁶   Restori y Lidforss insertan *[so]* antes de *conseio*.

²⁹⁹⁸   Ms. *q̄ ſiempl̄ buſco mal*; Bello y Cornu, *Études*, reorganizan: *siempre mal l[e] buscó*; sigo la reorganización de Milá, como Lidforss, Menéndez Pidal, ed. crít., y Smith.

³⁰⁰¹   Menéndez Pidal, ed. crít., y Smith ponen la cesura tras *primeras*.

³⁰⁰⁴   *Fruella*: muy afectado por la aplicación de reactivos; bajo la lámpara de cuarzo la *F* no es cierta y la *r* es muy dudosa; Ulibarri lee *Vella,* y le siguieron los demás editores hasta Menéndez Pidal, aparte de Pellicer, que comentó: "Fruella, lección dudosa"; Bello leyó *Vela*; Menéndez Pidal aplicó más reactivo y encontró la "*f* segura y la *r* bastante indicada"; en ed. crít. lo cambia por *Fróila*. *Beltrán*: así el Ms.; Menéndez Pidal, ed. crít., lo cambia por *Birbón,* sosteniendo que algunos de los Mss. de *Veinte*

reyes llevan esta forma (pero otros tienen *Beltrán* en el mismo lugar). Restori y Lidforss proponen la supresión del verso.

3007 Atendiendo a 3009, Menéndez Pidal, ed. crít., cambia *ifantes de Carrión* por *el Crespo de Grañón,* a pesar del hecho de que los Mss. *K* y *Ñ* de *Veinte reyes* apoyan la lección del Ms. del *Poema.* Tras este verso, Menéndez Pidal, ed. crít., inserta un verso adicional: *e Álvar Díaz el que Oca mandó.*

3008 Restori y Lidforss consideran dudoso el verso. Tras el verso, Menéndez Pidal, ed. crít., inserta otro verso adicional: *e Per Ansuórez, sabet, allís açertó.*

3009 Probablemente un recuerdo enfático de la asistencia de los infantes, pero J. Horrent, *Mélanges ... M. Delbouille* (Gembloux, 1964), II, en pp. 286-287, considera el verso como una interpolación.

3011 *e[n]baír:* Ms. *Ēbayr;* el signo de abreviación es posterior.

3015 Milá y Restori suprimen *myo Çid.*

3022 Smith pone la cesura tras *Çid.*

3027 *oyó:* Bello, Milá, Restori, Cornu, *Études,* y Lidforss lo cambian por *vyo,* Menéndez Pidal, ed. crít., por *vido,* Smith por *[vio];* pero la lección del Ms. puede defenderse como ejemplo de catacresis, o de estilo indirecto (véase la nota a pie de página).

3028 *Par:* el corrector añadió una *a;* así los editores anteriores a Menéndez Pidal leyeron *para.* Menéndez Pidal, ed. crít., cambia *Esidro* a *Esidre.*

3033 Milá y Menéndez Pidal, ed. crít., insertan *buen* antes de *Campeador* y ponen la cesura tras *Çid;* Smith la pone tras *Amen.*

3036 *do:* Smith lo cambia a *don,* sin indicación, pero la forma *do* está bien documentada.

3037 *A[n]rrich:* Ms. *Arrich;* Huntington *Arrich,* Menéndez Pidal, ed. crít., *Arric,* Smith *Anrrich.*

3053 *es entrado:* Cornu, *Études, fo entrar,* y en *ZfrPh,* XXI, *va entrar;* Menéndez Pidal, ed. crít., acepta la segunda enmienda, considerando *entrado ha* como alternativa.

3054 *posado:* Cornu, *Études, va posar,* Menéndez Pidal, ed. crít., *posar.*

3060-3062 Bello coloca estos versos en una tirada aparte, asonando *prima* (con inversión de hemistiquios) / *missa* (con inversión de hemistiquios) / *conplida.* En 3060, Menéndez Pidal, ed. crít., cambia *faza' l alba* por *faza los al-bores,* colocando este verso al comienzo de la tirada 137; Smith conserva la lección del Ms., imprimiendo 3060 separado del resto de la tirada 137; en 3062 Menéndez Pidal, ed. crít., y Smith cambian *conplida* por *a sazón;* Restori y Coester proponen la supresión de este verso.

3075   *armiños:* Ms. *arminos.*

3076   *presos:* Smith *presas.*

3080   *desobra:* Cornu, *R,* X, propone *sossobra* (= "zozobra"), Baist *desondra;* véase la nota a pie de página.

3087   Restori suprime *Vistió.*

3091   *pareçen por ó son:* Ms. *pareçen poro ſon;* Huntington se pregunta si *poro* es error por *doro* (que ocurre en el verso siguiente); Milá y Lidforss lo cambian a *parece por razón;* como Bello, Menéndez Pidal, ed. crít., y Smith, conservo la lección del Ms.

3096   Menéndez Pidal, ed. crít., cambia *non le* por *nol* y *Canpeador* por *Campeador;* Restori suprime *buen Çid.*

3098   Ríos, Bello, Milá y Cornu, *ZfrPh,* XXI, suprimen *todo;* Ríos, Milá, Lidforss, Menéndez Pidal, ed. crít., y Smith cambian *suyo* por *so.*

3098-3103   Para acomodar 3098, Lidforss reorganiza: 3099-3100, 3103, 3101-3102, 3098, perdiendo así la importancia de la protección de la barba.

3099-3100   Menéndez Pidal, ed. pal. y crít., y Smith ponen una coma tras *valor,* convirtiendo el manto, en lugar del Cid, en el objeto de admiración.

3105   *cuerdamientre:* Ms. *Cuerda mientra,* admitido por Menéndez Pidal, ed. crít., y Smith, pero es obvia anticipación de *entra* que sigue, como señaló Cornu, *R,* X.

3106   *medio e los:* Menéndez Pidal, ed. crít., lee *medio, elos.*

3110   Restori y Menéndez Pidal, ed. crít., ponen la cesura tras *sabet* y añaden *de la cort* al final del verso.

3114   Sánchez, Hinard y Vollmöller ponen una coma tras *acá* y toman *ser* como título (¡del fr. *sire!*); Bello, Baist y Smith puntúan bien; Menéndez Pidal, ed. crít., divide el verso con adiciones basadas en *Veinte reyes: El rey a mio Çid: a las manos le tomó: / "Venid acá seer comigo, Campeador.*

3116   *sodes que nós:* Bello *sodes [cabe] nos,* Lidforss *sodes [con] nos.*

3119   Restori invierte los hemistiquios y añade *[yo]* tras *posaré.*

3135 Milá, Cornu, *Études,* y Restori suprimen *el conde* dos veces; Menéndez Pidal, ed. crít., dos veces suprime *el.* *Remond*: Ms. *Remōd,* pero Smith lee *Remont.*

3140 Menéndez Pidal, ed. crít., cambia *Esidro* a *Esidre.*

3152 *los*: Ms. *las,* forma posible, admitida por Bello, Huntington y Smith; sigo a Milá, Hinard, Lidforss y Menéndez Pidal, ed. crít., en la enmienda, por ir mejor al sentido.

3154 Cornu, *R, X,* propone la supresión de este verso.

3160 Ms. *nos fablemos*; como Menéndez Pidal, ed. crít., y Smith, sigo a Milá en esta reorganización.

3169 *ya más*: Cornu e Hinard leen *yamás* (= "jamás"), pero Menéndez Pidal, ed. crít., señala que *más* puede referirse a otra posible demanda del Cid, comp. 3167 y 3211.

3177 *saca*: Menéndez Pidal, ed. crít., lo cambia por *sacan,* cambiando así el sentido.

3179 Bello suprime *buenos,* Restori *omnes buenos* y Milá y Menéndez Pidal, ed. crít., *todos.* Tras este verso, Menéndez Pidal inserta un verso adicional: *A mio Çid llamó el rey las espadas le dio.*

3180 Falta el sujeto de *Reçibió*; Cornu cambia el hemistiquio en *Reçibiolas* [*myo Çid*]; yo inserto [*el Çid*]; Menéndez Pidal, ed. crít., y Smith aceptan la lección del Ms.

3181 *dón*: Menéndez Pidal, ed. crít., *dont.*

3183 *nos' le*: Menéndez Pidal, ed. crít., lo cambia por *nos las,* CC, *non las.*

3186 *non'*: probablemente = *no m*[*e*]; los demás editores lo leen como *non.*

3188 Tras *sobrino,* Lidforss inserta [*Pero Vermuez*] y Menéndez Pidal, ed. crít., y Smith *don Pero*; Cornu, *Études,* suprime *A* e inserta [*Felez Muñoz*], erróneamente, antes de *so sobrino.*

3195 Ms. *Del conde de Remont Verenguel*: la *e* en *de* está borrosa; Smith cambia *de* en *don,* pero *do* es suficiente, comp. 3036, etc.; Milá y Restori suprimen *Verenguel,* Menéndez Pidal, ed. crít., suprime *Del conde.*

3197 Restori suprime el primer hemistiquio; Lidforss suprime *si vos acaeçiere*; Milá cambia *con ella* por *y* y suprime *grant prez e*; Menéndez Pidal, ed. crít., divide el verso, completando el primero con *o viniere sazón*; Smith lo conserva todo en un verso, poniendo la cesura tras *acaeçiere.*

3198 Bello y Menéndez Pidal, ed. crít., suprimen *tomó e*; Restori suprime *e reçibió.*

3201 Milá y Restori suprimen *de mis espadas.*

3204 Tras *marcos* el Ms. lee *de plata,* suprimido por la mayoría de los editores. *di* [*y*]*o:* Ms. *dio;* Menéndez Pidal, ed. crít. *dio,* CC *dio;* Smith *di* [*y*]*o.*

3212 Tras *nós,* el Ms. lee *Dixo el Rey* añadido en tinta diferente, por el copista según Menéndez Pidal, ed. pal., y Smith, pero estoy de acuerdo con Huntington en opinar que las palabras fueron añadidas posteriormente; todos los editores las consideran erróneas; Baist señaló que son los alcaldes quienes hablan aquí, y para aclararlo, Lidforss inserta un verso fragmentario antes de 3212: *Dixieron los alcaldes;* Bello inserta *Dixo el conde don Remond* y Menéndez Pidal, ed. crít., un verso entero: *Allí les respondió el comde do Remond.* Smith suprime *Dixo el Rey,* sin otra enmienda.

3215 Ms. *Dixo Albarfanez leuantados en pie:* probable confusión del copista; la mayoría de los editores suprimen *Dixo Albarfanez;* Restori admite *levantados;* Bello lee *Levanta*[*n*]*dos*[*e*]; sigo a Milá, Lidforss y Menéndez Pidal, ed. crít., en cambiar *leuantados* por *Levantós';* Smith también, pero sugiere *levantados a;* sería posible conservar más de la lección del Ms. puntuando así: *Dixo el buen rrey: "Assí lo otorgo yo." / Dixo Álbar Fáñez: "¡Levantados en pie, ya Çid Campeador!" / [Dixo el Çid:] "D'estos averes que vos di yo...",* etc., especialmente porque 2027 es casi idéntico a 3215 y contiene uno de los tres ejemplos de *os* como pronombre átono en el *Poema.* Baist y Lidforss innecesariamente colocan 3215-3216 entre 3227 y 3228.

3216b En el Ms. *dedes* es casi ilegible, mientras que Menéndez Pidal borró el resto, que había sido repasado o reescrito; por lo tanto tenemos que atenernos a la transcripción de Ulibarri del siglo XVI.

3220 *señor:* Ms. *fabor,* admitido por todos los editores; Menéndez Pidal, ed. crít., p. 834, interpreta "hablan a su gusto", que no tiene mucho sentido. Considero *sabor* como anticipación del final de 3222, y *a so sabor* es tan común que el copista hubiera podido confundirse, comp. 234, 1381, 2639, 2918. Menéndez Pidal, ed. crít., p. 322, observa que *fablar* comúnmente rige *con* más complemento, pero rige pronombre directo en 154, y *a* más sustantivo en 2229: "a los infantes de Carrión Minaya va fablando" (comp. *Coplas de Yoçef,* 289a, "Al rei ovo fablado"), y *contra* en 3471.

3224 *manifestados:* la *i* escrita sobre el renglón por el

corrector; Huntington y Menéndez Pidal, ed. pal. y crít.,
y Smith leen *manfestados*.

3231 *tres mill*: Ms. *.iij. mill*; Menéndez Pidal, ed. crít.,
y CC, *tres mil. dozientos*: Ms. *.c.c.*

3233 *tan desfechos*: Ms. *todos fechos*; Hinard traduce
"car ils sont tous faits", Huntington interpreta "están com-
pletamente preparados", Bello toma *fechos* como "comple-
tos, enteros"; sigo a Menéndez Pidal, ed. crít., p. 685, en
suponer una mala lectura del copista de *tādes fechos*
(Smith también).

3234 Suponiendo que el complemento falta, Cornu, *Études,*
lee *Enterguen* [*gelos*] y Lidforss *Enterguen* [*se*].

3236 Restori y Menéndez Pidal, ed. crít., dividen el ver-
so, cambiando el primer verso en *F.G.* [*odredes qué*]
fabló.

3247 *nasco*: Lidforss, Menéndez Pidal, ed. crít., y Smith
lo cambian a *nació.*

3248 *suyo*: Restori, Menéndez Pidal, ed. crít., y Smith
lo cambian a *so.*

3253 *ya*: Ms. *ay*; como Cornu, Lidforss, Menéndez Pi-
dal, ed. crít., y Smith, sigo a Milá en esta enmienda, comp.
3045, 3171, 3271.

3256-3257 Anacoluto; Bello y Smith cambian *de los if.* por
a los if.; Cornu y Menéndez Pidal, ed. crít., suprimen *de
los*; el anacoluto puede venir del poeta, porque la des-
conexión hubiera podido producirse a causa de la presen-
cia de la oración relativa.

3258-3259 Probable combinación de tres versos; sigo a
Bello, Milá, Restori y Menéndez Pidal, ed. crít., en inser-
tar [*de Carrión*]; Smith admite sólo *ifantes* como el se-
gundo hemistiquio de 3258a e imprime el verso separado
del resto de la tirada 139.

3263 Milá, Vollmöller y Huntington ponen una coma tras
ya, cambiando así el sentido.

3268 *por quanto*: así el Ms., comp. 3346; Smith lee *por
lo que*, sin explicación.

3275 *tal*: Bello y Menéndez Pidal, ed. crít., lo cambian
por *tan alta.*

3277 Smith puntúa el verso con signos de admiración.

3289 *pulgada*: Hinard lo cambia a *puñada*; Lidforss
pulga[*ra*]*da*, aprobado por Cornu (reseña de Lidforss).

3290 Tras este verso, Menéndez Pidal, ed. crít., inserta
un verso adicional de extrema vacuidad, basado en *Veinte
reyes*: *ca yo la trayo aquí en mi bolsa alçada.*

3292 *odredes*: Ms. *ondredes*.

3293 *Dexássedes vós*; así Menéndez Pidal en su Vocab., pero en ed. crít. y CC pone *Dexássedesvos* (¿reflexivo?).

3294 *de todos pagado sodes*: Ms. *de todos pagados ſodes,* probable error del copista, como señala Menéndez Pidal, ed. crít.

3296 Restori y Lidforss insertan [*Nos*] antes de *De*.

3298 Restori y Cornu (reseña de Lidforss) insertan [*nos*] tras *non*.

3302 No es necesario suponer un recuerdo de la forma *Vermúdoz* aquí, como Smith (nota a 611) sugiere, puesto que el público ya sabría que *Vermúez* significaba "hijo de Vermudo".

3305 *rrespondier*: Menéndez Pidal, ed. crít., lo cambia por *respondiero*.

3312 Restori suprime el primer *por*.

3316 *¡miémbrat'...!*: Bello, Cornu, *R*, *X*, Lidforss y Smith lo toman como interrogativo, como si leyera *¿miémbra[s]te?* Menéndez Pidal, ed. crít., no lo puntúa, pero tiene que ser imperativo, como señala en su Vocab.

3318b *a* [*é*]*l*: Ms. *al*; Restori y Menéndez Pidal, ed. crít., *a él*, Smith *a'l*.

3348 Tras *guisas,* Restori y Lidforss insertan [*sabed que*].

3353 Antes de *Diego,* Cornu, *Études,* inserta *Fabló*.

3360 Bello y Restori reorganizan: *somos nos ondrados,* produciendo un leonino; Menéndez Pidal, ed. crít., cambia *nos* por *venidos* (sugiriendo *nos* [*mismos*] como alternativa).

3361 *se levantava*: Bello lo cambia por *levantado se* [*ha*]; Menéndez Pidal, ed. crít., por *se ſo levantar*; Smith lo conserva, imprimiendo el verso separado del resto de la tirada 146.

3366 *vestist*: Ms. *veſtid*, que Baist, *ZfrPh,* VI, interpreta como "vidisti tibi"; Cornu, *R*, X, Lidforss, Staaff y Smith lo cambian por *vesti[ste]d*, pero, como señala Menéndez Pidal, ed. crít., tras *non* el complemento pronominal tendría que preceder al verbo: *non te vestiste*; H. Ramsden, *Weak-Pronoun Position...*, pp. 64-66, no encuentra en sus textos ningún ejemplo de la posposición tras un adv. negativo, pero cita el ejemplo único encontrado por Gessner en *Fuero juzgo*. Por lo tanto, no es igual que *ſusted* en 3365 según alega Smith, y en el *Poema vestir* es reflexivo solamente en 1587; contrástense 991, 3087 y 3093. Sigo la enmienda de Bello, Hinard y Menéndez Pidal, ed. crít.

3369 Bello, Milá, Menéndez Pidal, ed. crít., y Smith reorganizan: *que más que vos valen,* y Menéndez Pidal y Smith ponen la cesura tras *guisas.*

3372 *fincó*: Bello y Menéndez Pidal, ed. crít., lo cambian en *ha fincado* y colocan este verso al comienzo de la tirada 147; Smith lo conserva, imprimiéndolo separado de la tirada 146 (propone una enmienda a *finc[ad]o* [*ha*]).

3374 *armiño*: Ms. *armino.*

3379-3380 Bello, Hinard, Vollmöller, Restori y Lidforss interpretan *Fuesse* como pret. indic. reflexivo, y ponen un signo de interrogación tras *far*; sigo a Sánchez, Janer, Milá y Menéndez Pidal, ed. crít., en considerar *Fuesse* como pret. subj.

3388 *amistad*: Menéndez Pidal, ed. crít., lo cambia a *amiztad.*

3389 *Fazer te lo [é] dezir*; Bello *Facert'helo decir*; Lidforss *Far télo dezir*; sigo a Menéndez Pidal, ed. crít., en insertar el verbo auxiliar tras *lo* (Smith también).

3394 *Yéñego*: Ms. *Yenego*; lección dudosa; Menéndez Pidal, ed. pal., cree que la primera *e* cubre una *i* o el comienzo de una *n*; quizá deba leerse *Innego* o *Íñego*. *Simé-nez*: Bello y Menéndez Pidal, ed. crít., lo cambian por *Simenones*; Milá y Lidforss lo suprimen.

3395-3396 La lección es errónea; Milá suprime los dos versos; Bello, Restori, Cornu, *Études,* y Lidforss suprimen ambos casos de *ifante* y combinan los versos; Menéndez Pidal, ed. crít., reconstruye, basándose en *Veinte reyes*: *el uno es del infante de Navarra rogador, / e el otro es del ifante de Aragón*; Smith sigue a Menéndez Pidal salvo en la adición de *es* al segundo verso; sigo a Menéndez Pidal en insertar [*del*] dos veces por el sentido, pero no en las demás adiciones, y combino los versos en uno.

3404 Menéndez Pidal, ed. crít., y Smith ponen la cesura tras *gradesco.*

3406 Restori y Lidforss cambian el segundo hemistiquio a *ca non* [*gelas di*] *yo.*

3417 *Yéñego*: Ms. *Yenego.*

3421 *den*: Ms. *dē,* pero la tilde fue trazada en tinta diferente; Cornu, *R, X,* Menéndez Pidal, ed. crít., y Smith leen *de,* pero *den* es mejor para el sentido.

3422 Restori y Lidforss suprimen *Ximénez,* mientras que Menéndez Pidal, ed. crít., lo cambia por *Ximenones. Íñego*: Ms. *Ynego.*

3424   Menéndez Pidal, ed. crít., y Smith ponen la cesura tras *después*.

3438   *mandado*: Cornu y Lidforss lo cambian por *mando,* Menéndez Pidal, ed. crít., por *mano* (enmiendas innecesarias).

3442   *Riébtoles*: Ms. *Riebtos les*; Restori *Riebtos* (= *Riebto os*), suprimiendo *les*; sigo a Bello en ver la primera *s* como anticipación del copista, igual que Milá, Cornu, *Études*, Menéndez Pidal, ed. crít., y Smith.

3445   *que ellos han*: Bello y Milá lo cambian por *que avedes vos*; Restori, Lidforss, Menéndez Pidal, ed. crít., y Smith insertan *oy* tras *han*.

3446   Menéndez Pidal, ed. crít., y Smith ponen la cesura tras *gradesco*.

3448   Menéndez Pidal, ed. crít., y Smith ponen la cesura tras *ifantes*.

3449   Restori reorganiza el segundo hemistiquio: *pora tener las en braços*; Milá y Menéndez Pidal, ed. crít.: *pora en braços las dos*.

3450   Bello reorganiza para asonar *hedes* con *tener* en 3449; Restori *Agora las hedes señoras e besaredes sus manos*: Menéndez Pidal, ed. crít., cambia *señoras* por *señores*.

3453   *assíl'*: Ms. *Aſil*. Hay un rasgón en el pergamino en el margen interior del fol. 69 empezando con este verso, que entra en el texto en el verso 3457.

3459   *afarto[s]*: Ms. *afarto*: como Smith, sigo a Menéndez Pidal, ed. crít., en esta enmienda.

3466   *tres por*: Ms. *.iij. por*.

3469   Menéndez Pidal, ed. crít., hace una enmienda completamente innecesaria: *Armas e cavallos diémoslos al C.* Smith pone la cesura tras *cavallos*.

3476   Restori y Menéndez Pidal, ed. crít., suprimen *vuestras*.

3478   Ms. *coͫo buē vaſſallo ſaze a ſeñor*, error del copista; como Lidforss, Menéndez Pidal, ed. crít., y Smith, sigo la enmienda de Bello; Restori pone *commo vassallo a señor*; Lidforss coloca el verso tras 3475. *sobrelievo*: Menéndez Pidal, CC, *sobrellevo*.

3486b   Restori y Menéndez Pidal, ed. crít., lo suprimen.

3490   Bello y Restori suprimen *a Valençia*.

3496   Restori cambia *Adelino* por *Adelinaron* y suprime *el conde* dos veces; Menéndez Pidal, ed. crít., cambia el sentido: *Adelinó a comde don Anric e comde don Remond,* y Smith también: *Adeliño al conde don Anrich e al conde don Remond,* pero no es verosímil que los jueces sigan en el banco del tribunal aquí —el pleito ha terminado en 3491—. Cornu, *Études,* divide el verso en dos: *Adelino myo Çid [que en ora buena naçio / E] al conde don A. e al conde don R.*

3502 *dozientos:* Ms. .c.c.

3507 El posible contenido de los cincuenta versos que faltan tras este verso lo suple Lidforss con un trozo de *PCG,* y Menéndez Pidal, ed. crít., con un trozo de *Veinte reyes* (no había necesidad alguna de que don Ramón empezase una nueva tirada en 3508).

3509 Menéndez Pidal, ed. crít., y Smith ponen la cesura tras *juro.*

3512 Ms. *a ſo ſeñor Alfonſſo;* Menéndez Pidal, ed. crít., cambia *Alfonsso* por *Alfons;* Smith conserva el orden del Ms.

3515 *y[o]:* Ms. *Hy;* sigo la enmienda de Bello y Restori; Lidforss, Menéndez Pidal, ed. crít., y Smith *Hy[o];* Smith se pregunta si *Hy* podría significar "y", pero en tal caso los complementos pronominales átonos irían mejor tras el verbo, **y dóvosle* (véase H. Ramsden, *Weak-Pronoun Position:...,* pp. 95-99).

3517 Menéndez Pidal, ed. crít., pone la cesura tras *cavallo,* aunque pone coma tras *tolliés.*

3523-3525 Restori inserta *[Çid]* antes de *Campeador* en 3523 y transpone el segundo hemistiquio para formar el primero de 3524; allí cambia *e vos* en "*Hya vos, Pero V.,* y pone el primer hemistiquio (*e M.A.*) como el primero de 3525*a;* Menéndez Pidal, ed. crít., completa 3525*a* con *mio vassallo de pro;* Lidforss y Smith aceptan la lección del Ms.; yo combino las tres primeras palabras de 3525 con 3524, por analogía con 2177 (Menéndez Pidal sugiere este tipo de solución en una nota).

3531 Smith coloca erróneamente la cesura tras *los.*

3533 *Las:* Ms. *Mas,* admitido por Menéndez Pidal, ed. crít., y Smith; yo lo considero como repetición por el copista de la *M* al comienzo del verso anterior y adopto la enmienda de Hinard, Restori y Lidforss.

3536 *en p[o]der:* Ms. *enpder.* Restori cambia *del rrey don Alfonso* por *de Alfonsso,* Menéndez Pidal, ed. crít., *de Alfons.* Bello suprime *el de León.*

3539 Tras *ellos,* Restori inserta *[quantos],* Menéndez Pidal, ed. crít., *acordados.*

3542 Bello, Hinard y Lidforss cambian *cometer* por *comedir*.

3549 Menéndez Pidal, ed. crít., cambia *non consentir el tuerto* por *ninguno tuerto non*; Bello cambia *tuerto* por *tuert*.

3555-3556 Restori, Lidforss y Menéndez Pidal, ed. crít., suprimen *las espadas taiadores*; Cornu, *ZfrPh,* XXI, suprime *Colada e Tizón*.

3557 Bello y Restori suprimen *los ifantes*.

3566 *fuére[de]s:* Ms. *fueres*; como Lidforss, Menéndez Pidal, ed. crít., y Smith, sigo a Cornu, *R,* X, en esta enmienda.

3573 Antes de *Dixieron,* Restori y Lidforss insertan [*Essora*], Menéndez Pidal, ed. crít., *Essora le*.

3576 *nos:* así el Ms.; Smith lee *vos*.

3578 Restori coloca *ellos* al final del primer hemistiquio.

3606 *seis:* Ms. *.vj*.

3609 *más:* añadido en el margen en otra tinta, quizá por el copista; Huntington y Menéndez Pidal, ed. crít., lo suprimen. *seis:* Ms. *.vj*.

3620 *tiene:* Menéndez Pidal, ed. crít., curiosamente lo cambia por *tiénet,* pero no hace esta enmienda en 3614, que es idéntico.

3626 Cornu, *Études,* y Menéndez Pidal, ed. crít., cambian *Pero Vermúez* por *don Pero*.

3633 Menéndez Pidal, ed. crít., cambia *nada nol' valió* por *çerca el coraçon*; Smith defiende bien la repetición del verso anterior.

3634 Bello suprime *Fernando*; Restori: *F. tenie tres dobles // de loriga estol prestó*.

3635 *desmanchan:* Bello suprime la *n* final; Restori sugiere *desmancha[ro]n*; Lidforss [*se*] *le desmanchan*.

3642 *Él:* Menéndez Pidal, ed. crít., lo cambia por *en elle,* cambiando así el sentido. Ms. *τ al ef pada metio mano:* Restori y Menéndez Pidal, ed. crít., reorganizan mal: *e mano al espada metió;* como Smith, sigo la reorganización de Lidforss, comp. 3648.

3646 *Martín Antolínez:* Menéndez Pidal, ed. crít., lo cambia por *Don Martino*.

3647 *amas:* un corrector lo cambió en el Ms. por *lanças,* y así leyeron los editores anteriores a Menéndez Pidal.

3659 Bello pone punto y coma tras *cavallo* y cambia *por tornasse* a *pues tórnase*.

3662-3663 Ms. *Diagonçalez;* haplografía, admitida por Smith;

Menéndez Pidal, ed. crít., lo suprime, y coloca este verso entre 3659 y 3660, perdiendo así el efecto de 3664, en que la mención del rango de Diego hace aparecer más vergonzosa su cobardía.

3665 Bello y Restori suprimen *señor* innecesariamente. Menéndez Pidal, ed. crít.: *valme, Dios glorioso, // señor, cúriam...*, etc., con supresión innecesaria de *e*; Smith: *¡Valme, Dios glorioso, señor, // e curiam...*, etc.

3666-3667 Bello considera a Martín Antolínez como sujeto de todos los verbos aquí e interpreta *mesurándol'* como "midiendo al infante" (?); como Hinard y Menéndez Pidal, ed. crít., p. 758, tomo a Diego González como sujeto de *asorrienda, mesurando* y *sacó*, y su caballo como complemento de estos verbos, e interpreto *mesurar* como "apartar" (Smith también). En 3667 Menéndez Pidal, ed. crít., cambia *Martín Antolínez* por *don Martino*.

3670 *verdadera*: Bello y Cornu, *Études,* lo cambian por *vera*.

3673 *Firiénse en*: Ms. *Firienſſen en*; repetición del copista.

3676 *falsóge*: Menéndez Pidal, ed. crít., lo cambia por *falssóle* aquí y en 3681, aunque se encuentra la forma en los dialectos, como reconoce en p. 251; Smith conserva la lección del Ms. Lidforss suprime este verso, a pesar de la progresión lógica desde 3675.

3679 Bello, Menéndez Pidal, ed. crít., y Smith suprimen este verso, considerándolo como repetición del copista de 3676, y porque impide la interpretación de 3680-3681 como una secuencia narrativa estricta; al contrario, 3680-3681 parecen dar más detalles del golpe dado en 3678-3679.

3680 *el escúdol'*: Ms. *del eſcudol*, la *l* final añadida por el corrector, que quizá olvidó tachar la *d* de *del*; como Restori, Lidforss, Menéndez Pidal, ed. crít., y Smith, sigo a Cornu, *R, X,* en suprimir la *d* de *del.*

3681 *falsóge*: véase 3676.

3685 *con él*: Hinard y Restori lo cambian por *con el[la]*, pero yo conservo la lección del Ms., igual que Menéndez Pidal, ed. crít., y Smith.

3691 Menéndez Pidal, ed. pal. y crít., y Smith, ponen este verso en el estilo directo de 3690, mientras Huntington termina el discurso tras *campo*; véase, sin embargo, la nota a pie de página.

3712 Menéndez Pidal, ed. crít., y Smith, ponen la cesura tras *ondradas.*

3719   Restori suprime el segundo *con*; Menéndez Pidal,
ed. crít., cambia el sentido innecesariamente suprimiendo
ambos casos de *con*.

3726   Para el segundo hemistiquio, Cornu, *ZfrPh,* XXI,
suple *myo Çid el Campeador,* y Menéndez Pidal, ed. crít.,
mio Çid de Valencia señor; los dos transponen *el día de
cinquaesma* para formar el primer hemistiquio de 3727;
Huntington lee *cinquesma.*

3727   *aya*: la lección del Ms. está clara; Huntington *aya*;
Hinard, Menéndez Pidal, ed. pal., crít. y CC, y Smith *haya.*

3733-3735   Véanse las notas a pie de página.

GLOSARIO ESCOGIDO

Sólo se incluyen las formas y voces que no existen en el español moderno o que actualmente tienen un significado diferente. Si una palabra aparece con frecuencia en el texto, sólo se indican los tres primeros versos en que ocurre, seguidos de «etc.», pero si está usada en más de un sentido, se dan hasta tres referencias a los versos donde ocurre cada significado.

A

á, véase *aver.*

abastar (v.a.), proveer, 66, 259, 2260.

abatir (v.a.), derribar, 2397.

abaxar (v.a.), bajar (la lanza, en preparación del ataque), 716, 2393, 3616.

abbat (s.m.), abad, 237, 243, 246, etc.; clérigo, 2382.

abenir [3 pret. *abino,* 2973, 3041; 4 fut. indic. *abendremos,* 3166] (v.n.) suceder, 2973, 3041; (v.r.) ponerse de acuerdo, 3166; comp. *venir.*

abés (adv.), apenas, difícilmente, 582.

abiltar (v.a.), envilecer, 1862, 2732, 2942; comp. *biltar.*

abino, véase *abenir.*

abondar (v.a.), proveer ampliamente, 1245.

abrá, abrán, etc., véase *aver.*

abraçar (v.a.), abrazar, 368, 920, 1518; agarrar, 3615; agasajar, 2521.

abuelta (adv.), junto con, alrededor, 589; *a. de* (prep.), al mismo tiempo que, 238; *abueltas de, con,* unido a, 716, 3616; comp. *buelta.*

acabar (v.a.), terminar, 366, 1395, 3252, 3392; ejecutar, 1771, 3205; (v.r.), llegar a su fin, 2276, 3730; ejecutarse, 3691.

a cabo, véase *cabo*.

acaeçer [3 fut. subj. *acaeçiere*, 3197] (v.n.), ocurrir, llegar (ocasión, oportunidad), 3197.

acayaz, alcayaz (s.m.), alcaide, gobernador de un castillo, 1502, 2669.

açerca (adv.), cerca, 555; *viene a.,* casi ha llegado, 321; *a. de.* (prep.), cerca de, 1101; comp. *çerca.*

açertar (v.r.), estar presente, estar en el terreno, 1835.

acoger [6 pres. indic. *acoien*, 395, etc.] (v.a.), recoger, 447; recibir favorablemente, 883; (v.r.), reunirse con, juntarse con, 134, 395, 403, etc.; *a. a* más inf., empezar a, ponerse a, 2690; comp. *coger.*

acomendar (v.a.), encomendar, encargar, 256, 372, 2154, etc.; (v.r.), 411.

acometer (v.a.), proponer, abordar, 1375; comp. *cometer.*

acomiendo, véase *acomendar.*

aconpañar (v.a.), acompañar, escoltar, 444, 3592.

acordado (partic. pasado y adj.), cuerdo, 1290; convenido, de un acuerdo, 2217, 2488, 3059.

acordar (v.a.), convenir, 3163; hacer ponerse de acuerdo, 1030; aconsejar, 1712, 1942; (v.n.), convenir, 2066, 2258, 3218; (v.r.), ponerse de acuerdo, consultar, 666, 828, 1946, etc.; hacer un arreglo, 1581.

acorrer (v.a.), acudir en ayuda de, 708, 743; socorrer, 222, 745, 1483.

acorro (s.m.), socorro, ayuda, 453.

acostar (v.r.), ladearse, inclinarse, 1142, 2401; allegarse, 749.

acreçer (v.a.), aumentar, 1648; aumentar el número de, 1419; comp. *creçer.*

adágara (s.f.), adarga, escudo de cuero, 727.

adebdar (v.a.), contraer deudas, 1976.

adelant, adelante (adv.), adelante, 263, 601, 700, etc.; de frente, 1579, 2211, 2439, etc.; hacia adelante, 543, 742, 950, etc.; más allá, 552, 1150, 1329, etc.; en ⁄adelante, 896, 1269, 1869, etc.; véanse también *cabadelant* y *deland.*

adeliñar [partic. pasado fuerte, *adeliñechos,* 2884] (v.n.), dirigirse, enderezar, 31, 467, 969, etc.

adeliñechos, véase *adeliñar.*

adentro (adv. empleado con *por*), *por ... adentro,* dentro de, 1672, 3683; comp. *dentro.*

aderredor (adv.), alrededor, 937, 2699, 3106, etc.; véase también *derredor*.

adestrar (v.a.), adiestrar, guiar con la mano, 2301.

a diestro, véase *diestro.*

adobar (v.a.), equipar, 1426, 1429, 1715, etc.; preparar (comida), guisar, 249, 1017, 1531, etc.; (v.n.), preparar (para batalla, viaje, etc.), 1000, 3083, 3101, etc.; (v.r.), prepararse, 681, 1283, 1675, etc.; ingeniarse, arreglárselas, 3672.

adormir (v.r.), dormirse, 405.

adtores (s.m.pl.), azores, 5.

aduchas, véase *aduzir.*

aduga, adugo, etc., véase *aduzir.*

adux, aduxiestes, etc., véase *aduzir.*

aduzir [1 pres. indic., *adugo,* 2188; 3 pres. subj., *aduga,* 2914; 4 pres. subj., *adugamos,* 168; 5 pres. subj., *adugades,* 1485; 1 fut. subj., *aduxier,* 181; 1 pret. indic., *adux,* 3599; 5 pret. indic., *aduxiestes,* 1764; 6 pret. indic., *aduxieron,* 3010; 3 pluscuamperf. indic., *aduxiera,* 1420; 6 pret. subj., *aduxiessen,* 1573, 2840; partic. pasado, *aduchas,* 147] (v.a.), traer una p.ª, 263, 641, 1469, etc.; traer una cosa, 144, 147, 168, etc.; (v.r.a.) llevarse, 1864.

afán (s.m.), esfuerzo, trabajo, 1635, 1935, 3507.

afarto (adj.), harto, sobrado, 3459; (adv.), sobradamente, 1643.

afé (adv.), he, ved, 1317, 1942, 2135, etc.; *afé, fé* más pron. enclítico: *fém',* 269, *aféme,* 1597, *afélo,* 505, *félos,* 1452, etc., *afévos,* 262, etc., *févos,* 1335, etc.; *afévoslos,* 152, *afélos,* 2175, *aféllos,* 2101, *féllos,* 485, *afélas,* 2947, *aféllas,* 2088.

afélas, afélo(s), etc., véase *afé.*

afincar (v.a.), apremiar, 3221; comp. *fincar.*

afontar (v.a.), deshonrar, 2569.

afuera (adv. usado con *por*): *por la boca a.,* fuera de su boca, 3638; comp. *fuera.*

ageno (adj.), ajeno, extranjero, 1326, 1642; *lo a.,* bienes ajenos, 3248.

agora (adv.), ahora, 373, 782, 896, etc.; entonces, 827.

agua (s.f.), agua, 345, 1049, 1229, etc.; abastecimiento de agua, 526, 555, 661, etc.; río, 150, 558, 560, etc.; (pl.), *las aguas,* el Tajuña, 545, ríos, 1826, el Tajo, 1973, el Duero, 2811; *a. cabdal,* río caudaloso, 1954.

aguardar (v.a.), observar, acechar, 308, 839, 1058; mirar por, guardar, 1449, 1547, 1822, etc.; (v.r.), ir en acecho, 568; comp. *guardar.*

aguazil (s.m.), visir, general moro, 749.

agudas (adj. f. pl.), agudas, 2737; *lo agudo,* el filo (de una hoja), 3661.

aguiiar, aguijar (v.a.), aguijar, picar al caballo, 2394; (v.n.), cabalgar (de prisa), 10, 37, 227, etc.; *a. a espolón,* ir a galope tendido, 2693, 2775.

aguisado (adj.), dispuesto, preparado, 3022; conveniente, 143, 1911, 2266; justo, razonable, 132, 197; prudente, 1262; apropiado, 2047; comp. *guisado.*

aguisamientos (s.m.pl.), arreo, atavío, 3125.

aguisar (v.a.), arreglar, disponer, 808, 836; calcular, 2322; comp. *guisar.*

aína (adv.), aprisa, 214, 1676, 2059.

airado (partic. pasado usado como adj.), que ha incurrido en la ira regia, desterrado, 882.

airar (v.a.), retirar el favor real a, desterrar, 90, 114, 156, etc.

aiuda, ayuda (s.f.), ayuda, auxilio, 2503; *en a.,* en ayuda de costa, 2103.

aiudar (v.a.), ayudar, coadyuvar con, 143, 640, 1107, etc.; amparar, proteger, 221, 1094, 1158.

aiunta (s.f.), reunión, entrevista, 3718.

aiuntar (v.a.), juntar, 491; reunir, 1625; (v.r.), reunirse, juntarse con, 653, 1015; trabar batalla con, 1171, 3320; (inf. usado como s.m.), reunión, 373.

ál, lo ál (pron. indef.), lo demás, el resto, 592, 2173, 2255, etc.; lo otro, 896, 1694, 3593; *por ál,* de otra manera, 675, 710, 1685, etc.

ala (interj.), ¡vamos!, 2351.

alabar (v.r.), complacerse, 580, 2763; jactarse, 2134, 2340, etc.

Álamos (¿nombre propio?), 2694.

alaridos (s.m.pl.), gritos (de guerra), 606.

alba, alva (s.f.), amanecer, 1100, 3060.

albergada (s.f.), campamento, 794, 1067, 2384.

albergar (v.n.), acampar, 547, 1475, 2706, etc.

albores, alvores (s.m.pl.), luz del alba, amanecer, 235, 238, 456, etc.

albricia (interj. de júbilo), 14.

alcáçar (s.m.), alcázar, fortaleza, 1220, 1571, 1610, etc.

alcaldes (s.m.pl.), jueces, 3135, 3159, 3224.

alcança (s.f.), persecución, 998, 2399.

alcançar (v.a.), alcanzar, 390, 472, 758, etc.; corresponder, tocar, 3725.

alcanço (s.m.), persecución, 2533.

alcándaras (s.f.pl.), perchas, 4.

alcanz (s.m.), persecución, 1147.

alçar (v.a.), alzar, levantar, 216, 355, 577, etc.; (v.r.), esconderse, 2286*b*.

alcayaz, véase *acayaz.*

alcaz (s.m.), persecución, 772, 776, 786, etc.

alegrar (v.r.), regocijarse, sentir júbilo, 1036, 1266, 1287, etc.

alegreya (s.f.), alegría, regocijo, 797.

alevoso (adj. usado como s.m.), traidor, 3362, 3383.

alfaya (s.f. usada en expresión adjetival): *d'a.,* preciado, caro, 2116.

algara (s.f.), correría, 442, 446*b*; vanguardia, 451, 454, 476.

algo (pron. indef.), algo de valor, riqueza, 111, 123, 124, etc.; *d'a.,* de valor, 504; noble, 210, 1035, 1565, etc.; *aver a a.,* estimar en mucho, 2275; (adv.), mucho, considerablemente, 2434.

alguandre (adv.), jamás, 352, 1081.

algunt (adj. indef.), algún, 1754.

almofalla (s.f.), 1. alfombra, 182; 2. hueste, ejército (moro), 660, 694, 1124, 1839.

almófar (s.m.), capucha de malla, 790, 2436, 3653, 3654.

almorzar (v.n.), desayunarse, 3375, 3384.

alto (adj.), elevado, 1571, 2698; de sonido fuerte, 35, 3292; excelso, 2940; (usado como s.m.), *en a.,* arriba, en el cielo, 8, 497, 792, etc.; *todo lo más a.,* el punto más elevado, 612.

aluén (adv.), lejos, 2696.

alva, véase *alba.*

allegar (v.r.), acercarse, 791, 3318*b*; reunirse, agregarse, 968, 2344.

allén, allent (adv.), allá, más allá, 1156, 1620, 1639, etc.; (prep.), *a. de,* más allá de, 911.

allongar (v.n.), crecer, alargar, 1238.

amidos (adv.), de mala gana, contra su voluntad, 84, 95, 1229.

amo (s.m.), ayo, 2356.

amoiadas (partic. pasado usado como adj. f. pl.), aflojadas, 993.

amor (s.m. o f.), amor, afecto, 273, 720, 1321, etc.; favor, 1247*b*, 1325, 1924, etc.; *d'a. e de grado,* con gran placer, con toda voluntad, 2234; *d'a. e de voluntad,* con todo el corazón, 1692; comp. 1139.

amorteçidas (partic. pasado usado como adj. f. pl.), desmayadas, sin sentido, 2777.

amos, amas (adj. o pron. dual), ambos, ambas, 100, 104, 106, etc.; *a. a dos,* ambos juntos, 1352, 1661, 1902, etc.; comp. *entr'amos.*

andantes, véase *bien.*

andar [2 pret. indic., *andidiste,* 343; 3 pret. indic., *andido,* 1726; 6 pret. indic., *andidieron,* 434, etc.; 6 pret. subj., *andidiessen,* 2839] (v.n.), caminar, cabalgar, 321, 389, 391, etc.; estar, vivir, 343; *a. en,* ocuparse en, 3554, 3717; *a. en pro* a alguien, hacer lo posible en favor de, favorecer a, 1913, 2054.

andidiste, andido, etc., véase *andar.*

angosta (adj. f.), estéril, escasa, 835, 838.

anoch (adv.), anoche, 42, 2048.

anocheçer [3 pres. subj., *anochesca*] (v. n.), anochecer, 432.

ant, ante (prep.), ante, 264, 269, 502, etc.; al frente de, delante de, 1548; *ante que* (conj.), antes de que, 169, 432, 2548, 2788.

antes (adv.), antes, 164, 980, 2013, etc.; más bien, 1022; primero, 3470, 3623; *antes de* (prep.), 23, 1533, 1665, etc.; *antes que* (conj.), antes de que, 231, 585, 996, etc.; comp. *enantes.*

a osadas, véase *osado.*

apareçer (v.n.), encarnar, 334; iniciar, 3355; comp. *pareçer.*

apareiar (v.a.), disponer, preparar, 1123, 1973.

apart, aparte (adv.), aparte, a un lado, 191, 766, 1860, etc.; en un costado, 3682; *a. fazed,* poned a un lado, 985.

apartar (v.a.), llevar aparte, 1896; aislar, 3540; (v.r.), ir a un lado, retirarse, 105.

apreçiadura (s.f.), especie, bienes, 3240, 3250.

apreçiar (v.a.), estimar, tasar, 3245; comp. *preçiar.*

aprés de (prep.), cerca de, 1225, 1559.

apretar (v.a.), apretar las cinchas (de un caballo), 991.

apriessa (adv.), aprisa, urgentemente, 97, 99, 235; con ahínco, apresuradamente, 297, 596, 697, etc.; comp. *priessa.*

apuesto (adj. adverbial), oportuna, elegantemente, 1317, 1320.

apuntar (v.n.), empezar a rayar, 457, 682, 2180.

aquén, aquend, aquent (adv. usado en expresión adverbial), *d'a.,* desde aquí, 2102, 2130, 2137, 2382.

aqués, aquessa (adj. demostrativo), ese, esa, 290, 953.

aqueste, aquesta, etc. (adj. y pron. demostrativo); este, esta, etc., 121, 130, 440, etc.

aquesto (pron. demostrativo n.), esto, 112, 890, 1106, etc.

aquexar (v.r.), afligirse, lamentar, 1174.

aquí (adv.), aquí, 247, 253, 256, etc.; ahora, 1372, 1872, 2361, etc.; en aquel momento, 1056, 3207, 3352; *d'a,* desde ahora, 180, 219, 888, etc.

arcas (s.f. pl.), cajas, cofres, 85, 113, 119, etc.

ardido (adj.), osado, denodado, 79, 3359*b;* comp. *fardida.*

ardiment (s.m.), designio, plan, 549.

armas (s.f.pl.), armas ofensivas y defensivas, 639, 659, 795, etc.; *a. de señal,* armas emblasonadas, 2375; *tener* (*las*) *a.,* ejercitarse en armas, 1577, 1602, 2243, etc.; *entrar en* (*las*) *a.,* ponerse la armadura, tomar las armas, 1640, 3305.

armar (v.r.), tomar las armas, vestir la armadura, 683, 695, 697, etc.

art (s.f.), ardid, engaño, 575; escapatoria, 1204; *sin a.,* leal, fielmente, 690, 1499*b,* 2676.

arrad[*í*]*os* (Ms. *arriados*) (adj. m. pl.), errados, desenfrenados, 1778.

arrancada (s.f.), vencimiento, derrota, 583, 588, 1227, etc.; *fazer a.,* vencer una batalla, 609, 1158.

arrancar (v.a.), derrotar, 764, 769, 1226, etc.; ganar (batalla), 793, 814, 1333, etc.; ganar (campo), 2458; hacer huir en desorden, 1851, 3519; (v.n.) ganar (duelo), 3671; (v.r.), darse a huir, 1145; ser arrancado, 1142, 2400.

arras (s.f. pl.), dote, 2565, 2570.

arrear (v.a.), proveer, equipar, 2471.

arrebata (s.f.), asalto repentino, 562; comp. *rrebata.*

arrendar (v.a.), atar por las riendas, 2779.

arreziado (adj.), recio, esforzado, 1291.

arriados, véase *arrad*[*í*]*os.*

arriazes (s.m. pl.), gavilanes (de espada), 3178.

arriba (adv.), arriba, 355, 2421; (río) arriba, 479, 542, 1543; más de, 2454; *desí a.,* desde allí río arriba, 478.

arribança (s.f.), buena fortuna, 512.

arribar (v.n.), atracar, llegar a puerto, 1629, 2811.

arrobdas (s.f. pl.), patrullas, centinelas avanzadas, 658, 660, 694.

arrobdar (v.n.), patrullar, 1261*b.*

arruenço (s.m. usado en expresión adverbial), ronceando, contra la corriente, 1229.

asconder (v.r.), esconderse, 30.

ascuchar (v.n.), escuchar, 3401.

asmar (v.t.), estimar, valorar, 521, 844; juzgar, pensar, 524.

asorrendar [3 pres. indic., *asorrienda,* 3666] (v.a.), refrenar, 3666.

assentar (v.a.), incorporar, 2803.

assí (adv.), así, 32, 33, 61, etc.

a siniestro, véase *siniestro.*

assomar (v.n.), aparecer, 919, 1393, 2742, 2753; *a. a,* aparecer en, llegar a la vista de, 2176.

asta (s.f.), lanza, palo de lanza, 1969, 2393, 3585; *a. de lança,* largo de la lanza, 3609.

astil (s.m.), mango o palo de lanza, 354, 2387, 3628, 3687.

atal, atales (adj. y pron.), tal, tales, 374, 2629, 3518, 3707.

atalaya (s.f.), atalayero, 1673.

atamores (s.m. pl.), tambores (moros), 696, 1658, 1666, 2345.

atan (adv.), tan, 2201, 2731.

atanto, -s, -as (adj. y pron.), tanto(s), tantas, 1723, 1831, 1974; (adv.), tanto, 1239, 2860.

atender (v.a.), esperar, 3537.

atorgar, véase *otorgar.*

atravessar (v.a.), cruzar, 1544.

atregar (v.a.), garantizar, asegurar, 1365.

auze (s.f.), suerte, ventura, 1523, 2366, 2369.

aver [1 pres. indic. *é,* 81, etc., *he,* 73, etc.; 3 pres. indic., *á,* 70, etc., *ha,* 42, etc.; 4 pres. indic., *avemos,* 123, etc.; 6 pres. indic., *an,* 9, etc., *han,* 398, etc.; 1 pres. subj., *aya,* 179, etc.; 1 fut. indic., *abré,* 754; 3 fut. indic., *abrá,* 1525, etc., *avrá,* 642, etc.; 1 fut. subj., *ovier,* 2504, 3312; 3 fut. subj., *oviere,* 1909; 3 cond., *avrié,* 525, etc., *havrié,* 3517; 5 cond., *abriedes,* 2208; 1 pret. indic., *of,* 3320, 3321; 2 pret. indic., *oviste,* 3324; 3 pret. indic., *ovo,* 68, etc.; 4 pret. indic., *oviemos,* 2143, 3559; 6 pret. indic., *ovieron,* 11, etc.; 3 pret. subj. *ovisse,* 1820, *oviesse,* 20, etc.; 5 imperativo, *aved,* 3600, etc.] (v.a.), tener, 6, 11, 12, etc.; enviar, 2600; usado como aux. perfecto, 9, 33, 42, etc.; 3 impersonal, *á, ha, ay, avié:* hay, había, etc., 595, 674, 1204, 1346, etc.; *a. a* más inf., haber de, tener que, 169, 229, 322, etc.; *a. de* más inf., haber de, tener que, 321, 354, 834, etc.

aver (*-es*) (s.m.), bienes, riqueza, 27, 45, 82, etc.

aves (s.f. pl.), aves carnívoras, 2751, 2946, 3267; agüeros, 859.

avorozes (s.m. pl.), regocijos, 2649.

avueros (s.m. pl.), agüeros, 2615.

axuvar (s.m.), ajuar, 1650, 2571.

aya, véase *aver.*

ayuso, ayusso (adv.), río abajo, 551, 577, 589, etc.; cuesta abajo, 426, 546, 1161, etc.; (usado con *por*), *por el cobdo ayuso,* abajo hasta el codo, 501, comp. 762; *cuesta yuso,* cuesta abajo, 992, 1002.

az (s.m. y f.), fila, 697, 700, 707, etc.; *entrar en az,* formarse en filas, 697.

azémilas (s.f. pl.), acémilas, bestias de carga, 2490, 2705.

B

ba, ban, véase *ir.*

bandas (s.f. pl.), ceñidores, fajas, 3092.

bando, vando (s.m.), bando, partido, 3010, 3113, 3136, etc.; apoyo, auxilio, 754.

barata (s.f.), refriega, 1228.

barba (s.f.), barba (símbolo de honra), 1011, 1226, 1238, etc.; barbudo guerrero, 268, 274, 930, etc.

barbado (adj.), barbudo, 789.

barcas (s.f. pl.), naves, 1627.

barnax (s.m.), hazaña, proeza, 3325.

barón, véase *varón.*

barragán, varragán (s.m.), mozo valiente, 2671, 3327.

bastir (v.a.), preparar, 85; disponer, proveer, 68.

batir (v.a.), picar (al caballo), 3618.

begas (s.f. pl.), vegas, 3481.

belaron, véase *velar.*

belmez, velmez (s.m.), túnica, 3073, 3636.

bençió, véase *vençer.*

bendezir (v.a.), bendecir, 541, 2608.

bendición, bendictión (s.f., generalmente pl.), bendiciones nupciales, 2226, 2240, 2562, etc.

besar (v.a.), besar, 921; *b. la(s) mano(s),* saludar, 153, 159, 174, etc.; *b. la mano que,* rogar que, 179, 1275, 1443, etc.; *b. los pies e las manos que,* rogar humildemente que, 879, 1322-23.

bestias (s.f.pl.), animales (caballos y mulas), 2255; caballos (palafrenes), 1061, 2816; bestias salvajes, 2699, 2751, 2946, 3267.

bever (v.a.), beber, 1025, 1104, 1229.

bibdas (s.f.pl.), viudas, 2323.

bien (adv.), bien, muy, mucho, 7, 32, 39, etc.; *b. andantes,* afortunados, 2158; (s.m.), cosa provechosa, 302, 1876,

2266, etc.; riqueza, 1634; (s.m.pl.), bienes, haberes, 2459; *por b.*, con buena intención, 2464, 2957.

biltadamientre (adv.), vilmente, 1863.

biltança (s.f.), humillación, 3705.

biltar (v.r.), humillarse, 3026.

bistades, véase *vestir.*

bivir, véase *vivir.*

bivo (adj.), vivo, 75, 618, 785, etc.

blanca, -as, -os (adj.), blanco, 183, 729; claro, brillante, 2333, 3074, 3087, 3493.

bloca (s.f.), bloca, centro de un escudo, 3631, 3680.

blocados, boclados (adj. pl.), provistos de bloca, 1970, 3584.

bolver [partic. pasado, *buelto,* 9, 599] (v.a.), volver, 763, 3659; luchar a brazo partido, 599; mover, agitar, 1059; urdir, 9; alborotar, 3140.

bós, véase *vós.*

boz, véase *voz.*

braça (s.f.), braza, 2420, 3684.

braço (s.m.), brazo, 203, 255, 275, etc.; lado, 1244; apoyo, ayuda, 753, 810, 3063.

brial (s.m.), túnica de seda, 2291, 2750, 3090, 3366, 3374.

buelta (s.f., sólo usado en expresión adverbial), *en buelta con,* junto con, 1761; comp. *abuelta.*

buelto, véase *bolver.*

bullidor (s.m.), bullanguero, 2172.

burgalés (adj. y s.m.), natural de Burgos, 65, 193, 736, etc.

burgeses, -as (s.m. o f. pl.), ciudadanos, -as, 17.

buscar (v.a.), buscar, 192, 424, 898, etc.; perseguir, atacar, 528, 532, 1076, etc.; *b. mal,* procurar hacer daño, 509.

C, Ç

ca (conj.), porque, pues, 6, 14, 30, etc.

cab (prep.), junto a, cerca de, 3682; comp. *cabo* (prep.).

cabadelant (adv.), hacia adelante, todo recto, 858, 862, 2874.

cabdal (adj.), principal, 698, 1220, 2313; grande, caudaloso, 1954; (s.m.), capital (de dinero), 1434.

cabeça = cabeza.

caber (v.n.), corresponder, tocar, 2910.

cabo (s.m.), cabeza, cosa principal, 1785; cabo, parte extrema, 162, 665, 883, etc.; lado, 1720; rabo, 1732; *ir a c. con,* ir al lado de, 1717 (prep.), junto a, 56; comp. *cab; c. de,* cerca de, 1162.

caboso (adj. y s.m.), excelente, cabal, 226, 908, 946, etc.

caçar (v.a.), capturar, 1731.

cada (adj. indef. sg.), cada, 513, 1173, 1766, etc.; *quis c. uno,* cada uno, 1136.

cadrán, véase *caer.*

caer [3 pres. indic., *caye,* 2415, 2467, *cae,* 2399, 2696; 3 pres. subj., *caya,* 313, etc.; 6 fut. indic., *cadrán,* 3622; 3 imperf. indic., *cayé,* 1796, 6 imperf. indic., *cayén,* 732] (v.n.), caer, 339, 2404, 2405, etc.; caer muerto, 732; tocar, corresponder, 513, 1781, 1782, etc.; *c. en alcaz* o *alcança,* perseguir, 2399, 2403, 2408; *c. en pesar,* preocupar, 313, 1270; *c. en plazer,* complacer, 2629; *c. en sabor,* agradar, 1351.

çaga (s.f.), zaga, retaguardia, 449, 452, 455, etc.

calçada (s.f.), calzada, carretera, 400.

calçadas (partic. pasado usado como adj.), (espuelas) puestas, 2722; véase *malcalçados.*

calças (s.f.pl.), calzas, 195, 992, 994, 3085; forma de propina, 190.

camas (s.f.pl.), piernas, 3085.

camear (v.a.), cambiar, 2244; intercambiar, 2093; sustituir, 3183.

Campeador, Canpeador (s.m.), batallador, vencedor (epíteto del Cid), 31, 41, 71, etc.

campo, canpo (s.m.), llanura, 545, 2022; despoblado, 3541; campo de batalla, 499, 687, 751, etc.; *arrancar, vençer el c.,* ganar la victoria, 1740, 2458, 3691.

canal, véase *Çelfa* en el Índice Onomástico.

candelas (s.f.pl.), velas, cirios, 244, 3055.

canes (s.m.pl.), perros, canalla, 3263.

Canpeador, véase *Campeador.*

canpo, véase *campo.*

cantar (v.a.), celebrar misa, 225, 1702, 1707, 2069, 2240; (v.n.), cacarear, 235, 316; (s.m.), cantar de gesta, 2276.

cañados (s.m.pl.), candados, cerraduras, 3.

caños (s.m.pl.), cuevas, madrigueras, 2695.

çapatos (s.m.pl.), zapatos, 3086.

capiella (s.f.), capilla, 1580.

capiello (s.m.), capillo, gorra, 3492.

cara (s.f.), cara humana, 27, etc.; cabeza (de caballo), 215; *de c.,* de frente, 1704, cara a cara, 3624; *tornasse de c.,* volver la espalda, huir, 3659; *c. por c.,* cara a cara, 3611.

carbonclas (s.f.pl.), carbúnculos, granates, 766, 2422.

cárcava (s.f.), foso, 561.

cárçel (s.f.), foso, 340.

caro (adj.), querido, 103, 2351.

carta (s.f.), mandato real, 23, 42, 2977; carta, 1956, 1959; tratado, 527; *dar por c.,* poner en escrito, 511; *meter en c.,* poner en un acuerdo escrito, 844; *dezir por c.,* hacer constar por escrito, 902.

carrera (s.f.), camino, viaje, 1284*b,* 2547, 2767.

casa (s.f.), casa, 45, 49, 59, etc.; villa, 62, 571, 842; arrendamiento, 115, 289, 301.

cascaveles (s.m.pl.), cascabeles, 1509.

casco (s.m.), casco, parte superior del yelmo, 3651.

castiello (s.m.), castillo, 98, 486, 525, etc.

castigar (v.a.), advertir, aconsejar, 229, 383, 3523, 3553.

catar (v.a.), mirar, 2, 356, 371, etc.; examinar, 121, 164; considerar, 2320; cuidar, 1359.

cativo (s.m.), prisión, 1026; cautivo, 517.

cavalgar (v.n.), subirse a caballo, cabalgar, 320, 367, 376, etc.

cavallero (s.m.), caballero, 234, 291, 312, etc.

cavallo (s.m.), caballo (de armas), 215, 498, 602, etc.; *c. (pora) en diestro,* corcel, 1548, 2010, 2573; *de pies de c.,* a galope tendido (?), 1151.

caya, caye, cayé, etc., véase *caer.*

çelada (s.f.), emboscada, ardid, 436, 437, 441, etc.

çendal (s.m.), tela de seda, 1508, 1971.

çeñir [6 pres. indic., *çiñen,* 917; 3 pret. indic., *çinxo,* 58, etc.; 5 pret. indic., *çinxiestes,* 41, etc.; partic. pasado, *çintas,* 578] (v.a.), ceñir (espada), 41, 58, 78, etc.

çerca (adv.), cerca, 532; pronto, 76, 212, 392; (prep.), cerca de, 3316; *ç. de,* cerca de, 560, 1003, 1515, etc.; comp. *açerca.*

çerca (s.f.), cerco, asedio, 664.

çercar (v.a.), rodear, 2285, 2293, 3335; sitiar, 655, 1099, 1105, etc.

çerviçio (s.m.), servicio (militar), 69; hospitalidad, agasajo, 1535.

çevada (s.f.), pienso, 420, 428, 581, 827.

christiandad (s.f.), cristiandad, 770, 1116, 1199.

christianismo (s.m.), cristiandad, 1027, 1305.

christiano (adj. y s.), cristiano, 29, 237, 566, etc.; toda alma viviente, nadie, 93, 1033*b,* 1788; *moros nin cs.,* nadie, 107, 145, 3286, etc.

çibdad, çipdad (s.f.), villa, ciudad, 397, 1212, 1613, etc.

çiclatón (s.m.), ciclatón, brocado de seda, 2574, 2721, 2739, 2744, 3090.

çient, 1336, *çiento,* 534, etc., generalmente *.C.* (adj. y s. numeral), ciento.

çinchas (s.f.pl.), cinchas (de silla), 993, 2723, 2736, 3265, 3639.

çinquaenta, 1718, 1851, 2313, *.L.,* 250, 1626, 1734 (adj. numeral), cincuenta.

cinquaesma (s.f.), Pentecostés, 3726.

çintas, véase *çeñir.*

çinxiestes, çinxo, véase *çeñir.*

çiñen, véase *çeñir.*

çipdad, véase *çibdad.*

clamor (s.m. sólo usado en frase adverbial), *a c.,* estrepitosamente, 286.

claro (adj.), claro, brillante, 2062, 3649; renombrado, 2611.

cobdo (s.m.), codo, 501, 781, 1724, 2296, 2453.

cobrar (v.a.), deparar, recompensar, 303.

coçeras (adj. f. pl.), de carreras, 993.

cofia (s.f.), cofia, gorra de tela, 789, 2437, 3094, etc.

cofonder (v.a.), confundir, abatir, 2412.

coger [4 pres. subj., *coiamos,* 621; 6 pres. subj., *coian,* 1691; 3 pret. indic., *coió,* 293, etc., *cogió,* 588] (v.a.), obtener, 1691; tomar, 2801; desmontar, 208, 213, 2706; acoger, recibir, 44, 59, 621, 774; (v.r.), juntarse con, 293; retirarse, marcharse, 577, 588, 589, etc.; comp. *acoger.*

coiamos, coian, coió, etc., véase *coger.*

colpe (s.m.), golpe, 184, 713, 724, etc.; *a tod el primer c.,* de un golpe, 184.

combré, véase *comer.*

comedir [6 fut. indic. *comidrán,* 3578; 3 imperf. indic., *comidía,* 2020; 3 pret. indic., *comidió,* 507, etc.; 6 pret. indic., *comidieron,* 2713] (v.a.), urdir, 2713; (v.n.), meditar, 1889, 1932, 2828, 2953; (v.r.), considerar, calcular, 507; urdir, 3578.

comer [1 fut. indic., *combré,* 1021; 5 imperativo, *comede,* 1028*b, comed,* 1025, etc.] (v.a.), comer, 1020, 1021, 1025, etc.; devorar, 2789; (v.n.), comer, 421, 1033*b,* 1034, etc.

comeres (s.m.pl.), manjares, 1019.

cometer (v.a.), embestir, 1676; proponer, 2073; (inf. usado como s.m.), plan, designio, 3542; comp. *acometer.*

comidrán, véase *comedir.*

comigo (prep. más pron. compuesto), conmigo, 1045, 1192, 1258, etc.

commo, cuemo, cum (adv. o conj.), como, cómo, de qué modo, de modo que, para que, que, 32, 61, 153, etc.

compaña, conpaña (s.f.), compañía, bando, ejército, séquito, 16, 60, 83, etc.; *a* o *en una c.,* juntos, 1549, 2339; *dar c.,* escoltar, 1385*b.*

compeçar, conpeçar [3 pres. indic., *conpieça,* 1085; 6 pres. indic., *conpieçan,* 1926, etc.] (v.a.), comenzar, 1111, 2071; *c. de* o *a* más inf. (aux. inceptivo), empezar a (comúnmente pleonástico), 705, 856, 1083, etc.

complido, conplido (partic. pasado usado como adj.), excelente, cumplido, 65, 268, 278, etc.; completo, 1626; comp. *cumplir.*

conbidar (v.a.), convidar, 21.

conde, cuende (s.m.), conde, 957, 960, 975, etc.

condonar (v.a.), restituir, 887.

conducho (s.m.), provisiones, 68, 249, 1356, etc.

conloyar (v.a.), aprobar, 3558.

connosçe, etc., véase *coñosçer.*

connusco (prep. más pron. compuesto), con nosotros, 388.

conortar (v.a.), consolar, animar, 2328, 2804.

conpra (s.f.), libertad para comprar, 62, 90.

conprar (v.a.), comprar, 67, 519.

conquerir [partic. pasado, *conquistas,* 1093] (v.a.), conquistar, 1093.

consagrar (v.n.), *c. con,* emparentar, 1906, 3356.

conseguir [6 pres. indic. *consiguen,* 1729; 3 fut. indic., *consigrá,* 1465] (v.a.), seguir, acompañar, 833, 1465, 1729.

conseiar, consejar, cosseiar (v.a.), aconsejar, 438, 1251, 2999; urdir, 2660, 2670, 2676; (v.r.), tomar consejo, 841, 1256; conferenciar 122; urdir, 2537.

conseio, consejo, cosseio (s.m.), consejo, 273, 1099, 1262, etc.; ayuda, socorro, 85, 382, 632, etc.

consentir [6 fut. indic., *consintrán,* 668], (v.a.), permitir, 668.

consigrá, véase *conseguir.*

consintrán, véase *consentir.*

contado (partic. pasado usado como adj.), famoso, renombrado, 142, 152, 193, etc.; justo, 1559; exacto, 2486.

contal[l]ar (v.a.), mesar, arrancar, 3096.

contar (v.a.), contar, numerar, 181, 699, 1214, etc.; narrar, relatar, 684, 1310, 1683, etc.

contesçer [3 pres. subj., *contesca,* 3707] (v.n.), acontecer, 3707.

contesca, véase *contesçer.*

contra (prep.), a, hacia, 558, 1090, 3471; contra, en relación a, 2910.

conuvo, véase *coñosçer.*

convusco (prep. más pron. compuesto), con vosotros, 75, 168, 231, etc.

coñosçedores (adj. pl.), prudentes, 2851; expertos (en derecho), 3137.

coñosçer, connosçer, conosçer [3 pret. indic., *conuvo,* 3643, *connosçió,* 2932] (v.a.), conocer, reconocer, 983, 1526, 1929, etc.

copla, 1. (s.f.), grupa, 3640; 2. (s.f.pl.), versos, 2276.

coraçón (s.m.), corazón, alma, 276, 430, 715, etc.; ánimo, 718 (pl.), 1655, 2804, etc.; *de c.,* con fervor, 53, 1184, 1342, etc.; *d'alma e de c.,* con muy buena gana, 1923, 1930, 2001, etc.; *averlo por* o *de c.,* asentir calurosamente, ser entusiasta, 430, 1496.

coranado, véase *coronado.*

corças (s.f.pl.), *corzas,* 2375.

cormanas (s.f.pl.), primas hermanas, 3303.

corneia (s.f.), corneja, 11.

coronado, coranado (s.m.), clérigo, 1288, 1460, 1501, 1793, 1993.

cort (s.f.), *curia regis,* corte real, 1384, 1900, 1938, etc.; sala, 2283, 2303; conjunto de vasallos, séquito, 962, 1360, 2307, etc.; (pl.), reunión de la corte, corte judicial, 2733, 2914, 2949, etc.

cortandos, 2728, = *cortadnos.*

corredizas (adj. f.pl.), resbaladizas, con hebillas (?), 2736.

corredor (adj.), veloz, 1336, 1575, 1968, etc.

correr (v.a.), hacer una incursión, atacar, 445, 464*b*, 477, 952, 958; (v.n.), correr, discurrir, 354; caminar con velocidad, correr, 920, 1590.

corrida (s.f.), correría, 953; carrera, galope, 1588.

cosiment(e) (s.m.), favor, merced, 1436; *sin c.,* entumecido (?), 2743.

cosso (s.m.), carrera, 1592.

cozina (s.f.), comida, 1017, 2064.

cras (adv.), mañana, 537, 676, 949, etc.

creçer [3 fut. indic. *creçrá,* 1905; 4 fut. indic., *creçremos,* 688, etc.; 3 cond., *creçríe,* 1929] (v.n.), crecer, 296, 304, 657, etc.

creçrá, creçremos, véase *creçer.*

creenderos (s.m.pl.), criados personales, 1013.

creer [3 pret. indic., *crovo,* 357; 6 pret. indic., *crovieron,* 3326; 3 pret. subj., *croviesse,* 1791] (v.a. y v.n.), creer, 357, 362, 1791, etc.

criado (s.m.), vasallo, 737.

criar (v.a.), cuidar, 3282, 3284; educar, 1598, 2086, 2514, 2902.

criazón (s.f.), casa, séquito, 2707, 2919.

christ-, véase más arriba.

crovieron, croviesse, crovo, véase *creer.*

cuberturas (s.f.pl.), gualdrapas, 1508, 1585.

cuedo, etc., véase *cuidar.*

cuemo, véase *commo.*

cuenta (s.f.), cuenta, numeración, 101, 1264, 1734, etc.; *non ser en c.,* ser innumerables, 918, 1983, 2257; *por c.,* exactamente, 1264, 1734.

cuer (s.m.), corazón: *de c.,* profundamente, 2317, 2825; *por c.,* profundamente, 636; *de c. e de veluntad,* con todo corazón, muy devotamente, 226.

cuerdas (s.f.pl.), cuerdas de tienda, vientos, 1141, 2400.

cuerdamientre (adv.), prudentemente, 3105.

cuesta yuso, véase *ayuso.*

cueta (s.f.), vicisitud, peligro, 451, 1178, 1189, 2360.

cuidar [1 pres. indic., *cuedo,* 2130; 3 pres. indic. *cueda,* 556; 6 pres. indic., *cuedan,* 1839, etc., *cuidan,* 3011] (v.a. y v.r.), pensar, creer, imaginar, 556, 972, 1839, etc.

cum, véase *commo.*

cumplir, cunplir, conplir (v.a.), cumplir, ejecutar, 223, 2598, 2704, etc.

cuntir (v.n.), suceder, 2281, 2310, 2548, etc.

cuñados (s.m.pl.), parientes por afinidad, 2517.

curiador (s.m.), fiador, protector, 3477.

curiar (v.a. y v.n.), guardar, proteger, velar, 329, 364, 1261*b,* etc.; (v.r.), precaverse, 2669; sospechar, 2569.

CH

chicas (adj. f.pl.), pequeñas, 269*b; chicos* (s.m.pl.): *los grandes e los ch., ch. e grandes,* grandes y pequeños, todos, 591, 1990.

christ-, véase bajo C.

D

dado (s.m.), don, regalo, 194.

d'algo, véase *algo*.

d'allén, d'allent, véase *allén*.

dandos = *dadnos*.

daña, véase *doña*.

d'aquén, d'aquend, d'aquent, véase *aquén*.

dar [1 pres. indic., *do*, 250, etc.] (v.a.), dar, 136, 140, 161, etc.; enviar, 1159, 1405; dar (gritos), 606; golpear, 38, 353, 604, etc.; para frases con *dar*, véanse las palabras principales; (v.r.), rendirse, 574; retroceder, 1145.

debdo (s.m.), obligación religiosa, voto, 225; vínculo (de vasallaje), 708, 2365; promesa (a señor feudal), 3528, 3535, 3703; deber filial, 2598.

deçender (v.n.), apearse, 1842.

deçir [3 pres. indic., *diçe*, 974; partic. pres., *diçiendo*, 1756] (v.n.), apearse, 1394, 1756; descender, 974.

deland, delant(e) (adv.), delante, 607, 641, 853, etc.; (prep.), delante de, ante, 327, 715, 1577, etc.; comp. *adelant*.

delibrar (v.a.), despachar, matar, 758; (v.n.), empezar a hablar, 3307.

deliçio (s.m.), delicia, deleite, 850; expectación placentera, 1639; *a d.*, con cuidado, con esmero, 3282, 3284.

d'ella e d'ella part, véase *part*.

demandar (v.a.), exigir (reparación), 966, 3079, 3148, etc.; preguntar por, 1882; buscar, 1292; reclamar judicialmente, 3143, 3165; (v.n.), preguntar por, buscar, 97, 99, 292.

demás (adv.), además, 28, 46, 3548; (s.m.pl.), los demás, 2041.

demostrar (v.a.), indicar, 3606; mostrar, 2703.

dén, dend, dent (adv.), de allí, 585, 952, 984, etc.

dentro (adv.), dentro, 36, 621, 801, etc.; (prep.), *d. en*, dentro de, 62, 341, 962; *de d. de*, dentro de, 2785; *de d. en*, hasta dentro de, 3480, 3637; *d. a*, dentro de, 1561; comp. *adentro*.

departiçión (s.f.), despedida, partida, 2631.

departir (v.n.), hablar (mal de), censurar, 2729.

deportar (v.r.), solazarse (en juegos o ejercicios), 1514, 2711.

deprunar (v.n.), bajar, descender, 1493.

de quando, véase *quando*.

de que (conj.), desde que, en cuanto, 2793; luego que, 3129.

derecha, -as (adj. f.), erguida, 482; de pie, 2228.

derecho (s.m.), justicia, reparación, 642, 1105, 2486, etc.

derramar (v.n.), dispersarse, 463.

derranchar (v.n.), romper filas, 703.

derredor, aderredor (adv.), alrededor, 937, 2038, 2390, etc.; *en d.,* alrededor, 466; (prep.), *d. de,* alrededor de, 60, 560, 637, 3587.

desaquí (adv.), desde ahora, 1710.

desarmar (v.a.), quitar la armadura, 1744.

desatar (v.r.), escapar(se), 2282, 3331.

descabeçar (v.a.), decapitar, 620.

descavalgar (v.n.), apearse, 52, 57, 1592, etc.

descreídas (adj.f.pl.), infieles, 1631.

descubrir (v.a.), descubrir, 3260; revelar, 3323; traicionar, 107.

desenparar (v.a.), desamparar, abandonar, 469, 910, 1471, 2945.

deseredar (v.a.), privar de heredad, 1363.

desí, dessí (adv.), desde allí, después, 478, 742, 867, etc.; véase también *luego.*

deslea[l]tança (s.f.), deslealtad, acto pérfido, 1081.

desmanchar (v.a.), desmallar, perforar, 728, 3635.

desobra (s.f.), demasía, ultraje (?) (o error por *desabor* o *desondra*), 3080.

desondra (s.f.), deshonra, 2762, 2906, 2910, etc.

desondrar (v.a.), deshonrar, 981, 2950, 3256.

desonor (s.f.), deshonor, afrenta, 1357, 1371, 2909, etc.

despender (v.a.), gastar, 260, 1557, 2542.

despensa (s.f.), gasto, provisión financiera, 258.

despertar (v.n.), despertar, 410, 2292, 3336; volver en sí, 2787.

dessí, véase *desí.*

destellar (v.n.), destilar, gotear, 501, 762, 781, 1724, 2453.

detardar (v.a.), retardar, 96, 105, 575, etc.; (v.n.), demorar, 2540; (v.r.), demorar, 1506.

detener (v.a.), retardar, 648, 2976; (v.r.), demorar, 3084; *d. la lengua,* trabarse la lengua, 3307.

dever (v.aux.) deber, 315, 995, 1107, etc.

dexar (v.a.), dejar, abandonar, 77, 117, 133, etc.; desistir, 2677; permitir, 978, 3273; (v.n.), dejar de, 607, 3293, 3708; *d. el alma,* entregar el alma, 1022.

dezeno (adj. numeral), deceno, 1210.

dezir [2 pres. indic., *dizes,* 2955, etc.; 3 pres. indic., *diz,* 1875, *dize,* 782, etc.; 6 imperf. indic., *dizían,* 19, *dizién,*

628, etc.; 1 pret. indic., *dix*, 2370; 3 pret. indic., *dixo*, 49, etc.; 5 pret. indic., *dixiestes*, 3462; 6 pret. indic., *dixieron*, 1468; 5 imperativo, *dezid*, 129, etc.; partic. pres., *diziendo*, 928, etc.] (v.a.), decir, hablar, 19, 30, 70, etc.; llamar, nombrar, 435, 628, 902, etc.; celebrar (misa), 1688, 2370.

día (s.m.), día, 205, 220, 222, etc.; tiempo, años, 269*b*, 283, 2083, etc.

diestro (adj.), derecho, mano derecha, 11, 216, 398, etc.; *a d.*, a la derecha, 2696, 2875.

diezmo (s.m.), diezmo, décima parte, 1798.

dinarada (s.f.), cantidad que se compra con un *dinero (q.v.)*, 64.

dinero (s.m.), décima parte de un maravedí, moneda de poco valor, 165, 503, 1042; valor de un *dinero*, 252; (pl.), monedas, dinero, 804, 3734.

dinno (adj.), digno, 2363.

dix, dixo, etc., véase *dezir*.

do, 1., apócope de *don*.

do, 2., véase *dar*.

dó (adv. y conj.), donde, en donde, adonde, etc., 262, 294, 347, etc.

dobles (s.f.pl.), telas o capas de malla, 3634.

don, do (título m.), don, 22, 155, 185, etc.

don (s.m.), dádiva, regalo, 816, 1344, 1856, etc.; propina, premio, 179, 192, 196.

dón, dond, dont (adv.), de donde, en el cual, de lo cual, cuando, etc., 450, 938, 1034, etc.

doña, daña, don (forma apocopada antes de vocal) (título f.), doña, 239, 253, 262, etc.

dos (f. *dues*, 255) (adj. numeral), 85, 113, 343, etc.; *amos a dos*, véase *amos*.

dozientos (adj. numeral), doscientos, 442, 476, 917, etc.

dubda (s.f.), temor, 1131; *sin d.*, intrépidamente, 477, 786; *si[n] nulla d.*, sin vacilación alguna, 898.

ducá (adv.), cerca de allí, en esa región, 1088.

duelo (s.m.), dolor, pesar, 29, 381, 1180, etc.

dueña (s.f.), dama, hidalga, 825, 1358, 1381, etc.; dueña de servicio, 239, 254, 263, etc.

dueños (s.m.pl.), jinetes, 615, 730, 2406.

dues, véase *dos*.

dulçe (adj.), dulce, grato, 405; bien templado, 3077.

duradores (adj. f. pl.), duras, 2723.

durar (v.n.), durar, 777, 1148, 1227, 1679, 2407; permanecer, 1120; pasar (tiempo), 1169, 2251.

E

e (*y*, 1412, 2087) (conj.), y, 2, 3, 4, etc.; pleonástico en uso apositivo, 300, 372, 971, etc.

é, véase *aver*.

echar (v.a.), derribar, 751, 766, 3631, etc.; echar, lanzar, 184; clavar, 3684; presentar, 1959; cubrir, 1585; enviar, 1187; expulsar, desterrar, 14, 267, 629, etc.; (v.r.), acostarse, 404; arrodillarse, 327, 1594; situarse (en posición dominante), 436; sitiar, 1203.

eclegia, ecclesia, eglesia (s.f.), iglesia, 326, 367, 2239, 2241.

eguar (v.n.), volver a crecer, 3290.

el (art. def. m.), 18, 22, 31, etc.; (art. def. f. antes de vocal), 150, 454, 471, etc.; comp. *la*.

él, ele, elle (pron. m.), él, 23, 1353, 1896, etc.

elpha (s.), elfo, ninfa (?), 2695.

emiente (adv.), *venir e.*, venir a la mente, ocurrirse a, 1070; recordar, 3330.

enantes (adv.), primero, 866; (prep.), *e. de*, antes de, 3051; (conj.), *e. que*, antes que, 302; comp. *antes*.

enbaír (v.a.), atropellar, 3011; maltratar, 2309.

enbargar (v.a.), abrumar, 2147.

enbargo (s.m.), impedimento, daño, 1865.

enbiar, véase *enviar*.

enbraçar (v.a.), sobrazar, poner sobre el brazo, 715, 2284, 2393.

en buelta, véase *buelta*.

enbueltos (partic. pasado usado como adj. m. pl.), vestidos (de armadura), 659.

encamar (v.a.), ladear, derribar, 3685; (v.r.), ladearse, volcarse, 3629.

encarnación (s.f.), *prender e.*, encarnar, 333.

encavalgados (s.m.pl.), caballería, soldados de a caballo, 807.

ençerrar (v.a.), encerrar, 2695.

enclaveadas (partic. pasado usado como adj. f.pl.), claveteadas, 87.

enclinar (v.a.), inclinar, 274; bajar, 717, 3617.

encortinado (partic. pasado usado como adj.), adornado con tapices, 2206.

encubrir (v.a.), ocultar, 922.

enchir [4 pres. subj., *inchamos,* 86], llenar, 86.

én, end, ende (adv. pronominal), de ello, en ello, etc., 2100, 3547; *por e.,* a causa de eso, por lo tanto, 112, 344, 357.

endurar (v.a.), soportar, sufrir, 704, 946.

enfrenados (partic. pasado usado como adj. m.pl.), con frenos, 817.

enfurçión (s.f.), tributo pagado en especie, hospitalidad, 2849.

engramear (v.a.), menear, denegar (con la cabeza), 13.

enmendar (v.a.), reparar (un agravio), 963.

enpara (s.f.), protección, 964; abrigo militar, 450.

enparar (v.a.), proteger, defender, 1223.

enpeçar [3 pres. indic., *enpieça*, 3308] (v.n.), empezar, 3308; (v.r.), empezar a realizarse, 3542.

enpeñar (v.a.), dejar en prenda, 92.

enperador (s.m.), emperador, 2553, 3297; *el buen e.*, Alfonso VII, 3003.

enplear [1 pres. subj., *enpleye*, 500] (v.a.), manejar (lanza), 500, 1006, 1722.

enpresentar (v.a.), presentar (regalo), 872.

enprestar (v.n.), pedir prestado, 3248.

ensayar (v.a.), probar, 2376; emplear, manejar, 2414, 2460, 3663; atacar, 2381, 3318; (v.r.), esforzarse, 2388, 2781; competir uno con otro, 2746.

ensellar (v.a. y v.n.), ensillar, 317, [324], 1064, 1585, 2145.

enseñar (v.a.), mostrar, 2545, 3604.

ensienplos (s.m.pl.), crueldades, 2731.

entençión (s.f.), alegación, 3464.

entendido (partic. pasado usado como adj.), docto, 1290.

entergar [5 pres. subj., *enterguedes*, 3227; 6 pres. subj., *enterguen*, 3234] (v.a.), reintegrar, 3227, 3234.

entradas (s.f.pl.), *las exidas e las e.*, acceso, 1163, 1572.

entr'amos (prep. más adj. pronominal dual), entrambos, 2660, 3232; comp. *amos*.

entrar (v.n.), entrar, 12, 98, 153, etc.; invadir, 125, 642, 687; atacar, 603, 1132, 2396; empezar (la noche), 311, 827, 1699, etc.; empezar (un mes), 1619; (v.a.), atacar, 1144, 1720; *e. a* más inf., ponerse a, 2250; *e. en paria*, empezar a pagar tributo, 569; *e. en prez*, lograr renombre, 1755; *e. en armas*, tomar las armas, 1640; *e. tigera en*, cortar, 1241; *e. en fabla*, conferenciar, 1372: *e. en batalla*, trabar batalla, 2321; *e. sobre mar*, ponerse a navegar, 1627.

envergonçar (v.n.), acobardarse, achicarse, 2298.

enviar, enbiar (v.a.), enviar, 490, 624, 813, etc.; (v.n.), enviar mensaje, 518, 976; *e. por*, hacer ir a buscar, 647, 1181.

eñadir [6 fut. indic., *eñadrán,* 1112] (v.n.), añadir, aumentar, 1112.

ermar (v.a.), yermar, asolar, 533.

és, ese (m.sg. adj. demostrativo), ese, 414, 1146, 1591, etc.

escalentar, inf. (v.n.), calentar, 332.

escaño (s.m.), asiento, silla grande, 1762, 2216, 2280, etc.

escarín (s.m.), tela de lino, 3094.

escarmentar (v.a.), escarmentar, 1121, 1170; escarnecer, 2536.

escarneçer (v.a.), escarnecer, 3706.

escarnir (v.a.), escarnecer, 2551, 2555, 2715.

esconbrar (v.n.), despejar, 3608.

escrevir [6 imperf. indic., *escrivién,* 1956; partic. pres., *escriviendo,* 1773; partic. pasado, *escripta,* 527; 3 pret. indic., *escrivió,* 3731, 3732] (v.a.), escribir, 527, 1773, 1956; poner por escrito, 3731, 3732.

escripto (s.m.), documento escrito, 1259.

escuelas (s.f.pl.), *schola regis,* conjunto de vasallos, séquito real, 1360, 2072; séquito de barón, 529, 1362.

escurrir (v.a.), escoltar, acompañar para despedir, 1067, 2157, 2590, etc.

esforçado (adj.), forzudo, 171; animoso, 972.

esforçar (v.n.), recobrar fuerzas, 2805; (v.r.), esforzarse, 2792.

esfuerço (s.m.), ánimo, 379 (pl.), 2822.

esmerado (partic. pasado usado como adj.), puro, 113.

espaçio (s.m.), consuelo, solaz, 2972; *más por e.,* con espacio, con más deliberación, 1768.

espadada (s.f.), tajo de espada, 750.

espad[ad]o (partic. pasado usado como adj.), marcado por golpes de espada, 2450.

espedir [6 pres. indic., *espiden,* 1448; 6 imperf. indic., *espidién,* 1914; 3 pret. indic., *espidió,* 200, etc., *spidió,* 226, 1307; 6 pret. indic., *espidieron,* 2873, 3522; 3 pret. subj., *spidiés,* 1252] (v.r.), *despedirse,* 200, 226, 1252, etc.

espender [partic. pasado, *espeso,* 81, 3219] (v.a.), despender, gastar, 81, 3219, 3238.

esperar, sperar [3 pret. indic., *speró,* 1481, *esperó,* 3338; 1 fut. indic. *speraré,* 1194] (v.a.), aguardar, esperar, 377, 768, 1194, etc.

espeso, véase *espender.*

espesso (adj.), espeso, exuberante, 1615, 2769.

espidimiento (s.m.), despedida, 2591.

espirital, spiritual (adj.), *Padre es.,* el Padre celestial, 300, 343, 372, etc.

espolear (v.n.), dar espuela, cabalgar de prisa, 233.

espolón (s.m.), espuela, 3265, 3618; *a e.,* cuanto antes, con toda prontitud, 2693, 2775.

espolonada (s.f.), arremetida, carga (inicial), 2383.

espolonar (v.a.), picar con la espuela, espolear, 711; hacer la espolonada, 705; cabalgar con mucha prisa, 2009.

espolonear (v.n.), ir a la carga, 596.

esquila (s.f.), esquilón, 1673.

essa, essas, essos (adj. demostrativo f. y pl.), esa, esas, esos, 56, 466, 546, etc.; comp. *és.*

esso (pron. demostrativo), eso, 141, 491, 1506, etc.

essora (adv.), entonces, en aquel momento, 983, 1282, 1316, etc.; *en e.,* entonces, 603, 3473, 3475.

est (apócope de adj. o pron. demostrativo m. sg.), este, éste, 254, 3518.

estar [1 pres. indic., *estó,* 2854; 3 imperf. indic., *esteva,* 2439; 3 pret. indic., *estido,* 3629] (v.n.), estar quieto, 2017; permanecer, 2032, 2311; residir, morar, 8, 330, 497, etc.; estar presente, 239, 294, 485, etc.; estar a punto de, 271; hallarse situado, 868; convenir, cuadrar, 3089; usado como perífrasis de la voz activa con partic. pres., 2, 3123; usado con adj. predicado, 1304, 3629; usado con adv. predicado, 100, 1601, 1618.

esteva, véase *estar.*

estido, véase *estar.*

estó, véase *estar.*

esto[n]z, estonçes (adv.), entonces, 951, 2227, 2692.

estraña (adj. f.), extranjera, 176, 1125, 1281; extraordinaria, 587, 1588.

estribera (s.f.), estribo, 38.

estropeçar [3 pres. indic., *estropieça,* 2415], tropezar, 2415.

evad, evades (adv. demostrativo), he aquí, ved aquí, 253, 820, 2123, 2326, 2519.

exco, véase *exir.*

exida (s.f.), partida, 11, 221; salida, 1163, 1572 (véase *entradas*).

exir [1 pres. indic., *exco,* 156; 3 pres. indic., *exe,* 1091; 4 pres. subj., *iscamos,* 685; 3 imperf. indic., *ixié,* 457; 6 imperf. indic., *exién,* 16b; 3 pret. indic., *ixo,* 938, *ixió,* 353; 4 pret. indic., *ixiemos,* 1268; 6 pret. indic., *exieron,* 1245, *ixieron,* 191, 649; partic. pres., *ixiendo* 396] (v.n.), salir, 200, 201, 461, etc.; asomarse; 16b; par-

tir, 672, 1245; aparecer, 457, 1091; manar, 353; acabar-
se, 311, 1619; faltar, agotar, 667; *e. apart,* apartarse,
191; (v.r.), salir desterrado, 156, 396.
exorado (adj.), dorado, 733.

F

fabla (s.f.), habla, plática, 1372, 3170.
fablar (v.a.), hablar, decir, 7, 70, 78, etc.; comentar, 344,
453; tratar, deliberar, 1880, 1941, 3160, etc.; (v.r.), con-
certarse, conferenciar, 2899.
faga, etc., véase *fazer.*
falcones (s.m.pl.), halcones, 5.
falsar (v.a.), perforar, 713, 728, 2391, 3676, 3681.
falsedad (s.f.), maldad, traición, 2666.
falso (adj.), falso, engañoso, 3387; (s.m.), testimonio falso,
342.
falla (s.f.), falta, 1552; *sin f.,* cumplida, lealmente, 443,
464*b,* 514, etc.
fallar (v.a.), hallar, encontrar, 32, 832, 849, etc.; (v.r.), en-
contrarse con, 1676; *f. menos,* echar de menos, 798, 1260.
falleçer (v.n.), faltar, agotar, 258.
fallir (v.n.), faltar, dejar de cumplir, 2224, 2984; acabarse,
581; fallar, 761.
fanbre (s.f.), hambre, 1179.
far, véase *fazer.*
fardida (adj. f.), atrevida, valiente, 443*b,* 489; comp. *ardido.*
faré, etc., véase *fazer.*
fartar (v.a.), saciar, 2802; molestar, 3385; (v.r.), satisfa-
cerse, 1294, 2058, 3495.
fasta, fata (prep.), hasta, 162, 477*b,* 1030, etc.; *f. que* (conj.),
hasta que, 498, 703, 2770, etc.
fata, véase *fasta.*
faz, 1. (s.f.), rostro, 355.
faz, 2., véase *fazer.*
faza (prep.), hacia, 3060.
fazer, far, fer [1 pres. indic., *fago,* 95, etc.; 3 pres. indic.,
faz, 2418, *faze,* 139, etc.; 4 pres. indic., *femos,* 1103;
5 pres. indic., *feches,* 896, etc.; 6 pres. indic., *fazen,*
285, etc.; 1 pres. subj., *faga,* 225, etc.; 1 fut. indic.,
faré, 108, etc., *feré,* 1418, etc.; 3 fut. indic., *fará,* 409,
ferá, 635, etc.; 4 fut. indic., *feremos,* 584, etc.; 3 fut.
subj., *fiziere,* 2641; 1 pret. indic., *fiz,* 2675, etc.; 2 pret.
indic., *fezist,* 331, etc., *fizist,* 3332; 3 pret. indic., *fizo,*

428, etc.; 2 imperativo, *faz*, 365; 5 imperativo, *fazed*, 452, etc., *fed*, 2629, *fet*, 2107; partic. pasado, *fecho*, 188, etc.] (v.a.), hacer, 188, 331, 345, etc.; mandar, 225, 1032, 3389; usado como verbo vicario, 1105, etc.; (v.r.), formarse, 1421; ejecutarse, 409.

fé, véase *afé*.

fe (s.f.), fe, promesa, palabra, 120, 163, 3425.

feches, fecho, fed, véase *fazer*.

femos, véase *fazer*.

fer, feré, véase *fazer*.

ferida (s.f.), golpe, 1709, 2374, 3317; coz, 38.

ferir [6 pres. indic., *fieren*, 722; 5 pres. subj., *firades*, 1130, *firgades*, 997, 3690; 5 fut. indic., *ferredes*, 1131; 5 imperativo, *ferid*, 720, 1139, *firid*, 597; 6 imperf. indic., *firién*, 3625, 3673; 3 pret. indic., *firió*, 963, etc.; 5 pret. indic., *firiestes*, 3265; 6 pret. indic., *firieron*, 1842, 3646; partic. pres., *firiendo*, 772, etc.] (v.a.), golpear, 963, 997, 2745, etc.; atacar, 597, 676, 718, etc.; acosar, 772; (v.r.), *f. a tierra*, apearse, 1842, 2019, 3025.

ferraduras (s.f.pl.), herraduras, 1553.

ferredes, véase *ferir*.

fet, véase *fazer*.

fezist, véase *fazer*.

ficarán, véase *fincar*.

fiel (adj.), fiel, leal, 204; (s.m.), juez, árbitro, 3575, 3593, 3604, etc.

fieren, véase *ferir*.

fiera, -as, -os (adj. f. y pl.), áspera, salvaje, 422, 1491, 2699, etc.; extraordinaria, 1341; *f. cosa*, extraordinariamente, 2310; *bestias de la f. guisa*, bestias feroces, 2751.

fierros (s.m.pl.), puntas de lanza, 3585.

figo (s.m.), higo, cosa de poco valor, 77.

fija (s.f.), hija, 255, 262, 269, etc.; *f. d'algo*, hidalga, 210, 1565, 2232.

fijo (s.m.), hijo, 1176 (dos veces), 2123, 2268, etc.; *f. de mugier nada*, nadie, 3285; *f. de moro nin de christiana*, nadie en absoluto, 3286; (pl.), niños, 1179, 2106, 2567; *f. d'algo*, hidalgo, 1035, 1832, 2252, 2264.

fin (s. ¿m. o f.?), límite, frontera, 399.

finar (v.n.), cesar, 3463.

finçança (s.f.), morada, campamento, 563.

fincar [6 fut. indic., *ficarán*, 455, *fincarán*, 2354; partic. pasado, *fita*, 576, 1787b, *fitos*, 2030, 2039, *fincados*, 1843, -as, 1657, 2313] (v.a.), fijar, instalar, 57, 656, 1101, etc.;

construir, 2249; clavar, fijar (ojos en), 2392, 2859; hincar, 53, 264, 1318, etc.; apoyar, 2296; pegar, 2299; (v.n.), acampar, 863; quedarse, 449, 455, 462, etc.; parar, 1747; cesar, 1377, 3167, 3211, 3372; *f. en (el) campo*, vencer, 2354, 3667; *f. de* más inf., dejar de, 1474.

finiestras (s.f.pl.), ventanas, 17.

firades, firgades, firid, véase *ferir*.

firme (adj. y adv.), firme, resueltamente, 557, 663, 755, etc.; *de f.*, inexorablemente, 2430.

firmemientre (adv.), severamente, 906; firmemente, 1121; encarecidamente, 2201; resueltamente, 2359.

fita, fitos, véase *fincar*.

fiz, fizist, fizo, etc., véase *fazer*.

folgar (v.n.), holgarse, descansar, 1028, 1221, 1243, etc.; estar tranquilo, 1074, 2377.

follón (adj.), necio, fanfarrón, 960.

fondón (s.m. usado en frase preposicional), *al f. de*, debajo de, 1003.

fonsado (s.m.), hueste, ejército, 764, 926.

fonta (s.f.), afrenta, ultraje, insulto, 942, 959, 1357.

foradar (v.a.), perforar, 727.

fosse, véase *ser*.

franco (adj. y s.m.), catalán, 1002; libre, generoso, 1068.

fresco (adj.), recién comprado, 2800.

fronzida (partic., pasado usado como adj.f.), arrugada, 789, 1744, 2436, 2437.

fuent (s.f.), fuente, 2700.

fuer, fuera, etc., véanse *ser* e *ir*.

fuera, fueras (adv.), afuera, 588, 591, 685, etc.; *de f.*, fuera, 459; (frase preposicional), *de f. de*, fuera de, 1014; comp. *afuera*.

fuerça (s.f.), violencia, 34; agravio, 3479; (pl.), tropas, ejército, 1002, 1502, 2312.

fuert, fuerte (adj.), fuerte, resistente, 554, 630, 718, etc.

fuertemientre (adv.), tanto, vehementemente, 1, 277; impresionantemente, 24, 43; violentamente, 1623; encarecidamente, 2839; valientemente, 757; con lujo, 2212.

fuir [6 pres. indic., *fuyen*, 771; 2 pret. indic., *fuxiste*, 3318*b*] (v.n.), huir, 771, 3318*b*.

furçado (adj.), forzudo, 3674.

furtar (v.r.), irse a hurto, 1260.

fust, fuste, véanse *ser* e *ir*.

fuste (s.m.), palo, 1586.

fuxiste, véase *fuir*.

G

galardón (s.m.), premio, 386, 2126, 2582, etc.

galardonar (v.a.), premiar, 2150.

gallizanos, gallizianos (adj. y s.m.pl.), gallegos, 1982, 2926, 2978.

gallo (s.m.), gallo, 169, 209, 235; *a los mediados gs.,* al tercer nocturno, a las tres de la madrugada, 324, 1701.

ganado, gañado (s.m. sg. y pl.), ganado vacuno y lanar, 466, 480b; bestias feroces, 2789; posiblemente = *gananças,* 480b.

ganança (s.f.), botín, 177, 447, 465, etc.; interés, rédito, 130, 165, 1434.

ganar, gañar (v.a.), ganar, procurar, 101, 123, 124, etc.; capturar, 473, 556, 610, etc.; pastar el ganado (?), 567.

ge la(s), ge lo(s) (prons. átonos indirecto y directo de 3.ª p.ª), se la(s), se lo(s), 26, 34, 92, etc.; *ge,* le, 3676, 3679, 3681.

gente, yente (s.f.), gente, 29, 176, 388, etc.; tropas, 395, 403, 417, etc.

gentil (adj. f.), noble, bella, 672, 829.

gesta (s.f.), hazañas, 1085.

glera (s.f.), arenal, 56, 59; plaza de armas, 2242.

graçia (s.f.), favor real, 50, 882, 888, etc.; gracia divina, 870, 1370, 1379, etc.; bendición, 2604, 2608; venia, permiso, 2682, 3506; (pl.), agradecimiento, 248, 895, 2090, etc.

gradar (v.n.), alegrarse de, 200; estar contento, 2685; (v.r.), complacerse, 172.

gradeçer [1 pres. indic., *gradesco,* 217, etc.; 4 pres. subj., *gradescamos,* 1298] (v.a.), agradecer, 199, 217, 246, etc.

gradir (v.a.), agradecer, 2189, 2850, 2860, 2861.

grado (s.m.), agradecimiento, 8, 614, 792, etc.; *de g.,* gustosamente, 21, 136, 261, etc.; de su propia voluntad, 84; *d'amor e de g.,* de buena gana, 2234; *de voluntad e de g.,* de muy buena gana, 149, 1005, 1056, etc.; *de buen g.,* con entusiasmo, 1052, 1062; *de su g.,* de su propia voluntad, 2766; *en g. vos lo tengo,* le estoy muy agradecido, 1069.

grados (s.m. pl.), gradas, 327.

granado (adj.), grande, importante, extraordinario, 1776.

grand, grant, grande (adj.), grande, numeroso, largo, alto, etc., 6, 29, 110, etc.; (s.m. pl.), mayores, 591, 1990; véase *chicos*.

gruessa, -os (adj. f., y m. pl.), gruesa, -os, 1336, 1968, 1987, etc.

guadameçí, guadalmeçí (s.m.), cuero repujado, 87, 88.

guardar (v.a.), guardar, custodiar, 593, 686, 1013, etc.; conservar en sitio seguro, 162; comp. *aguardar*.

guarir (v.a.), salvar, proteger, 3681; (v.i.), mantenerse, 834.

guarnimientos (s.m. pl.), atavíos, aderezos, 1427, 2610.

guarnir (v.a.), armar, equipar, 986, 1337, 1872.

guarnizón (s.f.), armadura, 1715, 3073, 3244, etc.

guiar (v.a.), gobernar, 217, 241.

guisa (s.f.), modo, manera (sólo usado en frases adverbiales), *de aquesta g.,* de este modo, 2025, 3078; *a g. de,* como, 102, 131, 579, etc:; *de (tal) g.,* en (tal) manera, 583, 1280, 1492*b*; *a (mi, su), g.,* a (mi, su) gusto, 602, 677, 812, etc.; *en todas gs.,* de todos modos, 1349, 3348, 3369, etc.; *a fea g.,* con mucha violencia, 1677; *de buena g.,* bien hecho, 2193; *de la fiera g.,* de tipo feroz, 2751.

guisado (adj.), justo, razonable, 92, 118; comp. *aguisado* y *guisar*.

guisar (v.a.), preparar, disponer, 1060, 1461.

H

ha, véase *aver*.

heredad, herdad (s.f.), propiedad, hacienda, 115, 301, 893, etc.

heredar (v.a.), dar propiedad a, 2605.

homillar, véase *omillar*.

honor, véase *onor*.

huebos (s.m.), necesidad; usado en frases: *ser h.,* ser necesario, 82*b*, 212, 1382, 3563; *aver h.,* necesitar, 123, 138, 1044, 1878, 2639; *pora h. de,* para atender a la necesidad de, 1374, 1461, 1695.

huebra (s.f.), adorno, labor, 2401, 3086.

huerta (s.f.), plantaciones, tierras de labrantío, 1172, 1225, 1615, etc.

huesa (s.f.), bota alta, 820*b*, 994.

huyar, véase *uviar*.

I, J e Y

í (adv.), allí, entonces, de ello, en esto, etc., 120, 220, 225, etc.; *por í,* a causa de eso, 3607.

y, véase *e.*

ya, 1. (adv.), ya, al presente, entonces, 50, 114, 137, etc.

ya, 2. (interj.), oh, 41, 71, 155, etc.

iamás (adv.), jamás, 2680.

iantar (s.f.), comida (especialmente del mediodía), 285, 304.

iantar (v.n.), comer (a mediodía), 1039, 1057, 1062, 2250, 3051.

yaquanto (adv. y pron. indefinido), algo, 2437, 3433.

iazer [3 pres. indic., *iaze,* 437, etc.; 4 pres. subj., *yagamos,* 72; 5 fut. indic., *iazredes,* 2635; 3 imperf. indic., *yazié,* 2280; 3 pret. indic., *yogo,* 573] (v.n.), estar echado, 618, 785; dormir, pasar la noche, 72, 393, 2635, 2702, 2869; permanecer, 437, 573, 1209; estar situado, 1613; (v.r.), estar echado, 2280.

ida (s.f.), *en i.,* en marcha, 271.

yente, véase *gente.*

yerbas (s.f.pl.), hierbas, 2022.

ifançón (s.m.), infanzón, 2072, 2964, 3298, 3479.

if(f)ant(e), infant(e) (s.m.), infante, hijo de noble, 1372, 1385, 1391, etc.; infante, hijo de rey, 3420, 3448; (pl.f.), niñas pequeñas, 269*b,* 1279.

incaler [3 pres. indic., *incal,* 230, 2357] (verbo impersonal), importar, 230, 2357.

inchamos, véase *enchir.*

indos = idnos, 833.

inoios (s.m.pl.), hinojos, rodillas, 53, 264, 1318, etc.; véase *fincar.*

iogar, jugar [3 pluscuamperf. indic., *jugara,* 3319; partic. pasado, *iogados,* 3249] (v.a.), burlar, 3249, 3319.

yogo, véase *iazer.*

ir [1 pres. indic., *vo,* 250, 707; 4 pres. indic., *imos,* 2220; 5 pres. indic., *ides,* 176, etc.; 6 pres. indic., *ban,* 298*b,* 2092, *van,* 69, etc.; 4 fut. subj., *fuéremos,* 1409; 5 fut. subj., *fuéredes,* 1696; 6 fut. subj., *fueren,* 1356; 3 imperf. indic., *iva,* 368, etc.; 6 imperf. indic., *ivan,* 415, etc.; 2 pret. indic., *fust,* 358, *fuste,* 3318, 3365] (v.a.), recorrer, 380; (v.n.), ir, 168, 358, 638, etc.; marcharse, 281, 1370, 1379, etc.; haber, existir, 695, 797, 1146, etc.; también usado como v. aux. con inf. o partic. pres.; (v.r.), marcharse, 250, 829, 1068, etc.

ira (s.f.), ira regia, 74, 219, 1048; comp. *airar* y *saña*.
irado (adj.), enojado, 1859.
iscamos, véase *exir*.
iudíos (s.m.pl.), judíos, 347.
juego (s.m.), burla, mofas, 2307, 2535, 3258*b*.
juizio, iuvizio, juvizio (s.m.), juicio, sentencia, decisión, 3226, 3259*b*, 3485.
jugara, véase *iogar*.
iuntas (s.f.pl.), reunión, entrevista, 2914, 2949.
iuntar (v.a.), congregar, 291, 312, 1113, etc.; reunir, 365; juntar, 506; (v.r.), reunirse, 1083, 2139, 2416, etc.; comp. *aiuntar*.
iura (s.f.), juramento, 120.
yuso, véase *ayuso*.
iustos (s.m.pl.), justos, 3728.
iuvizio, juvizio, véase *juizio*.
ivierno (s.m.), invierno, 1619.
ixié, ixiendo, ixieron, ixo, véase *exir*.

J, véase I

L

la (*lla*, 3103; *el*, 150, 454, 471, etc.) (art. def. f. sg.), la, 2, 11, 13, etc.
labrados (partic. pasado usado como adj. m.pl.), labrados, bordados, 1786.
lagar (s.m.), prensa de uvas, 2290, 3365; véase *viga*.
lança (s.f.), lanza, 353, 500, 716, etc.; punta de lanza, 3687; caballero, 79, 419, 444, etc.
largo (adj.), abundante, 481*b*, 795, 804, etc.; numeroso, 2490; (pl.), muchos, extensivos, 2936; *l. de lengua*, fanfarrón, 2173.
latinado (adj.), ladino; que sabe el español, 2667.
laudare (v.a.), loar, 335.
lavores (s. f.(?) pl.), labranzas, 460.
lazrados, -as (adj. pl.), necesitados, 1045; maltratadas, 2802.
levantar (v.a.), promover, 2535; iniciar, 2199; (v.r.), ponerse derecho, 1769, 2027, 2091, etc.; levantarse, 458.
levar [1 pres. indic., *lievo*, 978; 3 pres. indic., *lieva*, 582, etc.; 5 pres. indic., *levades*, 2578; 6 pres. indic., *lievan*, 1817, 1981; 2 pres. subj., *lieves*, 2903; 5 pres. subj., *levedes*, 639, etc.; 6 pres. subj., *lieven*, 93] (v.a.), llevar,

93, 116, 167, etc.; conducir, 1012, 1381, 1435, etc.; arrancar, cortar, 3653, 3654; ponerse derecho, 3562; (v.r.), llevarse, 2912; ponerse de pie, 2040, 3127.

librar (v.a.), rajar, 2423; despejar, 3693; (v.r.), quitarse, 3605.

lid (s.f.), batalla, 831, 1106, 1656, etc.; combate singular, 3465, 3482, 3547, 3597; *l. campal,* batalla campal, 784, 1111, 1333.

lidiador (s.m.), guerrero, 502, 734, 1322, 1522, 2513.

lidiar (v.n.), combatir, trabar guerra, 499, 639, 669, etc.; combatir en lid singular, 3391; (v.a.), sustentar luchando una acusación, 3344, 3359, 3367.

lieva, lievan, lievo, véase *levar.*

linpia, -os (adj. f., y m. pl.), clara, 2700, 2739, 3649; pura, castiza, 1116, 3354.

logar ʻ(s.m.), lugar, sitio, paraje, 128, 702, 948, etc.; *en buen l.,* en buen estado, 2155; *en un poco de l.,* en poco tiempo, 732, véase también *ora.*

lograr (v.a.), acertar, 2452; lograr, conseguir, 2833.

loriga (s.f.), plaquín, coraza, 578, 728, 762, etc.

luego (adv.), inmediatamente, 52, 54, 57; *dessí l.,* acto seguido, 2157.

luenga (adj. f.), larga, 1226, 1587, 3097, etc.

lunbres (s.f.pl.), candelas, 244.

LL

lla (forma arcaica del pron. átono f. sg.), véase *la.*

llamar (v.a.), llamar (para hacer venir), 35, 1895, 2305, etc.; gritar, 719, 2778, 2786, etc.; vocear, golpear (puerta), 242; invocar, 731; nombrar, 1289, 3310; conceder el título de, 3450.

llana (s.f.), llanura, 599.

llano (s.m.), llano (de terreno), 996, 1003; cintarazo, 3661.

llo, llos (formas arcaicas del pron. átono m.) = *lo, los.*

M

maçanas (s.f.pl.), pomos (de espada), 3178.

maguer (conj.), aunque, 171, 1145, 1326, 2305; *m. que,* aunque, si acaso, 1524, 3116; (adv.), *m. de,* a pesar de, 1780.

maiar (v.a.), golpear, 2732, 2736, 2743, 2943, 2944.

mal (adv.), mal, fuertemente, 572, 636, 955, etc.; *m. que,* aunque mal, 3451.

mal (s.m.), daño, infortunio, 47, 329, 357, etc.

malcalçados (adj. usado como s.m.pl.), desharrapados, gente ruin, 1023.

man (s.f.), amanecer, 323, 425, 1100, 3059.

mancar (v.n.), faltar, 3312, 3564.

mandadero (s.m.), mensajero, 982, 1457.

mandado (s.m.), orden, mandato, 431, 1107, 2841, etc.; mensaje, 452, 564, 783, etc.; noticia, 242, 813, 939, etc.; (pl.) asuntos, 1900.

manero (s.m.), representante, 2133.

manifestar (v.r.), reconocer (deuda), 3224.

mano (s.f.), mano (en todas acepciones), 106, 117, 153, etc.; *dar de m.,* soltar, dejar libre, 1035b, 1040.

maña (s.f.), ardid, estratagema, 610; (pl.), costumbres, 2171, 3315, 3445.

maquilas (s.f.pl.), porción dada al molinero por la molienda, 3380.

março (s.m.), marzo, 1619.

marridas (adj. f.pl.), afligidas, 2750.

mas (conj.), mas, pero, 21, 48, 129, etc.

más (adv. y pron.), más, además, 27, 95, 220, etc.; *de m.,* además, por añadidura, 674; comp. *demás.*

matança (s.f.), matanza, 2435.

matines (s.m.pl.), maitines o laudes, 238, 318, 325, 3060.

matino (s.m.), alba, mañana, 72.

meatad (s.f.), mitad, 514.

meçer (v.a.), mover, encogerse, 13.

mediados (adj. pl.), en medio; véase *gallo.*

meiorar (v.a.), mejorar, 615, 3190; reparar, 3259b.

membrado, menbrado (adj. usado como s.m.), prudente, discreto, 102, 131, 210, etc.

membrar [2 imperativo, *miembra,* 3316] (v.r.), acordarse, 3316.

menester (s.m.), necesidad, 135.

mengó, véase *menguar.*

menguado, minguado (adj.), necesitado, 108, 134, 158, etc.

menguar [3 pres. indic., *mingua,* 821; 3 fut. subj., *menguare,* 258; 3 pret. indic., *mengó,* 2165] (v.n.), disminuir, 948, 2165; faltar, 258, 821.

menores (s.m.pl.), soldados de a pie, 1234.

menos (adv. y prep.), menos, 798, 1260, 1717, etc.; *al m.,* ni siquiera, 64; *a m. de,* sin, 984, 989, 1106, 1636, 3257; *fallar m.,* véase *fallar; valer m.,* véase *valer.*

mensageros (s.m.pl.), mensajeros, 1903.

mensaie, mensage (s.m.), mensaje, 627, 975, 1188, etc.; mensajero, 1834, 2600.

mentir [2 pres. indic., *mientes,* 3313; 2 pret. indic., *mintist,* 3371] (v.n.), mentir, 3313, 3371.

mercado (s.m.), negocio, 139.

merçed (s.f.), favor, 266, 268, 1321, etc.; gracia, ayuda, 598, 1400, 1654, etc.; piedad, 880, 1324; voluntad, deseo, 1276*b*; benevolencia, 2160; deuda, 1760, 2087; gracias, 2036*b*, 3117 (pl.).

mereçer [1 pres. subj., *meresca,* 2338; 3 pres. subj., *meresca,* 2797] (v.a.), merecer, 190, 194, 197, etc.; pagar (con creces), 2338, 2797.

mesnada (s.f.), conjunto de vasallos, séquito, 487, 662, 702, etc.; tropas, fuerzas, 509, 528, 745, etc.

mesquino (adj. usado como s.m.), pobre, necesitado, 849.

messar (v.a.), mesar, arrancar, 2832, 3186, 3286, 3289, 3290.

mestureros (s.m.pl.), entremetidos, cizañeros, 267.

mesurado (adj. y adv.), discreto, prudente(mente), 7, 2820.

mesurar (v.a.), explorar, 1513; apartar, 3666; abreviar, 211.

meter [partic. pasado, *metudo,* 844, 914, *metido,* 74, etc.] (v.a.), meter, poner, 119, 144, 612, etc.; infundir, 2804; vestir, 3085; gastar, 2104; posesionar, 2564; (v.r.), *se metió en nuevas,* hizo una cosa notable, 2113; (v. aux. inceptivo), 2878.

mezclados (adj. pl.), de diverso origen, 699.

miémbrat', véase *membrar.*

miente (s.f.), mente; *meter ms.,* poner atención, 3137; *parar ms.,* prestar atención, 2218; *tener ms.,* atender a, 3614, 3620; comp. *emiente.*

mientra (conj.), mientras, 925, 1047, 2788; *m. que,* en cuanto, 158, 173, 409, etc.

migeros (s.m.pl.), millas, 2407.

miior, forma de *mejor,* 1349, 1942, 3720.

mill (adj. numeral), mil, 225, 521, 639, etc.

mingua (s.f.), falta, carencia, 1178.

mingua (v.n.), véase *menguar.*

minguado, véase *menguado.*

mio, mios (adj. posesivo proclítico m.), mi, mis, 6, 7, 9, etc.

miráculos (s.m.pl.), milagros, 344.

mirar (v.a.), admirar, 1613, 1615.

miyor, forma de *mejor,* 1328.

moión (s.m.), lugar de reunión, 1912; mojón, señal que marca una linde, 3588, 3604, 3607, 3609, 3667.

molinos (s.m.pl.), piedras de molino, 3379.

moncluras (s.f.pl.), lazadas, 3652.

monedado (adj.), metálico, acuñado, 126, 172, 1217, 2257, 3236.

monesterio (s.m.), monasterio, 252, 260, 1353, 1444.

montaña (s.f.), bosque, matorral, 61, 427, 1491.

mont, monte (s.m.), arbolado, matorral, 2653, 2698, 2715, etc.; monte, 347.

monumento (s.m.), sepulcro, 358.

morar (v.n.), habitar, 948, 2271; demorarse, tardar, 953.

morir, murir [4 fut. indic., *morremos,* 2795; 3 fut. subj., *muriere,* 1704; 4 fut. subj., *muriéremos,* 687] (v.n.), morir, 302, 618, 687, etc.

morisco (adj.), moruno, 178; (s.m.), moro, 796.

moro (s.m.), moro, 107, 125, 145, etc.; *ms. e christianos,* todo el mundo, 1242, etc.; *a ms. nin a christianos,* a nadie en absoluto, 107, etc.; véase *christiano.*

morremos, véase *morir.*

mostrar (v.a.), hacer (milagros), 344.

movedores (adj. verbal pl.), corriendo, al galope, 3619.

mover [6 pres. indic., *mueven,* 700] (v.a.), hacer correr o galopar, 3513; (v.n.), ponerse en marcha, partir, 169, 2689; (v.r.), cambiar de lugar, 700; partir, 550.

much (adv.), muy, 587.

mudados (adj.), que han mudado el plumaje, 5.

mudar (v.r.), cambiar de campamento, 951.

muert (s.f.), muerte, 1636, 2670, 2676, etc.; *de m.,* mortalmente, 3641, 3688.

muesso (s.m.), bocado, 1032.

mugier (s.f.), mujer, 16*b*, 3285; esposa, 210, 228*b*, 257, etc.; *ms. a ondra e a rrecabdo,* mujeres honradas y legítimas, 2233; véase también *fijo.*

murir, véase *morir.*

N

naçer [3 pret. indic., *naçió,* 294, etc., *nasco,* 202, etc.; 5 pret. indic., *nasquiestes,* 379, 2053; 6 pluscuamperfecto indic., *nasquieran,* 1662; partic. pasado, *naçido,* 71, *nado,* 151, etc., *nada,* 3285] (v.n.), nacer, 71, 202, 245, etc.

nada (partic. pasado), véase *naçer*.

nada (pron. y adv. indefinido negativo), nada, 30, 44, 47, etc.

nadi (pron. indefinido negativo), nadie, 25, 34, 59, etc.

natura (s.f.), nacimiento, linaje, 2549, 2554, 3275, etc.

natural (adj.), nativo, 1500; verdadero, 1522; leal, 895, 1272, 1479, 2031, 2131.

negras (adj. f. pl.), yermas, devastadas, 936.

ni, nin (conj.), ni, 44, 107, 145, etc.

nimbla = *ni me la,* 3286.

noch, noche (s.f.), noche, 437, 651, 681, etc.; *antes de la n.,* la noche anterior, 23; *a la noch,* al anochecer, 644, 646; véase también *anoch*; *de día nin de n.,* nunca, 562, 2002b; *de n. e de día, de día e de n.,* sin parar, 222, 659, 2045, etc.; *el día e la n., los días e las ns., las ns. e los días,* siempre, constantemente, 681, 824, 1823, etc.; *entre n. e día,* al oscurecer, 2810.

nol' = *no le,* 25, 30, 59, etc.

no' lo = *nos lo,* 192, etc.

nom' = *no me,* 1763.

nombrado (partic. pasado usado en frase), *por n.,* así llamado, 1850.

nombre, nonbre, 1. (s.m.), nombre, 675, 1138, 1289, etc.; *por n.,* llamado, es a saber, 348, 1327, 1589, 3188; 2. (s.m.), número; *a n.,* en abundancia, 3262.

non, no (adv. negativo), no, 21, 34, 36, etc.; *dezir de no,* negarse, 2117, 2202, 3455; *dezir de sí o de no,* decir qué va a ser, 3208; *sól non,* ni siquiera, 1076.

nonbrar (v.a.), contar, 1264; designar, 454.

nós (4 pron. tónico), nosotros, 146, 272, 674, etc.

nos, no' (4 pron. átono y reflexivo), nos, 72, 192, 197, etc.

notar (v.a.), contar, 185, 419, 1734.

nuef, apócope de *nueve,* 40.

núes (s.f.pl.), nubes, 2698.

nuevas (s.f.pl.), noticias, 957, 1620, 1632, etc.; fama, renombre, 905, 1154, 1156, etc.; hazañas, 1235, 1343, 2113, etc.; sucesos, 1287, 1558, 1876, etc.

nuevo (adj.), nuevo, 2800; (pl. usado como adv.), recientemente, 2347.

nul, nulla (adj. indefinido negativo), ninguno, -a, 865, 898, 2202.

nunqua, nu[n]quas, nunca (adv. negativo), nunca, 352, 408, 1562, etc.

O

ó (adv.), donde, en donde, en el cual, etc., 103, 435, 485, etc.

o (conj.), o, 76, 258, 390, etc.; y, 75, 130, 1252, etc.

obrado (partic. pasado usado como adj.), labrado, 1783; bordado, 3091, 3095.

ocasión (s.f.), daño, peligro, 1365, 3460.

odredes, véase *oír.*

of, véase *aver.*

oio (s.m.), ojo, 1, 18, 27, etc.; *a o.*, a la vista, 40, 1517, 1614, etc.

oír [2 pres. subj., *oyas*, 2634; 5 pres. subj., *oyades*, 3436; 6 pres. subj., *oyan*, 2032b; 5 fut. indic., *odredes, 70,* 188, 684, etc.; 5 pret. indic., *ouyestes,* 2314] (v.a.), oír, 70, 188, 313, etc.

olbidar (v.a.), olvidar, 155, 1063, 1444, etc.

ombro (s.m.), hombro, 13, 1519.

omenaies (s.m.pl.), homenaje (de vasallo a señor), 3425.

omildança (s.f.), acatamiento, respeto, 2024.

omillar, homillar (v.r.), inclinarse, 1396, 1516, 1748, etc.

omne (s.m.), hombre, 134, 305, 418, etc.; *o. nado,* nadie, 151.

ond, onde (adv.), en donde, del cual, etc., 1398, 3444.

ondra (s.f.), honra, prestigio, 1280, 1469, 1503, etc.; véanse también *bendición* y *mugier.*

ondradamientre (adv.), con mucho respeto, espléndidamente, 1871.

ondrado (partic. pasado usado como adj.), lleno de honor, 284, 878, 1558, etc.; excelente, 178, 2248; importante, 843.

ondrar (v.a.), honrar, enaltecer, 678, 1011, 1537, etc.

onor, honor (s.f.), hacienda, 1905, 1929, 1934, 2198, 2495, 2525, 3413; *con tan grand o.,* con tanto respeto, 2015; (pl.), haciendas y rentas, 289, 887, 2565, 3264.

ora (s.f.), hora, tiempo, día, 1857, 2338; (pl.), horas canónicas, 1581; *al o.,* en seguida, 357; *al o. que,* cuando, 1454; *en buen o.,* en un momento oportuno, oportunamente, 71, 78, 202, etc.; *una grant o.,* un gran rato, 1889, 1932, 2828, 2953; *en un o. e un poco de logar,* en poco más de una hora, 605.

oración (s.f.), preces, 54, 366, 853, 1395; misa, 3384.

oreiadas (s.f.pl.), *dar las o.,* dar bofetadas (?), 3304.

orient (s.m.), oriente, este, 1091; Francia, 1288.

os (pron. átono y reflexivo), os, le, les, se, 986, 1401, 2027; comp. *vos.*

osado (adj.), atrevido, 2326; *a osadas,* audazmente, 445, por cierto, sin duda, 3475.

ospedado (s.m.), invitado, 2262, 2269; hospitalidad, 247.

otorgados (partic. pasado usado como adj. pl.), aprobados, dados por buenos, 1781.

otorgar, atorgar (v.a.), asentir, autorizar, conceder, 198, 261, 1303, etc.

otro (adj. y pron. indefinido), otro, 69, 186, 289, etc.; *o. día mañana,* la mañana siguiente, 394, 413, 645, etc.; *lo o.,* el resto, 505, 1807, 1976, 2483, 2531; *otros tantos,* igual cantidad, 725; *o. tanto,* del mismo modo (?), 2864.

otrossí (adv.), igualmente, 3561.

ouyestes, véase *oír.*

oveias (s.f.pl.), ovejas, 481.

ovier, etc., véase *aver.*

oviesse, ovisse, véase *aver.*

oy (adv.), hoy, 365, 754, 999, etc.; *desde oy,* desde ahora, 2035; *oy de más,* a partir de hoy, 2124; *oy en este día,* hoy mismo, 754.

oyas, oyades, oyan, véase *oír.*

P

padre (s.m.), padre, 361, 1176 (dos veces), etc.; *P. que estás en alto, ... çielo,* Nuestro Padre, que estás en los cielos, 8, 330, 2342; *P. spiritual,* Padre celestial, 300, 372, 1102b, 1633, 1651; *P. sancto,* Padre celestial, 1047, 2274; *sanctos ps.,* los patriarcas y justos, 360.

padrino (s.m.), padrino de boda, 2138.

pagar (v.a.), satisfacer, contentar, 129, 412, 782, etc.; pagar, 536, 806, 847, etc.; (v.r.), satisfacerse, 498; estar contento, 69, 146, 495, etc.; *só vuestro pagado,* le estoy agradecido, 248; *sos pagados son,* están contentos de él, 2856.

palabra (s.f.), respuesta, 36; *vera, verdadera, p.,* ciertamente, 26, 3670; (pl.), palabras, 213; promesas, 2111; *a estas ps.,* con eso, 2527, 3228.

palaçiano (adj.), excelente, 1727.

palaçio (s.m.), casa solariega, 115; sala grande, aposento, 182, 1652, 1761, etc.

palafré (s.m.), palafrén, 1064, 1428, 1967.

palo (s.m.), horca, 1254.

pan (s.m.), pan, cereales, sustento, 66, 345, 581; *ganarse el p.*, ganar la vida, 1643.

par (prep. usada en juramentos), por, 2832, 3028, 3140, 3186, 3509.

para (prep.), hacia, 775; comp. *pora*.

parada, (s.f.), parada en firme, 1575.

parar (v.a.), colocar, 1019, disponer, 33, 160, 198, etc.; dejar, 936, 2721; (v.r.), parar, presentarse, 40, 608, 2369, etc.

pareçer [5 pres. subj., *parescades,* 1873; 6 pres. subj., *parescan,* 1428, etc.; 3 fut. indic., *paresçrá,* 1126] (v.n.), mostrarse, aparecer, 1126, 1428, 1657, etc.

pareias (s.f.pl.), mujeres legítimas, 2761, 3277, 3449.

paria (s.f.), tributo, 109, 569, 570, etc.

part, parte (s.f.), porción, 314, 2539; lado, sitio, 134, 349, 356, etc.; posición, favor, 854, 1938, 2035, 2363; partido, bando, 3142, 3499; *de p. de,* en el campamento de, 698, de la dirección de, 1288; *d'ella e d'ella p., d'ella p. e d'ella,* en o de todas partes, 1965, 2079, 3139.

partición (s.f.), parte (de heredad), 2567.

partir (v.a.), repartir, 510, 804, 3610, etc.; dividir, 1824; apartar, 2808; (v.r.), marcharse, 51, 365, 375, etc.; romperse, 2785.

passar (v.a.), pasar, atravesar, 201, 422, 425, etc.; perforar, 727, 3626, 3632, etc.; pasar, gastar (tiempo), 306, etc. (impersonal en 2067); (v.n.), pasar por, 98, 150, 399, etc.; venir (a través del mar), 1789; transcurrir, 323, 1122, 1540, etc.; pasar por delante de, 3320; quedar al cargo de, 3528; morir, 3726; *non passar por ál,* no haber otra manera, 675, 3367.

pechar (v.a.), pagar, 980, 3235.

pelliçón (s.m.), pelliza, 1065, 1989, 2256, 2720, 3075.

pendón (s.m.), banderola, 419, 716, 723, etc.; caballero, 16.

pensar, pessar (v.a.), pensar, intentar, 1076, 2501, 2983, etc.; (v.n.), meditar, deliberar, 1889, 1932, 2828; cuidar de, 1383, 1413, 3251; *p. de* más inf. (*p. a,* 1493), disponerse a (v. aux. débil), 10, 227, 320, etc.

peños (s.m.pl.), prendas, 3735.

peones (s.m.pl.), soldados de a pie, 514, 686, 807, 848.

peonada (s.f.), tropa de a pie, 418, 918.

periurados (partic. pasado), perjuros, 164.

perteneçer (v.n.), convenir, 2085, 3298.

pesar (verbo impersonal), preocupar, causar dolor, 572, 625, 636, etc.; (inf. usado como s.m.), dolor, preocupación, 313, 959, 1270, etc.; *a p. de nós,* a pesar nuestro, 3441; *caer en p.,* preocupar, 313, 1270.

peso (s.m.), *sin p.,* sin pesar (en balanza), 185.

picar (v.a.), afilar, desigualar con una pica, 3379.

pie (s.m.), *de pies de cavallo,* véase *cavallo.*

piel (pl. *pielles, pieles*) (s.f.), pelliza, 4, 178, 195, etc.

plaça (s.f.), espacio, 595.

plazer [3 pres. indic., *plaz,* 180, etc., *plaze,* 625, etc.; 3 pres. subj., *plega,* 282, etc.; 3 fut. subj., *ploguiere,* 1047, etc.; 3 pret. indic., *plogo,* 304, etc.; 3 pret. subj., *ploguiesse,* 2046, etc.] (verbo impersonal), complacer, agradar, 180, 304, 305, etc.; (inf. usado como s.m.), favor, 2149*b*; *caer en p. a,* complacer, 2629.

pleito (s.m.), petición, 3554, 3717; contrato, 160; (pl.), asuntos, 3708.

plogo, ploguiere, ploguiesse, véase *plazer.*

plorando = llorando, 18.

poblado (s.m.), lugar habitado, 390.

poco (adj., adv. y pron.), (un) poco, 133, 314, 462, etc.; *p. avié que,* hacía poco que, 1573; *aún p. ha,* hace poco, 1312; *p. de logar,* véase *logar;* a *p. que,* apenas, 1649.

poder [3 fut. subj., *pudier,* 2637; 5 fut. subj., *pudiéredes,* 1466; partic. pres., *podiendo,* 2967] (v. aux. modal), poder, 91, 95, 116, etc.; *non p. más,* no haber más remedio, 95, 1117, 3311; *quanto pudo (más),* cuanto (más) pudo, 233, 982, 2920, etc.

poder (s.m.), custodia, posesión, 486, 2001*b,* 2105, etc.; (pl.), fuerzas, 669, 967.

podestades (s.f.pl.), barones, 1980.

poner (v.a), colocar, establecer, 167, 171, 348, etc.; *p. las palabras,* convenir, 2111; (v.r.), ponerse (sol), 416.

pora (prep.), para, hacia, 49, 83, 176, etc.

poridad (s.f.), secreto, consejo secreto, 104, 680, 1880, etc.

pórpola (s.f.), tela de seda, 2207.

portero (s.m.), comisario real, 1380, 1449, 1536, 2962.

portogaleses (s.m.pl.), portugueses, 2978.

posada (s.f.), hospedaje, 25, 31, 2877; habitación, 200, 2182; estancia, 211; posición militar, 557, 656, 900; campamento, 943, 950 (pl.); parada, 1310, 2645.

posar (v.n.), alojarse, albergar, acampar, 402, 415, 428, etc.; sentarse, 2216.

poyo (s.m.), colina, 863, 864, 900.

prear (v.n.), saquear, 903, 913, 937.

preçiado (adj.), valioso, 1774, 1783, 1966, etc.; estimado, 3657.

preçiar (v.a.), estimar, 77, 475, 1591, etc.; (v.r.), estimarse, 3300.

preçioso (adj.), preciado, fino, 1762, 2216.

pregón (s.m.), heraldo, 287, 1197; proclamación, 652, 1187.

pregonar (v.a.), proclamar, 2963, 3272.

premer (v.a.), bajar, 726, 2299, 3338.

premia (s.f.), coacción, 1193.

prendend, véase *prender*.

prender [6 pres. indic., *prenden*, 2589, etc., *prendend*, 656; 1 fut. indic., *prendré*, 503; 3 fut. indic., *prendrá*, 386; 1 pret. indic., *pris*, 535, 3288; 2 pret. indic., *prisist*, 333; 3 pret. indic., *priso*, 110, etc.; 6 pret. indic., *prisieron*, 540, etc.; 6 pret. subj., *prisiessen*, 2486; 5 imperativo, *prended*, 119, etc., *prendet*, 147, etc.; partic. pasado, *preso*, etc., 586, 617, 1001, etc.] (v.a.), tomar, asir, 110, 140, 147, etc.; *p. armas*, armarse, 1001, 2589; (v.r.), cogerse (la barba), 1663, 3280, 3713.

presas (s.f.pl.), presillas, 3088; (partic. pasado), véase *prender*.

presend (s.m.), regalo, 1649.

presentaia, *presenteia* (s.f.), presente, don, 516, 522, 878, etc.

presentar (v.a.), ofrecer, conceder, 1708, 2849; mostrar (lanza), 996.

preso(s), véase *prender*.

presón (s.f.), prisión, 1009.

pressurado (adj.), apresurado, 137.

prestar (v.a.), prestar, 118; ayudar, 1298, 3634; *de p.*, excelente, 671, 1432, 1460.

prestas (adj. f.pl.), preparadas, 1674.

prez (s.m.), renombre, prestigio, 1748, 1755, 3197*b*, 3444.

priessa (s.f.), urgencia, alarma, 695; prisa, 325, 587, 2794; comp. *apriessa*.

prieta (adj. f.), oscura, 1687.

primas (s.f.pl.), primas, 2777, 2778, 2786, etc.; (adj. f.pl.), primas (hermanas), 3303.

primo (adj.), primoroso, 3090; (s.m.), primo, 928, 2619, 2797.

pris, prisist, priso, etc., véase *prender*.

privado (adv.), de prisa, 89, 148, 166, etc.

pro (pl. *pros*, 2847) (adj.), provechoso, 1386; excelente, 2173, 2847; (s. m. o f.), provecho, 861, 1112, 1374, etc.;

de p., excelente, 239, 736, 1992, etc.; *aver p. a,* favorecer a, 1380, 2130, 2481, etc.; *ser en p. de,* aprovechar, 1388, 2074, 2957; *andar en p.,* favorecer, 1913, 2054.

provar (v.a.), experimentar, 1247; manifestar, 2523.

provezas (s.f.pl.), proezas, hazañas, 1292.

puedent, forma de *pueden,* 555.

puent (s.f.), puente, 150, 290.

pues (conj.), después que, 1283; puesto que, 990, 1694, 1893, etc.; pues, 1039; *p. que,* ya que, 219, 247, 441, etc.

puiar (v.n.), subir, 2698.

pulgada (s.f.), pulgarada, 3289.

punto (s.m.), momento; *en (tan) buen p.,* en un momento (tan) propicio, 408, 2167, 3068.

Q

quadra (s.f.), sala, 1896.

qual, -es (adj., adv. y pron. relativo), cual, quien, que, 733, 1666*b*, 2364, etc.

quando (adv. y conj.), cuando, después que, porque, 59, 90, 125, etc.; *de q.,* desde que, 3284.

quant (adv. comparativo), cuan, 1591.

quanto (adj., adv. y pron.), cuanto, todo lo que, 63, 77, 111, etc.

quarta (adj. numeral f.), cuarta, 665.

quatro (adj. numeral), cuatro, 260, 779, 1717, etc.

quebrar (v.n.), romperse, 235, 696, 746, etc.

quedar (v.n.), cesar, 3352.

quedos, -as (adj. pl.), quietas, 702; (usado como adv.), comedidamente, 2213.

quen' = que me, 1277.

querer [3 pres. indic., *quier,* 504, etc., *quiere,* 1020, etc.; 3 fut. subj., *quisiere,* 230, etc.] (v.a.), procurar, buscar, 76, 132, 3600, etc.; desear, 36, 85, 104, etc.; amar, 276, 279, 2018, etc.; *q.* más inf. (v. aux. débil), estar a punto de (comúnmente pleonástico), 231, 235, 311, etc.; comp. *quesquier, qui quier, si quier.*

quesquier (pron. indefinido), cualquier cosa, 504.

quexar (v.n.), lamentar, 852; (v.r.), estar afligido, 3207; comp. *aquexar.*

qui, quí (pron. invariable relativo e interrogativo), quien, quién, 126, 421, 424, etc.; comp. *qui quier.*

quiçab (adv.), quizás, 2500.

quín' = quí me, 874.

quinta (s.f.), quinta parte que corresponde al caudillo, 492, 519, 805, etc.

quinze (adj. numeral), quince, 291, 472, 573, etc.

quiñoneros (s.m.pl.), repartidores de botín, 511.

qui quier (pron. indefinido), quienquiera, 2357.

quis cada uno (pron. indefinido), cada uno, 1136.

quitar (v.a), excusar, eximir, 496, 886, 893, etc.; pagar, 822, 1536, 1553, etc.; libertar, 534, 1035*b*; salir, 211, 219, 392, etc.; (v.r.), librarse, 984; marcharse, 2379.

quito (adj.), libre, 1370, 1539, 3715.

RR

rración (s.f.), porción, 2467; participación, 2329, 3388; noticia, 2773.

rraer [3 pret. indic., *rraxo*, 3655] (v.a.), raer, 3655.

rrancado (partic. pasado), derrotado, 764; comp. *arrancar.*

rrançal (s.m.), tela de lino, 183, 3087, 3493.

rrapaz (s.m.), mozuelo, 3289.

rrastar (v.n.), permanecer, 685, 1733, 2270, 3694; *non rrastará por ál,* no hay otra manera, 710, 1685.

rrastrar (v.a.), arrastrar, 3374.

rrazón, rraçón (s.f.), discurso, plática, opinión, 19, 1348, 2043, etc.; asunto, 1375, 1377, 1893, etc.; alegación, pleito, 3079, 3229, 3483; cuenta, 3216*b*; *ser rr.,* ser justo, 3159; *por rr.,* especialmente, adrede, 3095.

rrazonar (v.r.), considerarse, 1339.

rrebata (s.f.), asalto repentino, 468; sobresalto, 2295; comp. *arrebata.*

rrebtar, rreptar [1 pres. indic., *rriebto,* 3343, 3442] (v.a.), desafiar, acusar, 3343, 3391, 3442, 3466, 3623; culpar, 3566.

rrecabdar (v.a.), disponer, 1482, 2006; conseguir, proteger, 3098; (v.n.), despachar, 2226.

rrecabdo (s.m.), prevención, aviso, 24, 43; precaución, 206, 1494, 1567, etc.; cuidado, 257, 3376; cuenta, cálculo, 799, 1166, 1257, etc.; estado, orden, 1255, 2141; cordura, 1713; ayuda, 2756; certificado de matrimonio, 2233.

rreçebir, rreçibir (v.a.), recibir, 199, 203, 245, etc.

rrecombrar (v.a.), recobrar, 3689; (v.n.), rehacerse, 1143.

rrecordar (v.n.), volver en sí, 2790.

rrecudir (v.a.), responder, 3213, 3269.

rred (s.f.), jaula, 2282, 2301, 3339.

rrefechos (adj. m. pl.), muy enriquecidos, 173, 800.

rreínas (s.f.pl.), reinas, 3399.

rreinado (s.m.), reino, 211.

rremaneçer [3 fut. subj., *rromaneçiere,* 823] (v.n.), permanecer, 823, 1414.

rremanir [3 pres. subj., *rremanga,* 1807; 6 fut. indic., *rremandrán,* 2323] (v.n.), quedar, 281, 1308, 1807, 2323.

rrencura (s.f.), resentimiento, 2862, 2916; riña, 2967; queja, 2992, 3202, 3254, 3437.

rrender [1 fut. indic., *rrendré,* 2582] (v.a.), rendir, 2582.

rrepentir [3 fut. indic., *rrepintrá,* 1079; partic. pres., *rrepintiendo,* 3568; partic. pasado, *rrepisos,* 3569, *rrepentidos,* 3557] (v.r.), arrepentirse, 3357, 3568, 3569; cambiar de propósito, 1079; volverse atrás, 2617.

rrepisos, véase *rrepentir.*

rreptado, véase *rrebtar.*

rresponder [3 pret. indic., *rrespuso,* 131, 710, 979, etc.; *rrespondió,* 2135, 3042, 3237] (v.a.), contestar, 131, 710, 979, etc.

rresuçitar [2 pret. indic., *rresuçitest,* 346] (v.a.), resucitar, 346; (v.n.), 358.

rretener [3 pret. indic., *rretovo,* 111] (v.a.), retener, 111.

rretraer [6 pres. subj., *rretrayan,* 2548, 2556] (v.a.), reprochar, echar en cara, 2548, 2556, 2733, 3283, 3359.

rrey (s.m.), Alfonso VI, 22, 33, 42, etc.; emir, 627, 636, 654, etc.; (pl.), los magos, 336; reyes, 361, 3724.

rreyal (s.m.), albergue, apartamiento, 2178.

rrico (adj.), noble, 2552; rico, 108, 540, 825, etc.; espléndido, 195, 224, 1550, 2248.

rricos omnes (s.m.pl.), nobles, 3546.

rrictad, rritad (s.f.), riqueza, 688, 1189, 1245, 1399.

rriebtos (s.m.pl.), retos, 3257.

rrienda (s.f.), rienda, 10, 227, 391, etc.; *bolver la rr.,* hacer volverse el caballo, 763, 3659; *soltar las rrs.,* hacer que ande el caballo, salir, 10, 227, 391, 1984; *tener la rr.,* detener el caballo, 1747.

rriqueza, rriquiza (s.f.), riqueza, 481*b,* 811, 1200, etc.

rritad, véase *rictad.*

rrobar (v.a.), despojar, 794, 1152, 1736, 2430.

rrobredo (s.m.), robledo, 2697, 2748, 2809, etc.

rrogadores (s.m.pl.), casamenteros, 2080.

rroído (s.m.), ruido, 696.

rromaneçiere, véase *rremaneçer.*

ronper (v.a.), romper, 2738.

rrostro (s.m.), hocico, fauces, 2299.

S

saber [6 pres. indic., *sabent,* 1174, *saben,* 549, etc.; 5 fut. subj., *sopiéredes,* 833; 1 pret. indic., *sope,* 2202; 3 pret. indic., *sopo,* 295, etc.; 6 pret. indic. *sopieron,* 242; 3 pret. subj., *sopiesse,* 26, etc.; 6 pret. subj., *sopiessen,* 563, etc.; 5 imperativo, *sabet,* 572, etc., *sabed,* 1278, etc.] (v.a.), saber, 26, 124, 145, etc.

sabidor (adj. verbal), prudente, experto, 1949, 2336, 2951, 3070; (usado como s.m.), perito (en derecho), 3005.

sabor (s.m. y f.), gusto, placer, 234, 378, 592, etc.; *a s.,* convenientemente, 2213, 3104; *sin s.,* cruelmente, 2736.

salido (partic. pasado usado como s.m.), expatriado, 955, 981.

salir [3 fut. subj., *saliere,* 3465] (v.n.), saltar, 1586, 2406 (?); salir, 55, 367, 464, etc.; (v.r.), escaparse, 1726, 2282, 2768, etc.

salto (s.m.), salto, 2418; asalto, 2500; *dar (un) s.,* salir, 244, 459, 591, etc.; asaltar, 483, 584, 3699.

saludes (s.f.pl.), saludos, 928, 932, 1818, 1921.

salvo (adj.), salvo libre, 357; (s.m.), custodia segura, 119, 133, 144, etc.; seguridad, 1074, 1576; *a s.,* bajo salvo-conducto, 3599.

sanctiguar, santiguar [3 pret. indic., *sanctigó,* 410, etc.] (v.a.), santiguar, 3583; (v.r.), santiguarse, hacerse cruces, 216, 410, 1340, 1840, 3508.

sancto (adj.), santo, 48, 360, 924, etc.; (s.m.pl.), santos, 94, 614, 1750, etc.

santiguar, véase *sanctiguar.*

saña (s.f.), ira regia, 22; comp. *ira.*

sávana (s.f.), sábana, 183.

sazón (s.f.), época, tiempo, 2961; *a ss.,* de excelente calidad, 2472; *de s.,* excelente, 1987, 2114, 2572, etc.

segudador (adj. verbal), perseguidor, 3519.

segudar (inf. usado como s.m.), persecución, 777, 1148, 2407.

seí = seyé, véase *ser.*

semmanas = semanas.

seña (s.f.), bandera, 477*b,* 482, 577, etc.; (pl.), indicios, 1335.

señal (s.f.), blasón, 2375.

señeros (adj. m.pl.), solos, 2809.

seños, -as (adj. pl.), sendos, -as, 263, 349, 724, etc.

ser [1 pres. indic., *só,* 156, etc.; 5 pres. indic., *sodes,* 79,

etc.; 3 fut. subj., *fuer*, 1382, *fuere*, 92, etc.; 4 fut. subj.,
fuéremos, 1409; 6 fut. subj., *fueren*, 1358, 2105; 3 im-
perf. indic., *era*, 39, etc., *seí*, 1840, 2278, *sedié*, 1053,
etc.; 6 imperf. indic., *eran*, 171, etc., *seían*, 2824, *sedién*,
1001, 3595, *seyén*, 122, 2532; 1 pret. indic., *fu*, 1934,
2494, 3129, *fue*, 1062; 3 pret. indic., *fue*, 109, etc., *sovo*,
907; 6 pret. indic., *fueron*, 523, etc., *sovieron*, 2823;
1 pret. subj., *fosse*, 2137, etc.; 3 pret. subj., *fuesse*, 61,
etc., *soviesse*, 1787*b*; partic. pres., *seyendo*, 2153] (v.n.
y predicativo), sentarse, 2208, 3114, 3118; estar sentado,
1001; quedarse, 907, 1566, 1652, etc.; residir, morar, 350,
1094, 1103, 2947; existir, 901, 1236, 1441, etc.; estar
presente, 17, 103, 532, 742, etc.; estar situado, 435, 552,
635, etc.; asistir, 2162, 2997, 3555; tener lugar, 1962,
3465, 3468, etc.; (uso impersonal), ser (hora), 416, 881;
(con s. o adj. predicado), ser, 79, 108, 334, etc.; *s. con,*
acompañar, 231, 2428, 3539; *s. en,* estar en vía de,
2591; (usado como verbo vicario), 3721.
servir (v.a.), servir, 234, 284, 1349, etc.; proveer, 73, 254,
384, etc.; estar a la disposición de, 1364; (v.r.), valerse
de, 622.
seso (s.m.), temple, 1511; prudencia, 2688.
seyén, véase *ser.*
sí (pron. reflexivo), sí (mismo), 2259.
sí (adv.), 1. así, 420, 874, 880, etc.; 2. sí, 3208, 3594.
si (conj.), si, si acaso, 20, 34, 61, etc.
sieglo (s.m.), mundo, 1295, 1445, 3726.
siella (s.f.), silla (de cabalgar), 817, 993, 994, etc.
sín' = sí me.
sinar (v.a.), signar, santiguar, 411.
sines (prep.), sin, 597, 1672, 2255.
siniestro (adj. y pron.), izquierdo, 12, 397; *a s.,* a la iz-
quierda, 2691, 2694; *de s.,* a la izquierda, 397.
si non (conj. y adv.), si no, 45, 77, 116, etc.
sinon (conj.), sino, 140, 686, 1624.
si quier (interj.), ojalá, 2958.
siquier (adv.), aun, 3707.
só, véase *ser.*
so (prep.), bajo, debajo de, 1726, 2287, 3077.
so (adj. posesivo m.), su, 69, 133, 431, etc.; (pl.), *sos,* sus,
1, 94, 312, etc.; (usado como f.), 1791, 2171; *lo so,* lo
suyo, sus asuntos, 948, 978, 1326, etc.; *los sos,* sus hom-
bres, 589, 609, 666, etc.
sobeiano (adj.), excesivo, abundante, numeroso, 110, 653,
657, etc.

sobregonel (s.m.), sobretúnica, 1587.

sobrelevar [1 pres. indic., *sobrelievo,* 3478] (v.a.), garantir, 3478.

sobrepelliça (s.f.), sobrepelliz, 1582.

sobrevienta (s.f.), sobresalto, 2281.

sobrino (s.m.), sobrino, pariente, 741, 963, 2351, etc.

sól non (adv.), ni siquiera, 1076.

soltar [partic. pasado, *soltado,* 2436, *suelta*(s), 1400, 1408, 3061] (v.a.), desatar, 3494; libertar, 1400, 1408, 2164; eximir, 893, 1363; perdonar (deuda), 1434, 3502; decir, terminar (misa), 3061; *s. las rriendas,* véase *rriendas.*

soltura, sultura (s.f.), absolución, 1689, 1703.

somo (s.m.), parte más alta; *en s. (de),* encima de, 171, 612, 1220; *de s.,* de encima, 3651.

sonar (v.n.), retemblar (tambores), 2345; resonar (fama, etc.), 1154, 1156, 1206, 2678.

sonrrisar (v.n.), sonreír, 298, 873, 923, etc.; (v.r.), sonreírse, 154, 946, 1368, etc.

sope, sopiéredes, sopieron, sopo, etc., véase *saber.*

sosañar (v.a.), desdeñar, 1020.

sospirar (v.n.), suspirar, 6, 277; anhelar, 1293.

sospiros (s.m.pl.), *aver s.,* lamentarse, 3358.

sovieron, soviesse, sovo, véase *ser.*

sperar, véase *esperar.*

spidiós', véase *espedir.*

spiritual, véase *espirital.*

sudiento (adj.), sudoroso, 1752.

suelto, suelta(s), véase *soltar.*

sufrir (v.a.), sostener, 1786; resistir, 3073.

sultura, véase *soltura.*

suso (adv.), arriba, 2206; *de s.,* encima, 3074, 3099; *de s. de,* sobre, 717.

suzio (adj.), sucio, 2291.

T

tablados (s.m.pl.), castillejos de tablas, 1602, 2249.

taiador (adj.), tajador, 780, 2726, 3077.

taiar (v.a.), tajar, cortar, 1241; talar, devastar, 1172; hacer un pacto amistoso (juego de palabras), 2411.

tandrá, véase *tañer.*

tanxo, véase *tañer.*

tañer [3 fut. indic., *tandrá,* 318; 3 pret. indic. *tanxo,* 1673] (v.a.), tocar, 286, 318, 325, 1658, 1673.

tardar (v.a.), retrasar, 935, 1803, 2220; (v.n.), demorar, 2898, 3027; (v.r.), demorarse, 317, 908, 3014.

telas (s.f.pl.), *t. de coraçón,* lo más amado, 2578, 2785, 3260.

tembrar (v.n.), temblar, 3619.

tendal (s.m.), poste de tienda, 1142, 1783, 1786, 2401.

tender (v.a.), alargar, 3189, 3192; desplegar, 182.

tenendos = *tenednos.*

tener [1 fut. indic., *terné,* 450, 3049; 1 fut. subj., *tovier,* 3081; 3 fut. subj., *toviere,* 3142, 3168; 1 pret. indic., *tove,* 3322; 3 pret. indic., *tovo,* 959, etc.; 6 pret. indic., *tovieron,* 664, etc.] (v.a.), poseer, 113, 187, 749, etc.; presentar, 1050; guardar, 2668; defender, 450, 468, 1464, etc.; detener, 1747; (v.n.), mantenerse, 2359; pensar, considerar, 1380, 1977, 2606, etc.; (v.r.), considerarse, 1802, 1847, 2152, etc.; *t. (las) armas,* véase *armas;* *t. mientes a,* véase *mientes.*

terné, véase *tener.*

tienda (s.f.), tienda de campaña, 57, 152, 202, etc.

tiesta (s.f.), cabeza, 13.

tigera (s.f.), tijeras, 1241.

tirar (inf. usado como s.m.), sacar (lanza), 3686.

to (pron. posesivo), *lo to,* lo tuyo, tus asuntos, 409.

tod, apócope de *todo.*

toller [6 pres. indic., *tuellen,* 661, 2720] (v.a.), cortar, privar de, 661, 1173; quitar, 1934, 2422; (v.r.), quitarse, 3492.

tomar (v.a.), asir, coger, 230, 309, 692; alcanzar, 761, 3627, 3661; *t. armas,* véase *armas;* (v.r.) más *a* más inf., empezar a (a veces pleonástico), 852, 1102, 1514, 1825.

tornada (s.f.), regreso, 832, 3043; carga de vuelta, 725.

tornar (v.a.), volver, 2, 215, 1078, etc.; devolver, 36, 965; (v.r.), regresar, 49, 232, 387, etc.; trocarse, 381; *t. a* o *de* más inf. (v. aux. pleonástico), 298, 1101, 1266, 2889.

torniño (adj.), torneado, 3121.

tove, tovieron, tovo, véase *tener.*

traçión (s.f.), traición, 2660.

traer [1 pres. indic., *trayo,* 82, etc.; 3 pres. indic., *trae,* 126, etc., *trahe,* 1502, etc.; 6 pres. indic., *traen,* 263, etc.; *trahen,* 992; 5 imperativo, *tred,* 142] (v.a.), conducir, llevar, 82, 91, 126, etc.; tratar, 955; discutir, 3163; (v.n.), ir, 142.

tranochando, véase *trasnochar.*

trasnochada (s.f.), marcha nocturna, 909, 1159.

trasnochar [partic. pres., *tranochando,* 1168] (v.n.), mar-

char de noche, 429, 1100, 1168, 1185.
traspassar (v.a.), atravesar, 400.
traspuestas (partic. pasado usado como adj.), desmayadas, 2784.
traviesso (adj. usado en frase adverbial), *de t.,* de través, 3650.
tred, véase *traer.*
tremor (s.m.), retemblor (de tambores), 1662.
trever (v.r.), atreverse a, 567, 2337.
trezientos (adj. numeral), trescientos, 184, 186, 419, etc.
troçir (v.a.), cruzar, 543, 1475, 2653, etc.; (v.n.), pasar (tiempo), 307, 3545.
tuellen, véase *toller.*
tuerta (s.f.), movimiento giratorio, 3685.
tuerto (s.m.), injusticia, 961, 962, 3134, etc.
tus (s.m.), incienso, 337*b.*

U

uços (s.m.pl.), puertas, 3.
urgullosos (adj. m.pl.), orgullosos, 1938.
uviar, huyar (v.a.), acudir en ayuda de, ayudar, 892, 1180, 1183, 1208, 2360; (v.n.), socorrer, 3319.

V

vagar (s.m.), tiempo libre, holgura, reposo, 380, 434, 650, etc.
val (s.m.), valle, 974, 1493.
val, vala, valdrá, etc., véase *valer.*
valelde = valedle.
valer [3 pres. indic., *val,* 1433, etc., *vale,* 1010, etc.; 3 pres. subj., *vala,* 48, etc.; 6 pres. subj., *valan,* 218; 2 imperativo, *vál,* 241] (v.a.), valer, 503, 1010, 2426; ayudar, 48, 706, 880, etc.; (v.n.), *v. más,* aumentar en prestigio, 296, 1446, 1521, etc.; *v. menos,* incurrir en deshonra, 3268, 3334, 3346.
valía (s.f.), valor, precio, 2509.
valor (s.m. o f.), calidad, precio, esfuerzo, 2550, 3099, 3197*b,* etc.
vando, véase *bando.*
vanidat (s.f.), palabra vana, 960.
varaia (s.f.), riña, 3295.
varaiar (v.n.), disputar, contender, 3594.

varón, barón (s.m.), hombre, 16*b*, 3347; noble, 313, 408, 2848, etc.; vecinos, 2847, 2851.

varragán, véase *barragán*.

varraganas (s.f.pl.), concubinas, 2759, 3276.

vassallo (s.m.), vasallo, 20, 204, 249, etc.

vazío (adj.), vacío, 4, 997, 3677; (usado como s.m.), *en v.*, en el vacío, 3627.

vedar [3 pres. indic., *vieda*, 1205] (v.a.), prohibir, impedir, 42, 62, 663, etc.; quitar, privar de, 555, 667.

veínte (adj. numeral), veinte, 2144, 2454.

veladas (s.f.pl.), esposas, mujeres casadas, 2098, 3277.

velar (s.m.), boda, 2138.

velar, belar (v.n.), tener vigilia, 3056, 3544.

velmez, belmez (s.m.), túnica, 3073, 3636.

veluntad, véase *voluntad*.

vellido (adj.), bello, hermoso, 274, 930, 1368, etc.

vençer [4 pres. subj., *vezcamos*, 1691; 4 fut. indic., *vençremos*, 2330; 4 fut. subj., *vençiéremos*, 688; 3 pret. indic., *bençió*, 1011; partic. pasado, *vençido*, 1008, etc., *vençudo*, 3644, 3691] (v.a.), conquistar, vencer, 688, 831, 876, etc.

vençremos, vençudo, véase *vençer*.

venir [2 fut. indic., *vernás*, 2622; 3 fut. indic., *verná*, 532, etc.; 6 fut. indic., *vernán*, 1280; 3 fut. subj., *viniere*, 1070, etc.; 5 fut. subj., *viniéredes*, 1071; 3 cond., *vernié*, 1944; 3 imperf. indic., *vinía*, 2435, *vinié*, 456, etc.; 6 imperf. indic., *vinién*, 1884, 3612; 1 pret. indic., *vin*, 2371, 3131; 2 pret. indic., *venist*, 2409; 5 imperativo, *venid*, 1804, etc., *venit*, 888, 2221; partic. pasado, *venido(s)*, *-a(s)*, 566, etc., *vinida*, 425] (v.n.), venir, ir, llegar, 112, 150, 202, etc.; (con predicado), llegar a ser, 1853; (v.r.), marcharse, 1307; surgir, 1768; *v. emiente*, véase *emiente*.

ventar (v.a.), ventear, descubrir, 116, 128, 151, 433.

ventura (s.f.), suerte, 177, 223, 283, etc.

ver [5 fut. subj., *viéredes*, 388; 3 imperf. indic., *veyé*, 1096, etc.; 6 imperf. indic., *veyén*, 2659, etc.; 2 pret. indic., *vist*, 3318] (v.a.), ver, 3, 50, 82, etc.; prever, 1249, 2615; tratar (asunto), 1435; admirar, 3100; pasar revista, 417; atacar, 1124, 1224.

veramientre (adv.), verdaderamente, 2538.

verdad, verdat (s.f.), verdad, 947, 979, 1335, etc.; *non será v.*, no será así, 979, 2417, 3028; *por v.*, ciertamente, 2844.

vergel (s.m.), claro (de bosque), 2700.

vergüença (s.f.), vergüenza, 1596, 3126, 3716.

vermeio (adj.), bermejo, 88, 178, 729, etc.

verná, vernán, vernás, vernié, etc., véase *venir.*

vero (adj.), verdadero, 26; (usado como s.m.), *en v.,* en serio, 3258*b.*

vertud, vertudes (s.f.), poder(es), 48, 218, 221, 924; milagro, 351.

vestiduras (s.f.pl.), vestidos, 1065, 2116, 2212, 2574.

vestir [3 pres. indic., *viste,* 3093; 5 pres. subj., *bistades,* 991; 2 pret. indic., *vestist,* 3366] (v.a.), vestir, 578, 991, 1871, etc.; (v.r.), ponerse, 1587.

veyé, veyén, véase *ver.*

vezcamos, véase *vençer.*

vezes (s.f.pl.), veces, 1626.

vezindad (s.f.), proximidad, 567.

vía (s.f.), camino, 380.

viga (s.f.), *v. lagar,* viga de lagar, 2290, 3365.

vigor (s.m.), *a v.,* con velocidad, 1671, 2589, 3583.

villa (s.f.), granja, 2564; población, ciudad, 1169, 1675, 2570.

vin, vinié, etc., véase *venir.*

virtos (s.m.), fuerzas, hueste, 657, 1498, 1625.

visquier, visquiessen, etc., véase *vivir.*

vistas (s.f.pl.), reunión, 1899*b,* 1911, 1944, etc.

vivir [1 pres. indic., *bivo,* 80; 3 pres. indic., *bive,* 850; 1 pres. subj., *biva,* 1038, 1754; 5 pres. subj., *vivades,* 158, *bivades,* 934, 1760; 6 pres., subj., *bivan,* 3358; 1 fut. subj., *visquier,* 251, 825; 5 fut. subj., *visquiéredes,* 409, 925] (v.n.), vivir, 80, 158, 173, etc.

vo, véase *ir.*

vocaçión (s.f.), voto, 1669.

voluntad, veluntad (s.f.), voluntad, deseo, 149, 226, 299, etc.; *de v. e de grado,* de muy buena gana, 149, 1005, 1056; *de cuer e de v.,* véase *cuer; d'amor e de v.,* véase *amor; de buena v.,* de buena gana, 1282, 1698, 2882; *de v.,* con gusto, 1418, 1447, 1487, etc.

vós (pron. tónico), vosotros, Vd., Vds., 47, 194, 196, etc.

vos, os (pron. átono y reflexivo), os, le, les, 44, 48, 73, etc.

voz, boz (s.f.), demanda, 3167; *a altas* (o *grandes*) *vozes,* con gritos, 35, 719, 3292; *dar grandes vozes,* dar gritos, 3664.

X

xamed (s.m.), tela de seda, 2207.

Y, véase I

Assur Gonçález, Ansur González, hermano mayor de los infantes de Carrión, 2172, 3008, 3373, 3672, 3674.

Assúrez, Gonçalo, 3008, etc., véase *Gonçalo, el conde don.*

Asturias, las Asturias, 2924.

Atienza, 2691.

Avengalvón, Ibn Ghalbûn, emir de Molina de Aragón, aliado del Cid, 1464, 1477, 1487, etc.

Bado de Rey, Vadorrey, cerca de Morales, 2876.

Baltasar, tercero de los reyes magos, 337.

Barçilona, Barcelona, 957, 3195.

Bavieca, Babieca, caballo del Cid, 1573, 1585, 1589, etc.

Belleem, Belén, 334.

Beltrán, el conde don, Beltrán, conde de Carrión después de la muerte del Cid, 3004.

Berlanga, Berlanga de Duero, 2877.

Bivar, Vivar del Cid, cerca de Burgos, 11, 295, 550, etc.

Borriana, Burriana, 1093.

Bovierca, Bubierca, junto al Jalón, 552.

Búcar, el rrey, caudillo moro, quizás el general almorávide Sir ibn Abu Bekr, 2314, 2402, 2408, etc.

Burgos, 12, 15, 23, etc.

Cabra, el castillo de Cabra (prov. de Córdoba), 3287, 3288.

Calatayut, Calataút, Calatayud, 572, 626, 633, etc.

Çalvador, 2924, véase *San Çalvador.*

Calvarie, 347, véase *Monte Calvarie.*

Cardeña, 209, 233, véase *San Pero de Cardeña.*

Carrión, Carrión de los Condes, 1313, 1372, 1376, etc.; véase también *Infantes de Carrión.*

Casteion, 1. Castejón de Henares, 435, 441, 450, etc.; 2. Castellón de la Plana, 1329.

Castiella, Castilla, 176, 219, 287, etc.

Çebolla, Puig, al N. de Valencia, 1150, 1329.

Çelfa la de Canal, Cella, 646, 649, 869, 1194.

Çetina, Cetina, junto al Jalón, 547.

Christus, Cristo, 1933, 2477, 2830; véase también *Ihesu Christo.*

Çid, el, o *Mio,* (mi) señor, título derivado del árabe, aplicado sólo a Rodrigo Díaz, 6, 7, 13, etc.

Colada, espada del conde de Barcelona, capturado por el Cid, 1010, 2421, 2575, etc.

Çorita, Zorita, 735.

Corpes, rrobredo de, robledo de Corpes, quizá cerca de Castillejo de Robledo, 2697, 2748, 2809, etc.

Crespo de Grañón, el, apodo del conde García Ordóñez, 3112.

Criador, el, el Creador, 48, 94, 237, etc.

Cuevas d'Anquita, unas cuevas desconocidas, cerca de Anguita, 544.

Deyna, Denia, 1161.

Doroca, Daroca, 866.

Díaz, véanse *Álbar Díaz* y *Ruy Díaz.*

Diego Gonçález, uno de los infantes de Carrión, 1901, 2168, 2267, etc.

Diego Téllez, probablemente Diego Téllez, gobernador de Sepúlveda, 2814.

Duero, 401, 2811.

Elpha, nombre de mujer (?), 2695, véase también el Glosario.

Elvira, probablemente Cristina Rodríguez, hija mayor del Cid, 2075, 2088, 2097, etc.

enperador, el buen, Alfonso VII, 3003.

Esidro, 1342, etc., véase *Sant Esidro.*

España, quizá la España musulmana, 453, 1021, 1591; España, toda la Península, 3271, 3724.

Estevan, véase *Sant Estevan.*

Fagunt, véase *San Fagunt.*

Fáñez, véase *Álbar Fáñez.*

Fáriz, caudillo moro ficticio, quizás inspirado en Háriz, 654, 760, 769, 773, 841.

Fariza, Ariza, junto al Jalón, 547.

Félez Muñoz, personaje desconocido; sobrino del Cid, según el *Poema,* 741, 2618, 2623, etc.

Fenares, el río Henares, 435, 479, 542.

Fernando (o *Ferrando*) *Gonçález,* Fernando González, uno de los infantes de Carrión, 1901, 2267, 2340, etc.

Figueruela, la, lugar desconocido, que debe haber estado cerca de Navapalos, 402.

Fita, Hita, 446, 518.

Frontael, probablemente Bronchales, 1475.

Fruella, el conde don, Froila Díaz, conde de León, mayordomo del conde Raimundo y hermano de doña Jimena, 3004.

Gabriel, el ángel, el arcángel Gabriel, 406.

Galín (o *Galind*) *Garçía*(z) (o *Garçíez*), Galín García, señor de Estada, 443b, 740, 1996, 1999, 3071.

Galve, personaje ficticio, quizás inspirado en Ghalib, suegro de Almanzor, 654.

Gallizia, Galicia, 2579.

Garçí(a) *Ordóñez, el conde,* el conde García Ordóñez, gobernador de Nájera, enemigo del Cid, 1345, 1836, 1859, etcétera.

Garçía(z), *Galin*(d), véase *Galín García.*

Gaspar, segundo de los reyes magos, 337.

Gloriosa, epíteto aplicado a la Virgen, 221.

Golgotá, Gólgota, 348.

Gómez Peláyet, Gómez Peláez, un noble leonés, aliado de los Vanigómez, 3457.

Gonçález, véanse *Assur, Diego* y *Fernando Gonçález.*

Gonçalo, el conde don, Gonzalo Ansúrez, hermano de Pedro Ansúrez, conde de Carrión, y padre de los infantes de Carrión, 2268, 2441.

Gormaz, el castillo de Gormaz, junto al Duero, 2843, 2875.

Grañón, véase *Crespo de Grañón.*

Griza, quizás una alusión a Riaza, o al río Riaza, 2694.

Guadalfajara, Guadalfaiara, Guadalajara, 446, 479, 518.

Guiera, Cullera, 1160, 1165, 1727.

Gustioz, véase *Muño Gustioz.*

Huesa, Huesa (prov. de Teruel), 952, 1089.

Huesca, Huesca (Alto Aragón), 940.

Ierónimo (Iherónimo), el obispo don, Jérôme de Périgord, obispo de Valencia, 1289, 1303, 1460, etc.

Ihesu Christo, Jesucristo, 1624; véase también *Christus.*

Infantes de Carrión, 1372, etc., véanse *Diego* y *Fernando Gonçález.*

Íñigo (o *Yénego*) *Ximénez* (o *Siménez*), Íñigo Jiménez, gobernador de Meltria, 3394, 3417, 3422.

Ionás, Jonás (*Jonás,* I, 15: "Et tulerunt Jonam, et miserunt in mare; et stetit mare a fervore suo"), 339.

Lázaro (*Juan,* XI, 44: "Et statim prodiit qui fuerat mortuus..."), 346.

León, reino de León, 1927, 2579, 2923, 3536, 3543, 3718; León (ciudad), 2977, 3509.

ABREVIATURAS

p., pp., *página(s)*.
p.ª, *persona*.
partic., *participio*.
p. ej., *por ejemplo*.
pl., *plural*.
port., *portugués*.
prep., *preposición*.
pres., *presente*.
pret., *pretérito*.
pron., *pronombre*.
prov., *provincia*.
s., *siglo(s)*.
s.f., *sustantivo femenino*.
sg., *singular*.
s.m., *sustantivo masculino*.
ss., *siguientes*.
subj., *subjuntivo*.
s.v., *sub voce*.
trad., *traducido, -a*.
v., vv., *verso(s)*.
v.a., *verbo activo o transitivo*.
v. aux., *verbo auxiliar*.
v.n., *verbo neutro o intransitivo*.
v.r., *verbo reflexivo*.

B. Referencias bibliográficas

Alex: *El libro de Alexandre. Texts of the Paris and the Madrid Manuscripts,* ed. Raymond S. Willis, Jr. (Elliott Monographs núm. 32, Princeton y París, 1934; reimpresión, Nueva York, 1965).

Apol: *El libro de Apolonio,* ed. C. Carroll Marden, 2 tomos (Elliott Monographs núms. 6 y 11-12, Baltimore, 1917, corregido 1937, Princeton y París, 1922; reimpresión, Nueva York, 1965).

Baist: Gottfried Baist [reseña de la edic. de Vollmöller], *Literaturblatt für germanische und romanische Philologie,* I (1880), pp. 340-343; véase también *Zeitschrift für romanische Philologie,* VI (1890).

Bello: Andrés Bello, *Obras completas,* II. *Poema del Cid* (Santiago de Chile, 1881).

Berceo: véanse *Milagros, Sacrificio, San Lorenzo, San Millán, Santa Oria,* y *Santo Domingo*.

Berganza, *Antigüedades*: el P. Francisco de Berganza y Arce, *Antigüedades de España,* 2 tomos (Madrid, 1719, 1721).

BHS: Bulletin of Hispanic Studies.

Chanson de Roland: La Chanson de Roland, ed. F. Whitehead (Oxford, 1942, 2.ª edic., 1946).

CMC: Cantar de Mio Cid.

Coester: Alfred Coester, "Compression in the *Poema del Cid", Revue Hispanique,* XV (1906), pp. 98-211.

Coplas de Yoçef: Ignacio González Llubera, *Coplas de Yoçef. A medieval Spanish poem in Hebrew characters* (Cambridge, 1935).

Cornu, *Études*: Jules Cornu, "Études sur le *Poème du Cid", Romania,* X (1881), pp. 75-99, y en *Études romanes dédiées à Gaston Paris...* (París, 1891), pp. 419-458.

Cornu, *R*, XXII: Jules Cornu, "Revision des études sur le *Poème du Cid", Romania,* XXII (1883), pp. 533-536.

Cornu (reseña de Lidforss): Jules Cornu [reseña de la edic. de Lidforss], *Literaturblatt für germanische und romanische Philologie,* núms. 9-10 (1897).

Cornu, *ZfrPh*: Jules Cornu, "Beiträge zu einer künftigen Ausgabe des *Poema del Cid", Zeitschrift für romanische Philologie,* XXI (1897), pp. 461-528.

Corominas, *DCELC*: Joan Corominas, *Diccionario crítico etimológico de la lengua castellana,* 4 tomos (Berna, 1954; reimpresión, 1970).

Criado de Val: M. Criado de Val, "Geografía, toponimia e itinerarios del *Cantar de Mio Cid", Zeitschrift für romanische Philologie,* LXXXVI (1970), pp. 83-107.

Crónica particular del Cid: Chronica del Famoso cavallero Cid Ruydiez Campeador (Burgos, 1512); edic. facsímil, A. M. Huntington (Nueva York, 1903); nueva edic., D. V. A. Huber (Marburg, 1844).

Florence de Rome: Florence de Rome. Chanson d'aventure du premier quart du XIIIè siècle, ed. A. Wallensköld, 2 tomos (París, 1907, 1909).

Fuero juzgo: El fuero juzgo (Madrid, 1815).

Fuero viejo de Castilla: El fuero viejo de Castilla, ed. Ignacio Jordan de Asso y del Rio y Miguel de Manuel y Rodriguez (Madrid, 1771; reimpresión en facsímil, Valladolid, 1964).

Hinard: J. J. S. A. Damas Hinard (ed.), *Poëme du Cid... accompagné d'une traduction française, de notes, d'un vocabulaire et d'une introduction* (París, 1858).

Historia Roderici: ed. Ramón Menéndez Pidal, en *España del Cid*, II, pp. 921-971.

Huntington: Archer M. Huntington, *Poem of the Cid. Text reprinted from the unique manuscript at Madrid*, 3 tomos (Nueva York, 1897-1903; 2.ª edic., 1907-1908; 3.ª edic., 1921).

Janer: Florencio Janer, *Poetas castellanos anteriores al siglo XV* (Madrid, 1864).

Juan Manuel, don, *Estados*: Don Juan Manuel, *Libro de los estados,* ed. R. B. Tate e I. R. Macpherson (Oxford, 1974).

Lang: H. R. Lang, "Contributions to the restoration of the *PMC*", *Revue Hispanique*, LXVI (1926), pp. 1-509.

Lba: Juan Ruiz, *El libro de buen amor,* ed. M. Criado de Val y E. W. Naylor (Madrid, 1965); ed. Joan Corominas (Madrid, 1967); ed. Jacques Joset (Madrid, 1975).

Lidforss: Volter Edvard Lidforss, *Los Cantares de Myo Cid, con una introducción y notas* (Lund, 1895-1896).

Milá: M. Milá y Fontanals, *De la poesía heroico-popular castellana* (Barcelona, 1874; reimpresión, 1959).

Milagros: Gonzalo de Berceo, *Los milagros de Nuestra Señora,* ed. A. G. Solalinde (Madrid, 1952); ed. Brian Dutton (Londres, 1971).

MLR: *Modern Language Review.*

Menéndez Pidal, CC: Ramón Menéndez Pidal, *Poema de Mio Cid* (Madrid, Clásicos Castellanos, 1913; 3.ª edic., 1929).

Menéndez Pidal, ed. crít.: Ramón Menéndez Pidal, *Cantar de Mio Cid: texto, gramática y vocabulario, 3* tomos (Madrid, 1908-1911; edic. revisada, 1944-1946).

Menéndez Pidal, ed. pal.: Ramón Menéndez Pidal, *Cantar de Mio Cid,* III. Texto (véase más arriba); y *Poema de Mio Cid. Facsímil de la edición paleográfica* (Madrid, 1961).

Menéndez Pidal, *España del Cid*: Ramón Menéndez Pidal, *La España del Cid,* 2 tomos (Madrid, 1969; 1.ª edic., 1929).

Nyrop: K. Nyrop, "Remarques sur le texte du *Poema del Cid*", *Romania,* XVIII (1889), pp. 502 y ss.

PCG: *Primera crónica general de España que mandó componer Alfonso el Sabio...*, ed. Ramón Menéndez Pidal (Madrid, 1906; 2.ª edic., 2 tomos, 1955).

Pellicer: Juan Antonio Pellicer y Pilares [revisión y corección de la transcripción de Ulibarri, Madrid, 1792].

PFG: *Poema de Fernán González*, ed. Alonso Zamora Vicente (Madrid, Clásicos Castellanos, 1954).

PMC: *Poema de Mio Cid*.

Poema de Alfonso XI: Rodrigo Yáñez, *Poema de Alfonso XI*, ed. Yo ten Cate, 2 tomos (Amsterdam, 1942, Madrid, 1956).

Poema de Yúçuf: Ramón Menéndez Pidal, *Poema de Yúçuf. Materiales para su estudio* (Granada, 1952).

PQ: *Philological Quarterly*.

Ramsden, *Weak-Pronoun Position*: H. Ramsden, *Weak-Pronoun Position in the early Romance languages* (Manchester, 1963).

Restori: Antonio Restori, "Osservazioni sul metro, sulle assonanze e sul testo del *Poema del Cid*", *Il Propugnatore*, XX (1887), pp. 97-159, 430-439; y *Le Gesta del Cid* (Milán, 1890).

RFE: *Revista de Filología Española*.

RFH: *Revista de Filología Hispánica*.

Ríos: J. Amador de los Ríos, *Historia crítica de la literatura española*, 7 tomos (Madrid, 1861-1865).

Sacrificio: Gonzalo de Berceo, *El sacrificio de la Misa*, ed. A. G. Solalinde (Madrid, 1913).

San Lorenzo: C. Carroll Marden (ed.), "Berceo's *Martirio de San Lorenzo*", *Publications of the Modern Language Association of America*, XLV (1930), pp. 501-515.

San Millán: Gonzalo de Berceo, *La vida de San Millán de la Cogolla...*, ed. Brian Dutton (Londres, 1967).

Sánchez: Tomás Antonio Sánchez, *Colección de poesías castellanas anteriores al siglo XV*, 4 tomos (Madrid, 1779-1790).

Santa Oria: Gonzalo de Berceo, *La vida de Santa Oria*, en *Cuatro poemas de Berceo*, ed. C. Carroll Marden (Madrid, 1928).

Santo Domingo: Gonzalo de Berceo, *Vida de Santo Domingo de Silos*, ed. Fr. Alonso Andrés, O. S. B. (Madrid, 1958); ed. Teresa Labarta de Chaves (Madrid, Clásicos Castalia, 1972).

Sem Tob: Sem Tob de Carrión, *Proverbios morales*, ed. Ignacio González Llubera (Cambridge, 1947).

Setenario: Alfonso X el Sabio, *El setenario*, ed. K. H. Vanderford (Buenos Aires, 1945).

Siete partidas: Alfonso X el Sabio, *Las siete partidas*, 3 tomos (Madrid, 1807; reimpresión, 1972).

SME: *La vida de Santa María Egipciaca*, ed. María S. de

Andrés Castellanos (Madrid, 1964); ed. Manuel Alvar, en *Poemas hagiográficos de carácter juglaresco* (Madrid, 1967).

Smith: *Poema de mio Cid,* ed. Colin Smith (Oxford, 1972).

Staaff: E. S. Staaff, "Contribution à la syntaxe du pronom personnel dans le *Poème du Cid*", *Romanische Forschungen,* XXIII (1907), pp. 621-635.

Tercera crónica general: Florián de Ocampo, *Las quatro partes enteras de la Crónica de España que mandó componer el ... rey don Alonso...* (Zamora, 1541); nueva edic. (Madrid, 1791).

Tres reys d'orient: *Libro de la infancia y muerte de Jesús (Libre dels tres reys d'orient),* ed. Manuel Alvar (Madrid, 1965), y en su *Poemas hagiográficos de carácter juglaresco* (Madrid, 1967).

Ulibarri: *Historia del Famoso Cauallero Rodrigo de Bibar, llamado por otro nombre Çid Campeador, sacado de su original por Juan Ruiz de Vlibarri, en Burgos a 20 de Octubre de 1596 años* (Biblioteca Nacional, Madrid, Ms. 6328 [*olim* R-200]).

Veinte reyes: *Crónica de once o veinte reyes,* véanse Menéndez Pidal, ed. crít., pp. 134-136, y Diego Catalán Menéndez Pidal, *De Alfonso X al conde de Barcelos* (Madrid, 1962), pp. 178-188.

Vollmöller: Karl Vollmöller, *Poema del Cid, nach der einzigen Madrider Handschrift* (Halle, 1879).

ZfrPh: *Zeitschrift für romanische Philologie.*

ADICIONES

Introducción

pp. 13-14. *Las crónicas*

Sobre los relatos cronísticos medievales de la vida del Cid y su conexión con el *Poema,* véase ahora el libro de Louis Chalon, *L'Histoire et l'épopée castillane du moyen âge. Le cycle du Cid. Le cycle des comtes de Castille,* París, Editions Honoré Champion, 1976, caps. I-V.

p. 17. *La teoría oralista*

Dos estudios recientes vuelven a investigar el porcentaje de fórmulas en el *PMC,* haciendo comparaciones con otros poemas medievales: Joseph J. Duggan, "Formulaic Diction in the *CMC* and the Old French Epic", en *Oral Literature: Seven Essays,* editado por él, Edimburgo y Londres, Scottish Academic Press, 1975, pp. 74-83; y Margaret Chaplin, "Oral-Formulaic Style in the Epic: A Progress Report", en *Medieval Hispanic Studies presented to Rita Hamilton,* ed. A. D. Deyermond, Londres, Tamesis Books Ltd., 1976, pp. 11-20. Se aprecia que la dificultad principal estriba en interpretar la definición de la *fórmula* propuesta por Milman Parry: "un grupo de palabras regularmente empleado bajo las mismas condiciones métricas para expresar una determinada idea esencial". Aunque Albert B. Lord consideraba dos ocurrencias como el mínimo necesario para reconocer una fórmula (en su *Singer of Tales,* p. 46), Edmund de Chasca, en su libro de 1967 *(El arte juglaresco en el "CMC"),* exigía un mínimo de tres, y basándose en este criterio encontró que el 17 por ciento del *PMC* consistía en fórmulas. Partiendo de un mínimo de dos ocurrencias, Duggan calcula un 32 por ciento, pero está claro que admite algunos tipos de frase formulaica en su definición de la fórmula (p. ej., *el burgalés complido / un burgalés leal; e los buenos que í ha / de los buenos que í son;* p. 80). La Sra. Chaplin, basándose en muestras del *PMC* y de otros poemas narrativos españoles del s. XIII y también partiendo de un mínimo de dos ocurrencias, emplea una definición de la fórmula mucho más estricta que la de Duggan, y encuentra un porcentaje de fórmulas que oscila entre el 21 y el 23 (sus resultados partiendo de un mínimo de tres oscilan entre el 12 y el 17,5 por ciento). En una muestra del *Libro de Alexandre* la Sra. Chaplin encuentra un 12,5 por ciento de fórmulas (y un 17,5 de frases formulaicas), y en un trozo de los *Milagros* de Berceo un 15 por ciento de fórmulas (y un 22,5 de frases formulaicas). Ella revela (p. 14) que durante una entrevista personal celebrada con el profesor Lord en 1965, éste opinó que un porcentaje de fórmulas menor del 50 sería insatisfactorio para considerar un poema como un producto de composición oral, y que generalmente era de esperar un porcentaje oscilante entre el 70 y 90 en una épica oral. Es muy difícil conciliar esa opinión con la aprobación expresada por Lord en 1975 (*Oral Literature: Seven Essays*, p. 14) de un mínimo del 20 por ciento de fórmulas propuesto por Duggan como el punto clave para distinguir entre poemas orales y escritos. Al considerar el fenómeno de las fórmulas existentes en los poemas religiosos, Lord admite ahora la existencia de poemas "transicionales" o "mixtos" y opina que "Los hombres que conocían las leyendas religiosas y hagiográficas también en algún tiempo parecen haber conocido una poesía tradicional oral y su estilo, y la conocían lo bastante para componer en ella o en un estilo semejante" (*ibid.*, p. 23). A mi modo de ver, la mayor dificultad consiste en distinguir entre las fórmulas necesarias para la recitación oral (que ayudaban a la memoria del juglar y el oyente) y las que tuvieron una función composicional (constituyendo las unidades constructivas del poeta oral). Quizás haya que considerar el *PMC* como una obra más transicional o "mixta" que los *Milagros* y los demás poemas narrativos posteriores, más cercana que éstos a la tradición de composición oral, pero no como producto auténtico de esa antigua tradición, perdida para nosotros. Es utilísimo el reciente estudio de Charles B. Faulhaber, "Neo-traditionalism, Formulism, Individualism, and Recent Studies on the Spanish Epic", *Romance Philology*, XXX (1976-77), pp. 83-101. Aparte de un examen detallado y muy lúcido de las últimas investigaciones sobre la épica, Faulhaber distingue tres posibles orígenes de los poemas épicos —escrito, memorístico o improvisado— y tres métodos correspondientes de transmisión, que totalizan nueve posibles teorías; señala atinadamente que la tarea del investigador debe ser la de construir métodos para decidir cuál de estas teorías es más adecuada para explicar la épica medieval.

p. 23. *Las rimas internas*

Partiendo de una reconsideración del estudio de Edmund de Chasca de 1966, Colin Smith ha ampliado y profundizado la investigación en "On Sound-patterning in the *PMC*", *Hispanic Review*, 44 (1976), pp. 223-237. Señala con tino la escasa validez de los cálculos estadísticos en general y los peligros de subjetividad asociados con los efectos emotivos e intensivos del sonido en la poesía. Hace hincapié en las asonancias y aliteraciones "horizontales" en los versos del Poema, que son mucho más impresionantes que las asonancias "verticales" estudiadas por De Chasca, p. ej., la repetición de *ó* tónica en el v. 612: "metióla en somo, en todo lo más alto"; de *ó* y *á* tónicas en el v. 675: "en el no[m]bre del Criador, que non passe por *ál*", y de las consonantes *g* y *ç* y las vocales tónicas *ó* y *á* en los vv. 1211-12: "Grandes son los gozos que van por és logar / quando Mio Çid gañó a Valençia e entró en la çibdad". Considera también el efecto especial de los leoninos. Este valioso estudio sobre la sonoridad poética revela la existencia en el *PMC* de una técnica avanzada que parece ser bastante culta.

p. 33. *Estructura*

Para un interesante estudio sobre la relación entre la caracterización de los personajes del *Poema* y la estructura de la trama, véase Thomas R. Hart, "Characterization and Plot Structure in the *PMC*", en *"Mio Cid" Studies,* ed. A. D. Deyermond, Londres, Tamesis Books Ltd., 1977, pp. 63-72.

p. 50. *El poeta y su ambiente*

Colin Smith ha publicado un artículo de gran interés sobre el autor del *Poema* y su posible profesión de abogado o notario: "On the Distinctiveness of the *PMC*", en *"Mio Cid" Studies,* ed. Deyermond, pp. 161-194. Éste y los otros artículos de Colin Smith citados aquí en pp. 13, 49, 57 y 111 que fueron publicados originalmente en inglés, acaban de aparecer traducidos al español, acompañados de una nueva hipótesis sobre el poeta como notario real, adscrito al servicio de Alfonso VIII; véase su libro *Estudios cidianos,* Madrid, Cupsa Editorial, 1977.

p. 57. *La fecha del Poema*

El estudio reciente de Derek W. Lomax tiende a confirmar una fecha de h. 1207: "The Date of the *PMC*", en *"Mio Cid" Studies,* ed. Deyermond, pp. 73-81. Señala en particular los acontecimientos del reinado de Alfonso VIII, que dan una perspectiva especial a la manera en que el *Poema* trata a los almohades y la rivalidad entre León y Castilla. Esta rivalidad y otros aspectos propagandísticos del *Poema* se consideran en un artículo de Julio Rodríguez-Puértolas, publicado en el mismo tomo: "El *PMC*: nueva épica y nueva propaganda", *"Mio Cid" Studies,* pp. 141-159.

p. 59. *Las ediciones facsimilares*

Últimamente se ha publicado una nueva edición facsimilar del Ms. original del *Poema*: *Edición facsímil del Códice de Per Abat,* Arganda del Rey, Artes Gráficas Gaez, S. A., 1977, que tiene todos los indicios de ser una reproducción fotográfica —bastante borrosa— de la edición facsímil publicada por la Dirección General de Archivos y Bibliotecas en 1961, la cual, a su vez, parece haber sido copia de la edición "burgalesa": *Poema del Cid. Edición facsímile,* publicada en edición limitada a 638 ejemplares por el Alcalde de Burgos y Presidente de la Comisión Ejecutiva de la Conmemoración del Milenario de Castilla, [Madrid,] Talleres Fototípicos de Hauser y Menet, S. A., 1946. Estas tres ediciones constituyen así una serie de creciente borrosidad. Obsérvese que el ejemplar núm. 17 de la edición limitada de 1946 que me proporcionó para mis estudios el P. López de Toro en la antigua Sección de Manuscritos de la Biblioteca Nacional, hoy se encuentra en la Sección de Libros Raros y Curiosos de dicha Biblioteca, bajo la signatura R 28870. Otro ejemplar (el núm. 93) de la edición de 1946 puede consultarse en la biblioteca de la Real Academia de la Lengua, bajo la signatura 24-VI-64.

NOTICIA BIBLIOGRÁFICA

p. 68. *Ediciones*

La versión española de la edición de Colin Smith, Madrid, Ediciones Cátedra, 1976, es una versión íntegra de su edición inglesa de 1972. Las notas a pie de página y el Aparato Crítico de la presente edición que hacen referencia a la de Smith, sirven también para su edición española, a excepción del v. 8, donde ha colocado la cesura tras la palabra *señor*. Adviértase también que mis citas de Smith están tomadas de la versión inglesa y son traducción mía.

BIBLIOGRAFÍA SELECTA

p. 69. *Bibliografía general*

Es útil el libro de Miguel Magnotta, *Historia y bibliografía de la crítica sobre el PMC (1750-1971)*, Chapel Hill, University of North Carolina (North Carolina Studies in the Romance Languages and Literatures, no. 145), 1976. En especial, Magnotta demuestra que casi todos los problemas planteados por el *Poema* que preocupan a los críticos modernos, y muchas de las teorías propuestas por ellos, se habían discutido ya a lo largo del s. XIX. Acaba de aparecer el detallado e importante estudio de A. D. Deyermond, "Tendencies in *Mio Cid* Scholarship, 1943-1973", en *"Mio Cid" Studies,* editado por él, Londres, Tamesis Books Ltd., 1977, pp. 13-47, que contiene una bibliografía de 126 obras y un inteligente examen de las últimas tendencias en la crítica sobre el *Poema*.

pp. 70-71. *Estudios literarios*

Han aparecido dos artículos sobre uno de los temas centrales del *Poema,* las relaciones entre el Cid y el rey Alfonso: Roger M. Walker, "The Role of the King and the Poet's Intentions in the *PMC*", en *Medieval Studies presented to Rita Hamilton,* ed. A. D. Deyermond, Londres, 1976, pp. 257-266; y Geoffrey West, "King and Vassal in History and Poetry: a contrast between the *Historia Roderici* and the *PMC*", en *"Mio Cid" Studies,* ed. Deyermond, pp. 195-208. Este último tomo también contiene un importante estudio estilístico de Thomas Montgomery sobre el *Poema,* "The *PMC:* oral art in transition", pp. 91-

112. El libro de Miguel Garci-Gómez, *"Mio Cid". Estudios de endocrítica,* Barcelona, Editorial Planeta, 1975, es una compilación de cinco artículos ya publicados, más ocho estudios nuevos, y tiene un interés muy desigual. El autor define la "endocrítica" como "el análisis de la constitución literaria de la obra", y parece estar obsesionado por su teoría sobre la falta de unidad en el *Poema;* alega que los dos primeros cantares son de un autor y el último de otro, basándose en minuciosas diferencias de estilo y propósito. Como correctivo a esta hipótesis, véanse dos artículos de Franklin M. Waltman, "Tagmemic Analysis and Unity of Authorship in the *CMC*", *Revista de Estudios Hispánicos,* IX (1975), pp. 451-469, y "Divided heroic vision or dual authorship in the *PMC*?", *Romance Notes,* XVII (1976), pp. 1-5, y, publicado últimamente, un artículo importante de Oliver T. Myers, "Multiple Authorship of the *PMC:* a final word?", en *"Mio Cid" Studies,* ed. Deyermond, pp. 113-128. El reciente artículo de Moïse Edery, "El fondo bíblico del Mio Cid", *Revista de Occidente,* 3.ª época, núms. 20-21 (junio-julio de 1977), pp. 56-60, intenta señalar ecos del destierro de Caín (Génesis, IV) y de Jacob (Génesis, XXVIII) en el del Cid del *Poema,* pero los calcos verbales que trata de demostrar son poco convincentes y su artículo no está escrito con el rigor científico que era de esperar.

NOTAS AL TEXTO

p. 78. *Nota al v. 20*

Reanuda la controversia sobre la sintaxis de este verso la profesora Dorothy Clotelle Clarke en su interesante estudio, *Crucial Line 20 of the PMC: its Meaning and its Structural Use,* El Cerrito, California, imprenta particular, 1976. Su principal contención consiste en que la palabra *si* aquí tiene dos funciones sintácticas, y que contiene los sentidos desiderativo y comparativo a la vez. Interpreta el segundo hemistiquio: "¡[Pluguiera a Dios que] [a]sí oviesse buen señor [como él es buen vasallo]!" No parece muy convincente la complicación de esta doble elipsis. El único otro ejemplo parecido que ofrece Clarke es la estr. 633 del *Poema de Fernán González:* "Quand esto oyo el conde tovo se por guarydo, / et dixo entressy: 'Sy fuesse ya conplido!'", que ella interpreta: "[Ojalá] [a]sí

fuese ya conplido [como lo promete la infanta]!" Cita
también la versión correspondiente en prosa de la *PCG:*
"El conde quando aquella razon oyo, touose por guarido,
et dixo entressi: 'assi ploguiesse a Dios que fuesse ya como
uos dezides'", pero es evidente que el correlativo de *como*
en esta frase no es el *assi* que introduce *ploguiesse,* como
alega Clarke, sino una elipsis de *assi* en la frase subordi-
nada: "assi ploguiesse a Dios que fuesse ya [assi] como
uos dezides". No es nada seguro que *sy* en *PFG* 633 signi-
fique "así", ni que tenga una función sintáctica doble.
Aunque cita el artículo de A. Badía Margarit de 1954,
Clarke no destaca la importancia del cambio cronológico
de la sintaxis de *así/si* señalado por él, según el cual el *sí*
optativo se vino convirtiendo en el *si* condicional (muchas
veces con sentido optativo, como en esp. mod.).

p. 115. *Nota a los vv. 508-509*

En una nota titulada *"PMC* line 508: The Cid as a
rebellious vassal?", *La Corónica,* 5 (1977), pp. 90-92, Is-
rael G. Burshatin y B. Bussell Thompson defienden la lec-
ción del Ms. en el v. 508: "al rrey Alfonso que llegarién
sus compañas", alegando que en aquel momento el Cid está
pensando en atacar al rey, pero que, al llegar al v. 538,
"la potencial belicosidad contra Alfonso y sus fuerzas ha
sido trastrocada, y la euforia de la tirada 24 convertida
en la exclamación disfórica del caballero: 'con Alfonsso
mio señor non querria lidiar'" (traducción mía). Olvidan,
no obstante, que dentro de la misma tirada 25, sólo quin-
ce versos más adelante, el Cid está calculando (v. 524)
que no puede permanecer en Castejón (1) porque no ha-
bría agua allí (vv. 525-526), y (2) porque Alfonso ha fir-
mado un tratado con los moros y vendría con todas sus
fuerzas a atacar al Cid (vv. 527-528). Burshatin y
Thompson alegan también que la enmienda de Bello, adop-
tada en la presente edición (de *al* a *el* en el v. 508) res-
ponde a una noción normativa y extratextual sobre las
interacciones políticas y sociales. Lejos de resultar de una
insistencia en presentar a un héroe siempre leal a su mo-
narca, este cambio es necesario para la interpretación de la
tirada: parece poco probable que en una tirada de sólo
veinticuatro versos el poeta presentara al Cid urdiendo un
complot contra el rey en los cuatro primeros versos y
pensando en huir de él en los seis últimos. Además, el
v. 528 es repetición con variantes del v. 509, y refuerza

la necesidad para la enmienda de *al* a *el* en el v. 508. Burshatin y Thompson tienen razón al señalar que Menéndez Pidal dudó en adoptar la enmienda a causa de la versión en prosa de la *PCG*, pero, por no haber citado todo el pasaje correspondiente, no revelan que la versión cronística es aun más ilógica que el Ms. del *Poema*:

> [*final del cap. 853*] El Çid otrossi quando se uio tan bienandante en su comienço, fue muy alegre et loçano por ello, et atrouosse muy mas por ende en sus fechos; et enuio dezir al rey don Alffonsso que pues quel assi echaua de tierra, quel farie dese-\| ruicio con aquellas compannas que traye. Et mando luego ayuntar quanto el ganara en Castreion [*sic*] ... [*trece líneas más sobre el reparto del botín y la venta del quinto del Cid*].
> [*comienzo del cap. 854*] El Çid pues que ouo partidas todas sus ganançias a las compannas, dixoles: "Amigos, en este castiello non me semeia que mas pudiessemos auer morada; ca maguer quel quisiessemos retener, de otra guisa non auremos y agua. Demas el rey don Alffonso a pazes con los moros, et se yo que escriptas son ya de los moros las cartas de lo que nos por aqui començamos a fazer, pora enuiargelas; et el rey don Alffonso nuestro sennor es poderoso et de grand coraçon, et pero que lo auemos con moros, non lo querra el soffrir, et uenir nos a uuscar. (ed. R. Menéndez Pidal, p. 525b, 1-40).

La corrupción textual es aun peor en la *PCG* que en el *Poema*, y queda sin explicación alguna el abrupto cambio de opinión del Cid: en un momento manda decir al rey que le iba a hacer un deservicio, en el siguiente decide abandonar Castejón porque teme que Alfonso le venga a atacar. (Hay que señalar que dos códices de la *PCG*, *E* y *O*, leen "seruicio" en vez del "deseruiçio" de *F* — no otros relatos cronísticos, "other chronicle treatments", como dicen Burshatin y Thompson.) No creo que haga falta pensar en una dislocación de los versos de la tirada 25 del *Poema*, como sugirió don Ramón, ed. crít., p. 1044, aunque es posible que tuviera razón en señalar que la corrupción del texto debió de ser muy anterior a la copia existente. Con la enmienda de Bello evitamos la brusquedad del cambio de propósito del Cid que de otra manera quedaría sin explicación: en el v. 506 el botín está recogido en Castejón; en 507-509 el Cid piensa que el rey vendrá a atacarle, y en 510-523 ordena el reparto del botín y la venta de su quinto; en 524-525 piensa en el otro inconveniente de Castejón: no hay bastante agua (para resistir un asedio), así que en 526-530 y en la tirada 26 explica a sus vasallos las razones por el abandono de la villa.

p. 149. *Nota al v. 1010*

La guía turística de la Armería Real reconoce que la espada antes expuesta como Colada es otra, "probablemente la *Lobera* de San Fernando" (catalogada con el núm. G. 21); véase Javier Cortés, *Real Armería de Madrid. Guía turística,* Madrid, Editorial Patrimonio Nacional, 1963, p. 51. En cuanto a la supuesta expropiación de Colada y Tizón por Álvaro de Luna, el prof. Nicholas Round me comunica que no es nada segura, puesto que el texto de la *Cuarta crónica general* al que alude Menéndez Pidal, ed. crít., p. 664, no dice que el tesoro encontrado en el Alcázar de Madrid fuese escondido por don Álvaro:

> E como este maestre [don Álvaro] fué muerto, el dicho Ferrand Lopez de Saldaña, que estaua en Navarra, embió decir á este rey don Juan que le perdonase e le tornase su oficio de contador mayor e sus bienes, e que él le daria [*sic; ¿error por* diria?] donde estaua una grand facienda que fué suya de la cámara de los reyes viejos, sus antecesores, que valia más de ochocientas mil doblas. E este mensajero deste Ferrand Lopez, á fin de ganar para sí, descubrió al rey el secreto que estaua en el Alcázar de Madrid en lo bajo dél entre dos pilares. [...] e fallaron treinta e cuatro arcas muy grandes ensayaladas, e dentro dellas muy grandes riquezas, en especial veinte e cuatro apóstoles grandes, los doce de oro macizos e los doce de plata, e un Santiago, e un Sant Francisco, todo de oro, e otras muchas cosas, e las espadas del Cid Ruy Diaz, Tizona e Colada, e la espada Guiosa, e una corona de oro del rey don Pedro, e una cinta de caderas, toda de oro e de perlas presciosas, que fué del Cid Ruy Diaz [*etc.*] (*Colección de documentos inéditos para la historia de España,* CVI, Madrid, 1893, p. 137).

Sin embargo, el hecho de que se mencione el hallazgo del tesoro en este punto del relato implica que don Álvaro tuviera algo que ver con la expropiación. Además, existe la tradición de que, por el año 1435, don Álvaro vivió en unas casas pertenecientes a Alonso Álvarez de Toledo, más tarde tesorero de Enrique IV, sitas muy cerca del viejo Alcázar de Madrid. En ocasiones las mismas casas sirvieron de alojamiento a Juan II; véase Ramón de Mesonero Romanos, *El antiguo Madrid, paseos histórico-anecdóticos por las calles y casas de esta villa,* Madrid, 1861; edic. facsimilar, Madrid, Ábaco Ediciones, 1976, p. 83.

p. 228. *Nota al v. 2282*

Para un estudio de mucho interés sobre el episodio del león, véase David Hook, "Some Observations upon the Episode of the Cid's Lion", *MLR,* 71 (1976), pp. 553-564.

p. 238.   *Nota al v. 2426*

A la hoja de una espada catalogada en la Armería Real con el núm. G.180 le fue asignada una fecha entre los siglos xi y xiii por el Conde Viudo de Valencia de Don Juan en su *Catálogo histórico-descriptivo de la Real Armería de Madrid,* Madrid, Sucesores de Rivadeneyra, 1898, p. 254: "Procede del tesoro de los Reyes Católicos en el alcázar de Segovia... Desde la aplanada espiga ocupa el centro, en casi toda su longitud, una canal poco profunda, en cuyo primer tercio van repartidos por ambas caras... letras y... adornos, grabados y rellenos de oro". Hay cinco figuras o letras en cada cara, pero la segunda y cuarta figura en cada caso parecen más bien representar dragoncitos quiméricos, si bien se podrían leer las cinco figuras como "ORVUS" (?) en una cara, e "INIRI" (¿por INRI?) en la otra. El conde de Valencia de Don Juan encuentra semejanzas con la espada de sir Richard Wallace fechada en el s. xii y con otra del s. xiii encontrada en Saint-Omer. Da más importancia a la similitud de los adornos con las cenefas bordadas en los paños en los tapices de Bayeux del s. xi. Al mismo propósito, Menéndez Pidal, ed. crít., p. 666, se refiere al carácter de la ornamentación de los Mss. visigóticos españoles del s. xi. Hay que advertir que sorprende el buen estado de conservación de esta hoja, en comparación con las del s. xi conservadas en la Armería de la Torre de Londres; lo único que se puede concluir es que podría ser la hoja de Tizón.

p. 254.   *Nota al v. 2695*

Para un detallado y eruditísimo estudio sobre la posible conexión entre las Lupercales romanas y el episodio de la afrenta de Corpes mediante la tradición folklórica, véase Douglas Gifford, "European Folk-Tradition and the 'Afrenta de Corpes'", en *"Mio Cid" Studies,* ed. Deyermond, Londres, 1977, pp. 49-62. D. G. Pattison, "The 'Afrenta de Corpes' in Fourteenth-Century Historiography", en *"Mio Cid" Studies,* pp. 129-140, estudia los varios tratamientos del episodio en el *Poema* y las crónicas. Una posible fuente de la afrenta de Corpes en un episodio de la *Chanson de Florence de Rome,* compuesta en la misma época, está señalada por Roger M. Walker, *MLR,* 72 (1977), pp. 335-347.

p. 306.   *Nota a los vv. 3674-92*

Obsérvese que Ansur González se comporta valerosamente en el combate (*furçudo e de valor*, v. 3674) y esto se menciona también en las versiones cronísticas. En un reciente artículo, John K. Walsh ve esto y la conducta de Fernando y Diego González en los duelos como discrepantes con su anterior cobardía en el *Poema,* véase "Epic Flaw and Final Combat in the *PMC*", *La Corónica,* V (1976-77), pp. 100-109. No obstante, es una exigencia artística del poeta el presentar a los infantes como combatientes no demasiado desiguales a los vasallos del Cid, y de todos modos ninguno de los infantes defiende su honor hasta la muerte: el primero de ellos se rinde cuando reconoce la espada Tizón (vv. 3643-44), el segundo se muestra temeroso de Colada y huye del campo (vv. 3665-67), y el padre del tercero grita la rendición de su hijo cuando éste queda gravemente herido (v. 3690).

MAPA DE LAS RUTAS CIDIANAS *(pp. 464-465)*

Adviértase que, por falta de espacio, no se ha distinguido entre los dos pueblos llamados Peña Rubia, mencionados en la nota al v. 2697, p. 254: el que está más al oeste es Peña Rubia de Montejo, y el más al este es Peña Rubia de Casuar.

Nota adicional

Aprovecho esta oportunidad para agradecer a Isabel Díez, Philip Deacon y H. M. Ettinghausen su ayuda en la corrección de las pruebas, y a Víctor Girona su revisión de las Adiciones. Debo también agradecer a F. W. Hodcroft las correcciones que me ha señalado para esta segunda edición.

I. M.

PENÍNSULA IBÉRICA
N 1091 – 1092

Km   200

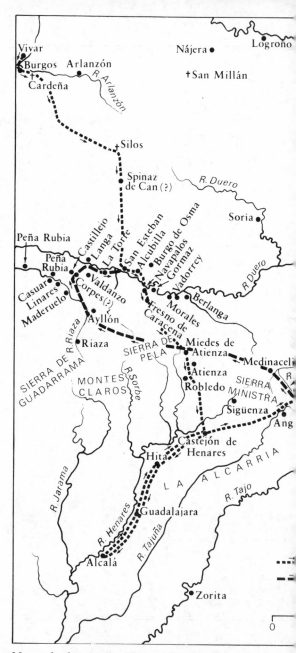

Mapa de las rutas cidianas. Detalle del anterior.

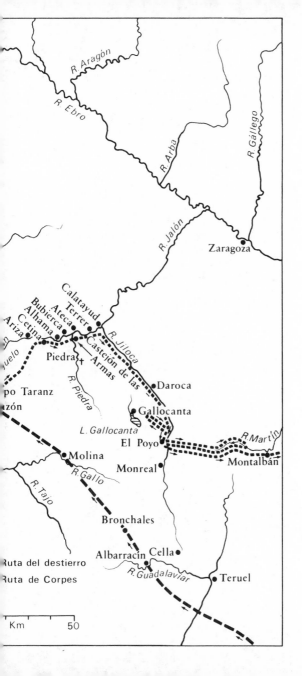

ÍNDICE DE LÁMINAS

ESTE LIBRO
SE TERMINÓ DE IMPRIMIR
EL DÍA 2 DE SEPTIEMBRE DE 1991

ÚLTIMOS TÍTULOS PUBLICADOS